Carla Heussler

Kunst ist weiblich!

Carla Heussler

Kunst ist weiblich!

Eine andere Kunstgeschichte von Artemisia Gentileschi bis Yoko Ono

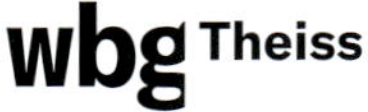

Die Deutsche Nationalbibliothek verzeichnet diese Publikation
in der Deutschen Nationalbibliografie;
detaillierte bibliografische Daten sind im Internet über
www.dnb.de abrufbar.

wbg Theiss ist ein Imprint der wbg.

Die Herausgabe des Werkes wurde durch die Vereinsmitglieder der wbg ermöglicht.
Lektorat: Christina Kruschwitz, Berlin
Satz: Arnold & Domnick, Leipzig
Einbandabbildung: „Russisches Mädchen mit Puderdose“ von Lotte Laserstein,
© bpk / Städel Museum
Einbandgestaltung: Jens Vogelsang, Aachen
Gedruckt auf säurefreiem und alterungsbeständigem Papier
Printed in Europe

Besuchen Sie uns im Internet: www.wbg-wissenverbindet.de

ISBN 978-3-8062-4616-2

Elektronisch sind folgende Ausgaben erhältlich:
eBook (PDF): ISBN 978-3-8062-4652-0
eBook (epub): ISBN 978-3-8062-4653-7

INHALT

EINLEITUNG

Das Thema „Künstlerinnen“ ist so aktuell wie nie. Zahlreiche Ausstellungen der letzten Jahre präsentierten bildende Kunst von Frauen und beschäftigten sich mit der Frage nach Voraussetzungen und Entwicklungen von Künstlerinnen. Nicht zuletzt zeigte die erste von einer Frau kuratierte Biennale in Venedig 2022 erstmals Werke, die zu über 80 Prozent von Frauen geschaffen wurden, darunter auch zahlreiche historische Positionen.

Die Publikation möchte daher an Beispielen verschiedener Künstlerinnen aus unterschiedlichen Epochen die Veränderung der Schaffensbedingungen für weibliche Kunst und, damit einhergehend, den Wandel des Selbstbewusstseins und Selbstverständnisses von Künstlerinnen von der Renaissance bis heute zeigen. Denn letztlich beeinflusst die Gestaltung der Geschlechterrollen in einer Gesellschaft, wie Künstlerinnen sich ausbilden und äußern können, wie ihre Kunst wahrgenommen wird und wie sie existieren oder sogar bekannt werden können.

Bereits in Antike und Mittelalter haben sich Frauen künstlerisch betätigt. Doch blieben sie zunächst weitestgehend anonym und waren als Einzelpersönlichkeiten kaum nachzuweisen. Erste Erwähnungen von Künstlerinnen aber finden sich in der Antike: So hatte Plinius der Ältere sechs Malerinnen in einer kurzen Liste zusammengestellt. Diese übernahm in der Renaissance Giovanni Boccaccio in seinem Werk „De claris mulieribus“ (dt. „Von berühmten Frauen“), das er selbst als das erste ausschließlich von Frauen handelnde Buch bezeichnete. Er berichtete darin von den Malerinnen Thamar und Irene, die beide Töchter von Malern waren, sowie von der Bildhauerin und Malerin Marcia, die aufgrund ihrer Tugenden und ihrer Jungfräulichkeit („perpetua virgo“) in späteren Ausgaben seines Buchs zur frommen Nonne stilisiert wurde.

Erste namentlich bekannte Künstlerinnen lebten dann vor allem in den von der Öffentlichkeit abgeschotteten Klöstern. Als eine der frühen bedeutenden Buchmalerinnen des Hochmittelalters gilt etwa Diemut von Wessobrunn, die in einer Zelle neben der bayerischen Benediktinerabtei Wessobrunn ein entbehrungsreiches Leben führte. Herrad von Landsberg war dagegen Äbtissin des Chorfrauenstifts in Hohenburg im Elsass. Sie verfasste und illustrierte den „Hortus deliciarum", den Garten der Wonnen, eine Enzyklopädie mit 344 Miniaturen. Auch der Name der Buchmalerin Barbara Gwichtmacherin ist bis heute bekannt, von ihr soll eine Initiale mit dem Heiligen Andreas aus dem Chorbuch des Nürnberger Dominikanerklosters St. Katharina stammen.

Erst seit der Renaissance lassen sich Kunstwerke eindeutig mit bestimmten weiblichen Namen verbinden. Auch existieren von da an die ersten gesicherten Nachrichten, die über das Leben und Schaffen von Künstlerinnen Auskunft geben. Lange fanden sich nur in Klöstern künstlerisch arbeitende Frauen, ab der Renaissance dominierte jedoch die Herkunft aus Künstlerfamilien, denn bis ins 18. Jahrhundert hinein war die väterliche Werkstatt für Frauen oft die einzige Möglichkeit, eine künstlerische Ausbildung zu erhalten. Die ersten Kunstakademien entstanden zwar bereits im 16. Jahrhundert, doch galten Frauen dort eher als Ausnahmeerscheinungen. Schafften es Frauen trotz aller Widerstände, Malerin oder sogar Bildhauerin zu werden, wurden sie nicht selten von hohen Würdenträgern beschäftigt oder gar zu „Hofmalerinnen" ernannt. Meist waren sie verheiratet, da neben dem Vater nur ein Ehemann die Geschäfte führen durfte. Manche mieden aber auch das Eheglück, um sich ganz ihrer Profession widmen zu können. Erstaunlich ist jedoch: Verhältnismäßig früh sind Künstlerinnen viel und weit gereist, feierten Triumphe und verkauften ihre Werke zu Höchstpreisen.

Mit dem Beginn des 20. Jahrhunderts erkämpften sich die Frauen neue Möglichkeiten. Spezielle Damenakademien wuchsen aus den Metropolen empor, und die freien Angebote im Ausland, insbesondere in der französischen Landeshauptstadt, wurden zusehends wahrgenommen. Doch bezahlten Frauen im Vergleich zu Männern lange sehr viel mehr für Lehrer, Modelle und Ateliers, so dass es sich oft nur Töchter aus wohlhabendem Hause leisten konnten, sich ausbilden zu lassen. Auch in den Künstlervereinigungen, wie etwa dem Blauen Reiter, hatten es Künstlerinnen nicht unbedingt leichter. Mit Inkrafttreten des Gleichstellungsparagrafen in der Weimarer Republik konnten Frauen ab 1919 immerhin endlich an den staatlichen Akademien studieren und unter annähernd vergleichbaren Bedingungen eine Künstlerinnenkarriere anstreben. Am Bauhaus, der Künstlerschmiede der Moderne, waren Frauen zwar gern gesehen, wurden aber häufig auf geschlechtsspezifische Tätigkeiten wie die Weberei reduziert. Zunehmende Befreiung von den althergebrachten Geschlechterrollen erlangten Frauen erst ab den 1960er-Jahren. Doch noch da konstatierte die Malerin Gisela Breitling: „Ich war überzeugt, dass es niemals Malerinnen von Rang gegeben hatte. Während meines Studiums hatte ich in den Vorlesungen über Kunstgeschichte nie etwas von Frauen gehört. Nicht einen einzigen Namen."[1]

Erst 1971 startete eine genuin feministische Forschung, als die amerikanische Kunsthistorikerin Linda Nochlin in ihrem Aufsatz „Why have there been no great women artists?" nach der Sichtbarkeit von Künstlerinnen fragte und durch ihre Untersuchung den Weg für deren Rezeption ebnete. Daraus resultierte 1976 eine der ersten großen Künstlerinnen-Ausstellungen, die viele vergessene Malerinnen und Bildhauerinnen wieder ans Licht der Öffentlichkeit brachte.

Allerdings stellte Angela Merkel immerhin noch 1993 als Familienministerin fest: „Offen bestreitet heute niemand mehr die Originalität von Künstlerinnen und die Qualität ihrer Arbeiten. Dennoch werden Künstlerinnen und ihre Arbeiten auf dem Kunstmarkt weitgehend ignoriert."[2]

Heute haben sich Künstlerinnen viele Möglichkeiten geschaffen, auszustellen und bekannt zu werden. Zwar sind sie unter den Großverdiener*innen immer noch unterrepräsentiert, doch wächst ihre Zahl in den Ausstellungen stetig an, denn auch die Leitung von Galerien und Museen ist in den letzten zwanzig Jahren entschieden weiblicher geworden. Da es mehr Professorinnen an den Kunstakademien gibt, wachsen zudem die weiblichen Netzwerke. Auch wurden die lange Zeit als gravierend und von Natur aus gegeben angesehenen Unterschiede zwischen Mann und Frau durch die in den letzten Jahren geführten Gender-Diskussionen entschieden infrage gestellt, so dass auch in der Kunst immer weniger das Geschlecht im Vordergrund steht.

Mein Buch versucht, eine Frauenkunstgeschichte zwischen Renaissance und heute in knapper Form nachzuvollziehen. Neben den bekannteren Künstlerinnen möchte ich den Leser*innen auch einige in der

Öffentlichkeit weniger geläufige Malerinnen und Bildhauerinnen näherbringen. Aufgrund der Fülle des vorgefundenen Materials – nicht alle Künstlerinnen, die es verdient hätten, konnten berücksichtigt werden – soll dieses Buch jedoch in erster Linie dazu anregen, den Blick für Künstlerinnen und ihre Rolle in der Gesellschaft zu öffnen.

Carla Heussler, Stuttgart im Januar 2023

KLOSTER ODER FAMILIE

Künstlerinnen in Renaissance, Barock und Rokoko

Erst für das 16. Jahrhundert lassen sich die ersten namentlich nachweisbaren Künstlerinnen finden, denen tatsächlich auch Werke zugewiesen werden können. Dabei fällt auf, dass es für eine Ausbildung und ein Dasein als Bildhauerin oder Malerin letztlich nur zwei Möglichkeiten gab: das Leben im Schutz des Klosters oder das Dasein als vom Vater ausgebeutete Künstlertochter, deren Name und Werk nur selten ans Licht der Öffentlichkeit gelangte. Daneben existierten einige wenige Künstlerinnen als Ausnahmeerscheinungen, die weder dem einen noch dem anderen Kontext zuzurechnen waren. Zwar förderte der in der Renaissance auftretende Humanismus, der allen Menschen – seien es nun Männer oder Frauen – eine Entwicklung und Ausbildung nach den vorhandenen Möglichkeiten zugestand, das Aufkommen von Künstlerinnen. Doch in der Regel stammten diese Malerinnen oder Bildhauerinnen aus einigermaßen wohlhabenden und gebildeten Kreisen, Künstlerinnen aus dem einfachen Volk konnten nicht nachgewiesen werden.

Eine der ersten Bildhauerinnen: Properzia de' Rossi

Dass es überhaupt möglich ist, Künstlerinnen aus dem 16. Jahrhundert zu entdecken, ist Giorgio Vasari, einem der frühen Kunstschriftsteller, zu verdanken. Allerdings erwähnte er erst in der zweiten Ausgabe seiner „Lebensbeschreibungen berühmter Maler, Bildhauer und Architekten" von 1568 erstmals Künstlerinnen. Weshalb er dort über sie berichtete, hing vermutlich mit der damals zunehmenden Verbreitung des Humanismus zusammen, der nun auch Frauen Talente zuerkannte. Dementsprechend stellte Vasari seinem Kapitel über Künstlerinnen eine allgemeine Lobrede auf die Frauen voran. Überraschenderweise handelt es sich bei einer der ersten Frauen, von denen er berichtet, um eine Bildhauerin: Properzia de' Rossi. Ihr Porträt am Beginn des Kapitels zeigt sie mit einem Schleier. War sie also eine Nonne oder eine züchtige verheiratete Frau? Und es überrascht nicht: Weder ein Lehrer noch eine Ausbildungsstätte sind bekannt. Erstaunlicherweise hat sie weiblich zarte Hände, obwohl sie handwerklich arbeitete und wohl auch noch andere Künste beherrschte. Zunächst soll sie religiöse Szenen in Kirschkerne geschnitzt und sich dann der Arbeit mit Marmor zugewandt haben, was für Frauen des 16. Jahrhunderts kaum vorstellbar war. Denn die harte körperliche Arbeit traute man Frauen nicht zu, sie war den Männern vorbehalten. Um Aufträge zu bekommen, benötigte Properzia de' Rossi dann auch männliche Unterstützung: So „frug sie durch ihren Mann bei den Kirchenvorstehern an“[1], um Aufträge für Skulpturen an der Fassade der Kirche San Petronio von Bologna zu erhalten, die eine der größten Kirchen Italiens werden sollte. Es handelte sich also um ein äußerst prestigeträchtiges Unterfangen, bei dem die Anfrage durch eine Frau sicher abgelehnt worden wäre. Vermutlich musste sie daher, um als Bildhauerin überhaupt in Betracht gezogen zu werden, Proben ihrer Arbeit vorlegen, obwohl sie bereits Porträtbüsten für Santa Maria del Baraccano angefertigt hatte und somit keine Unbekannte war. Sie galt – trotz des unpassenden Metiers – als sehr talentiert, und so beschrieb Vasari durchaus begeistert das von ihr geschaffene Marmorrelief „Joseph und Potiphars Weib“ *(Abb. 1)*.

Nach der biblischen Erzählung war es Joseph, der von seinen Brüdern nach Ägypten verkauft worden war, gelungen, von Potiphar, einem hohen Beamten des Pharaos, zum Hausverwalter eingesetzt zu werden. Die Frau des Potiphars versuchte nun, den gutaussehenden jungen Mann zum Ehebruch zu verführen. Die Frau ist bei dieser Geschichte die aktiv Handelnde, was Properzia auch beeindruckend schildert: Energisch packt diese den fliehenden Joseph an seiner Tunika, wobei ihre üppigen wogenden Brüste entblößt werden – eine Szene von packender erotischer Spannung, die so gar nicht den Konventionen der Zeit entsprach. Vielleicht war genau dies einer der Gründe, warum das Relief damals nicht an der Fassade von San Petronio angebracht worden ist. Vasari strickte eine romantische Legende, nach der die Szene des Reliefs in Verbindung zur unerwiderten Liebe der Künstlerin zu einem hübschen Jüngling stehen soll. Demnach habe sie mit der Darstellung von Joseph und Potiphars Weib auch die eigene unerfüllte Liebe verarbeitet. Vasari suggeriert

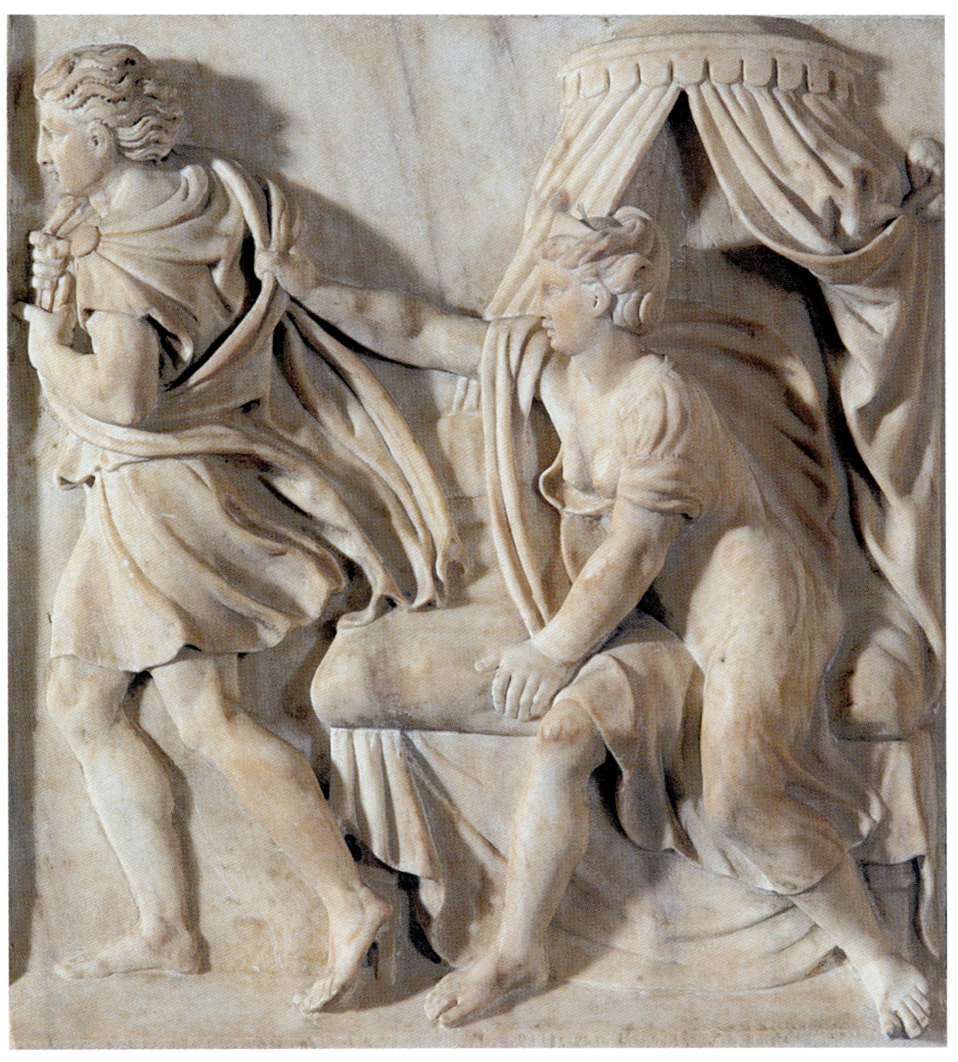

1 Properzia de' Rossi, Joseph und Potiphars Weib, 1525/26, Marmor-Relief, Museo di San Petronio, Bologna

damit, dass gerade die eigene leidvolle Erfahrung Properzia erst in die Lage versetzte, ein solch herausragendes Relief zu schaffen. Die unterstellte eigene Zurückweisung hätte hier jedoch zu einer biblischen Szene mit deutlicher moralischer Botschaft geführt. Gerichtsakten aus Bologna berichten dagegen: Ganze zweimal sei sie mit dem Gesetz in Konflikt geraten, weil sie den Garten eines Nachbarn verwüstet und einen Künstlerkollegen mit Farbe bespritzt haben soll. Zudem gab es eine Klage, in der Properzia öffentlich als Kurtisane diffamiert wurde. Mit dieser Klage in Zusammenhang stand tatsächlich ein junger Mann aus der Familie der Malvasia, der später eine Frau aus seiner Gesellschaftsschicht ehelichte.[2] Legende oder Wahrheit? Dies lässt sich heute nicht mehr feststellen, doch wird offensichtlich, dass eine Frau mit ungewöhnlichem Beruf mit einem gewissen Unverständnis betrachtet wurde und sie häufig Anfeindungen ausgesetzt gewesen sein muss. Letztlich lautete aber Vasaris Urteil: „Sie war wunderschön von Gestalt, sang und spielte entzückender, als irgendeine ihrer Zeitgenossinnen in Bologna."[3]

Ausbildung im Kloster: Die malende Nonne Pulisena Nelli

Wesentlich einfacher und auch unspektakulärer war es da, im festgefügten Klosterverband künstlerisch zu arbeiten. Die ausgeübte Profession stand dort ganz im Dienste Gottes, und so konnte ihr auch von einer breiteren Öffentlichkeit mit mehr Akzeptanz begegnet werden. Zudem brachte der Eintritt in ein Kloster den Vorteil, sich nicht um eine mögliche Ehe, Kinder oder gar ein eigenes Heim kümmern zu müssen. Hier entstand ein Freiraum dafür, künstlerischen Neigungen nachzugehen.

So weiß Vasari auch von der malenden Nonne Suor Plautilla, die mit bürgerlichem Namen Pulisena Nelli (1524–1588) hieß, zu berichten. Die Malerin stammte aus einer der bekannten und wohlhabenden Florentiner Familien. Nach dem Tod ihrer Mutter hatte ihr Vater, der Kaufmann Piero di Luca Nelli, erneut geheiratet und somit eine neue Familie gegründet. Vermutlich auch um die hohe Mitgift zu sparen, die bei einer Verheiratung fällig geworden wäre, trat Pulisena mit vierzehn Jahren in das Dominikanerinnenkloster Santa Caterina da Siena ein. Ob die Wahl des Klosters aus Zufall oder mit Absicht erfolgte, lässt sich heute nicht mehr nachvollziehen, doch war gerade dieser Konvent berühmt für seine herausragende Buchmalerei. Sehr bald nach ihrem Eintritt entdeckten ihre Mitschwestern ihr Talent im Malen und Zeichnen. Generell herrschte bei den Dominikanerinnen noch der Geist des Bußpredigers Girolamo

Savonarola, der gefordert hatte, die Nonnen zum Malen und Zeichnen religiöser Bilder anzuhalten, um Faulheit in den Klöstern zu vermeiden.

Dennoch stellt sich die berechtigte Frage: Wie gelang es Nelli, sich hinter Klostermauern über die Buchmalerei hinaus künstlerisch ausbilden zu lassen? Vasari zufolge soll sie sich durch Kopieren der großen Meister geübt haben. Sie studierte Werke der bekannten Florentiner Maler Andrea del Sarto und Agnolo Bronzino. Auch soll sie selbst, da sie nicht mittellos war, eine kleine Sammlung sakraler Bilder besessen haben, darunter Zeichnungen des Malers Fra Bartolommeo. Lange hielt sich auch die Vermutung, sie sei von einem Schüler Fra Bartolommeos, dem Dominikanermönch Fra Paolino da Pistoia, unterrichtet worden. Aufgrund der strengen Klosterregeln erscheint dies jedoch als unwahrscheinlich, wenn überhaupt, ließ er ihr nur Zeichnungen seines Lehrers zukommen. Insgesamt ist Nellis Wirken nur rudimentär überliefert, so dass ihr lediglich einige wenige Werke zugeschrieben werden können. Bei einem der zugesprochenen Werke handelt es sich um eine Beweinung mit Heiligen, die sich noch heute im Besitz ihres einstigen Konvents befindet. Klar erkennbar ist das Vorbild Fra Bartolommeos. Die Ähnlichkeit in Komposition und Farbgebung mit seiner Grablegung Christi aus dem Jahr 1516 ist allzu offensichtlich. Auffallend ist jedoch eine entscheidende Änderung Nellis: Sie hat zwei weitere trauernde Frauen hinzugefügt, die sich um den Leichnam Christi kümmern. Dies erklärt sich sicher aus dem Umstand, dass im Kloster weibliche Modelle besser verfügbar waren. Dementsprechend berichtet Vasari, in ihren Bildern seien Frauen natürlicher dargestellt als Männer. Auch sei die Gestik und Ausdruckskraft ihrer Figuren ausdrucksstärker als bei Fra Bartolommeo.

Pulisena Nelli wurde als Malerin in ihrer Zeit durchaus wahrgenommen, so hat sie einige wenige Bilder auch signiert, wie das „Abendmahl", das ursprünglich für die Nonnen ihres Klosters bestimmt war, sich aber heute im Refektorium des Konvents von Santa Maria Novella befindet. Darin fällt die besondere Sorgfalt auf, mit der das Porzellan und die Gläser gemalt sind. Zusätzlich fügte sie zwei Schalen mit Gemüse oder Salat hinzu, ein ungewöhnliches Detail für eine Abendmahlsdarstellung, das vermutlich an die volkstümliche toskanische Küche erinnern soll. Wie beim berühmten Abendmahlsfresko von Andrea del Castagno im Cenacolo di Sant'Apollonia ist ein ganz bestimmter Augenblick aus dem Johannes-Evangelium geschildert: „Der ist's, dem ich den Bissen eintauche und gebe. Und er tauchte den Bissen ein, nahm ihn und gab ihn dem Judas, des Simon Jschariोth Sohn."[4] So sitzt Judas sowohl bei Nelli als auch bei del Castagno separiert von den anderen Aposteln vor der Tafel, was als ikonografische Neuerung bezeichnet werden kann, und bekommt dort von Jesus ein Stück Brot gereicht, während er mit der anderen Hand den Beutel mit dem Judaslohn umklammert. Wie Vasari berichtet, waren die Bilder Nellis nicht nur in ihrem Konvent, sondern auch bei den angesehenen Familien in Florenz sehr beliebt, so dass sie tatsächlich eine große Zahl an Bildern geschaffen haben muss. Doch trotz der erkennbaren malerischen Qualität ihrer Werke und deren Beliebtheit wird ihr Können von Vasari abgewertet, ja er spricht ihr sogar gewisse künstlerische Fähigkeiten ab: „Von ihren Arbeiten verdienen jene den Vorzug, die sie nach andern gefertigt hat, woraus man sieht, was sie Gutes geleistet haben würde, wenn sie so leicht, wie ein Mann, nach der Natur und dem Leben hätte studiren und zeichnen können."[5] Mangelnde Ausbildungsmöglichkeiten, bedingt durch die Abgeschlossenheit des Klosters, verhinderten, dass die Künstlerin ihre Möglichkeiten voll ausschöpfen konnte. Doch ermöglichte das Kloster Pulisena Nelli letztlich auch, überhaupt malen zu können, und darüber hinaus, die Malerei als Beruf im Sinne von Ausführung von Aufträgen und Bezahlung der Arbeit auszuüben.

Weder Nonne noch Künstlertochter: Die Malerin Sofonisba Anguissola

Neben dem Kloster war die einzige weitere Möglichkeit der künstlerischen Ausbildung, in eine Malerfamilie hineingeboren zu werden. Ansonsten waren Frauen in der Regel von jeglicher Kunstausbildung und Ausübung ausgeschlossen. Eine der wenigen Ausnahmen: Sofonisba Anguissola. Sie entstammte keiner Künstlerfamilie, und dennoch erhielt sie eine Ausbildung zur Malerin. Diesen ungewöhnlichen Umstand hat sie der humanistischen Bildung ihres Vaters und vielleicht auch seiner finanziellen Situation zu verdanken. Er setzte um, was Autoren wie Baldassare Castiglione forderten: Eine umfassende Bildung in Literatur, Musik, Philosophie und Zeichnen nicht nur für die Söhne, sondern auch für die Töchter aus gutem Hause. Die in Cremona geborene Sofonisba Anguissola bildete gemeinsam mit ihren sechs jüngeren Geschwistern, darunter fünf Schwestern, im 16. Jahrhundert eine absolute Ausnahmeerscheinung. Ungewöhnlich neben ihrem Geschlecht war auch ihr adliger Stand, denn auch einem künstlerisch begabten adligen Mann war damals eine Ausbildung zum Bildhauer oder Maler nahezu unmöglich, galten Künstler doch als Handwerker. So musste sich der berühmte Bildhauer Michelangelo Buonarroti mit Vehemenz gegen seine Familie durchsetzen, um Bildhauer werden zu können. Doch nicht nur die Aufgeschlossenheit des Vaters ermöglichte die Ausbildung Sofonisbas und drei ihrer Schwestern, denn da er finanziell nicht in der Lage war, allen seinen Töchtern eine standesgemäße Aussteuer mit auf den Weg zu geben, bildete die Berufsausbildung eine mögliche, wenn auch damals noch ungewöhnliche Möglichkeit, deren Zukunft zu sichern. Letztlich war dies eine Sensation.[6]

So erhielten Sofonisba und ihre um ein Jahr jüngere Schwester Elena, anstatt sich auf die Ehe vorzubereiten, eine für damalige Verhältnisse fundierte künstlerische Ausbildung. Bei Ausbildungsbeginn war Sofonisba genauso alt wie ein männlicher Lehrling. Sie wohnte gemeinsam mit ihrer Schwester Elena bei der Familie ihres Lehrers Bernardino Campi, einem der besten Maler Cremonas. Auch dies war für die damalige Zeit überraschend, lebten doch die Töchter bis zu ihrer Vermählung in der Regel bei den Eltern. Allerdings standen die Schwestern während ihrer Ausbildung unter der Obhut der Ehefrau des Malers, so dass der nötige Anstand gewahrt werden konnte. Anschließend war Bernardino Gatti, wie Campi ein Maler des Manierismus, ihr Lehrer. Danach trennten sich die Wege der Schwestern: Elena trat in ein Dominikanerinnenkonvent ein. Beim ersten erhaltenen Bildnis Sofonisbas aus dem Jahr 1551 handelt es sich daher um das Porträt ihrer Schwester als Novizin. Das Porträt galt als ihre bevorzugte Gattung, war doch das bedeutendere Historienbild den Männern vorbehalten. Auch malte sie eine beträchtliche Zahl an Selbstbildnissen. Ein Grund dafür war sicherlich, dass sie so kein Modell bezahlen musste, sondern nur einen Spiegel benötigte. Besonders beeindruckend ist aber ein Gemälde, das ihre Schwestern beim Schachspiel zeigt. Sofonisba wählte eine aus dem Leben gegriffene Szene, in der die Gefühle und Charaktere der jungen Mädchen sichtbar werden. Die Schachfigur noch in der Hand, blickt Lucia den Betrachter an und führt ihn so ins Bild ein, während Europa lachend die überraschte Reaktion ihrer Schwester Minerva auf den letzten siegreichen Schachzug beobachtet. Auf der rechten Bildseite blickt die ältere Dienerin interessiert, aber auch wachsam, dem Treiben der Mädchen zu *(Abb. 2)*.

Wie damals üblich, fungierte Sofonisbas Vater als ihr Agent. Er knüpfte für sie Kontakte zum Herzog von Ferrara, zu den Höfen von Mantua, Parma und Urbino. Sogar mit Michelangelo korrespondierte er und bat darum, ihm Zeichnungen zu schicken, die seine begabte Tochter kolorieren sollte. Eine Heirat zerschlug sich, angeblich weil die Familie die Mitgift nicht aufbringen konnte, vielleicht aber auch, weil der Vater hoffte, dass sich die Ausbildung noch besser bezahlt machen könnte als bisher, denn als verheiratete Frau hätte sie wahrscheinlich nicht weiter als Malerin arbeiten können.[7]

Tatsächlich ging die Rechnung auf: Als erste professionelle Malerin aus Italien ging sie ins Ausland. Philipp II. von Spanien engagierte sie als Zeichenlehrerin im Rang einer Hofdame für seine Ehefrau, die erst vierzehnjährige französische Prinzessin Elisabeth von Valois, die älteste Tochter von Caterina de' Medici und Heinrich II. von Frankreich. Gleichzeitig wurde für die Familie der Künstlerin in Form einer Rente gesorgt. Nach Madrid durfte Sofonisba jedoch nicht alleine reisen, sie wurde von zwei Damen, sechs Bediensteten und zwei Herren aus ihrer Verwandtschaft begleitet. Dies gebot zum einem die Schicklichkeit, zum anderen war so die sichere Ankunft gewährleistet, denn Reisen war damals aufgrund der marodierenden Banden ausgesprochen gefährlich.

Im Dienst des spanischen Königs wagte die junge Malerin zunächst nicht, ihre Bilder zu signieren, vermutlich um nicht mit den offiziellen

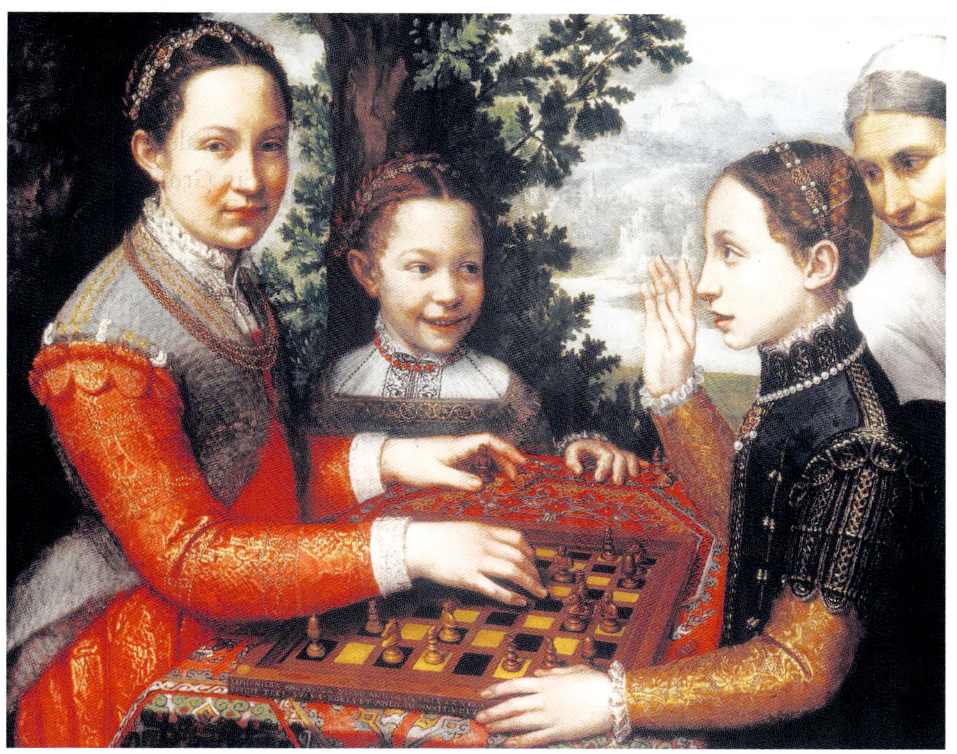

2 Sofonisba Anguissola, Drei Schwestern beim Schachspiel, um 1555, Öl/Lw., Nationalmuseum Poznań

Hofmalern in Konkurrenz zu treten. Doch bekam sie bald zahlreiche Aufträge für Porträts der Königsfamilie: So malte sie etwa für Papst Pius IV. ein Bildnis der Königin, der sie sehr nahestand. Nach dem frühen Tod ihrer Herrin im Kindbett, der sie tief traf, wollte Philipp II. sie an den Hof binden und verheiratete sie mit dem sizilianischen Adligen Don Fabrizio di Moncada. Vom König erhielt sie eine entsprechende Mitgift sowie eine Lebensrente als Zeichen seiner Wertschätzung und letztlich auch zu ihrer Absicherung. Diese Zuwendungen machten die Künstlerin, die schon längst das damals allgemein übliche Heiratsalter überschritten hatte, zu einer begehrenswerten Partie. Nach nur fünf Jahren Ehe wandelte sich ihr Leben aber radikal: Ihr Ehemann kam überraschend ums Leben, und so reiste sie in ihre Heimat zurück. Während der Reise lernte sie den Kapitän des Schiffs, Orazio Lomellini, unehelicher Spross einer der bedeutenden Geschlechter Genuas, kennen und bot ihm die

Heirat an, ganz eigenmächtig gegen den Willen ihres Bruders und ohne den König um Erlaubnis zu bitten. Mit einer Blitzheirat kam das Paar möglichen Einsprüchen zuvor.[8] Eine Ungeheuerlichkeit für eine Frau, sich ihren Ehemann selbst auszusuchen. Zudem handelte es sich ganz romantisch um eine Liebesheirat, für die sie sich selbst aus freien Stücken entschieden hatte. Wäre der Ehemann nicht so hochrangig gewesen, wäre es sicherlich zu einem Skandal gekommen, der ihrem Ansehen als Frau und Künstlerin unwiderruflich geschadet hätte.

Das frisch vermählte Ehepaar lebte zunächst in der Heimat des Mannes, in Genua. In der Hafenstadt war die Malerin bald sehr angesehen und konnte sich nun beruflich, als ihre eigene Herrin, voll entfalten. Als der flämische Maler Peter Paul Rubens sich 1606 in Genua aufhielt, suchte er die Malerin auf und kopierte sogar ihre Werke. Gerade ihr Bildnis der Elisabeth regte ihn zum Porträt der Brigida Spinola an, das den Auftakt zu einer neuen Art von repräsentativen Adelsporträts bildete. 1615 zog das Ehepaar nach Palermo, wo Sofonisba 1624 sogar Besuch vom Rubens-Schüler Anthonis van Dyck erhielt. Aus dieser Zeit stammt ein letztes Selbstbildnis der inzwischen über neunzigjährigen Malerin. Als Sofonisba Anguissola 1625 verstarb, errichtete ihr Ehemann der berühmten Malerin einen Grabstein, auf dem er ihre besondere Lebensleistung würdigte.

Ein Wunder der Kunstgeschichte: Lavinia Fontana

Vor allem im Norden Italiens gab es bald weitere berühmte Künstlerinnen. Insbesondere die Universitätsstadt Bologna zeigte sich gegenüber der Ausbildung von Frauen aufgeschlossen und rühmte sich, „weibliche Wunder" hervorzubringen, die Jura oder Philosophie studierten und dies auch lehrten, Bücher veröffentlichten oder eben wie Lavinia Fontana (1552–1617) malten. So nahm sie der Historiker Carlo Malvasia später unter seine Biografien berühmter Maler Bolognas des Barocks auf, und der Autor Giulio Cesare Croce schrieb 1590 über seine Zeitgenossin, „dass sie Apollodoros, Zeuxis und Apelles gleichkam, auch Michelangelo und anderen Malern von ähnlichem Rang, Corregio, Tizian und Raffael …"[9]

Lavinia Fontanas Vater war der berühmte Maler Prospero Fontana, der erste Lehrer von Ludovico Carracci und mehrfach gewählter Meister der Goldschmiedezunft in Bologna. Bei ihm erlernte sie die Grundlagen der Malerei, bevor sie zu Denys Calvaert wechselte, der in Bologna eine Schule gegründet hatte, die auch die großen Barockmaler Guido Reni, Francesco Albani und Domenichino besuchten. Während ihrer ersten Schaffensperiode, die von 1570 bis 1575 währte, dominierten die großformatigen religiösen Bilder. Für Malerinnen üblich war bisher nur das kleine Format gewesen, erst mit Lavinia Fontana begannen die Künstlerinnen, sich auch größeren Formaten zuzuwenden. So wie sie sich auch zunehmend in der bisher den Männern vorbehaltenen Historienmalerei behaupteten. 1577 heiratete Lavinia Fontana den aus reichem, aber niederem Adel stammenden Gian Paolo Zappi aus Imola. Malvasia berichtete über diese Verbindung, die junge Malerin habe gegenüber ihrem Ehemann zuvor sehr offen ihre Berufstätigkeit nach der Heirat angesprochen.[10] Statt ihr aber die Malerei zu verbieten, kam es zu einer engen Zusammenarbeit der Ehepartner, wobei Zappi der untergeordnete Part zukam; er soll, da er der schlechtere Maler war, für die Darstellung von Kleidung zuständig gewesen sein. So behauptete Malvasia: „Da er sich erfolglos abmühte, machten sich die Leute über ihn lustig, und so bekam er die Aufgabe, die Oberkörper und Kleider der Porträts auszuführen, die sie malte, also hieß es, er müsse sich als Schneider begnügen, da ihn der Himmel nicht zum Maler bestimmt habe.“[11]

Trotz allen Spotts kam ihm aber eine sehr wichtige Rolle in der Partnerschaft zu: Er führte die „Ricordi“ (die Auftragsbücher) mit den Einnahmen, da man Frauen das „Geschäftliche“ nicht zutraute und sie rein rechtlich gesehen als nicht geschäftsfähig galten. Allerdings signierte Lavinia Fontana sehr selbstbewusst ihre Gemälde. Erstaunlich war auch, dass sie, obwohl sie im Laufe der Jahre insgesamt elf Kindern das Leben schenkte, kontinuierlich weiterarbeitete. Mehr noch: Sie nutzte diesen Kindersegen geschickt für ihre beruflichen Ambitionen, indem sie den Kindern Taufpaten aus den besten Familien Bolognas suchte. Auch scheint Lavinia das Werk der rund zwanzig Jahre älteren Sofonisba Anguissola gekannt zu haben. Sie trat sogar in direkte Konkurrenz zu ihr, indem sie sich in einem ihrer Selbstporträts sichtlich am Vorbild der älteren Malerin orientierte. Generell spielte die Gattung des Porträts wie bei Sofonisba Anguissola entsprechend der guten Auftragslage auch bei ihr eine große Rolle, und sie stieg in den Jahren 1572 bis 1582 zu einer der gefragtesten Porträtmaler*innen Bolognas auf. Dafür sorgten nicht zuletzt ihre zahlreichen Auftraggeberinnen, bei denen es sich vorwiegend um junge Frauen aus der Oberschicht handelte. Erstaunlich waren zudem die mitunter monumentalen Formate ihrer Gruppenporträts. Da sich ihr guter Ruf rasch verbreitete, erhielt sie auch Aufträge aus Rom. Der ebenfalls aus Bologna stammende Papst Gregor XIII., den sie auch porträtierte, erwies sich als einer ihrer größten Bewunderer. 1599 erhielt sie sogar den Auftrag, für die Kapelle von Kardinal Ascoli in der Basilika Santa Sabina den „Triumph des Hyacynth" zu malen. Schließlich zog sie 1604 auf Einladung Papst Clemens' VIII. mit ihrer gesamten Familie nach Rom, um für ihn das monumentale Altarbild der „Steinigung des Heiligen Sebastian" für die Papstbasilika San Paolo fuori le mura auszuführen.[12] Dies ist umso erstaunlicher, da auch die berühmten Maler Carracci, Domenichino, Reni oder gar Caravaggio zur Verfügung gestanden hätten.

Während ihrer letzten Schaffenszeit entstanden auch einige mythologische Bilder, in denen sie mit den gängigen Konventionen brach: So malte sie 1613 für Kardinal Scipione Borghese das Bild „Minerva kleidet sich an" und bewies damit ihre Kenntnisse des weiblichen Akts. Dies galt als absoluter Tabubruch, war doch den Frauen das Aktstudium entschieden verboten. Vermutlich handelte es sich hier daher um den ersten, von einer Frau gemalten Akt, allerdings unter Verwendung von antiken Skulpturen statt lebender Modelle *(Abb. 3)*.

Kein Wunder, dass Lavinia Fontana bereits zu ihrer Zeit eine Berühmtheit war: Noch zu ihren Lebzeiten wurde ihr eine Medaille geschlagen, die auf der Vorderseite ihr Profil und auf der Rückseite eine Frau mit wildem Haar vor der Staffelei zeigte, die wie eine Allegorie der bildenden Kunst wirkt.[13] Zudem berichteten bedeutende Kunstkritiker wie Raffaello Borghini,[14] Giovanni Baglione[15] und vor allem Malvasia über die Künstlerin. Und nicht zuletzt war der große Kunstsammler Scipione Borghese, Neffe von Paul V. und Begründer der bekannten Kunstsammlung der Galleria

Borghese, einer ihrer Auftraggeber. Neben den von ihr signierten Bildern existieren aber auch etliche Zuschreibungen, so dass ihr Werk vermutlich als eines der umfangreichsten in der Zeit vor 1700 anzusehen ist. Als Fazit lässt sich daher feststellen, dass sie ihren männlichen Malerkollegen in nichts nachstand, was sie im 16. Jahrhundert tatsächlich zu einem Wunder der Kunstgeschichte werden ließ.

Zwischen Ausbeutung und Emanzipation: Künstlertöchter

Zu den Künstlertöchtern gehört auch die aus Ravenna stammende Barbara Longhi (1552–1638). Sie erlernte, wie ihr Bruder Francesco Longhi, beim Vater, dem erfolgreichen Maler Luca Longhi, die Malerei und gehört damit zu den wenigen Künstlerinnen, die Vasari in seinen „Lebensbeschreibungen“ überhaupt erwähnte. Allerdings fällt auf, dass ihre frühen Arbeiten denen ihres Vaters auffallend ähnelten. Erst nach dessen Tod soll sie zu einer eigenständigen Malweise gefunden haben. Von ihrer Hand stammen nachweislich fünfzehn Bilder, aber nicht alle tragen ihre Signatur. Sie war vor allem für ihre kleinformatigen Madonnenbilder bekannt, die vermutlich für private Auftraggeber entstanden. Aber auch eine Darstellung von „Judith mit dem Kopf des Holofernes“ findet sich in ihrem Werk. Dort zeigt sie die Judith aber nicht als aktive weibliche Heldin, sondern lässt sie mit unbeteiligter Miene am dramatischen Geschehen teilnehmen. Im Gegensatz zu Lavinia Fontana oder Sofonisba Anguissola reiste Barbara Longhi auch nicht, sondern blieb ihr gesamtes Leben in Ravenna.

Nicht selten gingen die Werke der Künstlertöchter im Œuvre ihrer berühmten Väter unter. Ein Beispiel dafür ist Marietta Robusti (1554/55–1590/91), die Tochter des berühmten Malers Jacopo Robusti, genannt Tintoretto. Sie war zu ihrer Zeit als „La Tintoretta“ bekannt, allerdings sind ihre Werke heute nur noch schwer zu identifizieren. Dabei war sie zu Lebzeiten sehr berühmt und wurde sogar in zahlreichen kunsttheoretischen Schriften neben ihren berühmten Malerkollegen erwähnt. Als Frau konnte sie sich allerdings nicht wie ihre männlichen Kollegen in die Malerzunft einschreiben und sich selbstständig machen. Und da sie

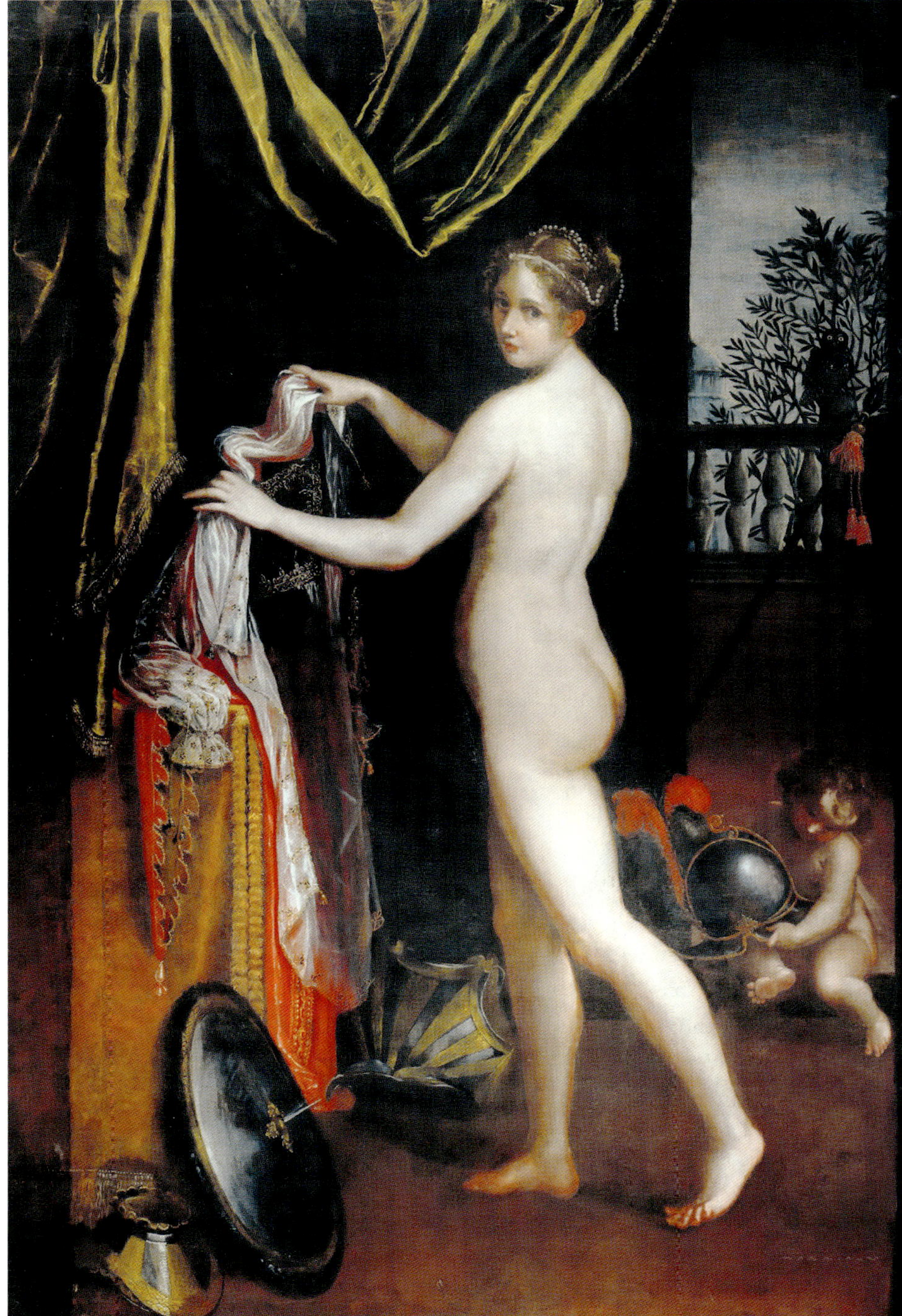

noch vor ihrem Vater starb, hatte sie auch nie die Möglichkeit, sich von ihm zu emanzipieren und zu distanzieren. Bedauerlicherweise sind uns zudem über ihr Leben nur wenige biografische Eckdaten bekannt. Überliefert ist: Sie war die älteste Tochter Tintorettos und erlernte bei ihm nicht nur das Malerhandwerk, sondern war zeitweise auch dessen Mitarbeiterin. Laut den erhaltenen Berichten soll sie ihren Vater häufig als Junge verkleidet zu seinen Auftraggebern begleitet haben, da sie als Mädchen dort sonst keinen Zutritt erhalten hätte. Neben einer Ausbildung in Malerei wurde sie nach dem humanistischen Ideal der Renaissance zusätzlich in der Musik unterrichtet.

Aus den ersten Jahren ihres Schaffens haben sich leider nur zwei Zeichnungen nach Gipsabgüssen erhalten, die ihr Talent belegen. Tatsächlich arbeitete sie für so bedeutende Auftraggeber wie dem Antiquar und Hofbaumeister Jacopo Strada: Er bestellte bei ihr ein Porträt sowie ihr Selbstporträt. Diese ersten Aufträge begründeten ihren Ruhm und machten sie über die Grenzen Venedigs hinaus bekannt. Eine Karriere als Hofkünstlerin schien wohl in unmittelbarer Reichweite zu liegen, doch wurde dies von ihrem Vater vereitelt, der sie in seiner Nähe haben wollte. 1578 verheiratete er sie daher mit dem venezianischen Goldschmied Marco Augusta und verlangte, dass sie im Elternhaus wohnen blieb. Der Grund dafür ist eindeutig: Sie war für ihren Vater als kompetente und billige Arbeitskraft unentbehrlich. Die letzte Erwähnung Mariettas findet sich am 28. Dezember 1584. Damals beantragte Tintoretto für seinen ältesten Sohn Giovanni Battista und seinen Schwiegersohn Marco Augusta die Mitgliedschaft in der renommierten Scuola di San Marco. Über diese indirekte Erwähnung hinaus existieren keine weiteren Zeugnisse von ihrem Leben und Werk. Nur der venezianische Künstlerbiograf Carlo Ridolfi gibt nach einer mündlichen Überlieferung ihr Todesjahr mit 1590 an.[16]

Deutlich eigenständiger gestaltete sich das Leben der Malerin Elisabetta Sirani (1638–1665) aus Bologna. Nachdem ihr Vater Andrea Sirani, ein ehemaliger Assistent von Guido Reni, sie ausgebildet hatte, konnte sie sogar

3 Lavinia Fontana, Minerva kleidet sich an, 1613, Öl/Lw., Galleria Borghese, Rom

dessen Werkstatt übernehmen. Allerdings hatte der Vater ihr Talent erst dank des Kunstkritikers Carlo Malvasia anerkannt, der sie in seinen Aufzeichnungen lobend erwähnte. Ob das aber zu ihrem Vorteil war, bleibt dahingestellt, denn letztlich musste Sirani mit ihrer Arbeit die gesamte Familie ernähren, und die Einkünfte erhielt weiterhin der Vater. Mit Anfang zwanzig führte sie als professionelle Malerin ihre eigene Werkstatt, gehörte der Accademia di San Luca an und war eine der ersten Frauen überhaupt, die Malerinnen ausbildete.[17] Sie führte damit eine der ersten Kunstakademien ausschließlich für Frauen. Ihre Produktivität war zudem legendär: Innerhalb von dreizehn Jahren schuf sie, wie aus ihrem „Ricordo", dem von ihr geführten Auftragsbuch, hervorgeht, über 182 Werke. Dabei führte Sirani eine typische Künstlerwerkstatt, die vor allem religiöse Werke in Auftrag herstellte. Bald bekannt als eine der ersten Künstlerinnen überhaupt, wurde sie sogar in die renommierte römische Accademia di San Luca aufgenommen, die ansonsten eine männerdominierte Gemeinschaft war. Dies spricht für die hohe Qualität ihrer Arbeiten. Ihr großes Arbeitspensum wurde ihr jedoch bald zum Verhängnis: Sie starb bereits mit 27 Jahren an einem Magengeschwür. Da war sie in Bologna bereits so berühmt, dass sie mit einem Staatsbegräbnis gewürdigt wurde.

Skandal und Anerkennung: Artemisia Gentileschi

Die Künstlertochter Artemisia Gentileschi gilt heute inzwischen als eine der berühmtesten Barockmalerinnen, über die aktuell viel geforscht und geschrieben wird. Sogar ein spezieller Preis für Künstlerinnen ist seit 2008 nach ihr benannt. Auf dem Höhepunkt ihrer Karriere zählten bedeutende Persönlichkeiten aus ganz Europa zu ihren Auftraggebern. Als selbstständige Unternehmerin unterhielt sie ein eigenes Atelier und bestritt ihren eigenen Lebensunterhalt und den ihrer Familie. Auch sie malte großformatige Historienbilder und brillierte somit in einer eigentlich den Männern vorbehaltenen Gattung. Doch obwohl sie zu Lebzeiten außerordentlich erfolgreich und sehr bekannt war, gerieten sie und ihr Werk kurz nach ihrem Tod für Jahrhunderte in Vergessenheit Erst in den letzten vierzig Jahren hat man sie in der Kunstgeschichte wiederentdeckt.

Artemisia Gentileschi wurde am 8. Juli 1593 als erstes Kind des bekannten Malers Orazio Gentileschi und seiner Frau Prudentia Montone in Rom geboren. Mit gerade einmal zwölf Jahren verlor sie ihre Mutter. Ganz selbstverständlich wuchs Artemisia daher in der Werkstatt ihres Vaters zwischen Farbtiegeln und Leinwänden auf. Schon bald erkannte dieser ihre Begabung und unterrichtete sie ebenso wie seinen Sohn Francesco in der Malerei. Sie sollte ihren Vater zunächst als Gehilfin und damit als billige Arbeitskraft in der Werkstatt unterstützen. Der Bruder Francesco war indes weit weniger talentiert und war daher später, wie auch sein jüngerer Bruder als Kunstagent für Vater und Schwester aktiv.

Relativ früh interessierte sich Artemisia für biblische Geschichten, in denen Frauen sich gegen die Ungerechtigkeit von Männern wehrten. So handelt es sich beim ersten größeren, um 1610 im Atelier des Vaters entstandenen Werk um eine ungewöhnliche und drastische Darstellung von „Susanna und die beiden Alten“, eine Erzählung aus dem Alten Testament, die allgemein als Beispiel für Keuschheit gilt. Zwei Richter in Babylon beobachten Susanna beim Baden im Garten. Als diese alleine ist, treten sie hervor und verlangen, dass Susanna ihnen zu Willen sei, sie würden sonst ihrem Mann erzählen, dass man sie mit einem Liebhaber überrascht habe. Susanna weigert sich jedoch. Vor Gericht schwören die beiden falsch, und die junge Frau wird wegen Ehebruchs zum Tode verurteilt. Der junge König Daniel hört Gottes Stimme und erreicht, dass die beiden Alten nochmals verhört werden. Er stellt jedem die Frage, unter welchem Baum sie Susanna gesehen haben – der eine antwortet unter einer Eiche, der andere unter einer Linde. Der Meineid wird so offenbar, Susanna wird freigesprochen und die bösen Richter verurteilt.

Die meisten Maler von Susanna-Darstellungen nutzten die Erzählung in erster Linie, um einen dekorativen weiblichen Akt zu schildern. Ganz anders Artemisia: Sie zeigt in aller Schärfe den Konflikt der jungen Frau: Entweder sie erniedrigt sich und liefert sich den beiden Männern sexuell aus, oder aber sie verweigert den Ehebruch, dann droht ihr öffentliche Verleumdung und die Todesstrafe. Die nackte Susanna, nur mit einem weißen Tuch über dem Schenkel demonstriert allein mit ihrer Körperhaltung die unangenehme Situation: Die Beine sind nach links gerichtet, der Oberkörper nach rechts gedreht, die Arme sind abwehrend erhoben, während sie den Kopf abwendet. Rechts hinter ihr beugen sich die beiden alten Männer verschwörerisch über eine Brüstung. Susanna hat ganz offensichtlich keine Chance, den beiden zu entkommen. Als Betrachter*in identifiziert man sich automatisch mit Susanna – erlebten doch viele Frauen damals ähnlich bedrohliche Situationen: Sexuelle Übergriffe waren im 16. Jahrhundert an der Tagesordnung. Auch scheint es fast, als hätte Artemisia mit ihrem verstörenden Gemälde die ihr später selbst widerfahrene Ungerechtigkeit vorweggenommen.

Diese wurde keineswegs leichtfertig herbeigeführt, der Vater wachte mit Argusaugen über die Tugend und Unschuld seiner Tochter. Sie musste sich einem eng gesteckten Verhaltenskodex unterwerfen, der ihren Bewegungsspielraum extrem einschränkte: So durfte sie etwa ohne Begleitung nicht das Haus verlassen, und wenn Auftraggeber oder Künstlerkollegen des Vaters zu Besuch kamen, durfte sie sich nicht zeigen, sondern musste sich verstecken.[18]

Umso erstaunlicher wirkt da die Offenheit des Vaters gegenüber dem Künstlerkollegen Agostino Tassi, mit dem Orazio bei größeren Freskenprojekten häufig zusammenarbeitete. Orazio betraute ihn sogar damit, seine Tochter in Perspektive zu unterrichten. Und das, obwohl Tassi ein stadtbekannter Schürzenjäger war, der sich schon einmal wegen Blutschande mit seiner Schwägerin Constanze vor Gericht hatte verantworten müssen.

So konnte Tassi ungehindert das Haus der Familie betreten und sich an Artemisia vergehen. Damit sie ihn nicht verriet, versprach er ihr die Ehe, obwohl er bereits verheiratet war. Schließlich vertraute sich Artemisia ihrem Vater an, der einen Prozess gegen Tassi anstrengte, um die Ehre seiner Tochter und letztlich auch seine eigene wiederherzustellen. Der Prozess gestaltete sich für Artemisia zum peinlichen Spießrutenlaufen: Tassi beschuldigte sie gar der Prostitution. Daraufhin wurde sie in Anwesenheit eines Notars von zwei Hebammen gynäkologisch untersucht, um zu beweisen, dass sie nicht als Prostituierte tätig gewesen war. Aber auch das genügte nicht als Beweis: In einem Kreuzverhör legte man ihr sogar die Daumenschrauben an.[19] Tiefer konnte die Demütigung kaum sein.

Tassi kam bald wieder frei und konnte seine Karriere nicht nur fortsetzen, sondern erhielt sogar noch mehr Aufträge als zuvor. Artemisia Gentileschi jedoch wurde knapp einen Monat nach diesem für sie so beschämenden Prozess mit dem Florentiner Maler Pietro Antonio di Vincenzo Stiattesi verheiratet, mit dem sie fortan in der Toskana lebte.[20] Ihr Vater aber versöhnte sich bald darauf wieder mit Tassi, was zu einem tiefen dauerhaften Riss in der Beziehung zwischen Vater und Tochter führte.

Die Familie Gentileschi stammte ursprünglich aus Florenz. So lebte der Onkel, der bekannte Maler Aurelio Lomi, mit dessen Name Artemisia nun ihre Bilder signierte, in der Arnostadt, was das tiefe Zerwürfnis mit ihrem Vater auch nach außen sichtbar machte. Die arrangierte Ehe hielt indes nicht lange: Nach der Geburt einer Tochter trennte sich das Ehepaar bereits wieder.

In Florenz hatte Artemisa schnell Fuß gefasst. Insbesondere einem ihrer frühen Auftraggeber war dieser Erfolg zu verdanken: Michelangelo Buonarroti dem Jüngeren, Großneffe des berühmten Florentiner Künstlers. Von ihm bekam sie 1615 einen ihrer ersten Aufträge. Michelangelo Buonarroti der Jüngere hatte ein Haus in der Via Ghibellina errichtet, in dem ein Raum dem Andenken des berühmten Malers und Bildhauers gewidmet war. Dieser wurde von den berühmtesten Künstlern aus Florenz ausgestattet. Artemisia war eine der Ersten, die einen Auftrag für ein Deckenbild erhielt. Ihr wurde auch – und das ist mehr als ungewöhnlich – proportional mehr bezahlt als ihren männlichen Kollegen. Bei der von ihr gemalten „Allegorie der Zuneigung“ aus dem Jahr 1615/16 handelte es sich zudem um eine Aktfigur, die später aus „Keuschheitsgründen“ von Baldassare Franceschini, genannt „Il Volterrano“ mit einem Tuch halb verhüllt wurde.[21]

Relativ rasch stand Artemisia auch in den Diensten der regierenden Familie der Medici, des Großherzogs Cosimo II. und seiner Gemahlin Maria Magdalena von Österreich. In Florenz löste sich Artemisia nun endgültig vom Vorbild des Vaters. Sie wählte die realistische Malweise Caravaggios, von dem sie auch das dramatische Chiaroscuro übernahm, doch sind ihre Farben insgesamt leuchtender und heller als bei ihrem großen Vorbild. Letztlich gilt sie sogar als die Künstlerin, die den Caravaggismus nach Florenz gebracht hat. Bei ihrer ersten Arbeit für den Medici-Hof „Judith und ihre Dienerin auf der Flucht" von 1613/14 beschäftigte sie sich erneut mit einer christlichen Heldin. Die fromme und schöne Witwe Judith lebte in der Stadt Bethulia, die von Holofernes, dem Feldherrn des Königs Nebukadnezar belagert und ausgehungert wurde. Nachdem die Ältesten beschlossen hatten, sich zu ergeben, fasste die junge Witwe einen Plan zur Rettung ihres Volkes. Sie begab sich gemeinsam mit ihrer Magd ins Feldlager des Feindes und gab sich als verfolgte Flüchtende aus. Holofernes lud sie aufgrund ihrer Schönheit zu einem Gelage ein. Als sich seine Diener zurückgezogen hatten und er selbst bereits betrunken war, schlug sie ihm mit seinem eigenen Schwert das Haupt ab, verbarg es in einem Sack und eilte mit ihrer Magd zurück nach Bethulia. Das Haupt des Holofernes ließ sie an die Stadtmauer hängen. Die nun führerlosen Assyrer erschraken darüber so sehr, dass sie flohen und von ihren Verfolgern erschlagen wurden.

Mit gerade einmal 21 Jahren fand Artemisia ein für sie ganz neues Thema und auch ihre eigene Darstellungsweise: Sie schildert nicht die brutale Enthauptung des Holofernes, sondern zeigt Judith mit ihrer Dienerin auf der Flucht. Die junge und kräftige Judith hat das große Schwert, mit dem sie kurz zuvor die Tat begangen hat, geschultert. Ihre Magd steht mit dem Rücken zum Betrachter. In ihrem Korb befindet sich ein blutiges Tuch sowie der abgeschlagene Kopf des Heerführers Holofernes. Bei Artemisia und ihrer Magd handelt es sich um zwei Frauen, die ein gemeinsames zielgerichtetes Handeln zusammenschweißt, wie man es sonst nur bei männlichen Helden kannte.

Wie ihr Vorbild Caravaggio beschäftigte sie sich auch mit der Darstellung des „Mordes" an Holofernes. Um 1612/13 entstand die erste Fassung der Tat, heute in Neapel. Artemisia schildert den Augenblick, in dem Judith mithilfe ihrer Dienerin Holofernes auf sein Lager niederzwingt, um ihn mit seinem Schwert zu enthaupten. Holofernes packt während seines Todeskampfs die Dienerin, die sich zu ihm niederbeugt, brutal am Ausschnitt ihres Kleides. Judith schafft es gerade noch rechtzeitig, eine Hand in seine Haare gekrallt, ihm den Kopf abzutrennen. Anders als bei Caravaggio ist auch die Magd aktiv an der Tat beteiligt, ja, ohne sie wäre diese für Judith nicht durchführbar, leistet der starke Heerführer doch massiven Widerstand. Haltung und Gesichtsausdruck beider Täterinnen vermitteln die Notwendigkeit dieses Tuns: Statt Blutrausch oder Aggressivität findet sich in ihrem Handeln eine gewisse Pragmatik. Dasselbe Thema beschäftigt Artemisia nur wenige Jahre später, um 1620, nochmals in einer zweiten, der sogenannten Florentiner Fassung. Auch hier sind die Magd und ihre Herrin in ihrem schrecklichen Tun vereint. Die Magd ringt erneut Holofernes nieder, während ihre Herrin die blutige Tat vollzieht. Dieses Mal sind die im verzweifelten Todeskampf angezogenen Beine des Feldherrn zu sehen. Die beiden Frauen agieren erneut mitleidlos und mit entschlossenem Gesichtsausdruck. Die verzweifelte Situation rechtfertigt die grausame Tat. In der Kunstgeschichte wurde die intensive Beschäftigung Artemisias mit diesem Thema häufig in Bezug gesetzt zum eigenen sexuellen Missbrauch, als eine Art malerische Selbstbehauptung und künstlerischer Racheakt.

Für den Hof der Medici schuf sie auch eine Reihe von Frauenbildnissen, darunter die Heilige Katharina von Alexandrien und die Heilige Maria Magdalena. Maria Magdalena mit ihrem aufwendig gelockten Haar und dem kostbar wirkenden goldenen Kleid erinnert entfernt an das Vorbild des ehemaligen Hofmalers der Medici, Agnolo Bronzino. Die Heilige ist im Augenblick der Abkehr von der Welt begriffen und weist energisch den Spiegel, Symbol der weltlichen Eitelkeit, zurück. Dieses Gemälde bildete den Höhepunkt ihrer erfolgreichen Florentiner Jahre.

Denn in Florenz war Artemisia Mitglied der renommierten Accademia del Disegno, einer der ersten Kunstakademien unter staatlicher Leitung, die sonst nur Malern vorbehalten war. Dort gab es die Möglichkeit, Unterricht in Perspektive, Anatomie und Aktzeichnen sowie Vorlesungen in Kunsttheorie zu besuchen. Artemisia wurde dort als einzige, vermutlich sogar als erste Frau überhaupt aufgenommen, denn für Frauen war es zu dieser Zeit noch nahezu unmöglich, an einer der männlich dominierten Akademien zu studieren. Da die Florentiner Akademie unter der Protektion des amtierenden Großherzogs stand, ist zu vermuten, dass vielleicht sogar der Herrscher selbst, der die Arbeit der Künstlerin sehr schätzte, ihre Aufnahme beförderte.

Mit dem Tod ihres Mäzens, Großherzog Cosimo II., kehrte Artemisia wieder nach Rom zurück. Dort erlebte sie das Pontifikat von Gregor XV., der vor allem Maler aus Bologna schätzte, der in ihrer Jugend gefeierte Caravaggismus war nicht mehr aktuell. Als dann Urban VIII. Papst wurde, prägten der Maler Pietro da Cortona und der Bildhauer Gian Lorenzo Bernini die römische Kunstszene. Aber auch Artemisias Ansehen als Malerin war inzwischen gefestigt: Sie signierte wieder mit „Gentileschi". Auch war sie in der Lage, den Unterhalt für ihre Familie zu bestreiten. Aus der Steuererklärung von 1624 geht hervor, dass sie in der Via del Corso lebte und ihr Haushalt aus zwei Dienern und ihrer Tochter Palmira bestand. Am Tiber hatte Artemisia im Laufe der Jahre zahlreiche hochrangige Auftraggeber. Neben Kardinal Francesco Barberini, dem Neffen von Papst Urban VIII., handelte es sich dabei vor allem um dessen Sekretär Cassiano dal Pozzo, der wie Artemisia mit Galileo Galilei befreundet war. Als Gelehrter war er gleichzeitig erklärter Kunstliebhaber und Förderer zahlreicher Künstler. Artemisias Meisterwerk aus dieser Zeit ist ein Gemälde, das erneut Judith und ihre Dienerin mit dem Haupt des Holofernes zeigt. In ihrer Malerei fanden sich jetzt auch neue Einflüsse, insbesondere für die dramatische Lichtführung lässt sich nun als Vorbild der Utrechter Caravaggist Gerrit van Honthorst (Gherardo della Notte) nennen, der sich bis 1620 in Rom aufgehalten hatte. Bei dieser letzten Version des Themas befinden sich Judith und ihre Magd Abra nach dem Mord an Holofernes noch in dessen Zelt und versuchen, sich unbemerkt aus dem Lager zu stehlen. Judith, das Schwert noch in der Hand, sondiert den Fluchtweg, während die Magd den abgeschlagenen Kopf vorsichtig in den Sack steckt und dabei in die gleiche Richtung wie ihre Herrin blickt. Die Szenerie wird von einer einzelnen Kerze, die leicht im Wind flackert, erhellt, wodurch die Dramatik des Geschehens zusätzlich gesteigert wird.

Nach zehn erfolgreichen Jahren in Rom wechselte Artemisia nach Neapel, wo sie auf neue lukrative Aufträge hoffte. Die Stadt stand damals unter spanischer Herrschaft und entwickelte sich zu einer der führenden Kultur- und Handelsmetropolen Europas. Als angesehene Malerin fand sie dort bald die ersten Auftragsarbeiten. Beim frühesten Werk der neapolitanischen Zeit handelt es sich um eine „Verkündigung“ von 1630. Im Auftrag des spanischen Königs Philipp IV. entstand zudem Anfang der 1630er-Jahre „Die Geburt Johannes des Täufers“. Artemisia leitete auch in Neapel eine eigene Werkstatt und arbeitete mit bekannten Malern zusammen. Ihr wurde sogar ein Teil der Ausstattung der neu instandgesetzten Kathedrale von Pozzuoli bei Neapel übertragen. Verschiedene Briefe geben dabei Auskunft über ihre damalige Lebens- und Arbeitssituation. So teilte Artemisia Cassiano dal Pozzo mit, dass sie ein Selbstporträt vollendet habe, das sie ihm mit einem Landboten zusenden wolle. Dies war vermutlich das Gemälde „La Pittura“ von 1638/39 *(Abb. 4)*, bei dem es sich um eine Allegorie der Malerei und zugleich um ihr einziges bekanntes Selbstporträt als Malerin handelt. Die Künstlerin stellt sich hier äußerst selbstbewusst als Personifikation der Malerei dar. Vorgebeugt führt sie kraftvoll den Pinsel und prüft mit konzentriertem Blick ihr Werk. Eine verborgene Lichtquelle beleuchtet von rechts Gesicht und Oberkörper sowie den erhobenen Arm mit dem Pinsel. Die Hände liegen im Schatten, der Hintergrund bleibt ebenso im Dunkeln wie die Staffelei. Von der Lichtführung her orientierte sie sich hier erneut an Caravaggio. Tatsächlich brach sie hier auch mit der traditionellen Rolle der Frau als Modell oder Muse. Mit großem Ernst und etwas zerzaust zeigt Artemisia sich bei der kontrollierten und überlegten Ausübung ihres Berufs. Die Malerei wird dem Betrachter somit sowohl als körperliche als auch als geistige Arbeit vor Augen geführt. Die kräftigen Arme und die perspektivischen Verkürzungen, mit denen sie ihre technische und intellektuelle Könnerschaft demonstriert, betonen diese Aussage. Gerade dieses Gemälde war lange in einem Lagerraum verborgen und galt dann als allegorische Darstellung einer unbekannten Künstlerin.

Einen letzten Karrierehöhepunkt bildete eine Einladung an den Hof des englischen Königs Charles I., wo ihr Vater Orazio Gentileschi bereits seit neun Jahren als Maler wirkte. Doch war sie wohl erst 1639 in London, wo sie ihren inzwischen 76-jährigen Vater bei der Ausführung des Deckengemäldes des Queens House in Greenwich unterstützte. Der schlechte gesundheitliche Zustand ihres Vaters, der noch in diesem Jahr starb, war vermutlich der eigentliche Grund für Artemisias Reise nach

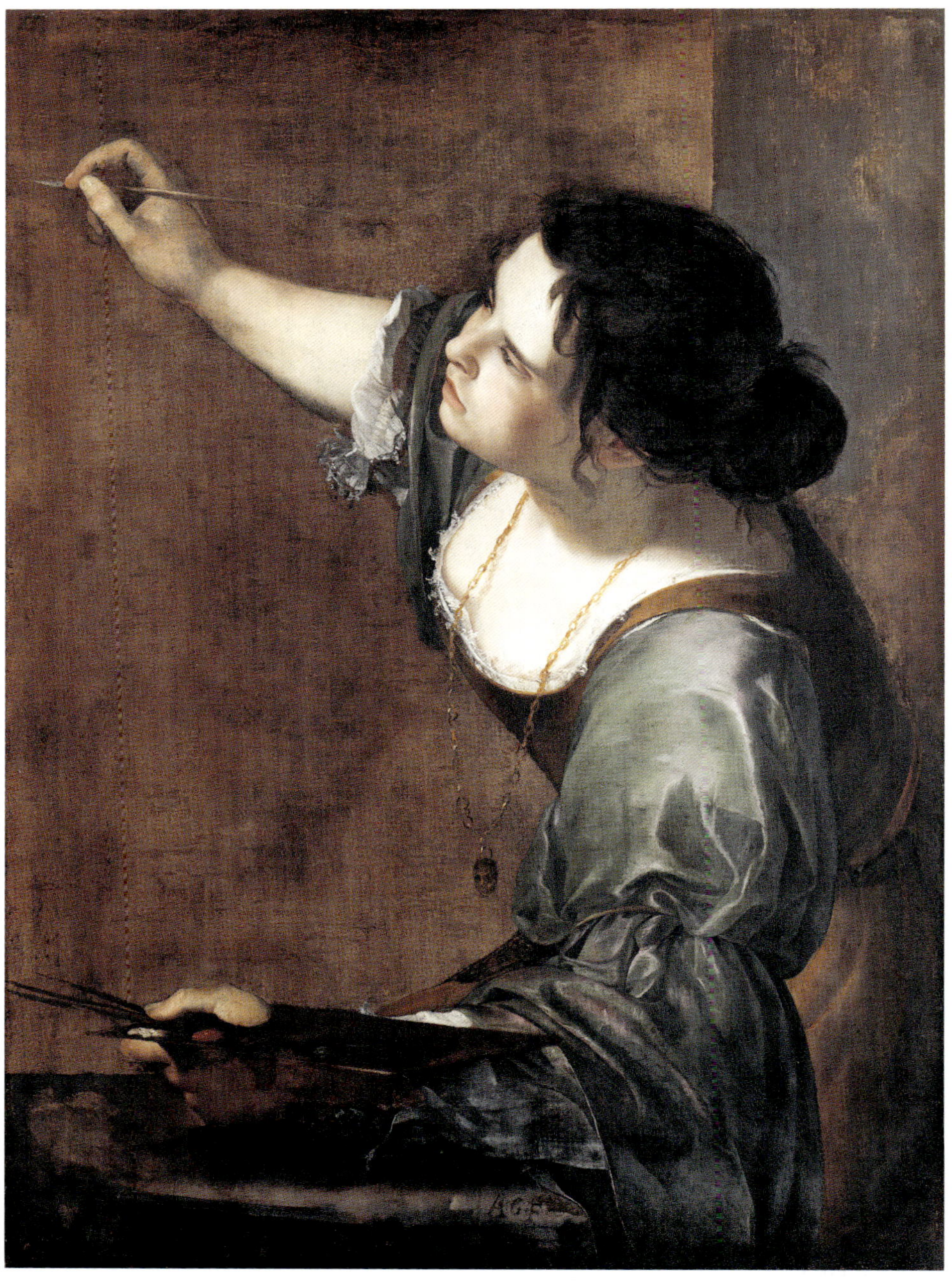

4 Artemisia Gentileschi, Allegorie der Malerei, Selbstbildnis als „La Pittura", um 1638/39, Öl/Lw., The Royal Collection London, Kensington Palace

England. Zudem scheint es sich hier um die einzige Zusammenarbeit zwischen Vater und Tochter gehandelt zu haben. Noch in England bemühte sie sich um neue Aufträge in Neapel. Über einen längeren Zeitraum hinweg finden sich keine Nachrichten mehr über ihr Leben und Werk. Erst in der Korrespondenz zwischen Artemisia und einem ihrer neuen Auftraggeber, Don Antonio Ruffo in Messina, die in den Jahren 1648 bis 1650 geführt wurde, erfahren wir mehr: Die Künstlerin plagten Geldsorgen sowie gesundheitliche Probleme. Nach einem letzten an Don Antonio Ruffo gerichteten Brief vom 13. August 1650 verliert sich ihre Spur endgültig. Ein Nachruf von 1653 lässt vermuten, dass Artemisia in diesem Jahr verstorben ist. Danach herrschte Schweigen über ihr Leben und Werk, das erst nach nahezu 350 Jahren beendet wurde.

Rosalba Carriera – eine Künstlerin mit eigenem Atelier

Die Malerin Rosalba Carriera wurde bereits zu ihren Lebzeiten als eine der berühmtesten Malerinnen Italiens gefeiert und war auch in weiten Teilen Europas bekannt und ausgesprochen gefragt. Sie wurde sogar mit dem barocken Maler Guido Reni gleichgesetzt, der als einer der besten Maler überhaupt gerühmt wurde. Ihr Atelier in Venedig war Pflichtprogramm vieler hochrangiger Italienreisender. Damals war es Mode geworden, berühmte Wissenschaftlerinnen oder Künstlerinnen aus Interesse oder vielleicht auch aus Neugierde, zu besuchen. Dies wusste Rosalba Carriera für ihre Geschäfte zu nutzen: Sie führte ein für Besucher offenes Atelier und pflegte ihr Netzwerk durch eine umfangreiche Korrespondenz. Sie weigerte sich aber, in ihren Briefen über die Preise ihrer Bilder zu kommunizieren, sie vermittelte darin vielmehr das Gefühl freundschaftlicher Verbundenheit. Sie war sich ihrer Verdienste und ihres Wertes jedoch sehr bewusst. So kümmerte sie sich selbst mit hoher wirtschaftlicher Kompetenz um die Sicherung und Verwaltung ihres selbst erworbenen Vermögens.

Rosalba Carriera erblickte am 7. Oktober 1675 in Venedig als älteste Tochter von Andrea Carriera und Alba Foresti das Licht der Welt. Der

Vater stammte aus einer Malerfamilie, wirkte aber als Jurist für die Republik Venedig. Die Mutter, die offenbar eine gebildete Persönlichkeit war, sorgte dafür, dass alle drei Töchter eine gute Erziehung erhielten. Bei Rosalba Carriera handelt es sich also nicht um die Tochter eines Künstlers. Bei wem sie zur Malerin ausgebildet wurde, ist leider nicht überliefert, und es kursieren mehrere Mutmaßungen, die bisher nicht bestätigt werden konnten. Wie viele andere begabte Frauen ihrer Zeit war sie wohl gleichermaßen musikalisch wie künstlerisch talentiert. Letztlich hat sie sich aber für die Malerei entschieden. Ab dem Jahr 1700 lebte sie mit ihrer Familie in der Casa Bionedetti, die im darauffolgenden Jahr auf ihren Namen eingetragen wurde. Es war also für Frauen in Venedig möglich, Besitz zu haben. Dort lebte sie mit ihrer Mutter und der mittleren Schwester. Nur wenige Jahre später erfuhr sie die erste und sehr entscheidende Ehrung: Sie wurde dank der Fürsprache von Christian Cole, Sekretär des englischen Botschafters, am 27. September 1705 in die römische Accademia di San Luca gewählt und zwar als „accademica di merito“ und nicht als „accademica d'onore“ wie die meisten Künstlerinnen vor ihr.

Da sie zunächst vor allem als Miniaturmalerin bekannt war, schickte sie anlässlich ihrer Aufnahme in die berühmte Institution ein ovales Medaillon aus Elfenbein, das ein Mädchen mit Taube zeigte – vermutlich eine Allegorie der Unschuld – nach Rom. Erst 1720 nahm sie die französische Akademie als Pastellmalerin auf. Anlass dazu war ihre Reise nach Paris 1720/21 in Begleitung ihrer Mutter und der Schwester Giovanna, wo sie auch eine Reihe von Künstlerkollegen, darunter Antoine Watteau, kennenlernte.

Zudem wohnte die Künstlerin in einem der prächtigsten Privatbauten der Landeshauptstadt und hatte die Ehre, den französischen König, Ludwig XV., zu porträtieren. Dies war nicht ganz einfach, da der König noch ein kleiner Junge war und sich zudem einige Missgeschicke ereigneten: „es passierten bei ihm drei kleine Unglücke: die Flinte fiel herunter, der Papagei starb und dem Hündchen wurde schlecht.“[22] Sie selbst hat in der französischen Landeshauptstadt wichtige Anregungen für die Pastellmalerei hinterlassen. Außerdem besuchte sie auch andere Höfe Europas: 1723 hielt sie sich beim Herzog von Modena auf, und 1730 war sie für sechs Monate in Wien. Immer wieder schuf sie Selbstporträts sowie Porträts für hochrangige Auftraggeber, die – nicht selten während ihrer Grand Tour – die Malerin in ihrer Heimatstadt besuchten.

Gerade ihre zahlreichen Selbstporträts dienten ihr auch immer wieder zur Selbstvergewisserung und Selbstreflexion. 1730/31 entstand ihr berühmtes Selbstporträt, in dem sie sich mit 55 oder 56 Jahren als Allegorie des Winters inszeniert. Gekleidet in ein eisblaues mit Hermelin verbrämtes Kleid, blickt die Künstlerin mit klugem Blick dem Betrachter entgegen. Sie entspricht keinem Schönheitsideal, sie hat sich aber auch nicht als alt und faltig wiedergegeben, vielmehr vermitteln die klaren Gesichtszüge und die feine glatte Haut eine gewisse Überzeitlichkeit. Ihre Porträts fanden nicht nur aufgrund ihrer hohen malerischen Qualität Anklang, sondern weil ein Porträt in Pastell auch weniger Zeit in Anspruch nahm als etwa ein mit Ölfarbe ausgeführtes Bildnis. Nicht zuletzt waren sie zudem preiswerter und wegen ihres geringeren Formats auch problemloser im Reisegepäck zu transportieren. Es ist daher anzunehmen, dass sie über eine gut organisierte Werkstatt verfügt hat, die sie bei der Ausführung der überaus zahlreichen Anfragen nach Bildern unterstützte. Als Mitarbeiterinnen identifizierbar sind ihre Schwester Giovanna Carriera sowie Felicitá Sartoriá. Letztere wurde von Rosalba Carriera ausgebildet und war besonders für ihre Miniaturmalerei bekannt. Von vielen Pastellen schuf sie Miniaturen und arbeitete außerdem als Kupferstecherin. Später heiratete sie den Hofrat Franz Joseph von Hoffmann und zog zu ihm nach Dresden. Auch andere Künstlerinnen arbeiteten im Atelier von Rosalba Carriera, so dass es sich um eine von Frauen dominierte künstlerische Werkstatt handelte, was durchaus als außergewöhnlich anzusehen ist.

Im selben Jahr, in dem ihr letztes Selbstporträt entstand, musste sich die Künstlerin einer Augenoperation unterziehen, da sie am Grauen Star litt. Tragischerweise scheiterte die Operation, und sie erblindete nach und nach. Erst eine zweite Behandlung im April 1749 brachte ihr zunächst einen geringfügigen Teil ihres Augenlichts zurück, doch war eine endgültige Erblindung, Anfang der 1750er-Jahre nicht mehr aufzuhalten. Ganze sieben Jahre lang lebte sie noch in der Dunkelheit, bis sie am 15. April 1757 verstarb.

„NACH ITALIEN STEHT MIR DER SINN“

Künstlerinnen auf Reisen in den Süden

Mit der Epoche der Aufklärung wurde den Frauen der Zugang zu mehr Wissen ermöglicht; sie konnten nun gleichfalls Lernen, Lesen und Schreiben. Auch in der bildenden Kunst gab es jetzt viele Dilettantinnen, denen man die Kunstausübung als Freizeitbeschäftigung zugestand, solange sie die von Männern geschaffenen Werke verehrten und durch Kopien verbreiteten. Tatsächlich stand nach wie vor die Versorgung der Frauen im Vordergrund, favorisiert wurde natürlich die Heirat vor einer Berufsausbildung. Denn jede Form von Ausbildung war kostspielig und musste genau abgewogen werden. Nach einer Heirat war eine Berufsausübung außerdem oft nicht mehr möglich, da die Frauen sich nun um den Haushalt und die Kinder sowie um die Bedürfnisse ihres Ehemanns kümmern mussten. Wollten Frauen den Künstlerinnenberuf ausüben und waren sie durch die Familie finanziell nicht abgesichert, blieb in der Regel kaum eine andere Möglichkeit, als privaten Zeichenunterricht zu geben. Doch reichte die Begabung für ein Leben als Künstlerin alleine meist nicht aus, es erforderte eine fleckenlose Reputation und offensichtliches tugendhaftes Verhalten, denn nur so konnten überhaupt Aufträge erlangt werden. Wesentliche Impulse für angehende Künstlerinnen gingen häufig von Vätern aus, die ihre Töchter mit ins Ausland nahmen. In den bürgerlichen Kreisen setzten sich mitunter auch wohlhabende Onkel und Tanten für die künstlerisch talentierte Verwandte ein. Die Ehe hingegen galt allgemein als das Ende der weiblichen Kreativität, wobei Ausnahmen die Regel bestätigten.

Generell fanden Künstlerinnen und ihre Werke im Gegensatz zu ihren männlichen Kollegen im 18. Jahrhundert nur wenig öffentliche Beachtung. In Johann Heinrich Meyers „Entwurf einer Kunstgeschichte des achtzehnten Jahrhunderts“ werden zwar erstaunlicherweise Künstlerinnen erwähnt, doch lautet das Resümee des Autors: „Ausgezeichnet gut erfundene Werke der bildenden Kunst von Frauenzimmern herrührend lassen sich freylich nicht nachweisen.“[1]

Malerinnen oder gar Bildhauerinnen galten immer noch als Ausnahmeerscheinungen, als eine Art Wunder, wenn nicht gar als Abweichungen der Natur, und so wurden ihre Werke auch nahezu ausschließlich nach ihrem Geschlecht beurteilt. Künstlerinnen wurden dabei stets nur mit anderen Künstlerinnen verglichen.

Ein unbestrittenes Vorbild für viele Künstlerinnen war lange Zeit die Malerin Angelika Kauffmann, die sowohl hinsichtlich ihres Werkes als auch wegen ihrer gesellschaftlichen Akzeptanz und ihrer nachahmenswerten Tugendhaftigkeit als herausragend galt. Ihre jahrelange Präsenz in Rom förderte zudem den Wunsch, gleichfalls nach Italien zu reisen. Hatte bereits vorher die wissenschaftliche Auseinandersetzung Johann Joachim Winckelmanns mit der Antike sowie die Italienreise des Dichters Johann Wolfgang von Goethe die Idee befördert, eine Reise nach Italien sei die Voraussetzung jeder Künstlerkarriere, so wurde dies nun auch zunehmend von den Frauen adaptiert. Denn erfolgreiche Malerinnen waren mobil und besaßen Auslandserfahrung sowie soziale Kompetenz, die ihnen den Kontakt zu Fremden erleichterte. Reisen bedeutete aber gerade für Frauen auch ein besonderes Wagnis, und dies in mehr als einer Hinsicht: Neben der persönlichen Sicherheit musste auch das Gebot der Schicklichkeit beachtet werden. Frauen konnten daher nicht alleine auf große Fahrt gehen, sondern mussten mit Vätern oder Ehemännern reisen, sich einer Reisegruppe anschließen oder sich gleichgesinnte Begleiter*innen suchen. Das galt auch für die berühmte Angelika Kauffmann, die zunächst mit ihrem Vater und später mit ihrem Ehemann in Europa unterwegs war.

Die kultivierteste Frau ihrer Zeit: Die Malerin Angelika Kauffmann

Die bedeutendste Künstlerin des Klassizismus hielt sich für ihre Ausbildung mehrfach in Italien auf. Dort wurde sie später zu einer hochgeschätzten Malerin, die in Rom einen offenen Salon führte. Angelika Kauffmann erblickte als Tochter eines Künstlers 1741 in Chur das Licht der Welt. Ihr Vater Joseph Johann Kauffmann war ein bekannter Porträt- und Freskenmaler, der seine Tochter, die im Zeichnen als Wunderkind galt, selbst unterrichtete. Damals gab es für Mädchen noch keine reguläre Schulbildung, daher lernte Angelika Kauffmann beim Vater zunächst Lesen und Schreiben und bei der Mutter Deutsch und Italienisch, später dann auch Englisch und Französisch. Schon 1753, mit gerade einmal zwölf Jahren, schuf sie ihr erstes Selbstporträt als Sängerin, da sie so musikalisch war, dass sie auch in diesem Bereich hätte Karriere machen können. Kurz darauf reiste die Familie für längere Zeit nach Italien, wo sie sich überwiegend in Mailand aufhielt. Nach dem frühen Tod der Mutter lebte Kauffmann mit ihrem Vater zunächst in Schwarzenberg im Bregenzerwald. Hier schulte sie sich weiter in der Malerei, und nachdem der Vater dort die Neugestaltung der kurz zuvor abgebrannten Kirche übernommen hatte, malte sie dreizehn Apostelfiguren nach Vorlagen des venezianischen Malers Giovanni Battista Piazzetta. Ausgesprochen selbstbewusst signierte sie damals bereits ihr Werk: „Maria Anna Catharin(a) Angelica Kauffmann fecit 1757“[2].

Damals traf sie die Entscheidung, Malerin zu werden. Ein Selbstbildnis aus dieser Zeit, das sie in der Bregenzer Tracht zeigt, markiert diesen Wendepunkt in ihrem Leben. Es folgten bald, jedoch immer in Begleitung des Vaters, Auftragsreisen nach Meersburg und Tettnang. Schließlich begab sie sich auf die längst überfällige Studienreise nach Italien. Diese Reise, die von 1758 bis 1766 währte, diente dann auch gänzlich der weiteren Ausbildung zur Malerin. Bei den männlichen Künstlern war dies schon lange üblich, bei den Frauen herrschte aber noch großer Nachholbedarf in puncto Reisen, daher gab es für die italienische Studienreise bisher kein historisches Vorbild. Vielmehr sollte Angelika Kauffmann später selbst Vorbild für andere reisende Malerinnen werden.

Ihr Vater organisierte die gesamte Reise und übernahm ganz selbstverständlich auch die Rolle des männlichen Beschützers. Dabei eilte ihr der gute Ruf voran: Graf Firmian, den sie in Mailand porträtiert hatte, schickte Empfehlungsschreiben an die Höfe von Parma und Florenz. Auch Johann Joachim Winckelmann (1717–1768) und sein Arbeitgeber Kardinal Albani bekamen ein Empfehlungsschreiben. Für Angelika Kauffmann öffnete sich auf diesem Weg der Zugang zu den wichtigsten Sammlungen. Dort konnte sie die Werke der bedeutendsten italienischen Maler der Renaissance- und Barockzeit kopieren, etwa die von Annibale Carracci, Correggio, Domenichino, Guercino und vor allem Raffael. Dies diente zum einen ihrer künstlerischen Ausbildung, zum anderen konnte sie diese Kopien an englische Grand-Tour-Reisende äußerst gewinnbringend verkaufen. So war es ihr sogar bald möglich, die Reisekosten fast gänzlich alleine zu bestreiten. Von Mailand ging es dann über Parma und Reggio nach Modena und Bologna. Anfang Juni 1762 langten Angelika Kauffmann und ihr Vater in Florenz an. Dort hatte sie die Möglichkeit, in der Sammlung der großherzoglichen Familie Medici Bilder zu kopieren, allerdings in einem separaten Raum, getrennt von ihren männlichen Kollegen, um die notwendige Schicklichkeit zu gewährleisten. Giuseppe Carlo Zucchi, ihr späterer Schwager und Biograf, berichtete: „Da es noch nicht ihrer Jugend und ihrem Geschlecht angemessen war, in einem öffentlichen Ort, zu dem auch andere Zutritt hatten, zu studieren, wurde ihr in der königlichen Galerie ein eigener Raum zugewiesen, in den ihr die Werke gebracht wurden, die sie zeichnen oder in Farben kopieren wollte."[3] Angelika kopierte im Palazzo Pitti Raffaels „Madonna della Sedia" von 1514, ein Werk, das sie später des Öfteren zitierten sollte. In Florenz machte Kauffmann zudem die Bekanntschaft mit dem Maler und Kunstvermittler Hofrat Johann Friedrich Reiffenstein. Unter seiner Anleitung entstanden ihre ersten Radierungen, darunter „Susanna mit einem Alten, der ihr den Arm um die Schulter legt". Eine unangenehme Situation, in der eine junge Frau von einem älteren Mann bedrängt wird. Warum sie bei der ersten Druckfassung des Themas 1762 der Susanna porträtähnliche Züge verlieh, muss offen bleiben.[4] Dass auch Angelika Kauffmann als reisende Frau schlechte Erfahrungen mit männlichen Übergriffen gemacht hat, obwohl ihr Vater einen gewissen Schutz bot, ist nicht ganz auszuschließen.

Reiffenstein jedoch, den sie ebenfalls zeichnete und in einer Radierung verewigte, wurde später, als sie sich in London wiedertrafen, ein enger Freund. Auch lernte sie den amerikanischen Maler Benjamin West kennen, der sich wie Kauffmann auf einer Studienreise durch Italien befand. Als ehemaliger Schüler von Anton Raphael Mengs galt er als ein bedeutender Vertreter der klassizistischen Malerei. Seine „Regeln für Lehrer bey dem Unterricht in der Malerei, und dem Schüler zum richtigen Erlernen derselben" hatten unzweifelhaft großen Einfluss auf Angelikas späteres Werk. In der Arnostadt traf sie vermutlich auch den schottischen Künstler und Kunsthändler Gavin Hamilton, dessen Werk sie inspirierte. Ihr ungeheurer Fleiß zahlte sich bald aus: Sowohl von der Akademie in Parma, der Accademia Clementina in Bologna als auch von der Florentiner Akademie erhielt sie Auszeichnungen. Dies bedeutete für die junge Frau eine wichtige und alles andere als selbstverständliche Anerkennung, die ihrem großen Fleiß und der damit einhergehenden Entsagung geschuldet war. So schilderte Giuseppe Carlo Zucchi, dass sie tagsüber während der Arbeit gefastet und Hunger ertragen und erst abends im Gasthof gegessen habe.

Italien wurde Angelika Kauffmann bald zur zweiten Heimat: Mehrere Jahre lang lebte sie mit ihrem Vater dauerhaft in Rom. Währenddessen erlangte sie mit dem Porträt von Johann Joachim Winckelmann, dem Begründer der modernen Kunstwissenschaften und wichtigstem Theoretiker des Klassizismus, große Bekanntheit. Sie schuf von ihm ein Gelehrtenporträt, das ihn mit der Schreibfeder vor einem aufgeschlagenen Buch zeigt, das auf einem antiken Relief mit der Darstellung der drei Grazien aufliegt. Winckelmann selbst zeigte sich begeistert von der Besonderheit einer malenden Frau: „Mein Bildnis ist von einer seltenen Person, einer deutschen Mahlerinn, für einen Fremden gemacht. Sie ist sehr stark in Porträts in Öl, und das meinige kostet 30 Zeccini, es ist eine halbe sitzende Figur (…). Das Mädgen, von welcher ich rede, ist zu Costnitz geboren, aber zeitig von ihrem Vater, der auch Mahler ist, nach Italien geführet worden. (…) Sie kann schön heißen, und singet um die Wette mit unsern besten Virtuosen. Ihr Name ist Angelica Kauffmannin."[5]

Auch in Neapel hielt sich die junge Künstlerin auf und konnte im Palazzo Capodimonte Kopien anfertigen, wofür sie sich anschließend beim König von Neapel bedankte. Einen weiteren Karriereschub bedeutete dann ihre Spezialisierung auf die Porträts berühmter Italienreisender, darunter das Bildnis des Schauspielers David Garrick, das ihr so gut gelang, dass ihr Vater es zu einer Ausstellung nach London schickte. Dort ließ sich der berühmte englische Maler Joshua Reynolds davon inspirieren, was sie schließlich in ganz England berühmt machte. Zwischenzeitlich bewarb sich Angelika Kauffmann in Rom mit der „Allegorie der Hoffnung", die sichtlich auf Raffaels „Madonna della Sedia" anspielt, an der Accademia di San Luca. Schließlich wurde sie dort zum ordentlichen Mitglied ernannt, eine Ehre, die bisher nur wenigen Frauen zuteilgeworden war. Dennoch wurde ihre Allegorie von Johann Caspar Lavater kritisiert: „Wir bitten die bewunderungswürdige Angelica um Verzeihung, aber weder die Haltung noch die Ausführung der Büste können uns die Hoffnung charakterisieren. Diese Augen voller Ruhe und Süße, dieses auf den Arm gestützte Haupt können zur Resignation passen."[6]

Im Frühjahr 1766 zogen Vater und Tochter schließlich nach London, um weitere Karrieremöglichkeiten auszuloten. Dort besuchte sie den von ihr begeisterten Joshua Reynolds, dessen Heiratsantrag sie ablehnte und ihn stattdessen porträtierte. Dieses Bildnis, das mit der Büste Michelangelos und dem Buch seines Freundes Oliver Goldsmith „The Travellers" auf Reynolds' Gelehrsamkeit anspielt, gilt als besonders einfallsreich. Dennoch wurde es auch für Angelika Kauffmann mit immerhin Mitte zwanzig – ein Alter, in dem damals die meisten Frauen bereits verheiratet waren und Kinder hatten – Zeit für eine Ehe. Leider fiel die Wahl auf einen Heiratsschwindler, der sich als schwedischer Graf ausgegeben hatte. Nachdem er mit ihren Ersparnissen verschwunden war, gelang es ihr immerhin, die Ehe für ungültig erklären zu lassen. Den Gerichten ausgeliefert hat sie ihn indes nie. In beruflicher Hinsicht war sie deutlich erfolgreicher: 1767 gehörte sie als einzige Frau neben Mary Moser zu den 34 von König Georg III. ernannten Gründungsmitgliedern der Royal Academy of Arts. Als diese ins Somerset House übersiedelte, durfte sie dort sogar vier ovale Deckengemälde mit Allegorien ausführen.

Da der Vater von Angelika Kauffmann seine Kräfte allmählich schwinden sah, suchte er aktiv nach einem Ehemann für seine Tochter. Seine Wahl fiel schließlich auf den wesentlich älteren venezianischen Maler Antonio Zucchi, den sie im Juli 1781 mit immerhin vierzig Jahren in London heiratete. Der frisch gebackene Ehemann fungierte fortan als ihr „Manager", und so war es alles andere als eine Liebesheirat. Denn da

Frauen immer noch nicht als voll „geschäftsfähig“ galten, benötigten sie jemanden, der sich um die Finanzen kümmerte. Die Eheschließung erwies sich als zwingend notwendig, weil ihr Vater, der ihre geschäftlichen Angelegenheiten bisher erledigt hatte, im Januar 1782 verstarb. Dass es sich um eine reine Zweckehe handelte, wird durch eine Bemerkung der Malerin Marianne Kraus deutlich: „Ich kann mirs gar nicht zusammenreimen, dass dieses Weib, wo so viele Vorzüge sowohl an Geschicklichkeit als Charakter hat, so einen Mann, welcher schon recht alt ist und einer Brummeltippe gleicht, nehmen konnte.“[7]

Mit ihm wurde es Angelika Kauffmann möglich, sich im November 1882 eine Wohnung mit Atelier im ehemaligen Wohnhaus des klassizistischen Malers Anton Raphael Mengs, in der Via Sistina 72 in Rom, einzurichten und diese zum Treffpunkt der Künstler der Stadt sowie der internationalen Hocharistokratie zu machen. Dort besuchten sie Kaiser Joseph II., der bayerische Kronprinz Ludwig I. und Anna Amalia von Sachsen-Weimar und Eisenach. Aber auch Johann Gottfried Herder, der sie als die kultivierteste Frau Europas bezeichnete, und Johann Wolfgang von Goethe waren ihre Gäste. Zu dem etwas jüngeren Dichter bestand – zumindest nach Angelika Kauffmanns Einschätzung – ein besonderes und inniges Verhältnis: Goethe las ihr seine gerade vollendete Fassung der „Iphigenie“ vor und freute sich über die Begeisterung Kauffmanns, die für das Schauspiel Illustrationen schuf. Er revanchierte sich mit einer Werkausgabe und berichtete zudem in den Bänden seiner „Farbenlehre“ von den Diskussionen mit der Künstlerin, die seine Theorien sogar in ihren Bildern erprobt habe. Sein Porträt von ihrer Hand löste jedoch wenig Begeisterung aus: „Es ist immer ein hübscher Bursche, jedoch keine Spur von mir“, so der Dichter, der Tischbeins idealisiertes Bildnis wesentlich höher schätzte.[8] Zwar erkannte er ihr großes Können an: „Sie hat ein unglaubliches und als Weib wirklich ungeheures Talent“[9], doch kritisiert er ihre Vermarktung, wobei er die Porträtmalerei im Allgemeinen nicht allzu hoch einschätzte: „Sie ist nicht glücklich wie sie es zu sein verdiente, bei dem wirklich großen Talent und bei dem Vermögen, das sich täglich mehrt. Sie ist müde auf den Kauf zu mahlen, und doch findet ihr alter Gatte es gar zu schön, dass so schweres Geld für oft leichte Arbeit einkommt."[10] Und im Gegensatz zu ihm, dem großen Dichter, wäre ihr Werk nicht für die Ewigkeit gemacht: „Man muss sehen und schätzen, was sie macht, nicht das, was sie zurück lässt,"[11] resümierte er. Der Abschied von ihm scheint sie, im Gegensatz zu ihm, tief getroffen zu haben. Dies wird in ihrem ersten Brief nach seiner Abreise deutlich: „Theurer Freund! Ihr abschid von uns durchdrang mier Herz und Seele, der tag Ihrer abreis war einer der traurigen tagen meines Lebens."[12]

Die Malerin war sich ihrer Ausnahmesituation wohl bewusst und thematisierte ihre Berufswahl auch in ihrer Malerei. Die Wahl zwischen zwei Talenten, der Malerei und der Musik, und die Art ihrer Ausübung – als Liebhaberei oder als ernsthafter Beruf – schilderte Kauffmann 1792 in einem Gemälde, das ihr englischer Kollege James Barry als für eine Frau bemerkenswert befand. Das „Selbstbildnis am Scheideweg zwischen Musik und Malerei" *(Abb. 5)* visualisiert den Wendepunkt in ihrem Leben, als sie sich für die Malerei statt für die Musik entschied. In der in einem Halbkreis angeordneten Dreiergruppe befindet sich links die Allegorie der Musik und rechts jene der Malerei, die mit ausgestrecktem Arm auf einen Berggipfel als Symbol des Ruhms zeigt und daher den richtigen Weg weist. Kauffmann hatte somit die richtige Entscheidung getroffen, denn Sängerinnen waren zur damaligen Zeit nur so lange erfolgreich, wie sie jung und schön waren. Als Malerin waren die Möglichkeiten, ein weitestgehend selbstbestimmtes Leben zu führen, sichtlich größer und der Erfolg deutlich langlebiger. Viele Frauen besaßen damals mehrere Talente, doch fehlte meist die richtige Ausbildung und die Möglichkeit zur Professionalisierung. Vieles zu können und doch nichts richtig zu vertiefen, das war das Schicksal zahlreicher Frauen der Goethezeit. Angelika Kauffmann gelang es jedoch, mit ihren historisierenden Porträts Begeisterung zu wecken und so große Berühmtheit zu erlangen wie kaum eine andere Malerin vor ihr: „The whole world is angelicamad"[13] hieß es damals in ganz Europa.

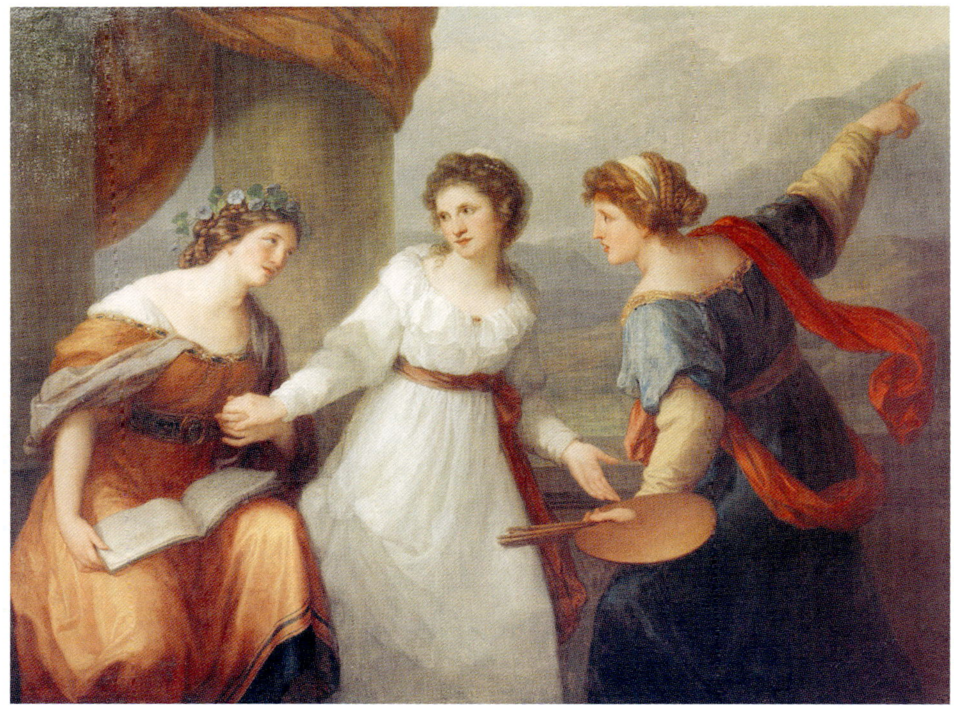

5 Angelika Kauffmann, Selbstbildnis am Scheideweg zwischen Musik und Malerei, 1792, Öl/Lw., Staatliches Puschkin-Museum der Schönen Künste Moskau

Zu Gast beim berühmten Vorbild – Künstlerinnen aus Frankreich und Deutschland

Nicht nur der Kontakt zu hochrangigen Persönlichkeiten und bekannten Künstlern gelang Kauffmann, auch manche mehr oder weniger erfolgreiche Malerin suchte ihren Salon auf, vielleicht um das weibliche Wunder zu bestaunen, vielleicht um sich inspirieren zu lassen und selbst gute Kontakte zu knüpfen. Zu den Künstlerinnen, die bei ihr zu Gast waren, gehörten die aus Paris geflohene Malerin Élisabeth Vigée-Lebrun, die aus Württemberg kommende Scherenschneiderin Luise Duttenhofer und die Malerin Marianne Kraus, die 1791 als Hofdame der Frau des bedeutenden Kunstsammlers Graf Franz von Erbach-Erbach nach Italien reiste.

Vigée-Lebrun (1755–1842) war wie Kauffmann die Tochter eines Malers. Von ihm erhielt sie ihren ersten Unterricht, studierte nach dessen Tod aber bei Claude Vernet. Sehr früh verdiente sie sich ihren Lebensunterhalt mit dem Malen von Porträts. Schließlich heiratete sie 1776 den Nachkommen eines Hofkünstlers, dessen Namen sie annahm, wodurch sie viele adlige Auftraggeber gewinnen konnte. Bald sollte sie sogar ein Porträt von der französischen Königin Marie-Antoinette anfertigen, die so begeistert von dem Ergebnis war, dass sie weitere in Auftrag gab. Auf Fürsprache von Ludwig XVI. wurde sie 1783 überdies – wenn auch gegen den Widerstand der männlichen Mitglieder – als Porträtmalerin in die königliche Akademie der Maler und Bildhauer aufgenommen, eine Aufwertung zur Historienmalerin wurde jedoch entschieden abgelehnt, da dies weiterhin eine den Männern vorbehaltene Gattung war. Selbst im Salon der Akademie stellte sie kurz darauf aus, wobei nicht alle von ihren Bildern begeistert waren. Weitere Ausstellungen ihrer Werke erwiesen sich zwar als erfolgreich, doch wurde sie in der Presse immer wieder angegriffen und außerehelicher Verhältnisse bezichtigt. Ihr Ansehen war letztlich derart beschädigt, dass sie Paris verlassen musste. Hinzu kam ihre Nähe zum Königshaus, weshalb sie schließlich während der Revolution aus Frankreich flüchtete. So reiste sie zuerst nach Italien, wo sie zunächst die übliche Route der Italienreisenden nahm, um den Anschein einer Studienreise zu erwecken. Sie war bereits so berühmt, dass sie am 14. November 1789 ehrenvoll in die Accademia di Clementina di Bologna aufgenommen und in Rom relativ schnell in die internationale Gesellschaft eingeführt wurde.[14]

Schon bald begann sie wieder zu malen, und als sie ihr erstes in Italien entstandenes Gemälde, ein Selbstbildnis, in ihrem Atelier ausstellte, erlangte sie damit großen Erfolg. Das Bild war eigentlich für die Selbstporträtsammlung des Großherzogs der Toskana bestimmt. Damit trat sie in unmittelbare Konkurrenz zu der in Italien gefeierten Angelika Kauffmann, die zwei Jahre zuvor ihr Selbstbildnis nach Florenz geschickt hatte. Mehr noch: Sie adaptierte bestimmte Bildtypen, mit denen Kauffmann berühmt geworden war, darunter das allegorische Porträt. Marianne Kraus, regelmäßiger Gast in Kauffmanns Salon, verglich die beiden berühmten Künstlerinnen, wobei der Vergleich ganz knapp zugunsten Lebruns ausfiel: „Madam Lebrun sang, sie ist eine schöne Frau, kleidet sich besser wie Angelica.“[15]

Vigée-Lebrun berichtete dagegen mit wenig Begeisterung von der von allen verehrten Malerin: „Ich habe Angelika Kauffmann besucht, denn es verlangte mich außerordentlich danach, sie kennenzulernen. Ich fand sie, ganz abgesehen von ihrem Talent, sehr interessant durch ihren Geist und ihr Wissen; sie ist eine Frau von ungefähr fünfzig Jahren, sehr zart, ihre Gesundheit ist erschüttert, wohl infolge der unglücklichen Heirat mit einem Abenteurer, der sie ruinierte. Sie hat sich dann später noch einmal mit einem Architekten verheiratet, der ihre Geschäftsangelegenheiten besorgt. Während der beiden Abende, die ich bei ihr zubrachte, hat sie sehr viel und hübsch mit mir geplaudert. Ihre Unterhaltung ist angenehm, sie ist erstaunlich unterrichtet, aber es fehlt ihr an Begeisterung, was mich, in Anbetracht meines geringen Wissens, durchaus nicht für sie begeisterte."[16] Letztlich fischten beide Malerinnen im selben Teich der hochrangigen Auftraggeber. Das Gemälde „Lady Hamilton als Sibylle" bildete schließlich den Höhepunkt von Vigée-Lebruns italienischen Werken, es ist erkennbar von den Porträts der berühmten Konkurrentin inspiriert. 1795 verließ sie Italien, allerdings sollte sie erst nach zwölf Jahren Exil wieder in ihre Heimat Paris zurückkehren. Dort aber war sie weit weniger gefragt als im Ausland und konnte deshalb vom kaiserlichen Hof nur einen Auftrag erlangen.

Erfolgreich in der zweiten Reihe – die Scherenschneiderin Luise Duttenhofer

Keinerlei Konkurrenzdenken prägte die Begegnung zwischen der Malerin Angelika Kauffmann und der Scherenschneiderin Luise Duttenhofer – zu verschieden waren die Karrieren der beiden Künstlerinnen. Während Kauffmann jede Ausbildungsförderung erhalten hatte, die eine Frau erlangen konnte, musste die begabte Duttenhofer sich mit dem Scherenschnitt begnügen, der allgemein als Freizeitbeschäftigung von Dilettantinnen galt. 1776 als Christiane Luise Hummel in Waiblingen geboren, war es eigentlich ihr größter Wunsch, Malerin zu werden. Doch bald musste sie feststellen, dass eine akademische Ausbildung an einer öffentlichen Institution für Frauen unmöglich war. Auch mit der Auflösung der Hohen Carlsschule, wo Frauen kategorisch ausgeschlossen waren,[17] änderte sich die Situation zunächst nicht: Weiterhin wurden ausschließlich Kunststudenten von den württembergischen Hofmalern ausgebildet. Immerhin finanzierte ihr ein Großonkel Zeichenunterricht. Ihren Lehrer, der namentlich nicht bekannt ist, soll sie indes bald übertroffen haben. Erst relativ spät, mit 28 Jahren, hat sie ihren zwei Jahre jüngeren Cousin, den Kupferstecher Christian Duttenhofer geheiratet. Er hatte eine Ausbildung an ebenjener Akademie genossen, die seiner Frau verschlossen geblieben war, woran sie zeitlebens gelitten hat. Frisch vermählt, reisten die beiden zum Zweck seiner weiteren Ausbildung für achtzehn Monate gemeinsam nach Rom. Doch während ihrem Ehemann das Erlebnis Rom keine weitere künstlerische Entwicklung brachte, fand sie dort ihren eigenständigen Stil: Sie entdeckte vor allem die antike Kunst und Mythologie sowie Raffael und Tizian für sich. Das Paar bewegte sich in Rom bevorzugt im Kreis württembergischer Künstler, darunter Joseph Anton Koch, Gottlieb Schick und Johann Friedrich Gmelin. Eine Begegnung mit Angelika Kauffmann ist nicht überliefert, doch erscheint es als sehr wahrscheinlich, dass das Ehepaar Duttenhofer ihren Salon besuchte. Vermutlich fertigte Luise Duttenhofer nach dieser für sie so prägenden Begegnung den Scherenschnitt, der die berühmte Malerin in ihrem mit einer antiken Vase geschmückten Atelier vor der Staffelei zeigt.

Der Tod ihres ersten Kindes und des Bruders ihres Mannes sowie vor allem die unsichere politische Situation nach der französischen Revolution führten zur verfrühten Abreise aus der Ewigen Stadt. Wieder in Stuttgart, hat sich Duttenhofer in Literatur und bildender Kunst weitergebildet. Als bedeutender Unterstützer erwies sich der berühmte Bildhauer Johann Heinrich Dannecker, zu dessen Antikensammlung sie ungehindert Zugang hatte. Auf einer letzten Studienreise nach München, Jahre später, besuchte sie Bibliothek, Gemäldegalerie und Kupferstichkabinett, die berühmte Antikensammlung blieb ihr allerdings aus Schicklichkeitsgründen verschlossen. Voll Bitterkeit schrieb sie nach Stuttgart: „Mit Thränen in den Augen durchlief ich die Säle der Akademie wo Schüler und Schülerinnen saßen. Warum ward denn so etwas mir nicht auch vergönnt! So lag meine Jugend voll Sehnsucht nach Kunstunterricht vor mir.“[18] Bezeichnend für ihre Situation sind zwei Scherenschnitte: Der eine schildert, wie ihr als Psyche von ihrem Mann die Flügel beschnitten werden *(Abb. 6)*, der andere, wie sie diesem die Hermesflügel anheftet. Während ihrem Ehemann keine Grenzen in seiner künstlerischen Arbeit gesetzt waren, konnte sie ihre Möglichkeiten nicht voll ausschöpfen. Auf ebendieser Reise nach München erkrankte sie und starb kurz darauf viel zu früh mit nur 53 Jahren, überliefert sind aber – trotz der Geburt von sieben Kindern – mehr als 1300 Scherenschnitte. Und während ihr Ehemann heute in der Kunstgeschichte nur wenig bekannt ist, werden ihr Ausstellungen und Publikationen gewidmet und so ihr außerordentliches Talent gewürdigt.

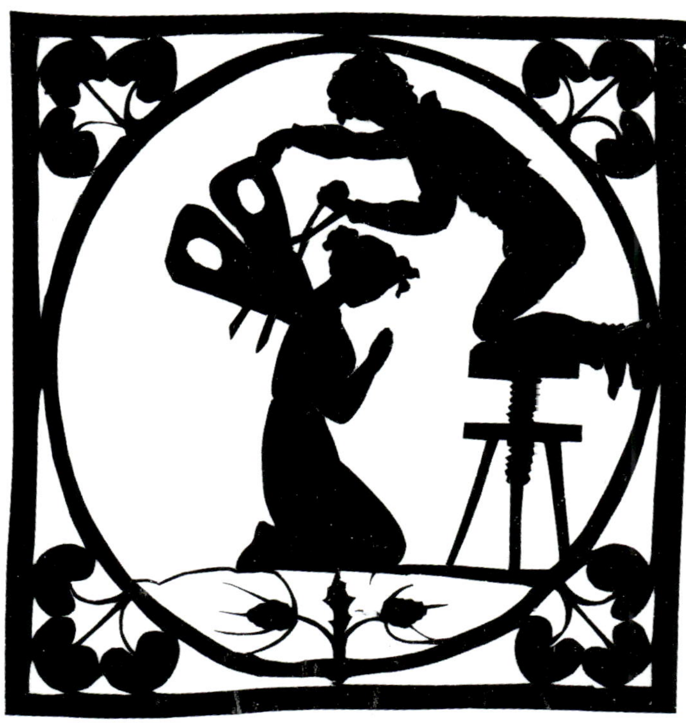

6 Luise Duttenhofer, Duttenhofer als Psyche, der die Flügel gestutzt werden, Scherenschnitt um 1830, Marbach, Deutsches Literaturarchiv

Bis über den Tod hinaus – das Vorbild Angelika Kauffmann

Ganz anders Angelika Kauffmann: Ihr gelang ein langes, erfülltes Leben als Künstlerin. Doch auch für sie gestaltete sich die Situation nach dem Tod ihres Ehemanns 1795 als schwierig: Sie lebte von da an sehr zurückgezogen und widmete sich verstärkt religiösen Themen. Wenige Jahre später erkrankte sie selbst schwer und erholte sich nie mehr vollständig. Als sie am 5. November 1807 verstarb, wurde sie in der nahe gelegenen Kirche Sant'Andrea delle Fratte bestattet. Ihr prunkvoller Leichenzug wurde angeführt von keinem Geringeren als dem berühmten Bildhauer Antonio Canova. Die Grabinschriften für sich und ihren Mann hatte Angelika Kauffmann zuvor selbst verfasst. Sie vermitteln ihr Selbstverständnis und ihr Selbstbewusstsein als herausragende Künstlerin. Schon bald sorgten die ersten Monografien – 1810 von Giovanni Rossi in italienischer Sprache und 1814 auf Deutsch von Alois Weinhart – für ihre anhaltende Bekanntheit. Damit wurde ihr wie kaum einer Künstlerin zuvor ein unsterblicher Nachruhm begründet. Aufgrund ihrer tugendhaften Lebensführung, ihrer enormen Lebensleistung und ihrem Netzwerk an bedeutenden Persönlichkeiten bildete sie lange ein wichtiges Vorbild für alle angehenden Malerinnen.

Direkt verglichen mit Kauffmann wurde Sophie Reinhard. Bis dahin war es aber ein weiter Weg. 1775 geboren, lebte sie mit ihrer Familie in Karlsruhe, wo sie den Unterricht in der Zeichenschule von Philipp Jakob Becker besuchte. Für eine bessere Ausbildung schickte ihr Vater sie 1807 nach München. Die dortige Kunstakademie war allerdings noch nicht eröffnet, zudem erschien es unwahrscheinlich, dass sie sich dort als Frau hätte immatrikulieren können. Als einzige Möglichkeit blieb so nur der teuer bezahlte Privatunterricht, den sie beim Galeriedirektor Johann Christian von Mannlich erhielt. Sie wechselte schließlich zur weiteren Ausbildung nach Wien, doch auch dort waren Frauen noch nicht an der Akademie zugelassen. Unterrichtet wurde sie da aber immerhin von Heinrich Friedrich Füger, Vizedirektor der Wiener Akademie, der selbst von Mengs beeinflusst war. Bei ihm erlernte sie die Ölmalerei. Im

Herbst 1810 reiste sie dann in Begleitung des Landschaftsmalers Jakob Wilhelm Huber, ihrem Vater und ihrer Schwägerin zunächst nach Mailand. Während die Familie zurückreiste, ging für Sophie Reinhard und ihren Begleiter die Reise weiter über Piacenza, Bologna, Florenz und Siena bis nach Rom. In der Ewigen Stadt bewegte sie sich dann im Kreis der deutschen Künstler, darunter Joseph Anton Koch, und auch mit dem aus Stuttgart angereisten Karl Friedrich Freiherrn von Uexküll, pensionierter württembergischer Staatsrat, stand sie regelmäßig in Kontakt.

Durch die Empfehlung von Johann Christian von Mannlich unterrichtete sie dort der Kupferstecher Johann Friedrich Müller. Dieser sah etliche Defizite in ihrer Malerei: „Ich habe bey dieser Gelegenheit einige Arbeiten gesehen, die sie aus Deutschland mit gebracht; es fehlt ihr nicht an Talent und gutem Willen, allein Haupttheilen von nothwendigen Kenntnißen, besonders die von einer richtigen Proporzion der menschlichen Figur, so wohl nach pathognomisch-plastischer, als auch mahlerisch-perspectivischer Ansicht und hinnlängliches Verständniß der Harmonie für das Colorit mangeln ihr noch sehr, um mit sicherem Fuße in eignen Produckten vorschreiten oder aus den Studien großer Muster, besonders den Wercken des Raphaels den gehörigen Nuzen ziehen zu dürffen.“[19] Bald schrieb Freiherr von Uexküll jedoch begeistert: „Mademoiselle Reinhard aus Carlsruh hat ihre in München angefangenen, in Wien fortgesetzten Studien in Rom so sehr erweitert und mit so großem Erfolge sich gebildet, daß im historischen Fache sie wohl einer Angelica Kauffmann an die Seite gesetzt werden kann.“[20] Tatsächlich malte sie zahlreiche Porträts, die zum Teil auch durchaus gelungen wirken, doch die Freiheit des Pinselstrichs oder gar die geschickten Kompositionen der Kauffmann erreichte sie nie. Hier hatte der hochrangige Förderer sicherlich sein eigenes Wunschbild formuliert, möglicherweise in der Hoffnung, eine zweite Angelika Kauffmann entdeckt zu haben. Immerhin, für den weiteren Erfolg als Malerin reichte ihr Talent: Noch in Italien wurde sie vom Großherzog Karl Ludwig von Baden zur Hofmalerin ernannt und erhielt in dieser Position ein Gehalt von 800 Gulden.

Die Institutionen öffnen sich – Ehrenmitgliedschaften und Ausbildung für Frauen

Angelika Kauffmann war Ehrenmitglied in verschiedenen Akademien gewesen, eine Würdigung, die vor allem durchreisenden Künstler*innen in Italien zuteilwurde. Dies erleichterte sichtlich die Kontaktaufnahme zu möglichen Auftraggebern und Kollegen. Umgekehrt wollten sich diese Institutionen mit den Namen mehr oder weniger bekannter Persönlichkeiten schmücken und das eine oder andere Gemälde umsonst in ihre Sammlung aufnehmen. Die Ehrenmitgliedschaft von Künstlerinnen war jedoch ein Zugeständnis an Ausnahmefälle, die mitunter eine Konzession an berühmte männliche Verwandte bedeutete. Für diese Ehrenmitgliedschaften war dann auch in der Regel die Fürsprache bedeutender Persönlichkeiten sowie eine kleinere oder großzügige Spende nötig. Kauffmann zahlte für die Aufnahmen jeweils eine bescheidene Summe, an Fürsprechern scheint es ihr generell nie gemangelt zu haben. Nur wenige Jahre nach Kauffmanns Tod gab es einige wenige Frauen, die es mit einer Sondererlaubnis und dank der Fürsprache hochrangiger Förderer schafften, sogar an einer staatlichen Akademie zu studieren. Bei diesen Frauen handelte es sich um die Konstanzerin Marie Ellenrieder, die in Straßburg geborene Electrina Stuntz (später von Freyberg), die aus Bayern stammende Katharina von Predl, Louise Wolf aus Leipzig sowie die vom Dichter Johann Wolfgang von Goethe geförderte Louise Seidler.

Als eine der ersten Frauen überhaupt in Deutschland wurde die aus Konstanz stammende Marie Ellenrieder zu einem offiziellen Studium an einer Akademie zugelassen. Dies war jedoch nur möglich dank ihres Mäzens Ignaz Heinrich von Wessenberg, Generalvikar des Bistums Konstanz, der Begabung unabhängig vom Geschlecht förderte. Ellenrieder kam aus einem gut situierten katholischen Elternhaus, dabei stammte die Mutter aus der Künstlerfamilie Hermann, die zwei bekannte Barockmaler aufwies. 1791 geboren, war Marie die jüngste von insgesamt vier Töchtern. Die Eltern förderten aber alle vier Mädchen und sorgten dafür, dass sie finanziell gutgestellt waren. Bei Marie Ellenrieder blieb der Vater bis zu seinem Tod ihr gesetzlicher Vormund und wickelte die Finanzen bei den ersten Aufträgen ab. Ihre Ausbildung gestaltete sich zunächst eher einfach: Sie besuchte bis zu ihrem zehnten Lebensjahr in Konstanz die von Dominikanerinnen geleitete Klosterschule, wo man ihr jedoch nur grundlegendes Wissen beibrachte und in erster Linie einen vorbildlichen christlichen Lebenswandel vermittelte – genau die richtige Vorbereitung auf eine Ehe. Eine weiterführende schulische Ausbildung gab es für Frauen damals noch nicht.

Während zwei ihrer Schwestern bald heirateten, schloss der Vater aufgrund ihrer Begabung, allerdings erst als sie neunzehn Jahre alt war und eine Eheschließung allmählich außer Reichweite geriet, eine Lehrvereinbarung mit dem Miniaturmaler Joseph Bernhard Einsle ab. Hier erlernte sie die Grundlagen der Malerei. Ihre Lehrzeit, während der sie große Fortschritte machte, dauerte wie allgemein üblich drei Jahre. Nach deren Ende porträtierte sie mit 22 Jahren ihren Förderer Ignaz Heinrich von Wessenberg. Dieser unterstützte sie in mehr als nur einer Hinsicht, obwohl sie eine Frau war. Vielleicht spielte aber auch hier die Überlegung eine Rolle, eine zweite Angelika Kauffmann entdeckt zu haben. Jedenfalls gelang es ihm, den bayerischen König dazu zu überreden, die hoch begabte, jedoch schwerhörige Marie Ellenrieder zum Studium an der Kunstakademie zuzulassen. Ihr Fall machte Schule: Bis die Münchner Kunstakademie wieder in fester männlicher Hand war, konnten dort bis 1852 immerhin insgesamt 47 Frauen studieren. Ellenrieder betrat im Juli 1813 erstmals die Akademie, ihre Fachrichtung war die Miniaturmalerei. Das Studium in München beinhaltete zudem Zeichnung, Farbenlehre und Komposition. An Malerei wurden Historie, Porträt und Landschaftsmalerei unterrichtet. Sogar die Radiertechnik erlernte sie dort. Obwohl die männlichen Studenten sich ärgerten, dass sie den Frauen die besten Atelierplätze abgeben mussten, beschrieb Joseph Ernst von Bandel Ellenrieder sehr positiv: „Vor allen diesen Damen zeichnete sich Fräulein Ellenrieder aus durch stillen Fleiß und auffallenden Fortschritt und Originalität in ihrer Kunstübung, was wir Künstler unter uns am Meisten schätzten. Sie war stets freundlich und teilnehmend."[21]

Der dortige Professor Johann Peter von Langer förderte vor allem ihre Begabung in der Porträtmalerei. Generell galt diese Gattung aufgrund des Frauen zugeschriebenen psychologischen Einfühlungsvermögens als für Frauen besonders geeignet, zudem konnten die Künstlerinnen damit Geld verdienen. Wieder zurück in Konstanz, erlangte sie die ersten Porträtaufträge von so bedeutenden Persönlichkeiten wie dem Prinzen von Hohenzollern in Sigmaringen. Auch der Domdekan Johann Leonhard Hug unterstütze sie auf ihrem Weg. Selbstbewusst porträtierte sie sich 1818 im schwarzen Kleid, auf dem das Kreuz sichtbar aufliegt und sie somit als tief gläubig charakterisiert *(Abb. 7)*. Im selben Jahr, in dem dieses Selbstbildnis entstand, verspürte sie erstmals die Sehnsucht, nach Italien zu reisen. Doch beugte sie sich letztlich dem Wunsch ihrer kranken Mutter, die ihre Tochter bei sich haben wollte. Erst nach deren Tod konnte sie die Reise in den Süden antreten. Dabei stand sie im Schutz ihrer Reisebegleitung, des Schriftstellers Heinrich Keller und des Bildhauers Nepomuk Zwerger. Auch in Italien wurde sie umgehend, wohl auch wegen ihrer Schwerhörigkeit, unter die Fittiche von wohlwollenden Kolleg*innen genommen: So erwartete sie in Rom bereits die Freundin und ehemalige Studienkollegin aus der Münchner Akademiezeit: Katharina von Predl.

Die ein Jahr ältere Freundin stammte aus Teisbach bei Dingolfing. Ihr Vater, der ebenfalls gerne Künstler geworden wäre, entdeckte früh ihre Begabung und brachte sie, als sie zehn Jahre alt war, nach München, wo sie im englischen Damenstift unterrichtet wurde. Mit vierzehn Jahren lebte sie in einem königlich-bayerischen Damenstift, wo sich ihre künstlerische Begabung mehr und mehr zeigte und sie sogar eine Stelle als Zeichenlehrerin – eine der wenigen beruflichen Möglichkeiten für Künstlerinnen – erhalten sollte, was sie aber ausschlug. 1816 wurde sie an der Münchner Kunstakademie aufgenommen, was sie letztlich dem Präzedenzfall Marie Ellenrieder zu verdanken hatte.

Auch Louise Seidler kam 1817 auf Empfehlung des Dichters Johann Wolfgang von Goethe an die Akademie und schrieb begeistert: „Alle Einrichtungen waren zweckmäßig, die Lokalitäten schön und geräumig, überall herrschte Ordnung und eine auf Akademien seltene Reinlichkeit. (…). Im Winter wurde abends nach Modellen gezeichnet, im Sommer dagegen früh morgens gemalt. Um acht war Portraitstudium nach

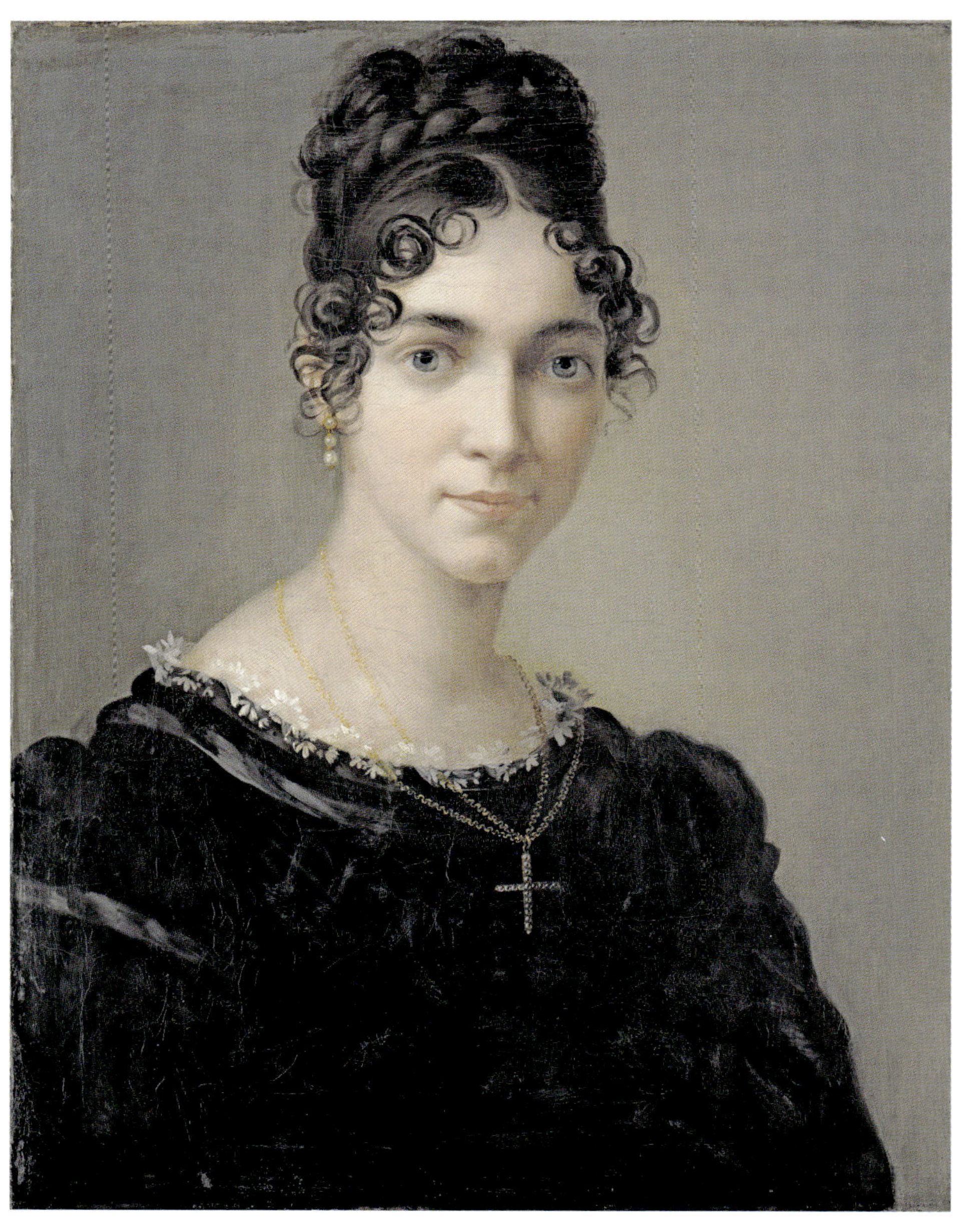

7 Marie Ellenrieder, Selbstbildnis, 1818, Öl/Lw., Staatliche Kunsthalle Karlsruhe

der Natur, woran ich Antheil nahm; hierauf folgte klassenweis der übrige Unterricht. Die Componirenden hatten ein eigenes Atelier; den Landschaftern diente ein großes Gemälde von Koch zum schönen Vorbilde, daneben waren wirkliche Baumstämme aufgestellt, nach denen Naturstudien gemacht werden konnten."[22]

Während Louise Seidler von ihren Mitstudenten kritisch betrachtet wurde: „Kurze Zeit war auch Frl. Seidler aus Weimar unter uns; sie arbeitete einen absonderlichen Wischnu mit vielem Fleiße, aber wie es schien ohne viel Freude", war Katharina von Predl bereits früh auf Ausstellungen vertreten.[23] 1818 erhielt sie ein auf drei Jahre befristetes Stipendium aus dem Unterstützungsfonds des königlichen Oberhofmeisters, womit sie ihre erste Reise nach Italien antreten konnte.

In Rom fand sich schließlich eine Gruppe von befreundeten deutschen Künstler*innen, die untereinander regen Kontakt pflegten, darunter Marie Ellenrieder, Louise Seidler, Katharina von Predl und Electrina Stuntz, die als Einzige mit ihrem Vater angereist war.

Marie Ellenrieder und Katharina von Predl bildeten in Rom eine Wohngemeinschaft im Haus Nr. 4 an der Piazza di Spagna mitten im damaligen Künstlerviertel. An den ersten Tagen spielte von Predl die Reiseführerin und zeigte Ellenrieder die bedeutenden Bauten, darunter St. Peter, und die Fresken der Alten Meister. Voller Bewunderung berichtete Ellenrieder über die erfahrenere Freundin: „Die Predl ist viel rascher in ihren Unternehmungen als ich, daher sind ihre Tagwerke von größerer Bedeutung als die Meiningen, weil alles schnell und frisch aufeinander folgt."[24]

Beide Künstlerinnen mussten mit einem knappen Budget auskommen, so nähten und wuschen sie ihre Kleider selbst, um Geld zu sparen. Marie Ellenrieder hatte zudem kein Stipendium, sondern musste ihren Italienaufenthalt selbst bezahlen. Dies war ihr nur möglich, da sie kurz zuvor einen lukrativen Kirchenauftrag erhalten hatte. Die Freiheit indes, die die Künstlerinnen in Italien genießen konnten, war wesentlich größer, als es in Deutschland je möglich gewesen wäre: Sie konnten alleine in den öffentlichen Lokalen Kaffee trinken und ohne Begleitung in der Stadt spazieren gehen.

Künstlerisch begeisterte sich Ellenrieder besonders für Raffael. Mit Hingabe kopierte sie im Vatikan die „Schule von Athen“ und interessierte sich dabei vor allem für die Gruppen der jungen Schüler. Um die Gunst der Stunde zu nutzen, arbeitete sie oft bis zum Umfallen und wurde schließlich sogar krank, als sie ohne Mantel zum Kopieren eilte. Sie überforderte sich ständig selbst und war bald sehr niedergeschlagen, da sie mit ihren Fortschritten unzufrieden war. Aus Angst vor Kritik anderer zog sie sich zunehmend zurück. Großes Interesse brachte sie allerdings den sogenannten Nazarenern entgegen, die eine Erneuerung der christlichen Kunst anstrebten und sich dabei auf Fra Angelico, Raffael und Albrecht Dürer als Vorbilder beriefen. Friedrich Overbeck, den Anführer der Nazarener, der sogar zum Katholizismus konvertiert war, verehrte sie geradezu.

Katharina von Predl und Louise Seidler führten Ellenrieder in diese Kreise ein und sorgten dafür, dass sie auch am Komponierverein, einer Veranstaltung der Künstlerkolonie, teilnehmen konnte. Diese pflegte feste Treffpunkte, ihre Mitglieder besuchten und kritisierten sich gegenseitig, feierten Feste und wurden von den Gesandten der in Rom vertretenen Kleinstaaten zu Abendgesellschaften eingeladen. So waren von Predl und Ellenrieder einmal sogar beim bayerischen Kronprinzen zu einem Essen geladen, nachdem er sie in ihrem Atelier besucht hatte, was eine große Ehre bedeutete. Generell knüpften die Künstlerinnen in Rom wichtige Kontakte, was so in der Heimat aufgrund der Standesunterschiede nicht möglich gewesen wäre. Beispielsweise freundete sich Ellenrieder mit August Kestner, einem Maler, Kunstsammler und Autor, an. Er führte sie zu den berühmten antiken Stätten, erklärte ihr die Alten Meister und gab ihr auch sonst den einen oder anderen guten Ratschlag. Auch mit den damals bereits berühmten Bildhauern Karl Begas und Bertel Thorvaldsen stand sie in Kontakt, ebenso mit dem Restaurator und Kunsthändler Johann Metzger, der auch als Kunstagent für Ludwig I. von Bayern fungierte. Zu einem künstlerischen Austausch kam es zudem mit dem Historienmaler Johann Caspar Schinz. Gerade die Begegnung mit diesen bekannten Persönlichkeiten auf Augenhöhe förderte das Selbstwertgefühl der Künstlerin.

Louise Seidler, die bereits seit 1818 in Rom lebte, verkehrte in einem Kreis von illustren Freund*innen, die sie an ihren wöchentlichen Gastabenden besuchten. So war sie eng befreundet mit der Schauspielerin Fanny Caspers, die wie sie von Goethe protegiert worden war und sich nun als Gesellschafterin einer reichen Fürstin in Rom aufhielt. Seidler porträtierte die als „bezaubert" bezeichnete Caspers *(Abb. 8)*, die sich Hoffnung auf eine Ehe mit dem berühmten Bildhauer Bertel Thorvaldsen machte. Dieser war aber bereits mit einer Schottin liiert und hatte außerdem mit einer Italienerin, die von ihm forderte, ledig zu bleiben, ein uneheliches Kind, so dass sich all die schönen Pläne Fanny Caspers' in kürzester Zeit zerschlugen. Seidler indes wohnte wie Johann und Philipp Veit und Friedrich Olivier im Palazzo Guarnieri gegenüber der Villa Malta, dem einstigen Wohnsitz der Nazarener. Dort war Marie Ellenrieder gleichfalls sehr häufig zu Gast. In Seidlers Atelier fanden an den Samstagen Teeabende statt, auf denen über Religion und Politik diskutiert wurde. Es gab Lesungen klassischer Literatur, darunter auch die Werke Goethes und mythologische Erzählungen, und natürlich wurde über künstlerische Probleme diskutiert. Die mit einem Stipendium versehene Seidler verdiente zusätzlich Geld, indem sie Porträts oder Kopien Alter Meister verkaufte. Auch war sie 1822 auf einer Kunstausstellung deutscher Künstler wohl als einzige Frau vertreten.

Ellenrieder und Predl unternahmen gelegentlich mit dem Malerkollegen Johann Caspar Schinz Wanderungen in der Umgebung Roms und machten Skizzen im Freien. Im Sommer 1824 reisten die beiden Malerinnen sogar nach Florenz, wo sie bei Johann Baptist Metzger wohnten, der sie mit den Sehenswürdigkeiten der Arnostadt vertraut machte. Neben Predl war Louise Seidler bald zu einer wichtigen Vertrauten von Ellenrieder geworden. In der deutschen Künstlerkolonie nahm sie aufgrund ihres vermittelnden Wesens gar eine Sonderstellung ein und war ein gern gesehener Gast bei den gemeinsamen Veranstaltungen.

Als sie 1823 wegen der Erkrankung ihres Vaters zurück nach Deutschland musste, stellte Ellenrieder bedauernd fest, dass die deutschen Künstler in Rom gegenüber den Frauen harte Herzen hätten, da sie diese zwar gerne als ihnen ergebene Bewunderinnen sähen, aber weniger als eigenständige Künstlerinnen.

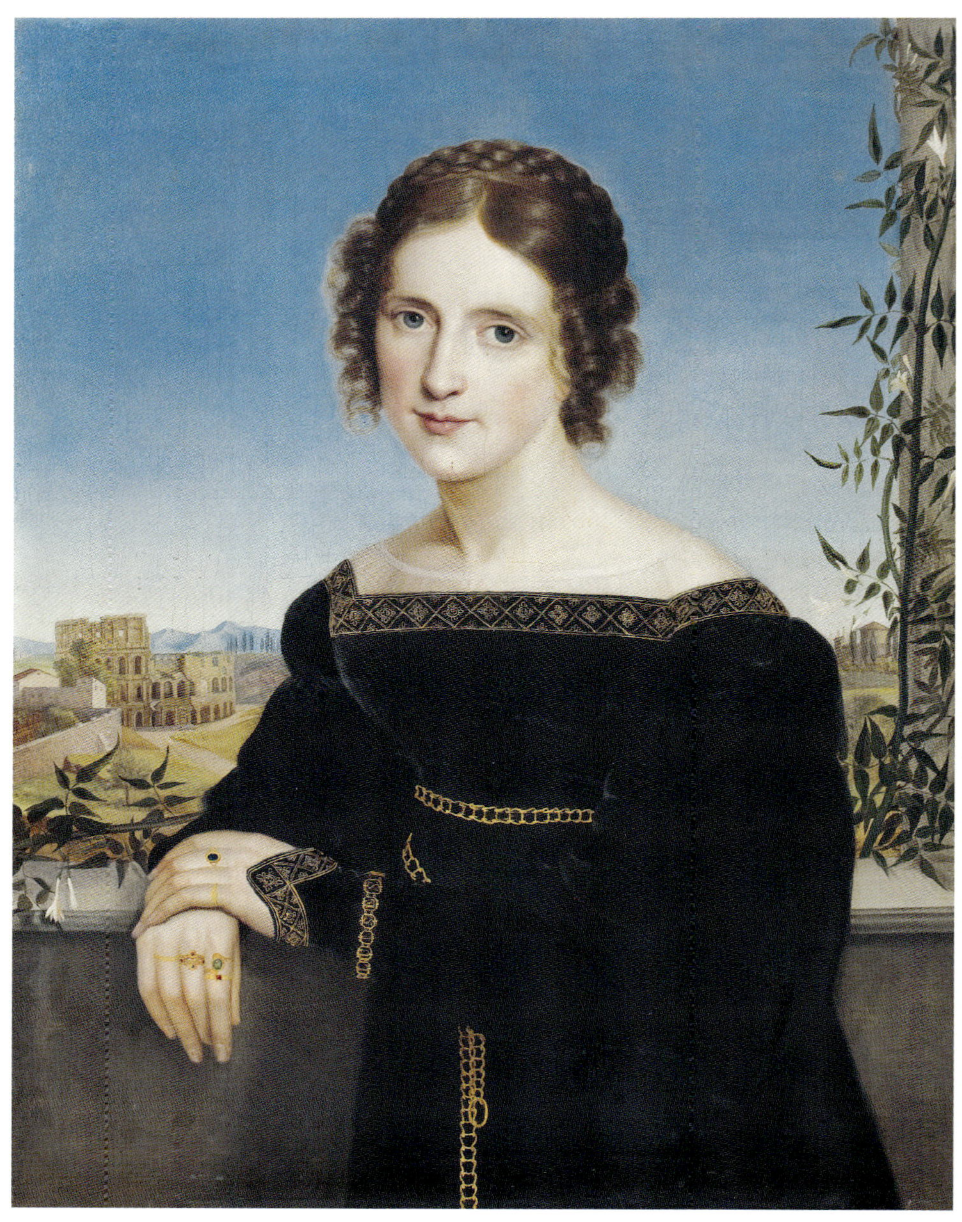

8 Louise Seidler, Bildnis der Fanny Caspers, 1819, Öl/Lw., Thorwaldsens Museum, Kopenhagen

Dennoch bedeuteten insbesondere für Marie Ellenrieder die zwei Jahre Aufenthalt in Italien einen wichtigen Entwicklungsschritt in ihrer künstlerischen Arbeit, sie war sich ihrer Ziele sicherer und insgesamt selbstbewusster geworden. Im April 1825 reiste sie zurück nach Konstanz, während Katharina von Predl von Florenz aus nach Livorno reiste, wo sie sich nach London einschiffte. Dort zeigte sie auf einer Ausstellung an der Royal Academy of Arts zwei ihrer in Rom und Florenz entstandenen Historienbilder, für die sie außerordentlich gelobt wurde.

Anschließend versuchte Katharina von Predl, in München beim Finanzministerium eine Pension zu erlangen. Dies wurde jedoch abgelehnt, daher reiste sie weiter nach Wien, in der Hoffnung, nun von Kaiserin Karoline Charlotte Auguste gefördert zu werden. Doch Wien sagte ihr insgesamt nicht zu. Schließlich reiste sie über Dresden und Venedig wieder nach Rom, wo ihr die Prinzessin zu Hohenlohe-Bartenstein die Ehe mit Louis François Grassis vermittelte, den sie bisher nicht näher kannte, es handelte sich also um eine reine Zweckehe. Mit ihm zog sie nach Sizilien, wo er eine Verwalterstelle innehatte. Danach häuften sich die Schicksalsschläge: Sie verlor ihren erstgeborenen Sohn, und der Ehemann wurde durch einen Unfall arbeitsunfähig. Katharina Grassis de Predl war fortan die Haupternährerin der Familie: In Turin war sie an einer Ausstellung beteiligt, in Chambéry, wo die Familie zeitweise lebte, veranstaltete sie mit ihren Werken eine erste eigene Ausstellung in der dortigen Stadtbibliothek. Um das Familieneinkommen weiter aufzubessern, gab sie bald auch Zeichenunterricht. Wenig später zog die Familie nach Paris, wo sie weitere Porträtaufträge annahm. Marie Ellenrieder und Katharina Grassis de Predl stellten sogar gemeinsam auf dem Pariser Salon von 1835 aus. Schorns Kunstblatt berichtete allerdings sehr negativ über die Werke der Künstlerinnen:

„Mehrere Damen haben sich auch in der höheren Malerei versucht. Seitdem der Père Enfantin die Emanzipation des weiblichen Geschlechts gepredigt hat, fangen die Weiber zunächst in Frankreich an, sich in die Künste zu mischen und das Heiligthum derselben zu bestürmen; man zählt unter den Artisten, welche dieses Jahr ausgestellt haben, nicht weniger als 235 Weiber. Ich weiß nicht, ob man darüber wehklagen oder frohlocken soll. Meiner Meinung nach kann zwar eine Frau ein Königreich regieren, wie die Christine von Schweden, oder eine Schlacht gewinnen, wie die Jungfrau von Orleans, oder einen Tyrannen den Dolch in die Brust stoßen wie die Charlotte Corday, auch ihrem Ehrenräuber den Kopf abschneiden, wie die Judith – aber ein gutes Gemälde und noch dazu ein symbolisches zu Stande bringen zu wollen, ist und wird für eine Frau stets ein vergeblich Bemühen seyn."[25]

Insbesondere erwähnte das Kunstblatt Ellenrieder als negatives Beispiel: „Als Belege meiner Ansicht führe ich indeß die Madonna mit dem Jesuskinde und die heil. Cäcilia von der Ellenrieder und eine Himmelfahrt von der Blanchard an", hieß es dort.[26] Hier wurde das damals weit verbreitete Vorurteil bemüht, dass Frauen zu bedeutenden schöpferischen Leistungen nicht in der Lage seien – ein Vorurteil, dass sich über mehrere Jahrhunderte halten sollte. Marie Ellenrieder, wenn auch tief getroffen, arbeitete dennoch unbeirrt weiter und schuf unter anderem ein Altarbild für die Eberhardskirche in Stuttgart.

Für Grassis de Predl sind indes zwischen 1834 und 1841 mehrere Aufträge des französischen Staates sowie Aufträge für Altarbilder nachgewiesen. Als ihr Mann 1841 verstarb, galt sie schließlich als eine gefragte Porträtmalerin. Da sie sich aber um eine angemessene Ausbildung für ihre Tochter sorgte, reiste sie mit ihr nach Rom, wo diese im französischen Damenorden vom Heiligen Herzen im Kloster Santissima Trinità dei Monti aufgenommen wurde. Während der Ausbildungszeit ihrer Tochter führte die Künstlerin noch einige bedeutende Aufträge aus und reiste auch nochmals nach Paris. Nachdem die Tochter schließlich endgültig in das Kloster eintrat, in dem sie ausgebildet worden war, blieb auch Katharina Grassis de Predl in Rom, wo sie im Garten des Konvents ein Häuschen mit Atelier bezog. Gelegentlich reiste sie für Aufträge noch nach Savoyen, war aber nicht mehr so aktiv wie in den früheren Jahren. Sie starb schließlich 1871 im stolzen Alter von 81 Jahren in Rom, wo sie immerhin auf dem Campo Santo Teutonico begraben ist.

Und ihre Freundin Marie Ellenrieder? Nach ihrer ersten Italienreise war sie stilistisch sichtlich von den Nazarenern beeinflusst, was auch ihrer tiefen Religiosität entsprach. So erhielt sie 1828 von Ludwig I.

Großherzog von Baden den Auftrag für den Hochaltar der neu erbauten Stephanskirche in Karlsruhe und schuf dafür das Altarbild „Die Steinigung des Heiligen Stephanus“. In den folgenden Jahren erfuhr sie weiterhin große Anerkennung, 1829 wurde sie sogar zur badischen Hofmalerin ernannt und schuf Porträts vom Großherzog und seiner Ehefrau zur linken Hand, der ehemaligen Schauspielerin Katharina Werner. Als ihre Freundin förderte und unterstützte diese die Malerin zusätzlich. Außerdem schuf Marie Ellenrieder auch ein Bildnis der Großherzogin Sophie, der Ehefrau zur rechten Hand, mit ihren fünf Kindern. Für diesen Auftrag lebte sie für zwei Jahre in Karlsruhe und erlebte dort eine fröhliche und unbeschwerte Zeit. Einen besonderen Höhepunkt bildete der Besuch der einstigen römischen Begleiterin Louise Seidler in der badischen Landeshauptstadt. Beide Freundinnen waren nun als Malerinnen erfolgreich und etabliert. Denn auch Louise Seidler wurde nach ihrer Rückkehr aus Italien in der Weimarer Gesellschaft hoch geachtet: Sie unterrichtete die Töchter des Herzogs Karl Friedrich im Zeichnen. Ihre Karriere verlief daher vergleichbar mit jener der Marie Ellenrieder unter der Protektion eines Landesvaters, eine der wenigen Möglichkeit für Künstlerinnen, auch ohne Ehemann erfolgreich und finanziell abgesichert zu sein.

Beide träumten davon, noch einmal nach Italien zurückzukehren. Louise Seidler reiste 1832 erneut nach Rom, wo sie jedoch nur ein Jahr blieb. Dort traf sie auf eine veränderte Situation, zahlreiche ihrer Bekannten hatten die Ewige Stadt verlassen. Sie kam nun auf eine ungewöhnliche Idee: Sie organisierte ein Atelier für sich und andere malende Frauen, teilte sich mit ihnen die Kosten für die Modelle und unterrichtete sogar. Die Regensburger Künstlerin Barbara Popp berichtete begeistert: „Einstweilen habe ich gestern mit Fräulein Seidler den Entwurf zu einem Bilde gemacht, das wir nach einer hübschen Albanerin, die Fräulein Seidler aufgefunden hat, zeichnen wollen (…). Bisher habe ich bloß einige kleine Studien nach der Natur gemacht, zum Teil mit Seidler, zum Teil allein (…).“[27]

Marie Ellenrieder schaffte es erst im Herbst 1839, zum zweiten Mal nach Italien zu reisen. Gemeinsam mit ihrer Schwester ging es über Venedig und Ferrara nach Rom. Dort wollte sie den Karton für das Auftragsgemälde „Christus als Kinderfreund“ anfertigen. Dieser wurde nach seiner Vollendung im März 1849 in Rom ausgestellt und in Schorns Kunstblatt sogar lobend erwähnt: „Die schöne, ausgeführte Zeichnung spiegelt eine schöne Seele, die die Grenzen des Weiblichen nie verlässt. Nicht nur in der Ausführung hat sie sich denjenigen Gegenständen mit ausschließlichem Eifer zugewandt, bei denen eine Frau ohne Verletzung ihrer angeborenen Empfindungen ungestört verweilen darf, sondern auch die Charaktere ihrer Kunstschöpfungen zeigen überall dieselbe Bescheidenheit im Eingehen auf ihre Tiefe.“[28]

Die auf den ersten Blick positiv wirkende Besprechung stellt sich bei näherer Betrachtung als eine Ansammlung von Klischees der weiblichen Kunstausübung heraus. Im Klartext wurde ihr auch hier die den Männern vorbehaltene Meisterschaft abgesprochen. Tatsächlich schildert Marie Ellenrieder in ihrem Gemälde Christus in liebevoller Hinwendung zu den ihn umringenden Kindern, die sich ihm ohne Scheu und voller Vertrauen nähern. Ganz anders im Vergleich dazu Overbeck, der seinen Christus dominant im Zentrum der ihn verehrenden Kinder darstellte.

Die Künstlerinnen in Klassizismus und Romantik erwiesen sich nun als mobiler und mutiger. Noch benötigten sie Reisegefährten und waren auf das Wohlwollen der männlichen Künstler angewiesen. In Italien genossen sie jedoch eine bisher nie gekannte Freiheit und konnten Bekanntschaften über Standesgrenzen hinweg schließen. Dennoch waren die Künstlerinnen nicht immer gerne gesehen, Vorbehalte und Vorurteile blieben weiterhin bestehen, und Aufträge und Auftraggeber wurden von den männlichen Künstlern verteidigt. Typische Treffpunkte der deutschen Künstler, etwa das berühmte Caffé Greco in Rom, blieben den Frauen ebenso verschlossen wie die geheimnisvollen Aufnahme- und Trinkrituale der Männerbünde. Doch war der Italienaufenthalt wie ein Adelsschlag: Die Künstlerinnen waren gefragt, erhielten Aufträge und nahmen an Ausstellungen teil oder wurden gar zu Hofkünstlerinnen ernannt, was damals als die höchste Karrierestufe galt, die eine Frau erringen konnte. Die berühmte Malerin Angelika Kauffmann war dabei Vorbild und hat vielen weiblichen Künstlerinnen den Weg zu mehr Akzeptanz geebnet.

DER WEG ZUR FARBE

die Malerinnen des Impressionismus

Der Impressionismus scheint auf den ersten Blick von Männern geprägt gewesen zu sein. So wie auch die Kunstwelt des 19. Jahrhunderts generell von männlichen Künstlern, Kritikern, Juroren, Kunsthändlern und Sammlern bestimmt war. Frauen waren da in der Regel nur als Modelle, Musen oder Ehefrauen vertreten. Doch tatsächlich war die Zahl der professionellen Künstlerinnen im 19. Jahrhundert gerade in Frankreich deutlich größer als bisher allgemein angenommen. 1883 schätzte die Zeitschrift „Gazette des Femmes" die Zahl der Malerinnen und Bildhauerinnen auf rund 3000. Die mangelnde Anerkennung von Frauen entstand in erster Linie aufgrund der ihnen gegenüber herrschenden Vorurteile. Der berühmte Schriftsteller Edmond de Goncourt äußerte etwa, „(...) dass es keine genialen Frauen gibt und dass, wenn sie Genie zeigen, ein Betrug vorliegt, insofern sie Männer sind".[1] Den Frauen wurden herausragende Kunstwerke immer noch nicht zugetraut. Bildhauerinnen und Malerinnen, egal ob verheiratet oder ledig, kämpften mit unzähligen Beschränkungen und Verboten. Beispielsweise durften ledige Frauen aus dem Bürgertum, wenn sie als anständig gelten wollten, nicht alleine ausgehen und keine öffentlichen Stätten, etwa Cafés, Restaurants oder Theater, besuchen. Dies galt als äußerst unschicklich, ja gar als unanständig. So traf sich die illustre Gruppe der Impressionisten ab 1876 in verschiedenen Stammcafés, wo ein reger Austausch zwischen ihnen stattfand; Frauen konnten an diesen Treffen aber nicht teilnehmen und waren somit benachteiligt, da sie vom allgemeinen Informationsfluss abgeschnitten waren.

Die einzige legitime Möglichkeit für Künstlerinnen, sich mit anderen, insbesondere auch mit männlichen Künstlern zu treffen und auszutauschen, war die, einen eigenen Salon zu führen. Dies war jedoch nur den wohlhabenden Künstlerinnen möglich. Der Impressionismus war daher ein Stil des gehobenen Bürgertums, und zwar im doppelten Sinne – sowohl seine Protagonist*innen als auch seine Konsument*innen gehörten überwiegend einer gehobenen gesellschaftlichen Schicht an. Daher ist es nicht weiter verwunderlich, dass der Kunstmarkt blühte und zahlreiche Galerien aus dem Boden schossen. Damit einhergehend gab es auch immer mehr Ausstellungen und Ausstellungsmöglichkeiten. Überraschenderweise fand sich gerade in Frankreich eine verstärkte Tendenz hin zur „Berufskünstlerin". Doch blieb meist fraglich, wie sich die Qualität ihrer Arbeiten gestaltete und wo die Grenze zum weit verbreiteten Dilettantismus verlief. Denn auch höhere Töchter malten oder musizierten zum Zeitvertreib und erhöhten so ihre Chancen auf dem Heiratsmarkt. Viele neue Faktoren des Kunstmarkts verbesserten aber gleichzeitig die künstlerischen Möglichkeiten der Frauen. So schätzte das kunstinteressierte Bürgertum zunehmend die kleinen Formate der Freilichtmalerei. Beliebt wurden zudem Themen wie private Porträts, Interieurs, Bilder von Gärten oder allgemeine Szenen aus dem Alltag, die auch Frauen malen konnten, ohne Grenzen der Schicklichkeit zu überschreiten. Zwar war der jährlich stattfindende, staatlich finanzierte Salon einer der wichtigsten Präsentationsmöglichkeiten, doch war die Zahl der Künstler*innen so groß, dass einzelne Persönlichkeiten kaum mehr wahrgenommen wurden. Zudem kamen gerade Künstlerinnen nur äußerst selten in den Genuss der dort verliehenen Medaillen.

Die Ausstellungen der Impressionisten, die von 1874 bis 1886 insgesamt acht Mal stattfanden, können als Gegenbewegung zum traditionellen Salon angesehen werden. So war die Präsentation der Bilder dort eine komplett andere: Die verschiedenen Künstler*innen stellten in nach Künstlern getrennten Räumen aus, auch unterschied man zwischen Ölmalerei und Zeichnung.[2] Allerdings war die erste Ausstellung der Impressionisten im Atelier des Fotografen Nadar trotz großer Aufmerksamkeit der Presse nur spärlich besucht. Angeblich entstand anlässlich dieser Ausstellung die Bezeichnung „Impressionismus". Diese wurde wohl bereits in den 1860er-Jahren verwendet, doch veröffentlichte ihn erst der Journalist und Kunstkritiker Jules-Antoine Castagnary 1874 in einer Zeitungskritik, in der er sich auf Monets Gemälde „Impression, soleil levant" bezog: „Wollte man sie mit einem erläuternden Wort charakterisieren, müsste man den neuen Begriff Impressionisten schaffen. Sie sind Impressionisten, in dem Sinn, dass sie nicht eine Landschaft wiedergeben, sondern den von ihr hervorgerufenen Eindruck."[3]

Die erste Impressionistin – Berthe Morisot

Zum engeren Kreis der Impressionisten, die auch an deren Ausstellungen teilnahmen, gehörten einige wenige Frauen, darunter Berthe Morisot, die sogar eine zentrale Stellung innerhalb der Gruppe einnahm, die Amerikanerin Mary Cassatt, das Ausnahmetalent Eva Gonzalèz und die lange Zeit zu Unrecht vergessene Marie Bracquemond. Diese vier Künstlerinnen behaupteten sich unterschiedlich erfolgreich, zwischen Anerkennung und Scheitern, in einer männerdominierten Kunstwelt. Die bis heute bekannteste unter ihnen war Berthe Morisot. 1841 in Bourges geboren, erhielt sie mit ihren beiden Schwestern Edma und Yves sehr früh den ersten privaten Zeichenunterricht, was auf ein aufgeschlossenes Elternhaus schließen lässt. Gemeinsam mit Edma erlernte sie bald auch die grundlegenden Kenntnisse der Malerei bei Joseph Guichard, zudem zeichneten sie nach Gipsabgüssen antiker Skulpturen. Allerdings warnte ihr Lehrer die Eltern in einem Brief: „Bei der natürlichen Begabung Ihrer Töchter wird mein Unterricht sie nicht zu bescheidenen Salontalenten entwickeln. Aus den Mädchen werden Malerinnen. Wissen Sie wirklich, was das bedeutet? In ihrem großbürgerlichen Milieu ist das eine Revolution, ja fast eine Katastrophe."[4] Allein diese Aussage macht deutlich, dass für eine berufliche Existenz als Malerin die Zeit noch nicht reif war, ja dass die Mädchen in Gefahr geraten konnten, ihren traditionellen Lebensweg als versorgte Ehefrau zu verspielen.

Unbeeindruckt von dieser Warnung, studierten die Schwestern weiter, kopierten sogar die Alten Meister im Louvre, wofür sie den Schutz ihres Zuhauses verlassen mussten. Eine bedeutende Rolle spielte für Berthe Morisot der mit ihrer Familie befreundete Maler Camille Corot, bei dem sie die Pleinairmalerei erlernte. Als Vertreter der Schule von Barbizon, die als eine der ersten die Freilichtmalerei propagiert hatte, zählte er zu den bedeutendsten Landschaftsmalern Frankreichs. Allerdings unterrichtete Corot die beiden Mädchen nicht selbst, sondern bat seinen Schüler Achille Oudinot darum. Dieser machte sie schließlich mit Charles François Daubigny bekannt, der vor allem Berthe Morisot beeinflusste. Auch den berühmten Karikaturisten Honoré Daumier, der sich in seinen Karikaturen ausgerechnet über malende Frauen lustig machte, lernte sie durch ihren Lehrer kennen. Völlig überraschend ist nun, dass sich die junge Künstlerin sogar zeitweise mit der Bildhauerei beschäftigte, in der es Frauen noch schwerer hatten, sich zu behaupten. Der Vater indes unterstützte seine Töchter ohne Wenn und Aber in ihren Neigungen und baute ihnen sogar ein eigenes Atelier im Garten, so dass genug Raum für ihre Arbeit vorhanden war. Dies zahlte sich aus: Berthe Morisot stellte in den Jahren 1865 bis 1873 bis auf zwei Ausnahmen sogar im Salon aus. Mehr noch: Sie war die Einzige neben Degas, die nie abgelehnt wurde. Einer der Kritiker lobte sie und ihre Schwester geradezu überschwänglich: „Mut, meine Damen! Sie haben eine lange Karriere vor sich und Sie scheinen entschlossen zu sein, mit Zuversicht und Glauben voranzuschreiten. Ich gratuliere Ihnen aufrichtig.“[5] Sehr bereichernd war für Berthe Morisot die Bekanntschaft mit Édouard Manet, zeitweise arbeiteten sie sogar zusammen und beeinflussten sich wechselseitig. Allerdings sah Manet die Rolle der Frau in der bildenden Kunst wenig optimistisch und äußerte 1868 gegenüber Henri Fantin-Latour: „Ich stimme völlig mit Ihnen überein, die Damen Morisot sind charmant. Zu schade, dass sie keine Männer sind. Gleichviel, auch als Frauen könnten sie der Sache der Malerei nützen, wenn sie die Mitglieder der Akademie heirateten und Zwietracht ins Lager des Feindes trügen.“[6] Dass sie auch als Künstlerinnen bewegen und verändern könnten, kam ihm nicht in den Sinn.

Dennoch stand Morisot Manet mehrmals Modell für elf seiner Gemälde, darunter der „Balkon“, der sogar im Salon ausgestellt wurde. Als ihre Schwester Edma 1869 heiratete, gab sie zu Berthes tiefstem Bedauern die Malerei auf, sie musste nun alleine zurechtkommen. Die beiden Schwestern waren dafür bekannt gewesen, dass sie gemeinsam reisten, gemeinsam ausstellten und häufig Seite an Seite malten und zwar mehr als zwölf Jahre lang. Nichtdestotrotz malte Berthe Morisot unbeirrt weiter, so schuf sie 1873 einige ihrer bedeutendsten Werke und stellte sogar beim Galeristen Durand-Ruel in London aus. Sie war ab der Impressionistenausstellung im Jahr 1874 auch an allen weiteren beteiligt und organisierte sie zudem mit. Dort wurde sie immens beachtet und ihr Stil sogar mit der Malerei Fragonards verglichen: „Berthe Morisot handhabt Palette und Pinsel mit wahrhaft überraschendem Zartgefühl. Seit dem 18. Jahrhundert, seit Fragonard sind solche zarten Farben nicht mehr mit einer solchen geistigen Kühnheit aufgetragen worden",[7] hieß es. Man spekulierte sogar, ob sie nicht gar eine Großnichte des berühmten Rokoko-Malers sei. Anstatt sie jedoch gleichberechtigt mit den anderen Malern zu würdigen, drängte man sie in eine Art Sonderrolle und betonte das typisch Weibliche ihrer Malerei. Ein Kritiker meinte sogar, sie habe „das doppelte Privileg, eine Frau und eine Künstlerin zu sein".[8]

Sie selbst aber brach mit vielen der vorherrschenden gesellschaftlichen Gepflogenheiten: Als sie 1874 den Bruder von Èdouard Manet, Eugène Manet, heiratete, gab sie ganz anders als ihre Schwester ihre Malerei nicht auf, sondern arbeitete intensiv weiter. So hatte sie bereits 1871 an ihre Schwester Edma geschrieben: „Ich werde (meine Unabhängigkeit) nur durch Beharrlichkeit erreichen und dadurch, dass ich meine Absicht, mich zu emanzipieren, in aller Offenheit äußere."[9] Der Erfolg gab ihr recht: 1875 veranstaltete sie gemeinsam mit anderen Künstlern eine Auktion im Hôtel Drouot, wobei ein Werk von ihr den Höchstpreis erzielte und sogar teurer war als die Werke Monets.

Ihre Bilder schildern in der Regel das typische Pariser Leben ihrer Zeit, wiederholt stellte sie junge Mädchen ins Zentrum ihrer Bilder *(Abb. 9)*. Ihr Lieblingsmodell war lange die Schwester Edma gewesen, deren Schicksal sie nicht teilte. Denn auch die Geburt einer Tochter hinderte sie nicht daran, weiterhin zu malen. Mit allen Tricks meisterte sie den Spagat zwischen Mutterschaft und Künstlerinnendasein, wobei sie allerdings auch über ein Kindermädchen verfügte. Mit diesem und ihrer Tochter ging sie häufig im Park spazieren, wohin sie zudem oft ihre Modelle bestellte. In den 1880er-Jahren malte sie sogar mehrfach ihren Mann und ihre Tochter und öffnete damit ihre Privatsphäre der Öffentlichkeit.

Mit den Jahren erreichte Berthe Morisot eine leichte, fließende Malweise, die in der schnellen Ausführung eine oft überraschende Spontanei-

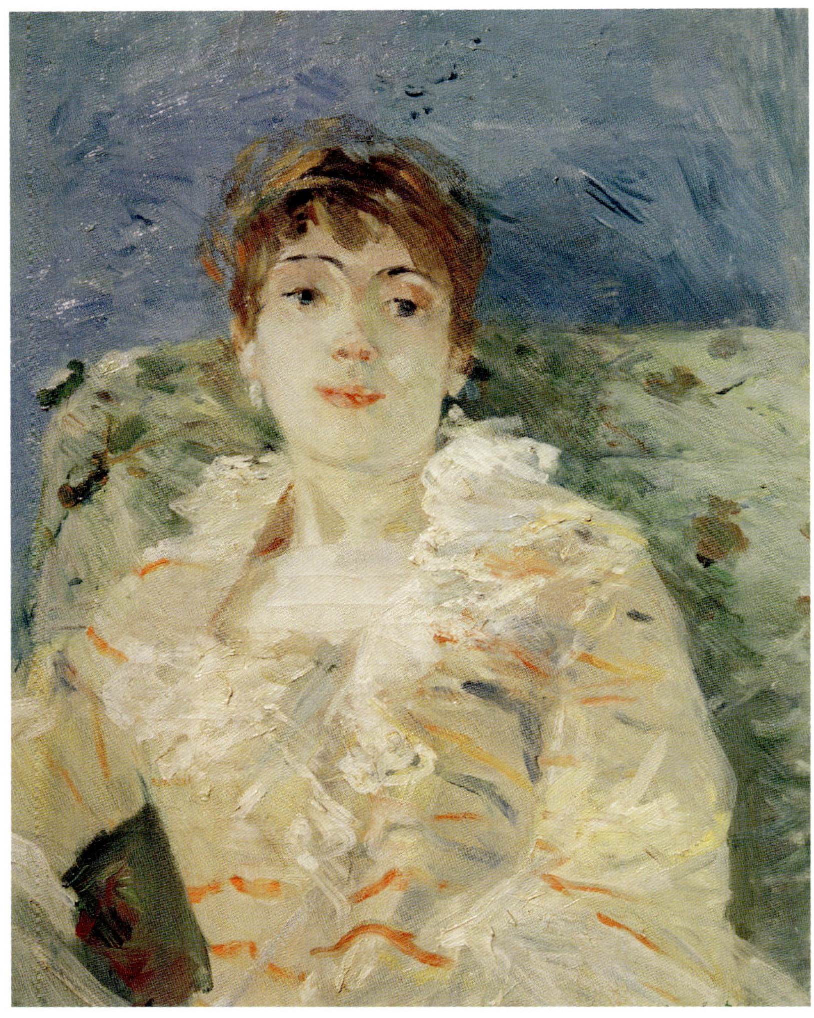

9 Berthe Morisot, Junge Frau auf dem Sofa, 1885, Öl/Lw., Tate, London

tät erkennen lässt und die sie für viele Kritiker zur Impressionistin schlechthin werden ließ: „Ich behaupte nicht, dass Mademoiselle Morisot Meisterwerke oder auch nur vollständige Werke geschaffen hat. Ihrer reizvollen und impulsiven Kunst fehlt die Entschiedenheit dauerhafter Werke. Ihre Malweise bleibt allzu rein impressionistisch und macht bei erlesenen Eindrücken, beim flatternden Charme des Entwurfs Halt",[10] so ein Kunstexperte.

Als sich 1881 in Paris die Union des femmes peintres et sculpteurs (Vereinigung der Malerinnen und Bildhauerinnen) bildete, die jedes Jahr unzählige Werke von Künstlerinnen in ihren Ausstellungen präsentierte, hatte dies für Morisot keine große Bedeutung, da sie sich innerhalb ihrer eigenen gesellschaftlichen Schicht bewegte und damit erfolgreich war. Stolz vermerkte sie nach über dreißig Jahren künstlerischen Schaffens mit 49 Jahren in ihrem Notizbuch: „Ich glaube nicht, dass es jemals einen Mann gegeben hat, der eine Frau als absolut gleichgestellt behandelt hat, und das war alles, was ich immer verlangt habe – denn ich weiß, ich bin genauso gut wie die Männer.“[11]

Die einzige Schülerin Manets – Eva Gonzalèz

Die einzige Schülerin von Manet, durchaus eifersüchtig beäugt von Berthe Morisot, war die Pariserin Eva Gonzalèz. Sie stammte wie Morisot aus einem wohlhabenden und gebildeten Haus: Ihr Vater war ein bekannter Schriftsteller, ihre Mutter spielte in der häuslichen Abgeschiedenheit Harfe und sang dazu. In einem Zuhause wie diesem, das den schönen Künsten gegenüber aufgeschlossen war, stellte es also kein Problem dar, sich als Malerin ausbilden zu lassen. Blieb nur, auch die Akzeptanz der Gesellschaft zu erlangen. Dafür benötigte sie immer wieder Fürsprecher, die ihre Karriere mit auf den Weg brachten. So bekam sie erst durch die Vermittlung von Philippe Jourde, dem Direktor der Tageszeitung Le Siècle, Unterricht im Malen und Zeichnen bei dem schon damals als etwas altmodisch geltenden Maler Charles Chaplin. Auf ihren Wunsch hin richtete ihr der Vater in Paris ebenfalls ein eigenes Atelier ein, obwohl Chaplin davon abriet. Eva solle zuerst heiraten, so sein dringender Rat, damit sie als Frau versorgt sei.

Durch den belgischen Maler Alfred Stevens lernte sie schließlich 1869 gleichfalls Édouard Manet kennen, dem sie wie Berthe Morisot Modell stand und der sie überraschenderweise aufgrund ihrer Begabung als seine Schülerin annahm, da war sie allerdings bereits 22 Jahre alt. Da Manet mit seinen Bildern „Frühstück im Freien“ und „Olympia“ große Skandale provoziert hatte, stellte sie zunächst noch als Chaplins

Schülerin im Salon aus. Erst nach und nach wagte sie es, sich als Manets Schülerin zu bezeichnen. Sie galt bald als große Koloristin, denn sie brillierte nicht nur in der Ölmalerei, sondern auch mit ihren zarten Pastellen. Während das frühe Werk wie etwa „Der Spatz" – ein junges Mädchen mit entblößter Schulter und einem Spatz auf der Hand – noch an eine etwas altmodisch anmutende Salonmalerei erinnert, werden die Themen und Strichführungen gerade in den Pastellen immer kühner. Das Ölgemälde „Der Haarknoten" *(Abb. 10)* etwa zeigt den intimen Blick auf den schönen nackten Rücken einer jungen Frau, deren blondes Haar zu einem lockeren Knoten gebunden ist und damit den Blick auf den Nacken freigibt. Eine Darstellung von unaufdringlich subtiler Erotik, die Dame bleibt dabei anonym. Letztlich handelt es sich um eine neue, innovative Bildidee. Mit ihrem Gemälde „Die Loge im Théâtre des Italiens", bei dem die schöne junge Frau im leuchtenden blauen Kleid und mit tiefem Dekolleté das Zentrum der ansonsten dunkel gehaltenen Loge dominiert, erzielte sie große Anerkennung. Ja, es wurde sogar behauptet, sie übertreffe inzwischen ihren Lehrer Manet.

Schließlich heiratete sie den Maler und Graveur Henri Guérard, der mit ihr für Manet gelegentlich Modell gestanden hatte. Trotz ihrer Eheschließung konnte sie wie Morisot weiter künstlerisch arbeiten und in den Salons ausstellen. Ihr überraschend früher Tod 1883 – sie starb, wie später auch Paula Modersohn-Becker, nur wenige Tage nach der Geburt ihres Sohnes an einer Embolie – beendete allzu früh ein bedeutendes Werk. Ihre erste Retrospektive fand posthum erst zwei Jahre später statt, im Jahr 1900 war sie sogar mit ihrem Meisterwerk „Die Loge im Théâtre des Italiens" und einem weiteren Bild auf der Pariser Weltausstellung vertreten.

Eine Amerikanerin in Paris – Mary Cassatt

Um die einzige Nichtfranzösin in den Reihen der Impressionisten handelt es sich bei der Amerikanerin Mary Cassatt. Ihr Entschluss, Malerin zu werden, war von ihrem Vater zunächst entschieden abgelehnt worden: „Da sähe ich dich beinahe schon lieber tot",[12] war seine erste spontane

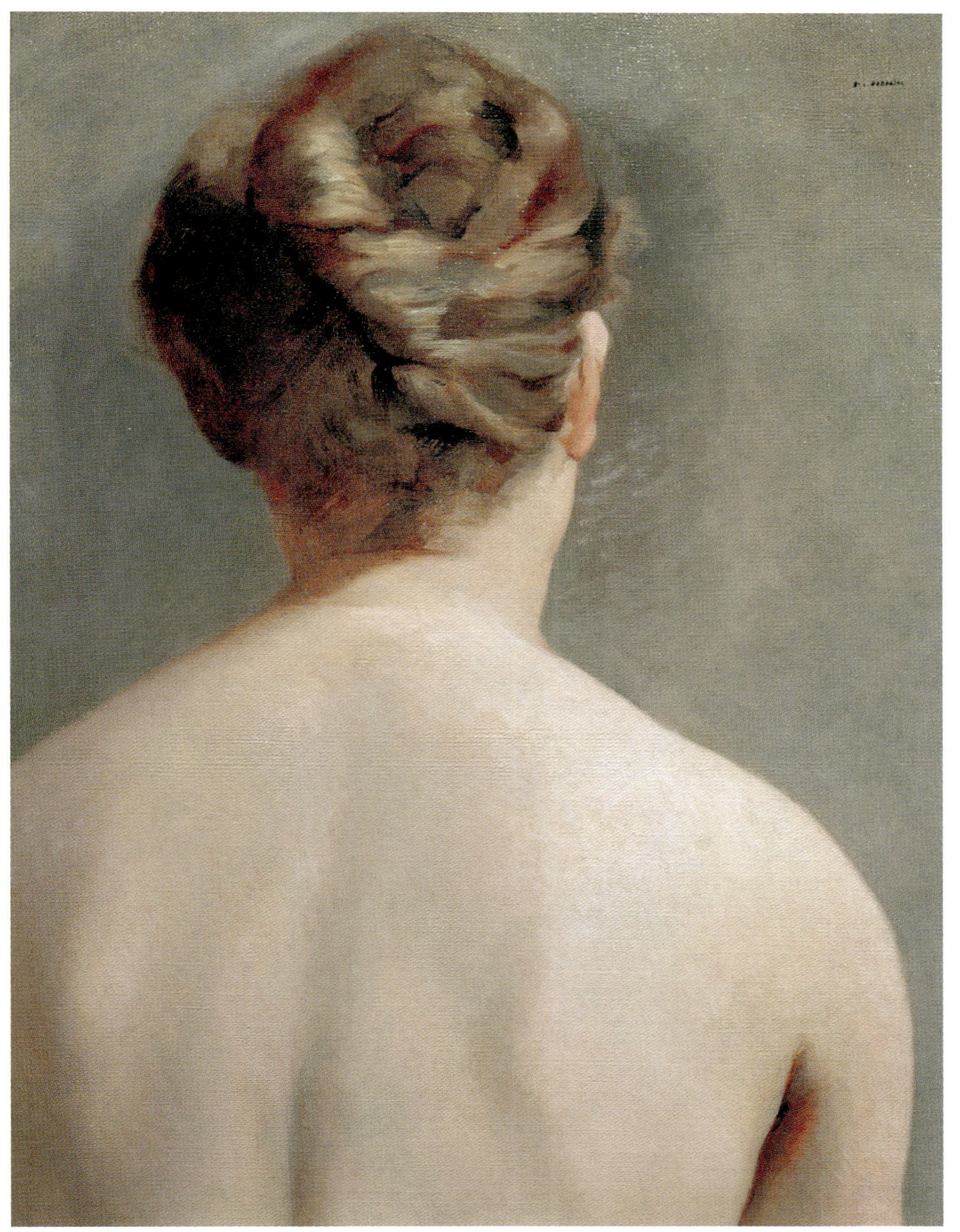

10 Eva Gonzalèz, Der Haarknoten, 1865–1870, Öl/Lw., Privatsammlung, USA, Courtesy Noorthman Master Paintings

Äußerung zu ihrer Berufswahl. Die Kunstkritik beurteilte sie gleichfalls widersprüchlich: Ihre zahlreichen Darstellungen von Mutter und Kind galten als typisch weiblich, ihre Malweise wurde jedoch oft als „männlich" beurteilt. 1844 als insgesamt viertes Kind einer der wohlhabendsten Industriellenfamilien der USA in Pennsylvania geboren, kam sie in den 1850er-Jahren aufgrund der Erkrankung ihres Bruders mit zehn Jahren nach Europa. Zunächst war sie mit ihrer Familie in Paris, dann in Heidelberg und Darmstadt, wo ihr Bruder starb. Nach dessen Tod kehrte die Familie schließlich wieder nach Amerika zurück. Dort studierte Cassatt von 1861 bis 1864 an der Pennsylvania Academy of Fine Arts und kam dadurch zu dem Entschluss, Malerin zu werden.

In Begleitung ihrer Mutter reiste sie zum zweiten Mal in ihrem Leben nach Paris, wo sie wie Gonzalèz in die Kunstklasse für Frauen von Charles Chaplin eintrat. Schließlich wurde sie Studentin des Historienmalers Jean-Léon Gérôme, der den Impressionismus jedoch entschieden ablehnte. Dennoch wurden ihre Bilder zunächst vom Salon nicht ausgestellt. Erst 1868 wurde dort zu ihrer großen Freude ihr sehr traditionell wirkendes Gemälde „Die Mandolinenspieler" gezeigt, dem man das Studium der Alten Meister im Louvre deutlich ansah. Ihr überlebender Bruder äußerte sich damals in einem Brief an seine Verlobte äußerst herablassend über ihren Erfolg: „Mary ist in großer Begeisterung, weil ihr Bild in Paris für die Jahresausstellung angenommen wurde. Du musst Dir klar machen, dass so was für eine junge Künstlerin eine große Ehre ist, und es wurde nicht nur angenommen, sondern auch ‚in die Reihe gehängt'. Ich weiß zwar nicht, was das genau heißt, vermute aber, es wird an vorteilhafter Stelle gezeigt. Marys Künstlername ist ‚Mary Stevenson', und unter diesem Namen hofft das arme Kind augenscheinlich berühmt zu werden."[13]

Anders als die Männer verwendete sie zunächst nicht ihren eigentlichen Namen, sondern nahm, um keine Rückschlüsse auf ihre Familie zuzulassen, einen Künstlernamen an. Der deutsch-französische Krieg 1870/71 unterbrach die zunächst so hoffnungsvolle Laufbahn: Sie war gezwungen, in ihre Heimat zurückzukehren. Sobald es wieder möglich war, kehrte sie nach Europa zurück, studierte erneut die Alten Meister, zunächst in Italien, wohin sie mit ihrer Mutter reiste und wo sie auch die Kupferstichtechnik erlernte, und anschließend in Spanien. In Belgien und den Niederlanden begeisterte sie sich für die Werke von Peter Paul Rubens und Frans Hals. Wie kaum eine andere Malerin in Paris besaß sie daher eine umfassende Kenntnis der Malerei der Renaissance und des Barock. Als sie 1873 schließlich nach Paris zurückkehren konnte, formierten sich gerade die Impressionisten. Mary Cassatt kam durch Edgar Degas mit ihnen in Kontakt, der sie sogar einlud, mit ihnen auszustellen. Degas fungierte für sie als Freund und Mentor gleichermaßen. Oft wurde sie sogar als dessen Schülerin bezeichnet. In dieser Zeit malte sie Szenen aus dem Theater und der Pariser Oper, wo das moderne Leben der Seinemetropole pulsierte. Aber anders als Degas malte sie vor allem Frauen aus dem Publikum. Sie sind nicht nur Zuschauerinnen, sondern werden gleichfalls Objekte, indem sie die Blicke des Publikums durch ihre Erscheinung auf sich ziehen. So wird gar ihre „Frau in Schwarz", während sie mit einem Fernglas das Geschehen auf der Bühne verfolgt, gleichfalls durch ein solches von der gegenüberliegenden Loge aus beobachtet. Gesehen und gesehen werden, das Spiel zwischen Mann und Frau, die Annäherung der Geschlechter, die bei ihr aber immer – ganz die Tochter aus gutem Hause – im Rahmen des Schicklichen blieb, waren ihre Themen.

Durch ihre finanzielle Unabhängigkeit infolge ihrer Herkunft wurde sie selbst zu einer bedeutenden Förderin der Impressionisten. Doch brachte das Jahr 1877 einen gravierenden Wendepunkt in ihrem Leben: Ihre Eltern und ihre ältere Schwester zogen nach Paris. Achtzehn Jahre lang führte sie neben ihrer künstlerischen Karriere nun noch einen Haushalt. Von da an war auch eine Betonung der familiären Themen, insbesondere die innige Beziehung zwischen Mutter und Kind, in ihren Bildern zu beobachten. Einige davon waren sogar auf der Impressionistenausstellung 1881 zu sehen und führten zu dem Urteil des Schriftstellers Joris-Karl Huysmans, es könne „nur eine Frau Kinder malen. Es liegt ein bestimmtes Gefühl darin, das ein Mann nicht wiedergeben kann".[14] Gleichzeitig wurde ihre Maltechnik von anderen als ausgesprochen männlich bezeichnet. Gerade die „Madolinenspielerin" zeige, so ein Kritiker aus

Philadelphia, eine „kraftvolle Handhabung, die das jämmerliche Werk einiger unserer männlicher Künstler beschämen sollte. Miss Cassat dagegen treibt die Kraft bis zum Äußersten (…). Es ist jedoch eine großartige Sache, eine Dame in dieser festen und entschlossenen Art malen zu sehen …“[15]

In vielen ihrer Bilder gelangte sie zu einer sichtlichen Abstrahierung der Formen. Insbesondere das Gemälde „Der Herbst oder Porträt Madmoiselle C.“ aus dem Jahr 1880 *(Abb. 11)* zeigt ein Spiel zwischen den sich auflösenden farblichen Kompartimenten des Schals, der Detailliertheit des Gesichts seiner Trägerin und dem fließenden Wechsel zwischen Flächigkeit und räumlicher Tiefe. Auch hier tauchte in einer Besprechung des Kritikers Charles Ephrussi die Bezeichnung männlich auf: „Mlle. Cassatt bringt ihre Augen beharrlich in einen Zustand der Empfindsamkeit, der nervösen Erregung, ja Irritation, so dass sie das leiseste Flackern des Lichts, das kleinste Farbatom, den zartesten Anflug eines Schattens wahrnimmt. (…) Die Frau, die an einem Spätnachmittag in einen indischen Kaschmir gewickelt auf der Bank im Wald sitzt, beweist in einer markanten Tonalität, einer breiten und männlichen Ausführung die Liebe zu energischen Farben …“[16] Ungeachtet des Geschlechts handelt es sich um großartige Malerei.

Nach der Auflösung der Impressionisten begann Mary Cassatt sich zunehmend der Radierung zuzuwenden, dabei arbeitete sie sowohl mit der Kaltnadel als auch der aufwendigeren Aquatintatechnik und schuf vor allem in den 1890er-Jahren sogar Farbdrucke. Auch hier wurde ihre technische Umsetzung, die reduzierte Linie, erneut als ausgesprochen männlich bezeichnet: „Ohne Vorurteil ist festzustellen, dass weibliche Werke (…) einen artifiziellen Reiz haben, der ihre Urheber als unfähig erweist, einer Vorstellung Tiefe zu geben oder eine Form zu spüren; man ahnt in ihnen ein Zurückschrecken vor der Wahrheit und eine Suche nach Anmut, zentrale Beweggründe des weiblichen Charakters. Bei Mlle. Cassatt gibt es nichts von all dem; sie besitzt einen Zeichenstil, der präzise

11 Mary Cassatt, Der Herbst oder Porträt Mademoiselle C., 1880, Öl/Lw., Petit Palais Musée des Beaux-Arts de la Ville de Paris

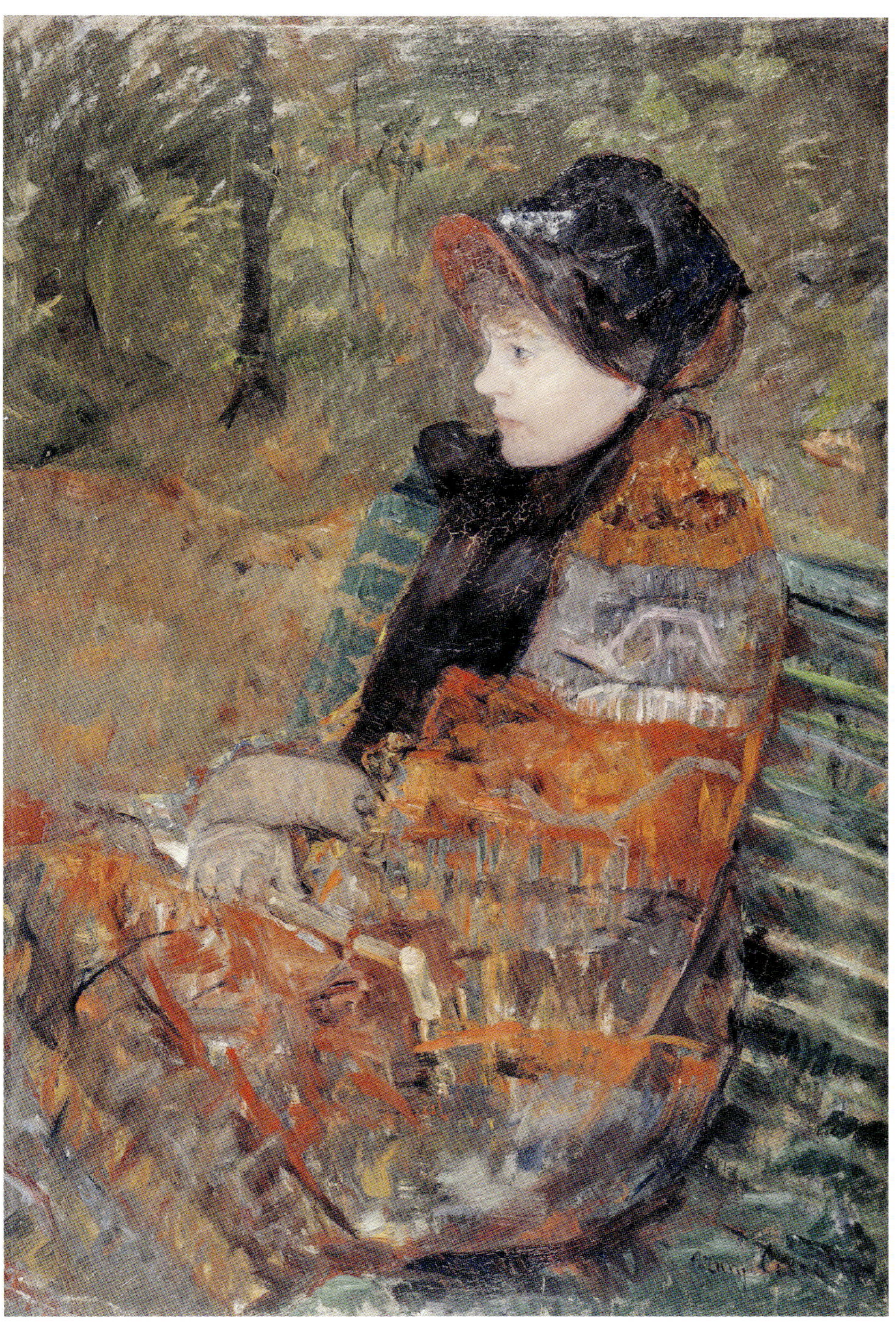

und geschmeidig ist, und eine Freiheit der Ausführung, die eines Mannes würdig ist, eines Mannes von großem Talent."[7] Hier wird das Staunen darüber deutlich, dass eine Künstlerin diese Qualität in ihrem Werk erreichen konnte.

Im Sommer 1890 hatte sich Cassatt sogar extra eine Werkstatt gemietet und den Drucker Le Roy engagiert. Mit einer Serie von zehn Farbdrucken, in denen der Einfluss japanischer Holzschnitte deutlich sichtbar wird und die zu den Meisterwerken der europäischen Druckgrafik gehören, setzte sie neue Maßstäbe. Insbesondere die Radierung „Die Frisur" zeigt in der Verdopplung der barbusigen jungen Frau durch den Spiegel, eingebettet in die verschiedenen Ornamente und Muster des Zimmers, ein perfektes Zusammenspiel von Interieur und Figur. Ihre erste große Einzelausstellung zeigte sie 1893 bei Durand-Ruel in Paris, da war sie immerhin 51, ein Alter, in dem die meisten männlichen Kollegen längst etabliert waren. Aber ab 1904 bekam sie verschiedene Ehrungen und Preise und lernte kurz darauf ihren wichtigsten Sammler, den amerikanischen Bankier James Stillman kennen. Doch häuften sich die Todesfälle in ihrer Familie in den folgenden Jahren und beeinträchtigten sie schwer. Sie selbst erkrankte an grauem Star, der sich immer mehr verschlimmerte und ihr zunehmend das Malen erschwerte. Ihre letzten Jahre verbrachte sie einsam, eine der wenigen Freuden waren die Ausfahrten mit ihrem kleinen Renault. Als sie 1926 verstarb, ahnten nur wenige, dass es sich bei der Verstorbenen um eine der bedeutendsten Malerinnen des Impressionismus gehandelt hatte.

Das missachtete Talent – Marie Bracquemond

Lange Zeit vergessen und von ihrem Ehemann zu Lebzeiten gedrängt, mit dem Malen aufzuhören, wurde Marie Bracquemond als eine der großen Grandes Dames des Impressionismus erst kürzlich wiederentdeckt. Sie wuchs in schwierigen Verhältnissen in der Bretagne auf. Ihr Vater war Kapitän und Abenteurer; als er auf eine Expedition aufbrach, musste ihre Mutter sie und ihren Bruder alleine aufziehen. Das waren nicht unbedingt die besten Bedingungen für eine spätere Malerin. Ein neuer

Vater und wechselnde Wohnorte bestimmten ihre Kindheit und Jugend. Erst mit vierzehn Jahren erhielt sie ihren ersten Zeichenunterricht. Dann trat ein Glücksfall in ihrem Leben ein: Sie lernte den bekannten Maler Jean-Auguste-Dominique Ingres kennen, der sie durch seinen Schüler unterrichten ließ. Parallel dazu, studierte sie die Alten Meister im Louvre. Ingres ebnete ihr letztlich den Weg, und so konnte sie bald auch mit neunzehn Jahren im Pariser Salon von 1859 ausstellen. Über ihre neuen Kontakte lernte sie auch ihren späteren Mann, den Maler und Radierer Felix Bracquemond, kennen. Von einer realistischen Malweise, die im Porträt ihrer Mutter noch deutlich wurde, gelangte sie zunehmend zur impressionistischen Malerei. Ihre „Drei Damen mit Schirmen", auch bekannt unter dem Titel „Die drei Grazien" von 1880 *(Abb. 12)*, gruppieren sich im leuchtenden, flirrenden, durch die beiden Sonnenschirme gefilterten Gegenlicht, das ihre Gesichtszüge wie angedeutet und die langen Kleider wie aus Sonnenlicht geformt erscheinen lässt. „Diese drei Frauen bewegen sich, atmen, leben im Licht [...]. Ihre Anwesenheit ist wahrhaft real, und sie wahren gleichwohl eine traumartig leichte Erscheinung, eine Art Schwebe über den Dingen, in der leichten Luft. [...] Und ihre reizenden Gesichter fügen diesem Meisterwerk das köstliche Flimmern hinzu, das das Leben eines Tages begleitet, in jenem durch den weißen Sonnenschirm und den roten Sonnenschirm gefilterten Sommerlicht", so ein begeisterter Kritiker.[18] Bei der „Teestunde" wirkt der Hintergrund im Tageslicht dagegen nur summarisch angedeutet, während das Gesicht und das weiße Kleid der Teetrinkerin durch das helle Licht modelliert werden.

Kritiker und Kollegen waren begeistert von ihrer Malerei. Das Ehepaar geriet jedoch über ihre unterschiedlichen Arbeitsweisen, Malerei und Radierung, zunehmend in einen Konflikt, bei dem sie die Unterlegene war. Sie zog sich daraufhin mehr und mehr zurück, die Malerei wurde statt zum Beruf zum Hobby, wie sich das für eine Ehefrau gehörte. Ein Problem war auch, dass sie sein Atelier nicht benutzen durfte, weshalb sie ihre Arbeitsutensilien in ihrem Zimmer oder im Garten ausbreitete. Sie versuchte sich sogar in der Technik der Radierung, konnte aber ihrem Mann, der ein Meister dieser Technik war, nicht das Wasser reichen, was

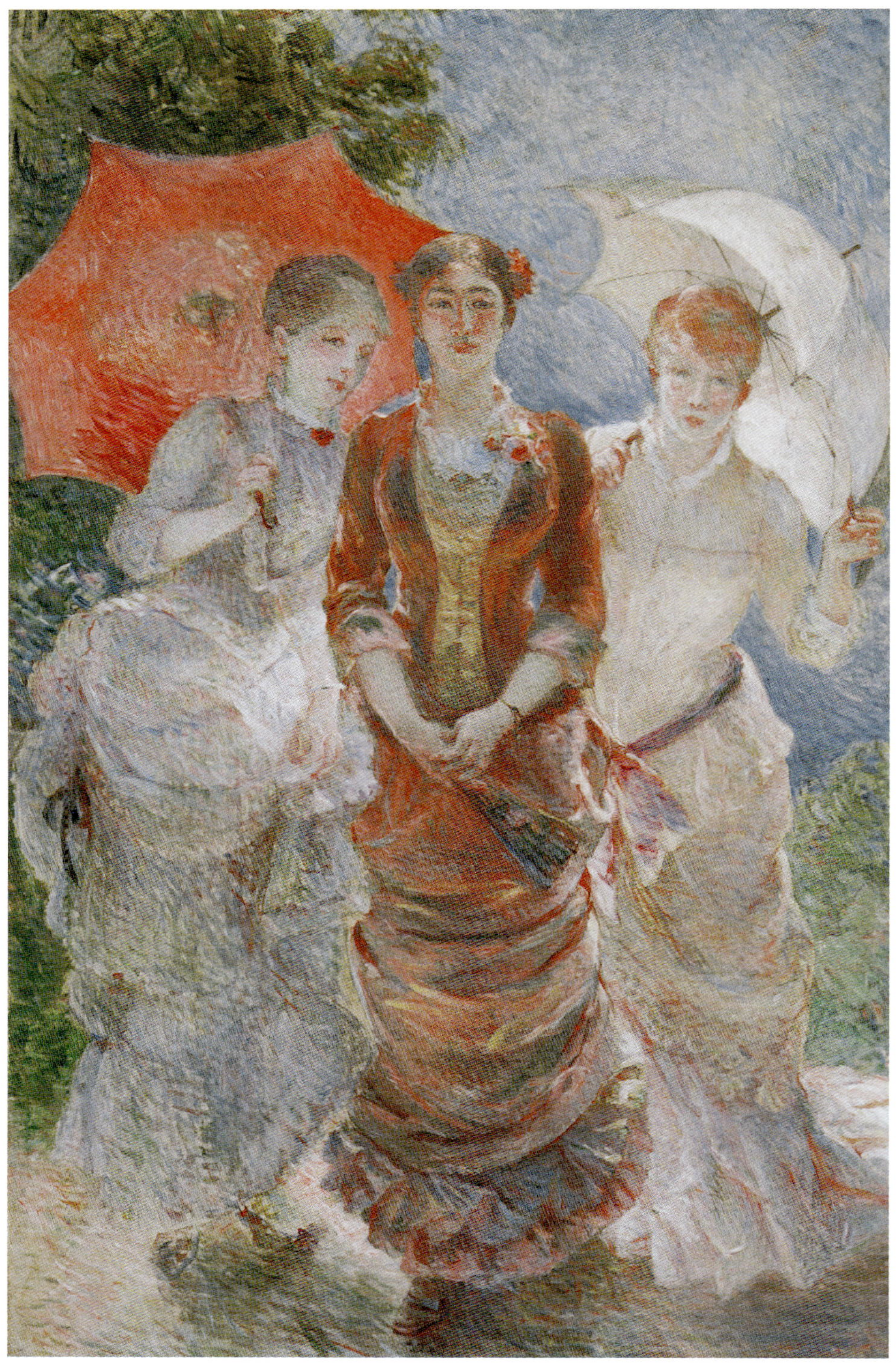

ihn in seiner Ansicht, sie sei die Unterlegene, noch bestärkte. Auch sie selbst stand sich im Wege, ihre besten Bilder, wie die „Drei Damen mit Schirmen“, hat sie weder signiert noch datiert, geschweige denn jemals ausgestellt. Mehr und mehr gab sie die Malerei auf, um sich umso intensiver dem Haushalt zu widmen. Ihr Sohn Felix, später selbst Maler, hatte die heftigen Auseinandersetzungen seiner Eltern und den allmählichen Rückzug seiner Mutter von ihrer Profession miterlebt und berichtete: „Ihre Gesundheit erlaubte ihr nicht mehr, zwei so unterschiedliche Aufgaben wie die Ausübung einer Kunst und die Führung eines Haushalts gleichzeitig zu bewältigen. Nahezu bewegungsunfähig und ständig leidend, kapitulierte sie und widmete die verbleibenden Kräfte, über die sie noch verfügen mochte, den Besorgungen des Haushalts.“[19]

Das Unkonventionelle und Freie des Impressionismus ermöglichte es den Künstlerinnen, an die Öffentlichkeit zu treten und auch bekannt zu werden. Von Gleichberechtigung waren die Frauen aber immer noch meilenweit entfernt, weiterhin gaben viele Frauen ihre Profession nach der Eheschließung auf. Während es Berthe Morisot immerhin mit einem Trick gelang, als verheiratete Frau Mutterschaft und Künstlertum zu vereinen, was auch der allzu früh verstorbenen Eva Gonzalèz glückte, und Mary Cassatt durch ihre zahlreiche Verwandtschaft zu Mutter-Kind-Themen angeregt wurde, schaffte es Marie Bracquemond trotz ihrer Begabung nicht, kontinuierlich als Malerin zu arbeiten. Die Ehe mit einem Meister der Radierkunst, der ihr verwehrte, sein Atelier mitzubenutzen und der ihr Werk geringschätzte, und nicht zuletzt ihr daraus resultierendes schwaches Selbstbewusstsein wurden ihr und ihrer Malerinnen-Karriere zum Verhängnis. Nach anfänglicher Unterstützung durch keinen Geringeren als den berühmten Maler Ingres und durch Beteiligungen an bedeutenden Ausstellungen fand sie sich zusehends isoliert und konnte sich nicht aus eigener Kraft aus der für ihre Kunst schädlichen Situation befreien. Das Resultat: Sie gab wie so viele andere Frauen in einer ähnlichen Situation ihre Malerei auf.

12 Marie Bracquemond: Drei Damen mit Schirmen (die drei Grazien), um 1880, Öl/Lw., Musée d’Orsay, Paris

AB NACH PARIS!

Künstlerinnen reisen an die Seine

Doch wie gestaltete sich die Situation der Frauen, die um die Jahrhundertwende künstlerisch tätig sein wollten? Generell mussten sich Frauen Freiräume schaffen und neue Möglichkeiten erkämpfen. Aufgrund des Verbots, an öffentlichen Akademien zu studieren, waren sie auf privaten, meist teuren Unterricht angewiesen, den ausgebildete Maler erteilten und sich damit ein geregeltes Einkommen verschafften. So klagte die Malerin und Frauenrechtlerin Hermione von Preuschen: „Bis jetzt freilich ist so ein armes, junges Ding, das die Malerei zum Beruf erwählt, mit seinen den Eltern abgerungenen paar Groschen oft nur die melkende Kuh für den Herrn Professor, der sich von den Honoraren seiner stets überfüllten Damenateliers eine fürstliche Villa baut, die er sich mit seinen Bildern niemals hätte ermalen können."[1]

Ausbildung in Deutschland und Frankreich: Welch ein Unterschied!

In diesen privaten Damenklassen herrschten oft beengte Arbeitsbedingungen, der Lehrer behandelte seine Schülerinnen gerne mit nachsichtiger Milde, da er den Unterricht der Damen oft nicht wirklich ernst nahm bei gleichzeitigen hohen Kosten. Die Gründung von Künstlerinnen-Vereinen mit Damen-Ateliers wie in Berlin und München, später auch in Karlsruhe und in Stuttgart, versuchte, Abhilfe zu schaffen. Generell waren aber die Kosten der künstlerischen Ausbildung sehr viel höher als bei den Männern. Um ihre Ausbildungssituation zu verbessern, blieb vielen angehenden Künstlerinnen gerade im Deutschen Reich letztlich nur noch die Reise ins Ausland. Viele Frauen, die von einem Dasein als Malerin oder Bildhauerin träumten, reisten in die Kulturmetropole Paris, in der es hinsichtlich Künstlerinnenausbildung sehr viel fortschrittlicher zuging als im wilhelminischen Deutschland. Seit dem letzten Drittel des 19. Jahrhunderts und dem Aufkommen des

Impressionismus galt Paris als Kunst- und Kulturhauptstadt Europas schlechthin. Ab den 1870er-Jahren zog Paris ehrgeizige junge Künstlerinnen aus aller Welt an, denn die französische Landeshauptstadt bot hervorragende Ausbildungsmöglichkeiten für angehende und bereits fortgeschrittene Künstlerinnen. Zwar waren Frauen auch in Paris erst ab 1897 zur staatlichen École des Beaux-Arts zugelassen, doch wurde dies durch ein breites Angebot an privaten Meisterateliers und Akademien hervorragend ausgeglichen. Die beliebtesten Ausbildungsstätten waren die offenen Zeichen- und Malschulen wie die Académie Julian oder die Académie Colarossi. An beiden unterrichteten einflussreiche akademische Künstler. Zudem ermöglichten sie den Frauen das in Deutschland als unsittlich verpönte Aktstudium. In der 1868 von Rodolphe Julian in der Galerie Montmartre gegründete Académie Julian gab es zeitweise sogar gemischtgeschlechtliche Klassen. Und in der Académie Colarossi wurde zwischen sieben und zehn Uhr in einer dafür extra eingerichteten Abendklasse nach lebenden Modellen gezeichnet. So berichtete die deutsche Malerin und Kunsthistorikerin Henriette Mendelssohn: „Beim Colarossi wird eben alles möglich gemacht. Gips und Stillleben, Kopf und Akt, gezeichnet, gemalt in Öl und Aquarell. Es gibt Klassen für Kostümfiguren, Skizzenklassen, Zeichenklassen bei Licht. Es gibt sogar Klassen, in denen Herren und Damen zusammenarbeiten.“[2]

Zwar mussten auch die Schülerinnen etwa an der Académie Julian doppelt so hohe Gebühren zahlen wie ihre männlichen Kollegen, ihnen wurde jedoch eine gute, gleichberechtigte und international anerkannte Ausbildung zuteil.

Die Studiengebühren für Frauen betrugen hier zwischen 400 und 700 Francs, je nach der dort verbrachten Zeit. Mittellose Schülerinnen wurden aber genauso aufgenommen wie reiche adlige Damen, die natürlich besonders hofiert wurden. Dementsprechend herrschte drangvolle Enge, die Frauen standen Ellenbogen an Ellenbogen vor der Staffelei. Bewusst wurde Rivalität zwischen Männern und Frauen, aber auch unter den Frauen selbst geschürt. Die Selbstzweifel der jungen Frauen waren daher meist groß, zumal sie ihre eigenen Fortschritte nicht selbst einordnen konnten. Nach anfänglicher Zusammenarbeit von Männern und Frauen gab es an der Julian allerdings wieder nach Geschlechtern getrennte Ateliers, wenngleich Männer wie Frauen dieselben Angebote bekamen. Die Académie Colarossi war insgesamt günstiger, wie in der Julian gab es keine Aufnahmeprüfungen, sondern nur Aufnahmegebühren, was bereits den Zweck der Institution deutlich machte: Geld verdienen.

Eine Vorreiterin der Paris-Reise für Künstlerinnen: Marie Bashkirtseff

Eine der frühen Künstlerinnen, die sich in Paris ausbilden ließ und dies in einem später publizierten Tagebuch festhielt, war die russische Malerin Marie Bashkirtseff. Die aus einer russischen Adelsfamilie stammende junge Frau kam Ende des 19. Jahrhunderts zum Kunststudium nach Paris. Ihr Tagebuch nimmt in der Kunstgeschichte eine wichtige Rolle ein: Es handelt sich um einen der wenigen publizierten Berichte weiblicher Kunstreflexion, an denen sich angehende Künstlerinnen damals orientieren konnten. Und der französische Schriftsteller und Politiker Maurice Barrés veröffentliche 1890 den Text „Die Legende einer Kosmopolitin“, eine Hommage, in der er Bashkirtseff als Notre Dame der Schlafwagen bezeichnete, da ihr Tagebuch häufig auf der Reise nach Paris gelesen wurde.[3] Es handelt sich um einen frühen Bericht über die Pariser Ausbildungssituation von Malerinnen.

Doch war Marie Bashkirtseff eine Ausnahmeerscheinung in mehr als nur einer Hinsicht: Sie war reich, jung und schön. Mit ausreichenden finanziellen Mitteln als Rückhalt hatte sie sich an der Académie Julian eingeschrieben. Wie sie bald darauf berichtete, hatte sie schnell mit dem männlichen Vorurteil zu kämpfen, dass Frauen weniger begabt seien als die Männer: „Ich muss euch mitteilen, dass Monsieur Julian und die anderen im Männeratelier gesagt haben, ich hätte weder die Hand noch die Manier noch die Veranlagung einer Frau und man wüsste gern, ob es in meiner Familie jemanden gebe, von dem ich soviel Talent und Kraft, ja, sogar Brutalität im Zeichnen und soviel Arbeitseifer habe“,[4] schrieb sie am 17. November 1877 in ihr Tagebuch. Generell haderte sie mit den

Beschränkungen durch ihr Geschlecht: „Ich schreibe Collignon (die ehemalige Erzieherin), dass ich ein Mann sein möchte, ich weiß, dass ich jemand werden könnte, aber wo kann man in Röcken schon hingehen? […] ich grolle über mein Frausein, weil ich nur die Haut einer Frau habe.“[5] Tatsächlich sprach ihr der Schriftsteller und Verleger François Coppée, der sie persönlich kennenlernte, männliche Eigenschaften zu: „Willen gepaart mit Sanftmut, Kraft mit Anmut. Alles an diesem bewundernswerten Kind verriet seinen überlegenen Geist. Hinter dem weiblichen Charme erahnte man eine eiserne, wirklich männliche Kraft; - und man musste an das Geschenk denken, das Odysseus dem jugendlichen Achilleus gemacht hatte: ein zwischen Frauenkleidern verstecktes Schwert.“[6]

Eifrig zeichnete sie von acht bis zwölf Uhr vormittags und von ein bis fünf Uhr nachmittags. Sie ging dabei ganz in ihrer Arbeit auf und erzählte begeistert: „Im Atelier verschwindet alles; man hat weder einen Namen noch eine Familie, man ist nicht mehr die Tochter seiner Mutter, man ist man selbst, ist ein Individuum, das die Kunst vor sich hat und sonst nichts. Man fühlt sich so zufrieden, so frei, so stolz! Endlich bin ich so, wie ich seit langem sein wollte. Ich habe es mir so lange gewünscht, dass ich es noch gar nicht glauben kann.“[7]

Sie wünschte sich nichts mehr, als wie ein junger Mann leben zu können, und das höchste Lob, das sie erfuhr, war, dass man sie und ihre Malerei mit männlichen Attributen versah. Und so schätzte sie sich selbstbewusst ein: „Ich habe von einer Frau nur die Hülle, und diese Hülle ist verteufelt weiblich, alles andere aber ist etwas verteufelt anderes.“[8] Ihr posthum 1887 veröffentlichtes Tagebuch, das sogar ins Deutsche und Englische übersetzt wurde, motivierte dennoch zahlreiche Künstlerinnen, auch ihr Glück in Paris zu versuchen.

1881 malte Marie Bashkirtseff auf Vorschlag von Rodolphe Julian einen Ausschnitt seines Ateliers mit drei lebensgroßen Figuren *(Abb. 13)*. Denselben Vorschlag machte er allerdings auch ihrer Mitschülerin Amélie Beaury-Saurel, was eine schwierige Konkurrenzsituation heraufbeschwor. Zudem zahlte Bashkirtseff eine Renovierungsmaßnahme, um mehr Platz zum Malen zu haben, ließ sie auf eigene Kosten eine Wand

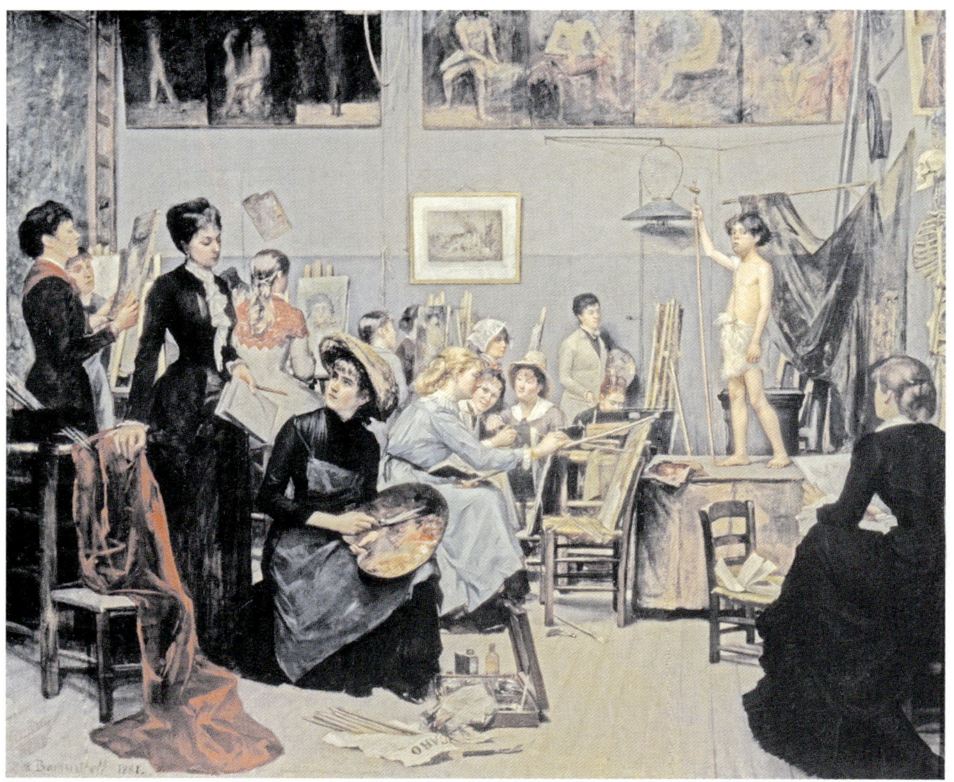

13 Marie Bashkirtseff, Aktklasse im Frauenatelier der Académie Julian, 1881, Öl/Lw., Dnipropetrovsk State Art Museum, Ukraine

einreißen. Am Ende ging es für Marie Bashkirtseff leidlich gut aus: Ihre Rivalin scheiterte, und ihr Bild wurde, allerdings unter dem Pseudonym „Andrey", im Salon angenommen und erhielt dort gute Kritiken. Ob dies aber auch unter ihrem Namen gelungen wäre, ist hingegen mehr als fraglich, denn ihr Bild wurde etwa von einer Kollegin als „männlich, amüsant"[9] bewertet. Letztlich handelt es sich bei ihrem Gemälde um ein bedeutendes Zeitdokument, das die drangvolle Enge schildert, die in den Pariser Frauenateliers häufig geherrscht haben muss. Das Modell, dem sich die Damen widmen, ist ein unschuldiger kleiner Junge, dessen Unterleib gut verhüllt wurde, um die notwendige Schicklichkeit zu gewährleisten. Dennoch hatten die jungen Frauen, die sich zur Künstlerin ausbilden lassen wollten, dort immer noch mehr Möglichkeiten als etwa im wilhelminischen Deutschland.

Illustre private Akademien – Ausbildungssituation in Paris

So berichtete im Januar 1900 auch Paula Modersohn-Becker: „Der Montag führte mich in meine Akademie. Cola Rossi, die schwarzen Haare ins Gesicht geschnitten, strich das Geld ein und brachte dem Akt irgendeine Pose bei. Leider posieren die Modelle hier alle. Ein jeder hat ein halb Dutzend Stellungen, die er allmählich an den Mann bringt. In der Klasse wird fleißig gearbeitet. Die Korrektur scheint sachlich und gut. Man arbeitet nicht lebensgroß, sondern im Berliner Format. Ich werde hoffentlich allerhand lernen, namentlich da ein wundervoller Anatomieunterricht, der in der École des Beaux Arts unentgeltlich erteilt wird, meine mangelhaften anatomischen Kenntnisse ergänzt."[10] Insgesamt schätzte sie aber das Niveau eher niedrig ein. Die Situation in der Académie Colarossi war beengt, das Ambiente schäbig, doch war es für Frauen eine der besten Ausbildungsmöglichkeiten, die sie finden konnten. Dort war für angehende Künstlerinnen, anders als an den deutschen Akademien, auch das Aktstudium möglich – sogar in gemischten Gruppen mit den Männern: „In diesen heiligen Hallen zeichne ich Akt, morgens mit den Weiblein, abends mit den Männlein."[11]

Etwas spöttisch berichtete Paula Modersohn-Becker über die internationale Klientel, von der sich viele Frauen die Ausbildung kaum leisten konnten: „Zwischen den Weiblein morgens gibt es viel rauhe Haare und ungeputzte Stiefel, einige kluge Köpfe, und wenig Talent. Sie arbeiten mehr wie das Herdenvieh, ohne Ahnung worauf es ankommt. (…) Was bei den Männern etwas raudihaft wirkt, wirkt bei den Mädchen gleich so unschön. Wir haben es, glaube ich, doch schwerer."[12]

An die Colarossi kamen Schülerinnen aus Holland, Polen, Amerika, Spanien und England, aber auch aus Frankreich und Deutschland. So berichtete etwa die Malerin Henriette Mendelssohn von einigen merkwürdigen Gestalten: „Das Publikum der Damenklassen selbst ist schon gemischt genug. Da arbeitete eine üppig, stark parfümierte rumänische Schönheit in einem verführerischen Pagenanzug neben einer hageren, verhungerten Engländerin, deren ebenso verhungerter Spitz sie begleitete und seine Nahrung aus den mit Kohlestaub vermengten Zeichenbrotkrumen bezog."[13] Armut und selbstgewählte Einsamkeit waren unter den Frauen gegenwärtig. Den Unterricht erteilten insgesamt drei Lehrer, die sich beim Korrigieren der Schülerarbeiten abwechselten. Der Bildnismaler Gustave Courtois verwies auf die alten Meister, einfügen: ebenso Raphaël Collin und Louis Auguste Girardot, während die an den restlichen Tagen unterrichtenden Lehrer mehr auf Genauigkeit hin korrigierten.

Das Aktstudium war weiterhin ein schwieriger Punkt in der Ausbildung von Künstlerinnen – der Männerakt im Besonderen. Insbesondere die Väter versuchten, den Frauen zu verbieten, überhaupt nackte Menschen zu malen. Manche Mütter zogen mit ihren Töchtern sogar nach Paris und begleiteten sie in den Unterricht der überfüllten Ateliers, um zu überwachen, dass der Anstand gewahrt wurde, und vor allen Dingen, um die Heiratschancen nicht zu schmälern. Doch fehlte manchen Familien auch das Geld für derartige Überwachung. Häufig teilten sich die Künstlerinnen eine Wohnung, oft entwickelten sich aus den anfänglichen Zweckgemeinschaften sogar lebenslange Freundschaften.

Die meisten der wichtigsten Ausbildungsstätten und Treffpunkte deutscher Malerinnen lagen im Quartier de Montparnasse eng zusammen. So berichtete die Malerin Annemarie Kirchner-Kruse begeistert: „So kurz und eng die Rue de la Grande Chaumière auch ist, so war sie doch damals so etwas wie ein Weltzentrum. Hier lagen die Akademien Colarossi und Grande Chaumière, zu denen täglich zahllose Kunststudierende aus aller Welt pilgerten, und sie mündete auf den Boulevard Montparnasse gerade gegenüber dem Café du Dôme, wo die wichtigsten Kunstfragen von den bedeutendsten Künstlern diskutiert wurden."[14]

Die Académie de la Grande Chaumière entstand 1902, Mitbegründerin war die Schweizer Malerin Martha Stettler, die sie ab 1909 gemeinsam mit ihrer Lebensgefährtin, der Malerin Alice Dannenberg, führte. Ihre Eltern gehörten zu den Honoratioren der Stadt Bern: Der Vater Eugen Stettler war ein kunstsinniger Architekt und Stadtbaudirektor, unter anderem war er Erbauer des Kunstmuseums Bern. Er förderte ihre Begabung und sorgte für eine fundierte und professionelle Kunstausbildung seiner zweitgeborenen Tochter. Relativ früh reiste Martha Stettler nach Paris, um sich dort weiter ausbilden zu lassen. Gemeinsam mit ihrer Lebensgefährtin lebte sie in einer kleinen Mansardenwohnung im Quartier de Montparnasse. Stettler besuchte zunächst die Académie Julian, die jedoch so überfüllt war, dass sie ins Privatatelier von Luc-Olivier Merson wechselte. In der Zeit, in der er Stettler unterrichtete, war er gleichfalls Lehrer an der École des Beaux-Arts, der offiziellen Kunstakademie. Bei ihm hatte Stettler die Möglichkeit, an professionellem Aktunterricht teilzunehmen. Aber nach knapp vier Jahren wechselte Martha Stettler zu Lucien Simon, der sie in die freie impressionistische Ölmalerei einführte und später mit Gleichgesinnten einen Malzirkel leitete, wobei Simon weiterhin als Mentor und Lehrer fungierte. Daraus entwickelte sich die Académie de la Grande Chaumière, die Stettler und Dannenberg ab 1909 rund vierzig Jahre lang gemeinsam leiteten. Stettler sicherte sich durch ihre Einnahmen an der Akademie ihren Lebensunterhalt und schuf sich so die Freiheit, auch selbst weiter malen zu können. Als offene Akademie, für die keine Aufnahmeprüfung nötig war, verhalf ihr vor allem der sogenannte Fünfminutenakt zu ihrer Popularität und zu ihrem guten Ruf weit über die französische Landeshauptstadt hinaus. Aufgrund der deutlich geringeren Gebühren bildete diese bald eine große Konkurrenz zur Académie Julian. Später ließen sich so bekannte Künstler*innen wie Alberto Giacometti, Meret Oppenheim oder Louise Bourgeois dort ausbilden. Den größten Teil des Lebens in der französischen Landeshauptstadt zu verbringen, sich mit einem eigenen Privatatelier selbstständig zu machen und somit auch wirtschaftlich unabhängig zu sein, war für die Zeit vor dem Ersten Weltkrieg durchaus singulär.

Im Dezember 1907 eröffnete der Maler Henri Matisse im Palais Biron nahe dem Invalidendom gleichfalls eine eigene Privatakademie, die ganz selbstverständlich Künstler beider Geschlechter unterrichtete. Die Anzahl der Frauen war dementsprechend hoch, von den 1909 nachgewiesenen 36 Schüler*innen waren dreizehn weiblich und von den achtzehn deutschen Schüler*innen acht. Leider existieren keine Schülerlisten, doch stieg die Anzahl der Ausbildungswilligen innerhalb von zwei Jahren auf 120 an, so dass Matisse schließlich eine Gebühr einführen musste, um diesen Zustrom zu stoppen. Schon 1910 schloss die Akademie wieder, Matisse hatte sich für seine eigene Malerei entschieden.

Auch sonst winkte den angehenden Künstlerinnen in Paris eine bisher nie da gewesene Freiheit sowohl künstlerischer als auch persönlicher Art. Junge Malerinnen und Bildhauerinnen lebten dort bescheiden, oft sehr ärmlich, dafür aber frei von familiärer Kontrolle und provinziellen Beschränkungen. Hier besuchten sie Museen, bedeutende Privatsammlungen, Ausstellungen, berühmte Galerien wie die von Vollard sowie durch Vermittlung oft auch die Ateliers bekannter Maler und Bildhauer. Hier konnten sie informelle Zirkel frequentieren und arbeiteten Seite an Seite mit Künstlerinnen und Künstlern aus aller Welt. Auf dem Weg nach Paris, dem Mekka der künstlerischen Entfaltung, durfte das Tagebuch von Marie Bashkirtseff keineswegs im Gepäck fehlen.

Die Malerin Henriette Mendelssohn schrieb über die durch Bashkirtseff ausgelöste Paris-Euphorie ihrer Kolleginnen in ihrem Bericht „Pariser Studientage. Kollegialischer Ratgeber für Malerinnen und solche, die es werden wollen" durchaus auch kritisch über das Tagebuch und seine Wirkung: „Nachdem Marie Bashkirtseff in ihrem ‚Tagebuch' die ausgiebigste Propaganda für die Académie Julian gemacht hat, glaubt jede ihrer Kolleginnen, welche nur eine Kohle spitzen kann, durch einen Studienwinter in Paris den Gipfel des Parnaß zu erklimmen."[15]

Künstlerinnen in Paris – allein und frei

Dennoch fanden die Künstlerinnen in den privaten Akademien oder in den Galerien in Paris deutlich bessere Bedingungen als in Deutschland vor, unter ihnen Ida Gerhardi, Sabine Lepsius, Maria Slavona und Käthe Kollwitz, alles Frauen, die in den 1860er-Jahren geboren wurden und die den späteren Generationen von Künstlerinnen den Weg ebneten. Erstaunlicherweise zeichnete sich auch bezüglich des Familienstands ein gewisser Fortschritt ab: Von den ab 1860 geborenen Frauen war die Hälfte verheiratet – eine Vereinbarkeit von Ehe und Künstlerberuf schien in greifbare Nähe zu rücken.

Die Lebensläufe sind dabei meist ungewöhnlich, die Herkunft aus einer Künstlerfamilie war nun nicht mehr zwingend Voraussetzung einer künstlerischen Ausbildung. Gemeinsam ist den Künstlerinnen aber eine gewisse Durchsetzungsfähigkeit gepaart mit viel Talent. So stammte Ida Gerhardi aus bürgerlichen Verhältnissen und absolvierte daher gemeinsam mit ihrer Schwester eine Ausbildung an einer Höheren Töchterschule. Geplant war eigentlich, dass sie heiraten sollte, während das Geld der Familie – wie allgemein üblich – in die Ausbildung des Sohnes gesteckt werden sollte. Wie sie ihre verwitwete Mutter schließlich überredete, bildende Kunst studieren zu dürfen, ist nicht bekannt. Sie besuchte wie viele andere ambitionierte Frauen die Damen-Akademie des Münchner-Künstlerinnen-Vereins, was für Frauen sehr viel kostspieliger war als die Ausbildung der Männer an den staatlichen Kunstakademien. Ihre wichtigste Lehrerin war dort die Landschaftsmalerin Tina Blau. Bei ihr sollte sie zunächst in der freien Natur zeichnen.

Und auch der weitere Weg war durchaus charakteristisch: Ida Gerhardi reiste 1891 nach Paris, studierte dort an den Akademien Julian und Colarossi und war begeistert von deren Unterricht, da auch Frauen dort Akte zeichnen konnten. Auch schätzte sie die Korrektur ihrer Lehrer Gustave Courtois und Ernest Courtois-Bonnencontre. Letzterem folgte sie auf einer Studienreise sogar in die Bretagne, wo eine kleine Künstlerkolonie entstand. Schließlich intensivierte sie das Aktstudium und engagierte dafür gemeinsam mit ihrer Freundin, der ebenfalls aus Detmold stammenden Malerin Jelka Rosen, ein Modell. Um Geld zu sparen, standen sie sich auch gegenseitig Modell. Dies bedeutete einen entscheidenden Bruch mit der künstlerischen Tradition, war doch der Mann derjenige, der sich künstlerisch mit dem weiblichen Körper auseinandersetzte. Sie brach außerdem ganz selbstverständlich mit vielen weiteren Konventionen, die für Frauen damals bestanden: Sie besuchte die zwielichtigen Etablissements der Seine-Metropole, was durchaus gefährlich war. Käthe Kollwitz, der sie später als Führerin durch die anrüchigen Lokale der Seine-Metropole diente, berichtete: „Eine Kollegin von mir, Ida Gerhardi, war Abend um Abend da, um Skizzen zu machen. Die Kokotten kannten sie und gaben ihr immer ihre Sachen, während sie tanzten, zur Aufbewahrung.“[16] Zudem nutzte Gerhardi geschickt ihre guten Kontakte in Paris, schaffte es, sich selbst gut zu vermarkten, und wirkte oft auch für andere Künstlerinnen als Kunstagentin. So öffnete sie dem Museumsgründer Karl Ernst Osthaus, der sie für Porträts beauftragt hatte, die Türen der Ateliers von Rodin, Matisse und Maurice Denis. Sie unterrichtete sogar an der Académie Colarossi als freie Lehrerin ohne feste Anstellung, wo sie sich mit ihren Schülerinnen zum abendlichen Aktzeichnen traf. Wie viele engagierte Malerinnen blieb sie zeitlebens unverheiratet. Ihr Bruder stand ihr zur Seite und richtete ihr später im Haus der Familie ein Atelier ein, wo sie bis zu ihrem Lebensende 1927 leben und arbeiten konnte.

Malen wie ein Alter Meister – Sabine Lepsius

Bei einer der erfolgreichsten Porträtmalerinnen Berlins handelt es sich um die Tochter des bekannten Historienmalers Gustav Graef und seiner ehemaligen Schülerin Franziska Liebreich, um Sabine Lepsius. Eigentlich wollte die musikalisch hochbegabte junge Frau Komponistin werden, doch blieb ihr diese Ausbildung versagt. Enttäuscht wandte sie sich von der Musik ab und beschloss, nun Malerin zu werden. Kurz darauf begann sie bei dem realistischen Maler Karl Gussow zu studieren, und nur drei Jahre später brillierte die junge Frau, die sich auf Faschingsfesten gerne als Mann verkleidete, in diesem Metier. Ihr Selbstporträt *(Abb. 14)*, das sie mit gerade einmal 21 Jahren im Jahr 1885 schuf, zeigt sie selbstbewusst mit Pinsel und Palette, den Insignien des Malers. Generell wirkt dieses Porträt, als stamme es von einem der Alten Meister. Tatsächlich bedeutete es ihre Eintrittskarte ins berufsmäßige Künstlertum. Stolz übertrug ihr der Vater nun einen Teil seiner Aufträge. Schließlich beschloss sie selbst, ohne männlichen Rat zu konsultieren, sich in Rom weiterzubilden, wo sie zwei Jahre lang studierte. Am Tiber teilte sie sich mit ihrem späteren Ehemann, dem impressionistischen Maler Reinhold Lepsius, ein Atelier. Die Verlobung fand heimlich statt. Ungewöhnlich war, dass er – nicht sie – fürchtete, durch eine Eheschließung und die damit verbundenen Pflichten an Kreativität einzubüßen. Schließlich reiste Sabine Graef sogar alleine nach Paris. Dies war möglich, da sich in der französischen Hauptstadt inzwischen deutsche Künstler*innen fanden, die sich um die Neuankömmlinge kümmerten. Die Berliner Malerin war

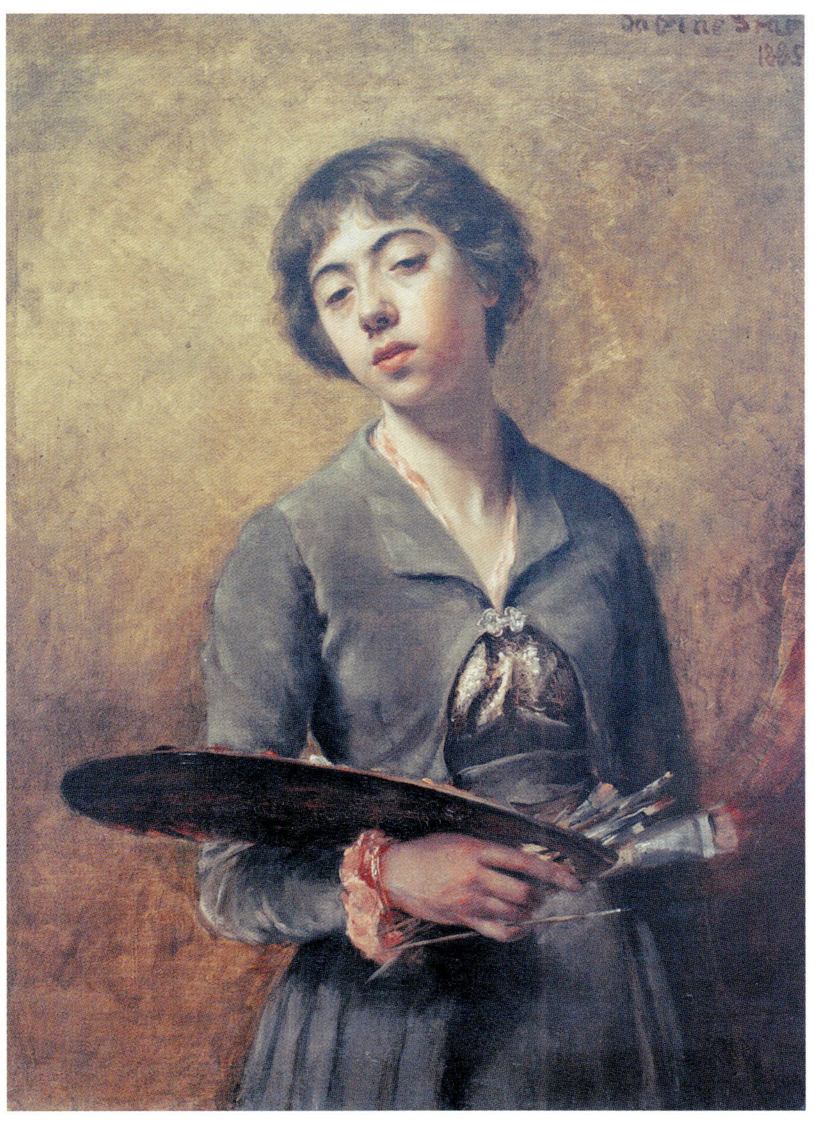

14 Sabine Lepsius, Selbstporträt, 1885, Öl/Lw., Staatliche Museen zu Berlin, Preußischer Kulturbesitz, Nationalgalerie Berlin

begeistert von den dortigen Ausbildungsmöglichkeiten. So berichtete sie in ihren Memoiren: „Wir stiegen eine Treppe (hinab) zu dem einfachen Saal, in dem 40–50 Schülerinnen vor einem Aktmodell arbeiteten."[17] Besonders überraschend war für sie: „Wir wurden ernst genommen! Jede Schülerin wird in ihrer Eigenart bestärkt."[18] Schnell feierte sie erste Erfolge, ihr heute verschollenes Selbstporträt von 1890 wurde im Pariser Salon sogar mit einem Preis geehrt.

Obwohl ihr an der Seine alle Möglichkeiten offenstanden, kehrte sie nach Berlin zurück und heiratete Reinhold Lepsius. Dieser stimmte aber einer Ehe nur zu, weil seine künftige Ehefrau durch ihre Porträtmalerei zum Familieneinkommen beitrug. Bald war sie sogar die Hauptverdienerin in dieser Ehe und musste zudem noch vier Kinder versorgen. Sie gründete daher eine Malklasse speziell für Frauen, womit sie nicht nur ihr Einkommen erhöhte, sondern auch die ordentliche künstlerische Ausbildung von Frauen förderte. Sie bekämpfte mit ihrem Unterricht den weit verbreiteten Dilettantismus und brach eine Lanze für weibliche Professionalität. Doch auch sie nahm man nicht genügend ernst: Obwohl sie eine der vier Frauen unter den Gründungsmitgliedern der Berliner Secession gewesen war, gab man ihr dort zu verstehen, dass sie nur wegen ihres Mannes geduldet würde. Gerade deshalb widmete sie einen Teil ihres Lebens dem Kampf gegen die damals allgemein übliche Benachteiligung von Frauen. So gehörte sie dem Lyceum-Club an, der Künstlerinnen und intellektuellen Frauen ein umfassendes Netzwerk bot. 1904 sprach sie sogar auf dem internationalen Frauenkongress, wo sie die Zuhörerinnen ermutigte, sich ihren eigenen Platz in der von Männern dominierten Welt zu schaffen. „Wer alle Ungerechtigkeiten, Widerwärtigkeiten – allen Ärger und alles Elend, dem Künstler ausgesetzt sind, kennt, der kann ihnen die feste Versicherung geben, dass unter allem Missgeschick, das einen Künstler treffen kann, es das bei weitem Geringste ist – eine Frau zu sein."[19]

Skandal an der Seine – Maria Slavona

Die große Freiheit, die Künstlerinnen in Paris erlebten, führte mitunter dazu, dass sie nun radikal mit den althergebrachten Konventionen brachen. Geradezu skandalumwittert lebte Marie Schorer, die sich in Paris Maria Slavona nannte, in der französischen Landeshauptstadt. Doch wuchs sie als Tochter eines Lübecker Chemikers und Apothekers bereits in einem liberalen Elternhaus auf, das allen Töchtern eine Berufsausbildung gewährte. So wurde ihre älteste Schwester als eine der ersten Frauen in Deutschland in Medizin promoviert. 1882, da war sie gerade siebzehn Jahre alt, begann Slavona ihre Ausbildung in Berlin. Zunächst studierte sie dort an der privaten Malschule Eichler und wechselte dann an die Unterrichtsanstalt des Königlichen Kunstgewerbemuseums. Kurz darauf besuchte sie den Unterricht bei Karl Stauffer-Bern an der Damen-Akademie des Vereins der Berliner Künstlerinnen und Kunstfreundinnen. Dort konnten seit 1868 Frauen Anatomiestudien betreiben und nach lebenden Modellen zeichnen. Einer ihrer wichtigsten Lehrer dort war der Schweizer Porträtmaler, Radierer und Bildhauer Karl Stauffer-Bern, dem später eine Affäre zu einer verheirateten Frau zum Verhängnis wurde. In dieser Zeit entstand ihr eindrucksvolles Selbstbildnis *(Abb. 15)*, auf dem sie den Betrachter keck über die Schulter anblickt.

Als sie wenig später nach München wechselte, lernte sie in der Malschule von Alois Erdtelt die reiche österreichische Diplomatentochter Rosa Pfäffinger kennen, mit der sie fortan eng befreundet war. Gemeinsam wurden sie Studentinnen der Damen-Akademie des Künstlerinnen-Vereins München, wo sie mit Käthe Kollwitz den Unterricht bei Ludwig von Herterich besuchte. Kurz hintereinander beendeten sie ihr Studium und kehrten in ihre Elternhäuser zurück. In Lübeck lernte Maria Slavona Anfang 1890 den deutsch-dänischen Porträtmaler Willy Gretor (geboren als Wilhelm Rudolf Julius Petersen) kennen, dem sie nach Paris folgte.[20] Anders als Gerhardi und Lepsius besuchte sie dort aber nicht die privaten Akademien, sondern schulte sich selbst autodidaktisch weiter und war vor allem von den französischen Impressionisten beeinflusst: „Die Werke von Manet, Monet und Renoir und dem alten Pissarro, mit

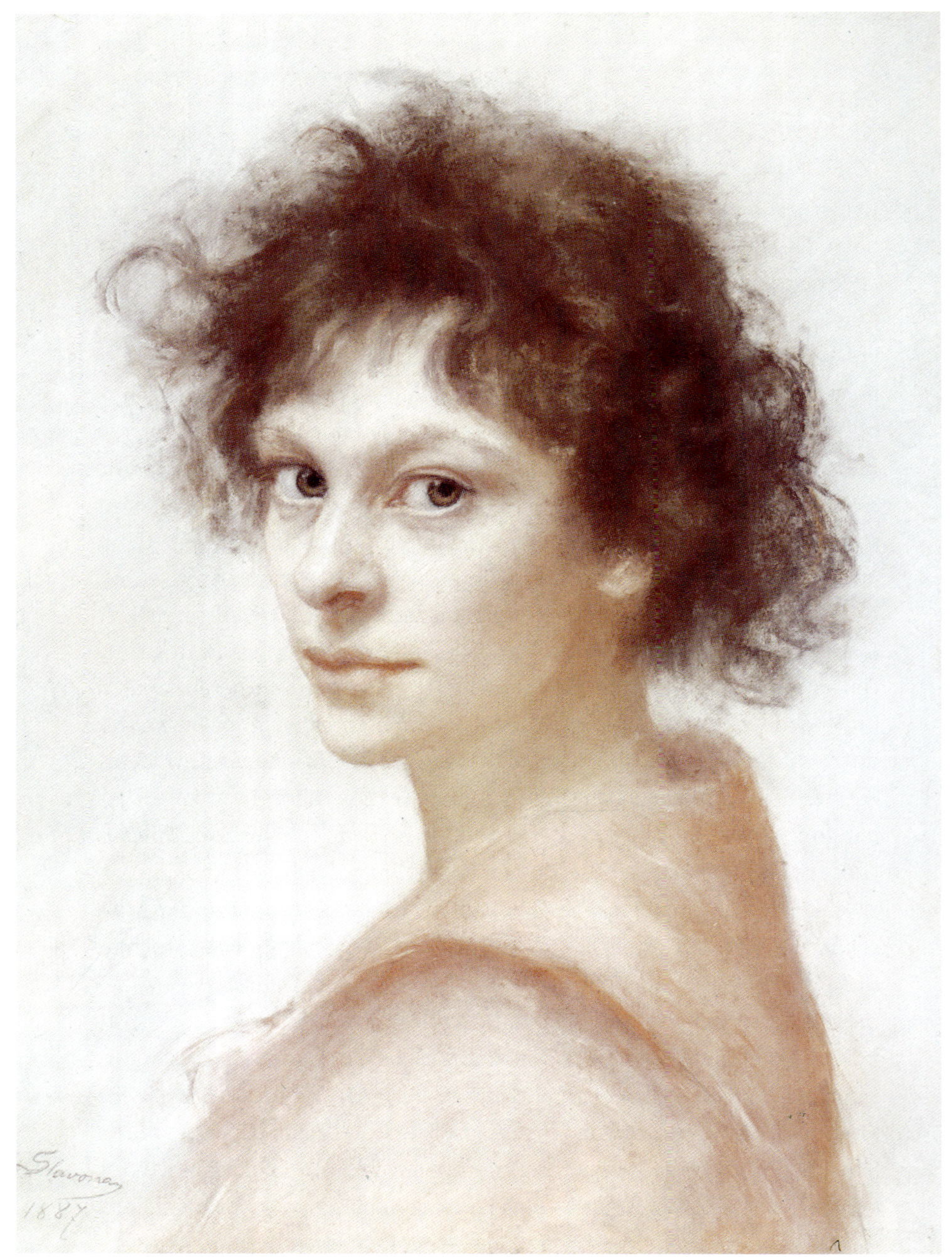

15 Maria Slavona, Selbstporträt, 1887, Pastell auf Pappe, Privatbesitz

dem mich eine schöne, für mich überaus lehrreiche Kameradschaft verband, wurden mir Wegweiser und genussreiches Studium."[21] In Frankreich konnte sie ihre Bilder ausstellen und auch einige davon verkaufen. Sehr modern war allerdings ihre Art zu leben, sogar für Paris war dies ungewöhnlich.

Mit Rosa Pfäffinger, die den gemeinsamen Lebensunterhalt finanzierte, sowie einer slowenischen Impressionistin und zwei männlichen Künstlern, dem dänischen Bildhauer Hans Birch Dahlerup und dem deutsch-dänischen Maler Willy Gretor, lebte sie in einer Art Kommune in freier Liebe zusammen. Hierbei handelte es sich um einen der elitärsten Bohème-Zirkel vor 1900. Im Geiste von Friedrich Nietzsche wollten sie ein völlig neues Lebensmodell verwirklichen: „Unsere Gemeinschaft stellte ein Laboratorium dar, in dem die Zukunft Experimente mit neuen Lebensformen machte, mit einer neuen Moral. Sie war der Versuch, das überlebte, starre, aber affektbetonte, subjektivistische Haus-, Familien- und Ehesystem zu überwinden. Der Einzelne sollte künftig mehr als bisher Individuum sein dürfen, zugleich aber systematischer als bisher der Gesellschaft dienen."[22] Dem erweiterten Zirkel gehörten später auch der Verleger Albert Langen, die Schriftsteller August Strindberg und Frank Wedekind an. Als das Geld aber nach gerade drei Jahren aufgebraucht war, verschwand Gretor, während Pfäffinger und Slavona beide ein Kind von ihm erwarteten. Als neue, moderne Frauen zogen sie ihre Kinder nun alleine groß. Sie vereinbarten, was in den Künstlerehen in der Regel nicht funktioniert hatte, dass sie im Wechsel arbeiten und Kinder erziehen wollten. Diese Art des Lebensentwurfs wurde aber weder in Frankreich noch in Deutschland gerne gesehen: Sie galten als „gefallene Mädchen". In Deutschland gab es für sie nun keine Möglichkeit mehr, als ledige Mütter zu überleben, geschweige denn, sich eine Existenz aufzubauen. Slavona erkannte: „Wenn ich die Wahl habe, wo ich verhungern will, ziehe ich Paris Berlin vor. Es lebt sich nicht nur, es verhungert sich sogar angenehmer in Paris als in Berlin."[23] Unter schwierigsten Bedingungen bestritten sie nun ihre Künstlerinnenexistenz. Die Freundin Käthe Kollwitz zog sogar Pfäffingers Sohn Georg gemeinsam mit ihren eigenen Söhnen groß.

Während Pfäffinger unverheiratet und arm blieb, heiratete Slavona 1899 den Schweizer Kunsthändler und -sammler Otto Ackermann. Sie unterstützte nun die Freundin. Zudem wurde ihr Haus in Montmarte ein Treffpunkt von Künstlern der Moderne, wie Edvard Munch und Pablo Picasso. Und auch in verschiedenen Ausstellungen der Pariser Kunstszene war sie präsent. Da sie durch ihre Heirat gesellschaftlich rehabilitiert war, kehrte sie 1906 wieder nach Deutschland zurück und zeigte auf einer Ausstellung der „Verbindung bildender Künstlerinnen" in der Galerie Gurlitt mit großem Erfolg das Bild „Lilly lesend". Der Kunstkritiker Hans Rosenhagen schrieb damals begeistert: „Vortrefflich wie immer ist Maria Slavona."[24] Ab 1908 unterhielt sie aufgrund der besseren Karrieremöglichkeiten in Berlin ein Atelier, war aber auch in ihrer Heimatstadt Lübeck präsent. Unter den deutschen Künstlerinnen nahm Slavona eine Sonderstellung ein: Wie kaum eine andere lebende Malerin ihrer Zeit, bestritt sie ungewöhnlich viele Einzelausstellungen – sie galt sogar als eine der bedeutendsten deutschen Impressionistinnen, deren Werk den Männern in nichts nachstand.

Erfolgreich mit und ohne männliche Unterstützung – Käthe Kollwitz

Besonders günstige Voraussetzungen für ihren Werdegang als Künstlerin fand die 1867 in Königsberg als Käthe Schmidt geborene Käthe Kollwitz vor. Ihr Vater sorgte mit einem gewissen Ehrgeiz dafür, dass sie eine gute Ausbildung erhielt, was in dieser Frauengeneration nicht selbstverständlich war. Da sie kein hübsches Mädchen war, rechnete er damit, dass sie von den Männern nicht so sehr abgelenkt werden würde. Er finanzierte ihr privaten Unterricht, da ihr ja als Frau damals die Kunstakademien noch verschlossen waren. Ihre Lehrer waren der Kupferstecher Rudolf Mauer und der Maler Emil Neide, der ihr Interesse an sozialkritischen Themen weckte. Häufig war sie mit ihrer Familie in Berlin und lernte dort prominente Zeitgenossen kennen, wie zum Beispiel den Schriftsteller Gerhard Hauptmann. Während einer Münchenreise begeisterte sie sich für die Werke von Peter Paul Rubens. Literarisch schätzte sie Johann

Wolfgang von Goethe. 1885/86 nahm sie Unterricht an der Damen-Akademie des Vereins der Berliner Künstlerinnen und Kunstfreundinnen. Wie bei Slavona war auch für sie Karl Stauffer-Bern der Lehrer, der sie künstlerisch mit am meisten beeinflusste; er machte sie außerdem auf Max Klinger aufmerksam. Allen Erwartungen ihres Vaters zum Trotz, hatte sie sich bereits mit siebzehn Jahren mit dem Medizinstudenten Karl Kollwitz verlobt. Dennoch ging sie nach der Ausbildung in Berlin bis 1889 an die Damen-Akademie des Künstlerinnen-Vereins in München. Sie war begeistert von der Freiheit, die sie an der Isar leben konnte, gelangte dort aber auch zu der Erkenntnis, dass sie weniger eine Malerin als eine Grafikerin sei. In den 1890er-Jahren fand sie sowohl technisch als auch thematisch ihren Weg. Sie erlernte die druckgrafischen Techniken und kam durch die aktuelle Literatur, etwa durch Émile Zolas „Germinal", zu sozialkritischen Themen. Ihre Heirat sah ihr Vater durchaus skeptisch, er konnte sich nicht vorstellen, dass sie den Beruf der Künstlerin mit ihren Pflichten als Ehefrau und künftige Mutter würde vereinbaren können: „Mein Vater sagte mir kurz vor der Eheschließung: ‚Du hast nun gewählt. Beides wirst du schwerlich vereinigen können. So sei das, was du gewählt hast, ganz!'"[25]

Tatsächlich aber unterstützte sie ihr Mann, damit sie beides miteinander verbinden konnte. Nicht immer hatten Ehemänner in dieser Zeit so viel Verständnis für die beruflichen Ambitionen der Frau. Der Maler Max Beckmann etwa hatte gefordert, dass seine Frau, die Malerin Minna Tube, ihre Profession aufgeben sollte, um ihn voll und ganz zu unterstützen. Dennoch blieb es schwierig für Käthe Kollwitz, als Frau Ausstellungsmöglichkeiten zu finden und bekannt zu werden. Einen Wendepunkt bildete die Uraufführung von Hauptmanns „Die Weber" in Berlin 1893. Diese inspirierte sie zum sechsteiligen druckgrafischen Zyklus gleichen Namens. In ihm schildert sie die Verzweiflung und das Elend der Menschen. „Die Weber" brachten ihr den großen Erfolg und den künstlerischen Durchbruch auf der „Großen Berliner Kunstausstellung" 1898. Trotz der Ablehnung des Kaisers, ihr eine Auszeichnung zu verleihen, gehörte sie jetzt zu den akzeptierten Künstler*innen. Nun war sie unabhängig von der Unterstützung der Familie: Sie erhielt eine Einladung der gleichfalls 1898 neu gegründeten Künstlervereinigung Berliner Secession, ihr Zyklus „Die Weber“ wurde vom Dresdner Kupferstichkabinett aufgekauft, und sie erhielt einen Lehrauftrag an der Mal- und Zeichenschule des „Vereins der Berliner Künstlerinnen und Kunstfreundinnen“. 1901 wurde sie ordentliches Mitglied der Berliner Secession und gehörte ab 1912 sogar dem Vorstand und der Jury an. Dank der Secession konnte sie regelmäßig mit neuen Werken an die Öffentlichkeit treten. Durch den Beruf ihres Mannes, der Kassenarzt für mittellose Menschen war, kam sie vor allem mit dem Elend der Frauen aus den unteren Schichten in Kontakt, das sie eindrucksvoll in ihren grafischen Arbeiten schilderte, wie etwa eine „Arbeiterfrau mit blauem Tuch“ *(Abb. 16)*. Letztlich war aber nicht nur die Förderung und Akzeptanz durch Vater und Ehemann, sondern auch ihr eigenes Engagement und ihre Durchsetzungsfähigkeit in einer männlich dominierten Kunstwelt Grundstock ihres Erfolgs als Künstlerin.

Im Verlauf des 19. Jahrhunderts suchten sich die Frauen zunehmend neue Möglichkeiten der Ausbildung, sie ließen sich von Verboten immer weniger abschrecken. Ein idealeres Klima als in Deutschland fand sich in Paris. Dort entwickelte sich der Impressionismus, der als Stil des gehobenen Bürgertums angesehen werden kann, in dem sich auch der größte Teil der impressionistischen Künstlerinnen bewegte. Auch in Deutschland begünstigte die Herkunft aus gehobenen Verhältnissen noch den Weg zur Künstlerin. Wer es sich irgendwie leisten konnte, der reiste nach Paris. Anders als in Italien wurden die nach Paris reisenden Frauen dort von einem Netzwerk von Künstlerinnen aufgefangen, weshalb es durchaus möglich war, alleine zu reisen. In der französischen Landeshauptstadt erwartete sie eine bisher nie gekannte Freiheit, sie konnten sich wesentlich freier in der Öffentlichkeit bewegen. Zudem gab es private Institutionen wie die Académie Julian und die Académie Colarossi, die sogar Frauen im Aktzeichnen unterrichteten und sie in ihrem Werdegang ermutigten. Allerdings war dieser Unterricht nicht kostenlos,

16 Käthe Kollwitz, Brustbild einer Arbeiterfrau mit blauem Tuch, 1903, Kreide- und Pinsellithographie in zwei Farben, Käthe Kollwitz-Museum Köln

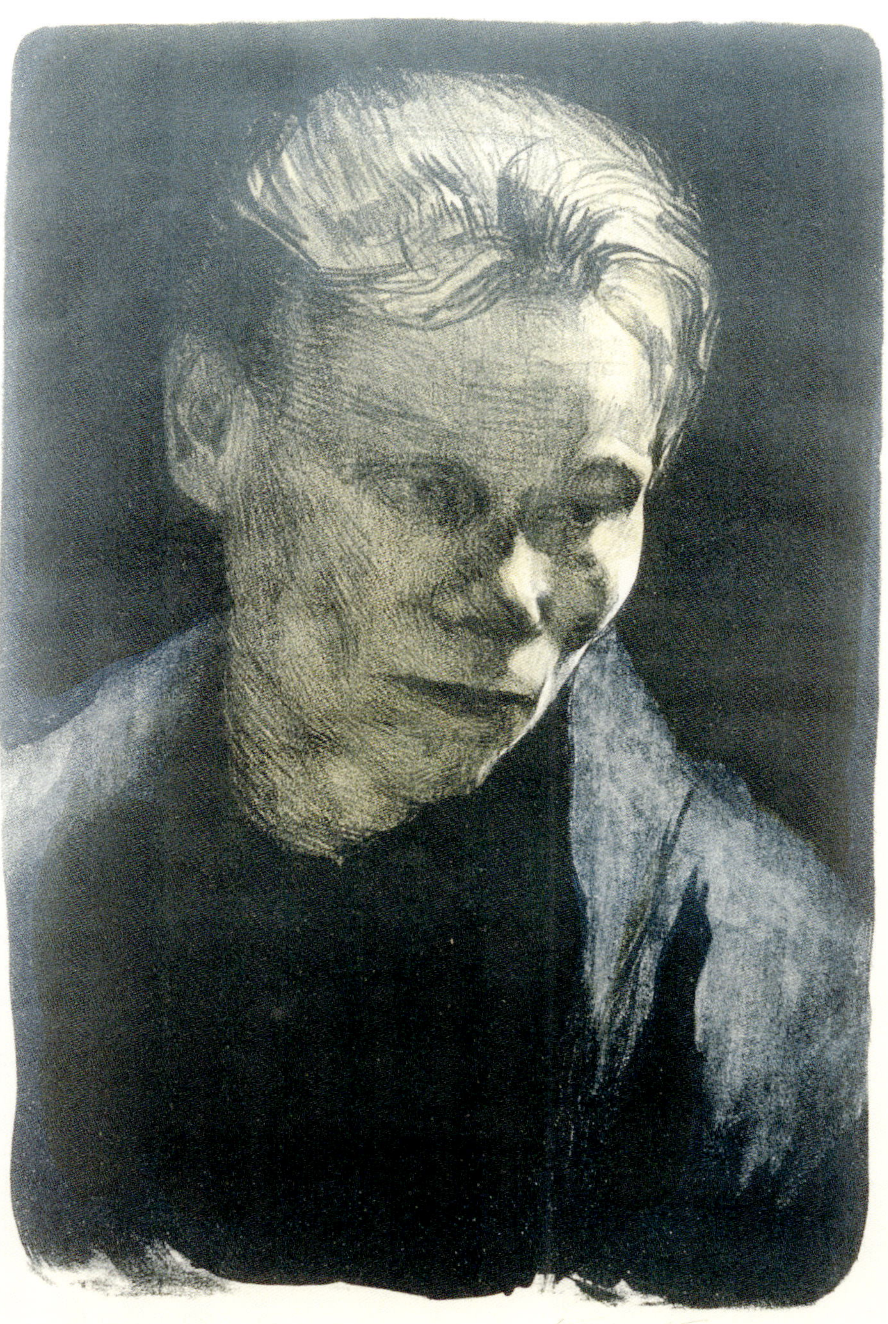

und man musste sich das auch leisten können. Geriet man in eine finanziell schwierige Situation oder gar in eine moralisch fragwürdige Lage, so war dies in Paris zwar immer noch leichter zu ertragen als in Deutschland, war aber auch dort ein Balanceakt. Je näher die Jahrhundertwende rückte, desto mehr Möglichkeiten erreichten die Frauen, sich zu entfalten. Gerade die in den 1860er-Jahren geborenen Künstlerinnen ebneten für die nach ihnen Kommenden den Weg zu mehr Selbstbestimmung und Akzeptanz.

GEMEINSAM STATT EINSAM
Künstler*innenpaare in Paris

Auch den in den 1870er-Jahren geborenen Frauen, die von ihren Vorgängerinnen und deren Errungenschaften profitierten, wurde weiterhin die Fähigkeit zur eigenständigen künstlerischen Arbeit abgesprochen. So schrieb etwa der Kunstschriftsteller Karl Scheffler in seinem Essay „Die Frau und die Kunst" aus dem Jahr 1908, dass eine künstlerisch tätige Frau „diesen Entschluss fast immer mit Verkümmerung, Krankhaftigkeit oder Hypertrophie (Zunahme) des Geschlechtsgefühls, mit Perversion oder Impotenz"[1] bezahle. Letztlich verwandle sich die Frau, sobald sie sich der Kunst widme, in ein „unleidliches Zwittergeschöpf".[2] So ordnete Scheffler die künstlerisch tätigen Frauen gar einem dritten Geschlecht zu: „Sie ist nicht mehr reines Gattungswesen; sie schwankt zwischen den Geschlechtsideen der Natur hin und her als eine, die dem dritten Geschlecht angehört."[3]

Der bewusste Verzicht auf die traditionelle Frauenrolle führte bei vielen Künstlerinnen dazu, dass sie ihre weibliche Identität hinterfragten. So begriff sich etwa Marianne Werefkin selbst als „Neutrum" zwischen Mann und Frau. In ihrem letzten Brief an einen Unbekannten schrieb sie 1905: „Ich bin mehr Mann als Frau. Allein das Bedürfnis zu gefallen und das Mitleid machen mich zur Frau. Ich bin nicht Mann, ich bin nicht Frau, ich bin ich."[4]

Für die Allgemeinheit waren unverheiratete und künstlerisch arbeitende Frauen in der Regel gesellschaftliche Außenseiterinnen. Eine Karikatur aus dem Simplicissimus von 1901 etwa zeigt eine hagere, ältliche Frau, die sich zu den Ausführungen ihres Professors herabbeugt. Darunter steht folgender Text: „Sehen Sie, Fräulein, es gibt zwei Arten von Malerinnen: die einen möchten heiraten und die anderen haben auch kein Talent."[5]

Immer energischer forderten die Frauen neue Ausbildungsmöglichkeiten und widersetzen sich Vätern und Ehemännern. Einige schafften es, sich ausbilden zu lassen und sogar erfolgreich zu sein, andere scheiterten trotz anfänglich guter Ausgangssituationen. Die ab den 1870er-Jahren geborenen künstlerisch aktiven Frauen heirateten häufiger als die zehn Jahre älteren, doch achteten sie sehr genau darauf, wen sie sich als Ehepartner wählten. Es gab viele Künstler*innenehepaare, da die Frauen hofften, bei Kollegen Verständnis für ihre Profession zu finden. Gelegentlich funktionierten diese Verbindungen sogar zugunsten der Frauen. Die angehenden Künstlerinnen setzten sich zudem immer bestimmter durch, was viele ihrer Männer als rücksichtslos betrachteten. Viele hatten zunächst Unterstützung von Verwandten, später von ihren Ehemännern, gerade auch, was das Reisen betraf. Unerlässlich war insbesondere im Ausland der Zusammenschluss von Künstlerinnen, denn gemeinsam hatten die Frauen mehr Möglichkeiten. Sie waren nun insgesamt selbstbewusster, von ihrem Können überzeugter und sicher, dass es ihnen möglich sein würde, als Malerin erfolgreich zu sein. Dafür war aber aufgrund der eingeschränkten Studienbedingungen ein Aufenthalt in Paris nahezu unerlässlich. Für viele Künstler*innenpaare oder Künstler*innenfreundschaften entpuppte sich genau dieses Unterfangen als problematisch, andererseits fanden sich im Ausland mitunter sogar Paare, die sich in Deutschland nicht ohne Weiteres getroffen hätten.

Viele Künstlerinnen strebten, entgegen der landläufigen Meinung, zunächst gar keine Ehe an, bis sie sich aus welchen Gründen auch immer anders entschieden. Dazu gehörten die beiden Freundinnen Clara Rilke-Westhoff und Paula Modersohn-Becker, bei denen lange die eigene Ausbildung im Vordergrund stand und die fern von ihren Familien ungewöhnliche Wege beschritten.

Zwei Künstlerinnen gehen ihren Weg: Clara Rilke-Westhoff und Paula Modersohn-Becker

Für die Familien war es nicht einfach, ihre Töchter in ferne Städte zu schicken, damit sie sich dort ausbilden lassen konnten. Es benötigte tolerante oder gar liberale Eltern, die oft selbst künstlerische Ambitionen hatten, wie zum Beispiel der Vater von Clara Westhoff, der späteren Bildhauerin. Zunächst hatte sie den Traum, Malerin zu werden. Ihr

Vater gestattete es ihr tatsächlich, obwohl sie noch nicht volljährig war, 1895 in das 800 Kilometer entfernte München zu reisen, um dort an der privaten Malschule von Schmidt-Reutte zu studieren. Die staatlichen Kunstakademien waren den Frauen immer noch verschlossen, und die privaten Schulen forderten hohe Studiengebühren, die viele Familien an den Rand ihrer finanziellen Möglichkeiten brachten. Zugleich waren die beruflichen Möglichkeiten der Frauen sehr eingeschränkt, da sie trotz Ausbildung ihren Unterhalt höchstens als Zeichenlehrerin verdienen konnten. Clara Westhoff empörte sich über diese Ungerechtigkeit: „Aber man muss nur bedenken, wie billig die Herren studieren, dann kriegt man doch 'ne Wut."[6] Sie bat sogar den bayerischen Minister für Cultus und Unterricht, Robert August von Landmann, darum, auch Frauen zu den Anatomiekursen zuzulassen, an denen bisher nur die Männer teilnehmen konnten. „Da existiert eine sogenannte ‚Anatomie' wo täglich Vorträge für Ärzte sind und wo sie ein Mal in der Woche für Künstler stattfinden. Und zwar nur für die Akademie und Kunstgewerbeschule und nur für Herren. Jetzt sag mir einer, warum nur für Herren? Das muss anders werden und soll mich nicht wundern, wenn wirs durchsetzten. Wenn der Staat sich verpflichtet fühlt, für die männlichen Künstler ganz ungeheure Unterstützung zu leisten, warum tut er es nicht für die weiblichen?",[7] schrieb sie empört am 11. November 1897 an ihre Eltern. Ihr wurde von offizieller Stelle geantwortet, dass das sogenannte zarte Geschlecht den Anforderungen eines derartigen Unterrichts nicht gewachsen sei. „Platzmangel" war aber letztlich die Begründung der Ablehnung. Ihre Enttäuschung erstreckte sich auch auf die Künstlerinnen, die sich nicht für eine bessere Ausbildung solidarisieren wollten. Pikiert berichtete sie: „Viele Damen wollen so für sich und ihre Familien etwas malen lernen. Dann zeichnen sie etwas, fangen dann etwas zu malen an, Aquarell und Öl vielleicht, können dann vielleicht ganz nette Landschaften malen und so für den Hausgebrauch genug. Das kann man in zwei Jahren erreichen. Sie können dann aber nichts ordentlich."[8]

Dennoch konnte Clara Westhoff die neue Freiheit in München genießen. Immerhin war der Unterricht bei Ludwig Schmidt-Reutte qualitativ besser als allgemein üblich. 1897 lernte sie den Bildhauer Ignatius Taschner kennen, dem sie Modell saß und dessen Fähigkeiten sie faszinierten. Anlässlich einer Ausstellung im Glaspalast entdeckte sie in München dann die Maler von Worpswede. Schließlich fasste sie den Entschluss, nach Worpswede zu gehen, um den Unterricht von Fritz Mackensen zu besuchen. Er förderte ihre plastische Begabung und ermutigte sie, Bildhauerin zu werden. „Ich bin nämlich ganz mit mir ins Klare gekommen, dass ich Bildhauerin werden will. Ich bin darüber sehr glücklich",[9] jubelte sie.

In Worpswede lernte sie eine junge Frau kennen, die dort ebenfalls unbeirrt den Weg hin zur Malerin beschritt: Paula Becker. Auch die zwei Jahre Ältere war früh davon überzeugt, dass aus ihr etwas werden würde: „Ich habe so den festen Willen und Wunsch, etwas aus mir zu machen, was das Sonnenlicht nicht zu scheuen braucht und selbst ein wenig strahlen soll. Dieser Wille ist groß, und er wird es zu etwas bringen."[10]

Dabei war ihr dies als drittes Kind des Eisenbahningenieurs Carl Woldemar Becker und seiner Frau Mathilde von Bültzingslöwen nicht unbedingt in die Wiege gelegt worden. Ihre Kindheit verbrachte sie in Dresden und besuchte dort eine Unterrichtsanstalt für Höhere Töchter. Erst 1888 zog die Familie nach Bremen, wo die berufliche Existenz des Vaters zunehmend ins Wanken geriet. Mit sechzehn kam Paula Becker zu Verwandten nach England, um Haushaltsführung zu erlernen. Ihr Onkel ermöglichte ihr dort Zeichenunterricht, und was zunächst nur zum Bildungsplan einer höheren Tochter gehörte, wurde ihre spätere Profession. Aufgrund ihrer schnell sichtbar werdenden Begabung schickten die Verwandten sie auf die St. John's Wood Art School in London, wo sie professionelleren Unterricht erhielt. Sie zeichnete dort nach Gipsköpfen und beobachtete, wie die Fortgeschrittenen nach lebenden Modellen arbeiteten. Aufgrund ihrer Begeisterung versprach ihr der Vater, dass sie den Unterricht auch in Deutschland fortsetzen könne. Er bestand aber darauf, dass sie eine zweijährige Lehrerinnenausbildung absolvierte. Zusätzlich durfte sie Zeichen- und Malunterricht beim Maler Bernhard Wiegandt nehmen.

Im Jahr 1895 kam es zu einem Wendepunkt in ihrem Leben: Sie legte das Lehrerinnenexamen ab und entdeckte die Maler von Worpswede in einer Ausstellung in der Kunsthalle von Bremen. Schließlich erlaubten die Eltern ihr, trotz der Frühpensionierung des Vaters, an einem sechswöchigen Kurs in der Zeichen- und Malschule des Vereins der Berliner Künstlerinnen und Kunstfreundinnen teilzunehmen, der den Frauen eine vergleichbare professionelle Ausbildung bot, wie sie die Herren an den staatlichen Akademien erhielten. Möglich war dies durch die Unterstützung der Verwandten der Mutter, bei denen sie wohnen konnte. Vom Zeichnen kam sie schließlich zur Malerei mit Ölfarbe. Um dies bezahlen zu können, nahmen die Eltern sogar Untermieter auf. Paula Becker besuchte dann die Klasse für Porträtmalerei bei Jeanna Bauck. Die junge Kunststudentin war fasziniert von der unkonventionellen und emanzipierten schwedisch-deutschen Malerin: „Nun erst das Äußere. Da sieht sie, wie leider die meisten Künstlerinnen, recht ruppig-struppig aus. Ihr Haar (…) gleicht mehr gerupften Federn. Ihre Figur ist groß, dick, ohne Korsett, mit einer häßlichen blau-karierten Bluse."[11]

Die Beschreibung ihres äußeren Erscheinungsbildes entsprach dem Klischee, das man allgemein von Künstlerinnen hatte. Dies lag sicherlich auch an den geringen Verdienstmöglichkeiten; damals wie heute wurden arbeitende Frauen deutlich schlechter bezahlt als ihre männlichen Kollegen. Jeanna Bauck hatte zahlreiche Auslandsreisen unternommen, in Düsseldorf und München studiert und war eine der wenigen lehrenden Frauen an der Berliner Künstlerinnen-Akademie, wie sie auch sonst in Deutschland eine Seltenheit waren.

Paula Beckers Vater drängte seine Tochter nun, sich damit anzufreunden, arbeiten zu müssen. Ende 1897 kündigte er ihr an, dass sie im nächsten Jahr für sich selbst werde sorgen müssen, eventuell als Gouvernante. Anfang 1898 erbte sie etwas Geld von ihrer Patin, und kinderlose Verwandte erklärten sich bereit, sie zwei Jahre lang zu unterstützen, damit sie ihre Ausbildung abschließen könne. Sie entschied sich, nach Worpswede zu gehen und Unterricht bei Fritz Mackensen zu nehmen. Dort wurden Paula Becker und Clara Westhoff Freundinnen. Teilweise arbeiteten sie mit den gleichen Modellen, Frauen und Kinder, bei denen es sich um die arme Landbevölkerung handelte, die sich mit Modellstehen etwas dazuverdienten. Einig waren sich die beiden darin, sich ganz auf ihre Arbeit zu konzentrieren. Beide fühlten sich wohl im Kreis der Worpsweder Künstler, besuchten die Feste auf dem Barkenhoff und schlossen Freundschaften. Im Sommer 1900 kam dann der Dichter Rainer Maria Rilke nach Worpswede, der von den beiden Frauen begeistert war.

Die zwei Freundinnen kamen mit dem Unterricht bei Mackensen jedoch unterschiedlich gut zurecht. Während Paula Becker eine andere Kunstauffassung als ihr Lehrer entwickelte, ordnete sich Clara Westhoff ihm unter, da sie unbedingt etwas lernen wollte. Mackensen schickte sie sogar zu Max Klinger nach Leipzig. Dieser stand Künstlerinnen allerdings skeptisch gegenüber. Gestand man den Frauen gerade noch ein zeichnerisches oder malerisches Talent zu, so sprach man ihnen im Bereich der Architektur und Bildhauerei jegliche Fähigkeit ab. Auch Max Klinger war in dieser Hinsicht ausgesprochen konservativ, gegenüber Bildhauerinnen war er sogar regelrecht feindlich gesonnen. Als Clara Westhoff bei ihm anlangte, kam es zunächst zu einer Diskussion, wobei die junge Künstlerin ihren Durchhaltewillen demonstrierte. Zwar nahm er sie nicht als Schülerin an, aber sie konnte zwei Monate in seinem Atelier arbeiten und lernte dabei sehr viel. Klinger empfahl ihr zudem, eine Akademie zu besuchen und Unterricht in Anatomie und Aktzeichnen zu nehmen, was sie am besten in Paris könne.

Ende 1899 stellte Clara Westhoff erstmals ihre Werke aus: In der Bremer Kunsthalle zeigte Westhoff ihre plastische Arbeit „Die Alte“, das Relief eines Knaben, das bei Klinger entstanden war, und die Porträtbüste von Paula Becker *(Abb. 17)*. Der Kunstkritiker Arthur Fitger kritisierte in der Weser-Zeitung: „Die Künstlerin ist, wie wir hören, eine noch sehr junge Dame; dafür scheint uns ihre Kunst schon ein bisschen dreist. Dreistigkeit steht nur ganz kleinen Kindern wohl, hernach, und namentlich junge Mädchen, kleidet eine zarte Schüchternheit viel anmutiger, bis dann bei reiferen Jahren die kindliche Dreistigkeit als jugendliche Kühnheit wieder hervortreten und alle Herzen bezaubern mag.“[12] Offenbar ging es in dieser Kritik weniger um die bildende Kunst als um das Auftreten von Künstlerinnen, die sich in typisch weiblicher Schüchternheit und Zurückhaltung üben sollten.

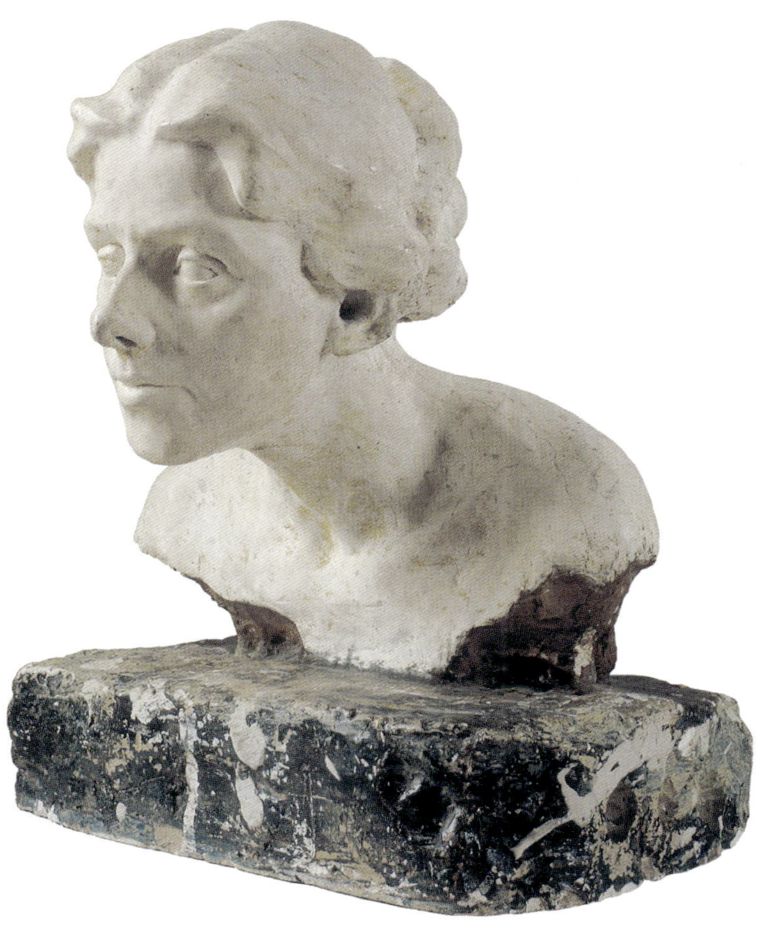

17 Clara Rilke-Westhoff, Porträt Paula Modersohn-Becker, 1899, Gips, Kunsthalle Bremen – Der Kunstverein in Bremen

Anfang 1900 waren Westhoff und Becker dann in Paris. Ohne Obhut von Verwandten durch die Straßen schlendern, das war eine der vielen Freiheiten, die Frauen in Paris genießen konnten. Wie so viele andere hatte Paula Becker den Bericht von Bashkirtseff im Gepäck.

Clara Westhoff war dort an der Acádemie Julian eingeschrieben, einer der renommiertesten, aber auch teuersten Privatschulen. Paula Becker nahm dagegen Unterricht an der Académie Colarossi, im Vergleich eher zweite Wahl, denn sie konnte sich die Académie Julian nicht leisten.

Paula Becker verfolgte einen strikten Tagesplan, sie hatte morgens Unterricht in den Damenklassen und ging abends von 19 bis 22 Uhr zusammen mit ein paar anderen Schülerinnen, die gut zeichnen konnten, zum Männerakt. „Man lernt da mehr. Es wird besser gearbeitet",[13] so ihr Urteil. Darüber hinaus versuchte sie sich im schnellen Skizzieren von Aktmodellen, die ihre Posen jede halbe Stunde veränderten. Dies schulte die genaue Beobachtung von Bewegungsabläufen. Der Kurs am Nachmittag war allerdings nicht im Unterrichtsplan vorgesehen, sondern musste extra bezahlt werden. Daher besuchte Paula Becker an machen Nachmittagen stattdessen den Louvre, um dort nach den Alten Meistern zu zeichnen, was sie, so die Künstlerin, ein tüchtiges Stück weiterbrachte.

Paula Becker und Clara Westhoff konnten nach Aktmodellen arbeiten und besuchten die Anatomievorträge an der École des Beaux-Arts. Beide fühlten sich in einer Art von akademischer Ausbildung angekommen. Paula Beckers wichtige Gemälde der Pariser Zeit entstanden allerdings außerhalb der Akademie in ihrem Hotelzimmer am belebten Carrefour Raspail-Montparnasse oder dann später in ihrem Atelier in der Rue Campagne-Première – womit sie räumlich von Clara Westhoff getrennt war, was dem Vater wichtig war, der den Umgang mit der Bildhauerin kritisiert hatte.

In ihrem, wie sie schrieb „Puppenatelier" mit grünen Wänden, im Atelierhaus der Rue Campagne-Première Nummer 9, Eingang 6, 4 Treppen, Zimmer 47, konnte sich Paula Becker auf den wenigen Quadratmetern des engen Zimmers nach eigenen Vorstellungen einrichten. Hier schuf sie sich ihr Refugium, spartanisch eingerichtet, aber gemütlich ausgestattet nur mit dem Allernotwendigsten, dafür aber eigenen, selbst ausgewählten Dingen: einem Bett, das tagsüber zum Sofa wurde, einem Tisch, einem Stuhl, einer Sitzbank. „Das Übrige sind Kisten mit Cretonneüberzügen."[14] Hier besuchten sie die Freundinnen Clara Westhoff und Jeanne Marie Bruinier aus Holland.

Die holländische Künstlerin berichtete, dass Paula Becker mittags mit demselben Fleiß, aber frei von den strengen und prüfenden Blicken der

Lehrer und Mitschülerinnen in ihrem Kämmerchen arbeitete sowie vormittags und abends in der Akademie.

Trotz der väterlichen Bedenken verbrachten Paula Becker und Clara Westhoff viel Zeit miteinander. Sie erforschten Paris und die nähere Umgebung und schlossen Freundschaften etwa mit dem Bildhauer Karl Albiker oder dem Maler Emil Nolde. Laut Clara Westhoff suchten sie gemeinsam den Kunsthändler Ambroise Vollard auf. Dort sah Paula Becker auch Werke von Paul Cézanne, von denen sie tief beeindruckt war. Sie „begann in seinem Laden gleich – da man uns ungestört ließ – die an die Wand gestellten Bilder umzudrehen und mit großer Sicherheit einige auszuwählen, die von einer neuen, wie es schien, Paulas Art verwandter Einfachheit waren. Es waren Bilder von Cézanne, die wir beide zum ersten Mal sahen. Wir kannten nicht einmal seinen Namen."[15] Für Paula Becker war es eine Bestätigung ihres eigenen Suchens nach einer neuen Formensprache. Vermutlich war sie eine der ersten deutschen Künstler*innen überhaupt, die die Bedeutung Cézannes realisierte.

Für Clara Westhoff öffneten sich ebenfalls Türen. Mit einem Empfehlungsschreiben von Max Klinger konnte sie das staatliche Marmordepot besichtigen, wo sie dem berühmten Bildhauer Auguste Rodin begegnete. Sie durfte sein Atelier besuchen, bedauerte aber: „Mit den Herren zusammen kann ich leider nicht arbeiten aus tausend Gründen, die er mir vorstellte. Er war aber sehr liebenswürdig, und ich hoffe, dass er sich für mich interessieren wird."[16]

Kurz darauf entdeckte Rodin ein lukratives Geschäft, er gründete zusammen mit anderen ein Privatatelier für Bildhauerei. Schon im ersten Monat meldeten sich dreißig aus dem Ausland kommende Schüler*innen an, darunter Clara Westhoff. Dort unterrichtete man die Frauen und Männer allerdings in getrennten Ateliers. Rodin ließ sich selbst kaum blicken, ihn vertrat sein ehemaliger Schüler Bourdelle. Für diesen sprang die Studentin Emilia Cemino unentgeltlich im Frauenatelier ein. Tatsächlich hatte Rodin durchaus Privatschülerinnen. Clara Westhoff bemerkte jedoch schnell die Ungerechtigkeiten, die dort herrschten. Die Frauen wurden zu Ausstellungsvorbereitungen Rodins herangezogen, gleichzeitig waren die Studiengebühren für Frauen doppelt so hoch wie bei den Männern. Obwohl sie enttäuscht war von den Konditionen – hohe Preise und wenig Korrekturen des großen Meisters –, versuchte sie, für sich das Beste herauszuholen.

Voller Freude erwartete Paula Becker Besuch aus Worpswede: Otto Modersohn und das Ehepaar Overbeck kamen anlässlich der Jahrhundertausstellung im Juni nach Paris. Paula Becker hatte Modersohn trotz des schlechten Gesundheitszustandes seiner Frau Helene zu dieser Reise überredet. Überraschenderweise starb seine Ehefrau während seiner Abwesenheit, und er musste überstürzt nach Deutschland zurückreisen.[17]

Nach der Rückkehr von Paula Becker nach Worpswede übernahm im Herbst 1900 Ottilie Reylaender deren Pariser Atelier. Sie war in Begleitung der Reederstochter Hedwig Woermann angereist, mit der sie zuvor gemeinsam bei Fritz Mackensen in Worpswede studiert hatte. Woermann besuchte nun die Stunden bei Bourdelle, während Reylaender sowohl die Académie Julian als auch die Académie Colarossi ausprobierte. 1882 als eines von insgesamt sieben Kindern des Justizbeamten Arthur Siegfried Waldemar Reylaender und seiner Frau Auguste geboren, hatte Ottilie in Itzehoe eine Privatschule für Mädchen besucht, wo ein Lehrer ihre Begabung erkannte und empfahl, sie zu Fritz Mackensen nach Worpswede zu schicken. Die Eltern waren sehr aufgeschlossen gegenüber ihrem Berufswunsch und förderten sie finanziell. Bereits mit fünfzehn Jahren kam sie nach Worpswede und lernte dort auch Paula Becker kennen. Ottilie bewunderte die nur sechs Jahre Ältere, die ihr schon so viel an Unterricht voraushatte. Nach und nach fand sie ihren eigenen Stil, indem sie sich vom genauen Naturvorbild löste, worin sie Paula Becker bestärkte. Gemeinsam mit der Bildhauerin Hedwig Woermann, durchstreifte sie nun wie vor Kurzem noch Paula Becker und Clara Westhoff das Paris der Jahrhundertwende. Reylaender pflegte dabei eine gewisse Extravaganz: Sie liebte ausgefallene Maskeraden und trank – ganz unweiblich – jeden Morgen eine Schale Rinderblut in einem der Schlachthöfe. Als sie im Sommer 1901 nach Worpswede zurückkehrte, entstand eine Serie von Gemälden, die Mädchen im Freien in Nahsicht zeigten.

Gleich nach ihrer Rückkehr nach Worpswede erhielt Paula Becker von ihrem Vater einen Brief, in dem er sie ermahnte, sich doch bald eine

Stelle zu suchen, da der Geldsegen der Verwandtschaft mit der Parisreise versiegt sei. Sie widersetzte sich dem väterlichen Rat, als ob sie spürte, dass ihr nicht viel Zeit blieb. Der inzwischen verwitwete Otto Modersohn besuchte sie nun nahezu täglich, und relativ rasch erfolgte die Verlobung. Diese Verbindung schien nahezu ideal zu sein, denn eine Ehe mit diesem Maler würde nicht das Ende für ihre Malerei bedeuten. Meist mussten die Frauen bei einer Heirat ihre beruflichen Ambitionen aufgeben, nicht selten brachen so aussichtsreiche künstlerische Karrieren ab. Selbst wenn Künstlerinnen Künstler heirateten, war noch lange nicht gewährleistet, dass sie weiter arbeiten konnten. So hatten etwa Max Beckmann oder Lovis Corinth von ihren Ehefrauen verlangt, mit der Heirat ihre Malerei aufzugeben, obwohl sie umfassend ausgebildet waren. Nicht so Otto Modersohn, der nicht nur die Malerei akzeptierte, sondern deshalb auch fasziniert von seiner Frau war.

Paula war sich dieses Umstandes bewusst und schrieb an ihre Mutter: „Ich will meine Junggesellenzeit recht zum Lernen wahrnehmen; denn dass ich mich verheirate, soll kein Grund sein, dass ich nichts werde."[18] Auch in anderer Hinsicht erschien Paula Becker diese Verbindung als Glücksfall: Nun war sie finanziell abgesichert, denn Otto Modersohns Landschaftsbilder verkauften sich gut, und er war in der Lage, eine Familie zu ernähren. Tatsächlich war sie es, die den Takt der Beziehung vorgab und ihren künftigen Ehemann auf eine Künstlerehe einschwor. Allerdings verlangten Paula Beckers Eltern, dass sie in Berlin einen Kochkurs belegte, zu dem sie im Januar 1901 auch aufbrach. Rainer-Maria Rilke und Clara Westhoff heiterten sie während dieser Zeit auf und gaben im Februar 1902 gleichfalls ihre Verlobung bekannt. Der Dichter und die Bildhauerin heirateten bereits am 28. April 1901 noch vor Paula Becker und Otto Modersohn. Das Malerpaar ging am 25. Mai desselben Jahres die Ehe ein, in dem Bestreben, das Ideal einer Künstlerehe zu leben. Ein Zeichen dafür war, dass sie ihren Namen behielt und sich fortan Modersohn-Becker nannte. Auch ihr Tagesablauf war der einer modernen Frau: „Um sieben wurde aufgestanden, bis neun einiges Häusliche erledigt. Dann verschwand sie auf dem kleinen Pfad durch die Wiese hinter der Lehmkuhle nach dem Atelier (…) Um ein Uhr wurde Mittag gegessen.

Nach zehn Minuten Schlaf erschien sie frisch und arbeitsfroh beim Kaffee und um drei ging das Malen weiter bis nach sieben",[19] berichtete ihre jüngere Schwester Herma. Natürlich hatte Paula Modersohn-Becker eine Haushaltshilfe und Modersohns Tochter aus erster Ehe spielte mit den anderen Kindern des Dorfes oder bei ihr im Atelier.

Nicht ganz so erfreulich sah die Ehesituation der Freundin Clara Rilke-Westhoff aus. So berichtete Otto Modersohn am 30.Oktober 1901 in seinem Tagebuch: „Gestern Abend mit Paula bei Rilkes (…) Wie ist seine Frau in dieser kurzen Zeit ins Gegenteil verwandelt (…) Wo sie vor einem halben Jahr tollte, in ihrem einfachen bäuerlichen Kram saß, zwanglos und ungeschlacht – da sitzt sie nun, ein Vogel, dem man die Flügel geschnitten, in einem übermäßig ordentlichen Zimmer, wo man die Gegenstände alle blank, kahl sofort zählen kann."[20] Zwar wurde sie von ihrem Mann zum Arbeiten angehalten, da er wünschte, dass sie sich künstlerisch weiterentwickelte. Gleichzeitig musste sie jedoch den Pflichten einer Hausfrau und Mutter nachgehen und ihre Arbeit durch Störungen oft unterbrechen. Auch plagten das Paar ständige Geldsorgen.

Paula Modersohn-Becker und Clara Rilke-Westhoff waren im Frühjahr 1903 nochmals gemeinsam für einen Monat in Paris. Clara Rilke-Westhoff konnte sich dies nur mit Spenden von Bekannten leisten. Die kleine Tochter musste sie zu den Großeltern geben und das Haus vermieten. Doch Rilke, der schon zuvor dorthin gezogen war, um ein Buch über Rodin zu schreiben, hatte sie gedrängt, nach Paris zu kommen, da er nur dort die Möglichkeit einer künstlerischen Weiterentwicklung für sie sah. Sie arbeitete wie eine Besessene, es ging für sie und ihren Mann ums nackte Überleben. Der Tagesablauf war daher streng geregelt: Früh aufstehen, gemeinsames Frühstück, und bereits um 8:00 Uhr stand sie im Atelier, wo sie bis spät am Abend arbeitete. Neben ihrer bildhauerischen Arbeit erledigte sie die Korrespondenz mit Galerien und Ausstellungsmachern. Auch Rilke arbeitete viel, im Dezember 1902 hatte er sein Rodin-Buch nach nur vier Monaten abgeschlossen. Dennoch hatten sie kaum Geld und konnten Paris nicht verlassen. Zu dritt besuchte man in Paris erneut Ausstellungen, doch reagierte Paula Modersohn-Becker mit Unverständnis auf die Situation des Paares. Rilke brachte 1903 außerdem eine Monografie über Worpswede heraus, in dessen Zentrum die Begründer der Kolonie standen. Doch die Künstlerinnen, mit denen er so viel Umgang gehabt hatte, kamen darin nicht vor. Und das, obwohl Rilke durchaus ein gewisses Verständnis gegenüber den malenden Frauen hegte: „Die Mädchen und die Frau in ihrer neuen, eigenen Entfaltung werden nur vorübergehend Nachahmer männlicher Unart und Art und Wiederholer männlicher Berufe sein. Nach der Unsicherheit solcher Übergänge wird sich zeigen, dass die Frauen durch die Fülle und den Wechsel jener (oft lächerlichen) Verkleidung nur gegangen sind, um ihr eigenstes Wesen von den entstellenden Einflüssen des anderen Geschlechts zu reinigen",[21] so der Dichter.

Paula Modersohn-Becker war zudem enttäuscht, dass das befreundete Paar keine Zeit für sie hatte. Clara Rilke-Westhoff arbeitete damals intensiv an Porträtaufträgen, und Rilke zog im März dank einer Geldsendung seines Vaters zur Erholung nach Italien. So war sie nun auf sich gestellt, zeichnete Akt bei Colarossi und besuchte den Louvre sowie andere Pariser Museen. Sie knüpfte dieses Mal so gut wie keine Kontakte und stellte fest, dass ihr als Dame ohne Begleitung viele Vergnügungen versagt blieben. Eine junge Künstlerin, die von einer Verwandten aufgenommen wurde, kam 1903 nach Paris, war aber nur ein ungenügender Ersatz für die Freundin. Es handelte sich um die 1880 in Hannover geborene Marie von Malachowski. 1899 hatte sie ihre Ausbildung an einer privaten Malschule in Dresden begonnen und war dann nach Stuttgart zu Graf Leopold von Kalckreuth gewechselt, wo sie aufgrund der besonderen Konditionen in Württemberg zwei Jahre lang studieren konnte. Dort lernte sie auch ihren späteren Mann Heinrich Nauen kennen. 1903 besuchte sie während ihres Aufenthalts in Paris zunächst die Académie Colarossi, nach ihrer Verheiratung 1905 reiste sie gemeinsam mit ihrem frisch gebackenen Ehemann noch einmal nach Paris und studierte dieses Mal an der teureren Académie Julian.

Immerhin gab Rilke Paula Modersohn-Becker eine Empfehlung mit auf den Weg, damit sie sich bei dem berühmten Bildhauer Auguste Rodin vorstellen konnte. Sein Empfehlungsschreiben wies sie allerdings als „Frau eines renommierten Malers" aus.

Rodin, der von Bewunderinnen und Verehrerinnen umschwärmt war, empfing die junge Deutsche huldvoll und erlaubte ihr, sich alleine in seinem Atelier umzusehen. Paula Modersohn-Becker begeisterte sich vor allem für seine spontanen Zeichnungen von den im Atelier posierenden, herumspazierenden oder auf sein Kommando hin masturbierenden Frauen.

Zwar fühlte sich Paula Modersohn-Becker finanziell abgesichert und war auch dankbar dafür, dass ihr Ehemann in die Reise eingewilligt hatte. Sie war sich klar darüber, dass es nicht den bürgerlichen Vorstellungen entsprach, wenn eine verheiratete Frau ihre Koffer packte, um alleine zu verreisen. Ihr Ehemann weigerte sich aber, nach Paris zu kommen, um das Erlebte mit ihr zu teilen. Letztlich fuhr sie daher nach nur fünf Wochen wieder nach Worpswede.

Für Clara Rilke-Westhoff endete das Paris-Abenteuer ungleich erfolgreicher. Der große Rodin hatte sie in ihrem Atelier besucht und dort das Marmor-Porträt der polnischen Malerin Marie Czaikowska gesehen. Umgehend ließ er die Bildnisbüste fotografieren, was eine besondere Auszeichnung bedeutete. Als sie im Juni 1903 nach Deutschland zurückkehrte, hatte sie daher ein Gutachten Rodins im Gepäck: „Ich, der Unterzeichnete, Auguste Rodin, Bildhauer, wohnhaft zu Paris, 182 rue de l'Université, bezeuge, dass Frau Clara Rilke eine Künstlerin ist, die durch ihre Arbeit als Bildhauerin ernste Hoffnungen gegeben und diese Hoffnungen erfüllt hat und dass sie der Unterstützung, welche der Senat von Bremen ihr zuzuerkennen bereit wäre, in jedem Sinne durchaus würdig ist."[22] Die Hoffnung, damit ein Stipendium zu erhalten, zerschlug sich allerdings, der Bremer Senat lehnte ab. Nun musste sie sich wieder um kleine Privataufträge kümmern, und ihren Vater immer wieder um Unterstützung bitten.

In Worpswede hing dagegen der Haussegen schief: Von seiner Begeisterung über ihre unkonventionelle Art gelangte Otto Modersohn immer mehr zur Kritik an seiner Frau und ihrer Malerei, die ihm zunehmend unverständlich war. Sie selbst schwieg sich über ihr Werk aus, berichtete in ihrem Tagebuch und in den Briefen an Freunden hauptsächlich über die Bilder ihres Mannes. Sie untertrieb und behauptete, kaum zu malen, dabei hatte sie seit ihrer Rückkehr aus Paris bis zum Ende des Jahres 1904 etwa 130 Bilder gemalt. Die Unruhe und die Unzufriedenheit wuchs und vor allem auch die Sehnsucht nach Paris.

Ganz anders dagegen Clara Rilke-Westhoff, die mit ihrem Mann ein unbeständiges Künstlerleben führte. Rodin war der Meinung, dass die junge Bildhauerin zu ihrer weiteren Ausbildung nach Italien, insbesondere nach Rom reisen müsse, um die Werke Michelangelos zu studieren. Mit der Unterstützung ihres Vaters und der Zuwendung einiger Bremer Kunstfreunde wurde dies möglich. Über München reiste das Ehepaar nach Venedig und von dort weiter nach Florenz. Am 10. September 1903 kamen sie in Rom an und wohnten in der Villa Strohl-Fern. Dort zeichnete Clara Rilke-Westhoff die Blumen im Garten sowie Akte und machte Fortschritte, während Rilke am Klima litt und seine Arbeit stagnierte. Daher zog es den Dichter zu seinen Bewunderern nach Kopenhagen, während die Bildhauerin zurück nach Worpswede reiste. Sie hatte die Idee, dort zu unterrichten und auch an neue Aufträge zu gelangen, um sich und ihrer Tochter ein Auskommen zu ermöglichen. Das Paar führte eine moderne Künstlerehe, in der beide Partner versuchten, sich zu verwirklichen, wobei Clara Rilke-Westhoff die Sorge um den eigenen Unterhalt sowie die Sorge um das Kind überlassen blieb. So äußerte sich die Freundin Paula Modersohn-Becker in einem Brief an die Malerin Emmy Walther am 3. August 1904: „Frau Rilke, die bis jetzt in Rom war, ist jetzt wieder hier, ihr Mann in Schweden, ihr Kind in Bremen. Sie arbeitet sehr, trägt aber unter der Last des Lebens, ist ganz mager und macht mich traurig.“[23]

Eine Bewunderin Rilkes stiftete Geld, damit das Ehepaar gemeinsam in Kur fahren konnte. Dort lernte Rilke eine neue Gönnerin kennen: Luise von Schwerin, die das Ehepaar auf ihr Gut einlud. Hier schuf Clara Rilke-Westhoff die später berühmte Büste ihres Mannes. Rilke war stolz auf seine Frau und ihre Leistung als Bildhauerin. Schließlich rief Rodin Rilke als seinen Privatsekretär nach Paris zurück. Auch seine Frau reiste für vier Wochen an die Seine. Wieder zurück in Worpswede, näherte sie sich erneut Paula Modersohn-Becker an, berichtete ihr über Paris und Rodin. Damals schuf die Malerin das bekannte Porträt von Clara

Rilke-Westhoff, das sie mit einer Rose zeigt *(Abb. 18)*. Der Freund Heinrich Vogler äußerte sich erschüttert über das Porträt: „Sie malte Clara, eine schwarzhaarige Frau auf dunklem Grund in weißem Kleid. In der Hand hält sie eine dunkelrote Rose. Clara wendet sich schwermütig nach außen. Das Bild ist wie ein schmerzlicher Abschied und wie ein Rückblick auf Verlorenes."[24] Weihnachten verbrachte Rilke bei Frau und Tochter und besuchte auch Paula Modersohn-Becker. Zum ersten Mal sah er ihre Bilder und war überrascht und tief beeindruckt. Trotz seiner schwierigen finanziellen Situation kaufte er das Bild „Säugling mit der Hand der Mutter" von 1903.

Die Malerin sehnte sich immer mehr nach Paris, der Boden brannte ihr buchstäblich unter den Füßen. Dies wurde noch dadurch befördert, dass ihre jüngere Schwester Herma ab Herbst 1904 in der französischen Landeshauptstadt lebte. Herma Becker hatte als eine der ersten Frauen in Bremen das Abitur ablegen können. Nun verdiente sie sich als Au-Pair-Mädchen Geld für ein Französischstudium. Paula Modersohn-Becker war sich sicher, dass ihr Mann auch dieses Mal mit einer Reise einverstanden sein würde, und tatsächlich hielt sie sich vom 14. Februar bis 7. April 1905 erneut in Paris auf.

Mit ihrer Schwester Herma und ab und an auch in Begleitung zweier bulgarischer Künstler ging sie ins Varieté und ins Theater, was die Empörung ihres Bruders Karl auf den Plan rief, der um die Unschuld der jüngeren Schwester fürchtete. Ihr Geld reichte gerade für einen Monat Studium an der Académie Julian, wo sie das Aktstudium belegte. Ihre Arbeiten stießen auf Verwunderung bei ihren Mitstudentinnen. Bei wem sie dies gelernt habe, wurde sie gefragt. Dies empörte sie, da sie ja ihren eigenen Stil entwickelt hatte: „Dass man so malt wie man selber, das vermuten sie nicht",[25] äußerte sie sich verärgert. Dieses Mal besuchte sie auch Maurice Denis, den sie bereits 1900 als Theoretiker der Künstlergruppe Nabis entdeckt hatte. Sie wünschte sich zudem, dass ihr Mann ebenfalls nach Paris käme – in der Hoffnung, einen zweiten Liebesfrühling mit ihm zu verleben. Aber auch ohne ihn war sie viel in der Metropole unterwegs. Schließlich traf Ende März 1905 eine Worpsweder Reisegruppe bestehend aus Otto Modersohn, Heinrich Vogeler mit Frau und

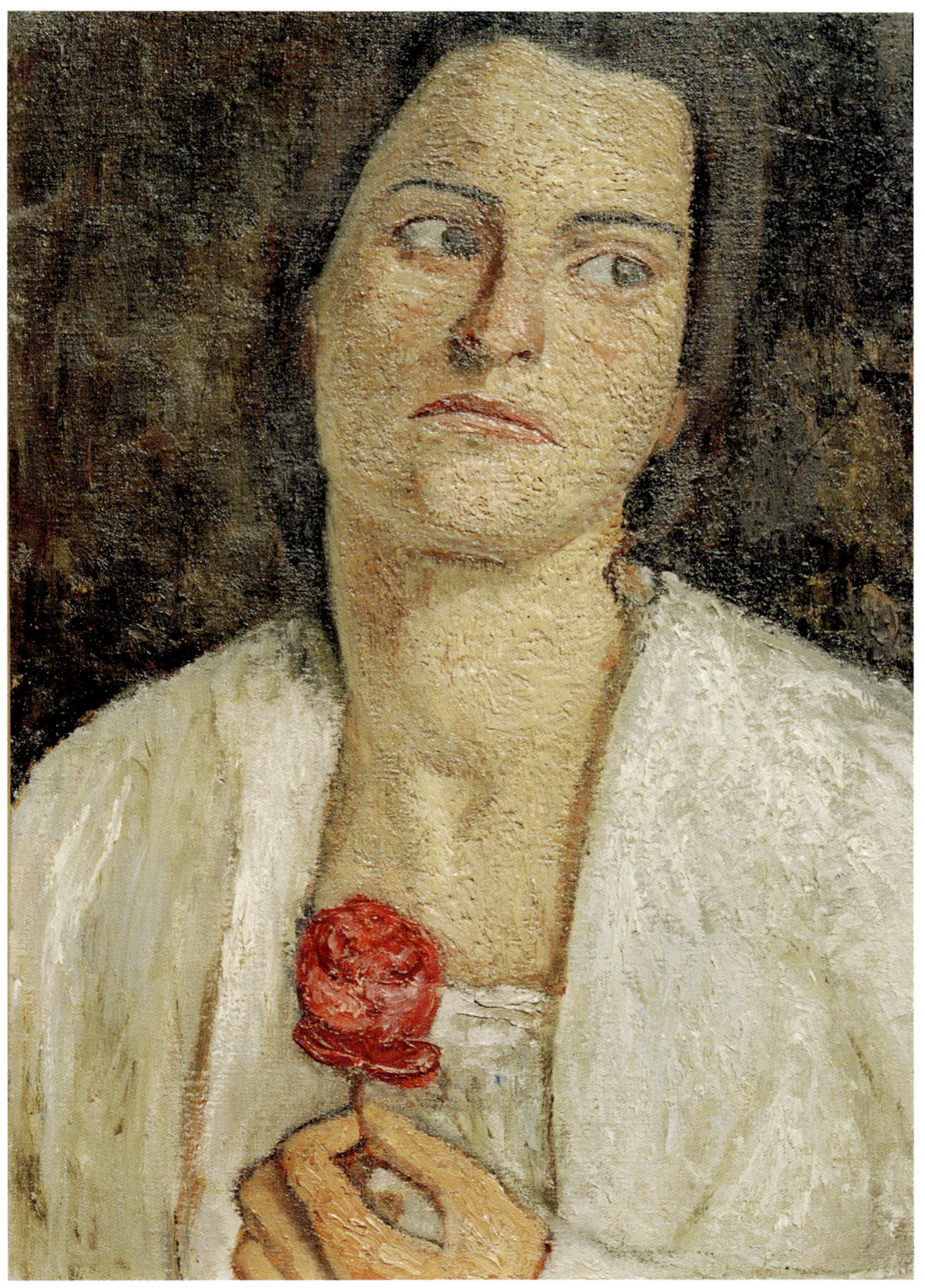

18 Paula Modersohn-Becker, Porträt Clara Rilke-Westhoff, 1905, Öl/Lw., Kunsthalle Hamburg

Schwester sowie Paulas Schwester Milly an Gare du Nord ein. Mit großer Begeisterung führte Paula Modersohn-Becker diese in Ausstellungen, Varietés, Museen, Privatsammlungen und andere Etablissements. Paula und Otto Modersohn-Becker gelang es sogar, die Privatsammlung eines Gauguin-Liebhabers zu besichtigen. Während sie begeistert war, stand er den Bildern mit Unverständnis gegenüber. Otto Modersohn vertraute später seinem Tagebuch an: „Wir wohnten alle in Paulas Hotel (…) Die Zeit war nicht erfreulich."[26] Paula Modersohn-Becker schrieb dagegen an ihre Schwester Herma: „Er hatte eine große Eifersucht auf Paris, französische Kunst, französische Leichtigkeit, Boulevard Miche, Bulgaren etc. Er bildete sich ein, ich bliebe am liebsten in Paris und hielte von Worpswede nichts. (…) In solcherlei Gedanken war er ganz untergegangen und hat mir die letzte Woche recht verdorben."[27]

Zu ihrem letzten Parisaufenthalt brach die Künstlerin am 23. Februar 1906 auf, sie hatte kurz zuvor noch den Geburtstag ihres Mannes mit ihm gefeiert und ihre Reise heimlich vorbereitet. In ihr Tagebuch notierte sie am 24. Februar 1906: „Nun habe ich Otto Modersohn verlassen und stehe zwischen meinem alten Leben und meinem neuen Leben. Wie das neue wohl wird. Und wie ich wohl werde in dem neuen Leben? Nun muss ja alles kommen."[28] Sie war in der festen Überzeugung an die Seine gereist, ihren Ehemann Otto Modersohn und Worpswede für immer zu verlassen. Ihr Worpsweder Atelier war geräumt, ihre Schwester unterstützte sie zunächst finanziell. Otto Modersohn war verzweifelt, erklärte sie Freunden gegenüber sogar als nervenkrank. Doch ergriff er nicht die rechtlichen Mittel, die ihm zu Gebote gestanden hätten, und unterstützte sie sogar bald wieder regelmäßig mit Geldsendungen. Für sie war es eine schwere Zeit, viele Freundschaften und Bindungen gingen zu Bruch. Der Bildhauer Bernhard Hoetger, den sie in Paris kennengelernt hatte, bestätigte sie damals in ihren Arbeiten. Sie malte nun wie im Rausch, und während dieser kurzen Zeit bis zu ihrem Tod im Jahr 1907 entstanden in knapp elf Monaten ihre Hauptwerke: Selbstbildnisse, Porträts und Stillleben.

Die Aktdarstellung bildete einen Schwerpunkt in ihrem damaligen Schaffen. Geschult an Gauguin und Cézanne, schuf sie nun vorwiegend weibliche Akte. Sie fand darin eine völlig neue Auffassung des Nackten. Der Akt wurde autonom und löste sich von der traditionellen Einbindung in christliche, mythologische oder exotische Bildthemen. Auch sich selbst stellte sie in insgesamt sechs Gemälden als Akt dar. Ein Hauptwerk ist ihr Selbstporträt als Akt *(Abb. 19)* mit der Inschrift: „Dies malte ich mit 30 Jahren an meinem 6. Hochzeitstage. P.B.“[29] Paula Modersohn-Becker war somit eine der ersten Frauen, die sich selbst im Akt darstellte. Noch vor Richard Gerstl (1908) und Egon Schiele (1910) und auch vor Suzanne Valadon, die sich 1909 mit ihrem zwanzig Jahre jüngeren Ehemann, dem Maler Utrillo, als Adam und Eva darstellte, nahm sie eine Inszenierung ihres Körpers als Halbakt vor. Ihr leicht gewölbter Leib suggeriert Fruchtbarkeit und Schöpferkraft im doppelten Sinne, als Künstlerin und als Frau. Dabei verwendete sie nachweislich Fotografien, die vermutlich ihre Schwester Herma aufgenommen hatte. Doch wird im Vergleich von Fotografie und Bildnis deutlich, es geht nicht um Ähnlichkeit, sondern um die generelle Form. Das Selbstbildnis am 6. Hochzeitstag zeigt die Künstlerin in Dreiviertelfigur. Inspiriert wurde diese Art der Darstellung durch Victor Emil Janssens Selbstbildnis vor der Staffelei, das um 1828 entstand. Paula Modersohn-Becker hatte das Bildnis auf der Deutschen Jahrhundertausstellung des Jahres 1906 in Berlin gesehen.[30] Ob sie auch die Zeichnungen Dürers und Jacopo da Pontormos kannte, in denen sich diese nackt porträtierten, sei dahingestellt. Insgesamt schuf sie siebzehn Selbstbildnisse, darunter sieben, in denen sie als Akt oder zumindest halb entkleidet zu sehen ist. Aber immer stellte sie sich, im Gegensatz zu Valadon, alleine dar.

Sie porträtierte gerade den von Rodin als Sekretär entlassenen Rainer Maria Rilke, als ihr Ehemann an ihre Ateliertür klopfte. Weitere Sitzungen fanden daher nicht statt, das Porträt blieb unvollendet. Paula Modersohn-Becker und Otto Modersohn hatten bisher eine besondere Ehe geführt. Sie wollten sich gemeinsam als Individuen wie als Menschen weiterentwickeln. Darin unterschieden sie sich von vielen anderen Paaren. In vielen Künstlerehen hatten die Frauen ihre eigenen Bestrebungen aufgeben müssen. Manchmal ernährten Künstlerinnen auch ihre Ehemänner, wie Sabine Lepsius.

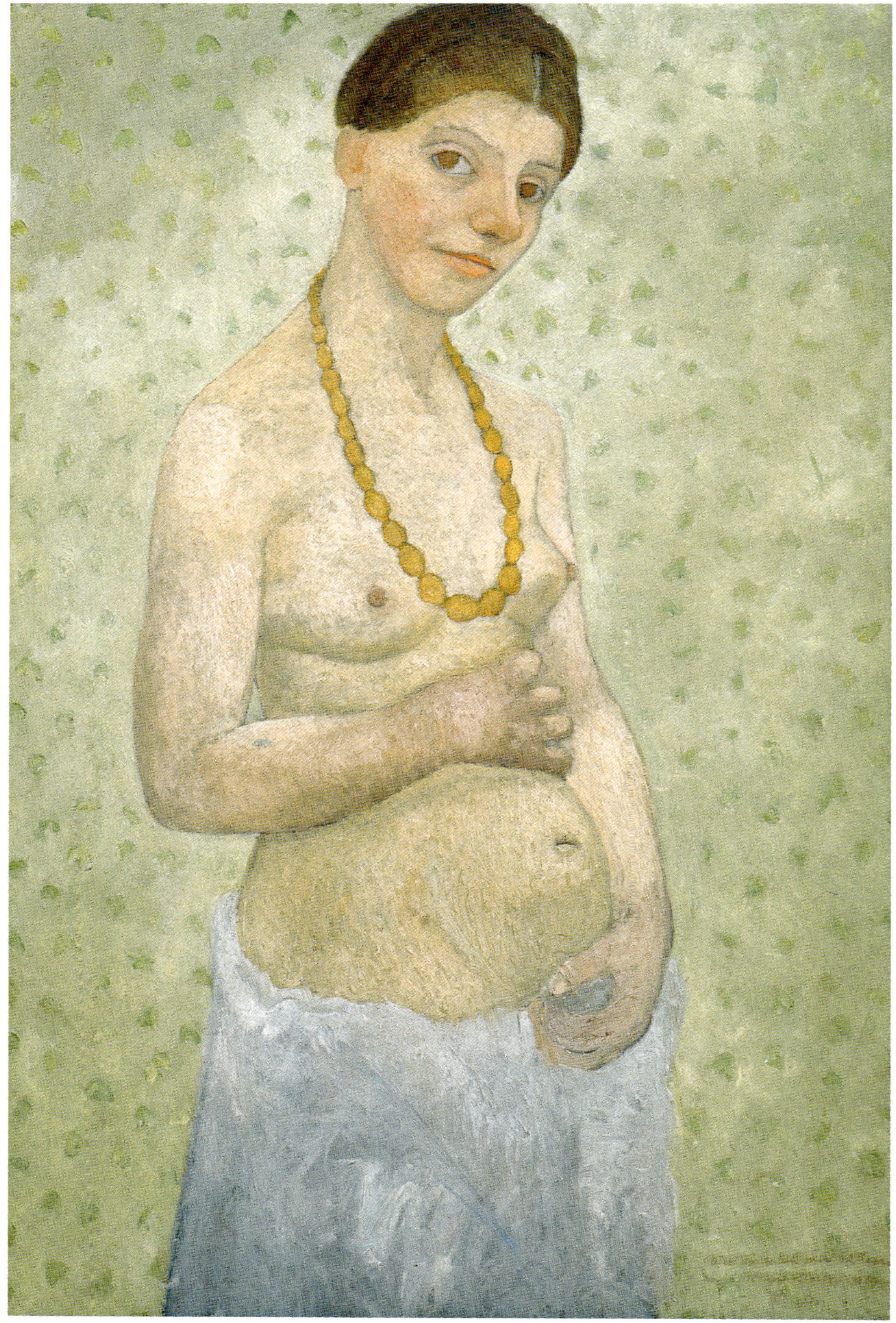

Oft suchten gerade Künstler nach Frauen, die sie förderten oder ihnen durch ihr Vermögen ein sorgenfreies Leben ermöglichten. Karl Stauffer-Bern etwa war gezielt auf der Suche nach einer reichen Frau gewesen und hatte daher sein Auge auf die Nichte von Adolf Menzel geworfen, als er diese im Sommer 1883 radierte: „Sie ist nicht schön, im Gegenteil ein wenig hässlich und mager. (...) wird sie einmal eine der reichsten Erbinnen der Gesellschaft."[31] Oft kam es gar zur Trennung, wenn sich die Frau als erfolgreicher erwies denn ihr Partner. Die Verbindung von Paula Modersohn-Becker und Otto Modersohn schien im Vergleich dazu nahezu ideal. Paula Moderson-Becker hatte damals in Paris vor dem Problem gestanden, nicht zu wissen, wovon sie leben sollte. In Stellung gehen? Sich wie Clara Rilke-Westhoff von Auftrag zu Auftrag hangeln? Als Modell arbeiten und somit den endgültigen Bruch zu ihrer Familie riskieren oder gar die Einweisung in eine Irrenanstalt? Schließlich hatte sie eingelenkt und ihren Mann aufgefordert, nach Paris zu kommen. An ihre Freundin schrieb sie: „Ich werde in mein früheres Leben zurückkehren mit einigen Änderungen. Auch ich selbst bin anders geworden, etwas selbstständiger und nicht mehr voll zu vieler Illusionen. Ich habe diesen Sommer gemerkt, dass ich nicht die Frau bin, alleine zu stehen. Außer den ewigen Geldsorgen würde mich gerade meine Freiheit verlocken, von mir abzukommen. Und ich möchte so gerne dahin gelangen, etwas zu schaffen, was ich selbst bin ... Die Hauptsache ist: Stille für die Arbeit, und die habe ich auf die Dauer an der Seite Otto Modersohns am meisten."[32]

Paula Modersohn-Beckers letzter Aufenthalt in der französischen Landeshauptstadt stand ganz im Zeichen einer Bewusstwerdung ihrer Künstlerinnenschaft in der Summe ihrer in Paris gemachten Erfahrungen. Als sie nach Worpswede zurückkehrte, war sie schwanger, ein lange gehegter Wunsch hatte sich somit erfüllt. In der Nacht vom 1. auf den 2. November 1907 brachte sie eine Tochter zur Welt. Als Mutter und Kind von den Freunden gefeiert werden sollten, verstarb sie über-

19 Paula Modersohn-Becker, Selbstbildnis am 6. Hochzeitstag 25. Mai 1906, Öl/Malkarton, Museen Böttcherstraße, Paula Modersohn-Becker-Museum, Bremen

raschend an einer Embolie, ihr letztes Wort „Schade“ auf den Lippen. Damit war dies ungeheure weibliche Schaffen allzu früh zu Ende.

Eine erfolgversprechende Karriere – Mathilde Vollmoeller-Purrmann

Die eigene Profession und das Kinderkriegen wurde auch für die Malerin Mathilde Vollmoeller-Purrmann zum Verhängnis. Ihr schien eine glanzvolle Laufbahn als Malerin sicher zu sein, als sie den Malerkollegen Hans Purrmann heiratete und ihre Profession den Mutterpflichten opferte.

Mathilde Vollmoeller wurde im gleichen Jahr wie Paula Modersohn-Becker 1876 in Stuttgart als drittes Kind des Textilfabrikanten und Kommerzienrats Robert Vollmoeller und seiner Frau Emilie, ehemals Behr, geboren. Ihre Ausbildung in einem Internat sollte sie zunächst auf die ihr zugedachte Rolle als Gattin eines wohlhabenden Ehemanns der gehobenen Gesellschaft vorbereiten. Ihre vielfältigen Begabungen wurden dementsprechend früh erkannt und gefördert. So erhielt sie eine umfassende musische Bildung sowie Unterricht in Tanz, Gesang und Klavierspiel. Zudem lernte sie Französisch, Englisch und Italienisch. Nach dem frühen Tod der Mutter übernahm sie ganz selbstverständlich den Haushalt und kümmerte sich um ihre jüngeren Geschwister. Ihre erste Ausbildung erhielt sie gemeinsam mit ihrem Bruder Karl bei dem Stuttgarter Maler und Zeichner Karl Konrad Friedrich Bauer, der sich sein eigenes Studium durch den Kunstunterricht für Kinder reicher Leute finanzierte. 1897 siedelte sie mit ihrem Bruder Karl nach Berlin über, wo sie Schülerin der Malerin Sabine Lepsius wurde, die später berichtete: „Karl Gustav Vollmoeller, der in seiner Jugend nicht nur als Genie galt, sondern es auch wirklich war, brachte seine Schwester Mathilde mit. Beide erschienen häufig bei uns, und Mathilde erfreute sich der besonderen Vorliebe Georges. Ein großer Reiz an ihr war es, wie sie in württembergischen Dialekt feine, differenzierte Gedanken auszudrücken wusste.“[33] Im Haus der Malerin Sabine Lepsius fand Mathilde Vollmoeller endgültig zur Malerei. Sie besuchte deren Schülerinnen-Atelier, und Lepsius bezeichnete sie als eine ihrer begabtesten Schülerinnen.

Anschließend reiste Vollmoeller zwischen 1903 und 1905 nach Holland und Florenz und studierte dann im Jahr 1906 in der Académie Vitti in Paris. Danach unterhielt sie an der Seine ein eigenes Atelier. 1907 veranstaltete der Salon d'Automne eine große Gedächtnisausstellung für den ein Jahr zuvor verstorbenen Paul Cézanne. Mathilde Vollmoeller war damals bereits als Malerin so anerkannt, dass sie in diesem Herbstsalon mit zwei Stillleben und einer Landschaft vertreten war. Ihr Künstlerfreund Hermann Westphal gratulierte ihr begeistert, aber auch etwas irritiert dazu: „Haben Sie aber selbst nicht etwa mit den Arbeiten dort auf der Ausstellung einen Triumph gehabt? Ich höre jetzt durch Herrn von König, wo sie hingen und was dies bedeutet. Er war, als ich ihm das erzählte, vor Erstaunen und Bewunderung ganz platt, und ich natürlich dergleichen."[34]

Insbesondere die Werke Cézannes, die sie bei dieser Ausstellung kennenlernte, führten ihre malerische Entwicklung in eine ganz neue Richtung. Mehrmals besuchte Mathilde Vollmoeller sie gemeinsam mit dem befreundeten Dichter Rainer Maria Rilke. In dieser Zeit gelangte sie von der Landschaftsdarstellung zu Stillleben und vom Pinsel zum Spachtel.

1908 stellte sie sogar zum zweiten Mal im Herbstsalon aus. Zudem waren ihre Werke mindestens dreimal im „Salon des Indépendants" zu sehen, wobei sie 1911 besonders erfolgreich war. Damals schrieb die Pariser Zeitung: „Die unstreitig stärkste Begabung unter den ausstellenden Deutschen aber hat Frl. Vollmoeller. Sie beweist, dass man ohne Radau zu machen mit wilden oder toten Farben doch eine starke, sensible Künstlerin sein kann. Ihre Stillleben zeugen von großer Selbstschulung, Geschmack und Begabung. Die Farben sind exquisit, die Komposition konzentriert, auf ihren Bildern liegt Harmonie und Schönheit im besten Sinne. Das beste Stück ist wohl das Nelkenstillleben in seiner schönen Verteilung und Nr. 6314 in der Harmonie der Farben. Der Reichtum, den Frl. Vollmoeller auf ihren Bildern zu konzentrieren weiß, hebt sie weit hinaus über das, was sonst von den deutschen Künstlern hier ausgestellt wird."[35]

Mathilde Vollmoeller war somit Teil der Pariser Kunstszene. Sie gehörte sogar zum Kreis des Café du Dôme, der eigentlich von Männern dominiert war. So lernte sie auch Maria Slavona kennen, mit der sie noch längere Zeit in Briefkontakt stand. Schließlich traf sie 1908 den Maler Hans Purrmann im deutschen Konsulat. Vermutlich im selben Jahr wurde sie durch ihn in die Académie Matisse eingeführt. Im Umfeld von Matisse veränderte sich ihre Malerei komplett. Sie malte nun vermehrt Stillleben, die unter Vernachlässigung der Perspektive zunehmend flächig wirken, ornamentale Elemente besitzen und von einer intensiv leuchtenden Farbigkeit sind. Zudem pflegte sie in der Académie Matisse wie auch Hans Purrmann das Aktstudium und besuchte regelmäßig den Louvre, um die Alten Meister zu studieren.

Wie der Unterricht an der Académie Matisse aussah, berichtete etwa die Bildhauerin Marg Moll: „Einmal in der Woche kam Matisse, um nachzusehen, was wir getan hatten, und sprach zu uns in der überraschendsten, schönsten und aufschlussreichsten Weise über die Kunst. Es war wie in einem hohen Universitätskolleg. Samstags besuchten wir dann die Museen, um unsere Kenntnis der alten Meister zu vervollkommnen, denn auch das gehörte zu Matisses künstlerischer Erziehung. Sehr viel später erst begannen die anderen nach Modellen zu malen, während ich zum Ton, zum Modellieren kam."[36]

Gleichberechtigte Künstlerehe – die Bildhauerin Marg Moll und ihr Ehemann Oskar

Marg Moll und ihr Ehemann Oskar Moll gehörten zu den maßgeblichen Personen, die Matisse davon überzeugt hatten, eine Akademie zu eröffnen. Die 1884 als Tochter eines Offiziers geborene Marg Moll gehörte zu den Pionierinnen der Bildhauerei und schuf bereits 1905 ihre erste Skulptur. Ihre erste Lehrerin war die Bildhauerin Luise Schmidt, mit der sie für mehrere Monate nach Italien reiste. Da sie aber eigentlich Malerin werden wollte, nahm sie Unterricht bei den Malern Hans Völcker und Oskar Moll, der sich für sie auch als Frau interessierte. Sie zögerte allerdings lange, bis sie seinen Heiratsantrag annahm, und hatte Angst, dass sie wie viele Künstlerinnen vor ihr, ihre eigenen Ambitionen aufgeben würde müssen. Letztlich bestärkte sie die Verbindung mit Oskar

Moll darin, sich der Bildhauerei zuzuwenden, da so keine Konkurrenzsituation entstehen konnte. Beide kamen aus großbürgerlichen Verhältnissen, so dass sich nie die Problematik ergab, den Lebensunterhalt verdienen zu müssen. Dies erleichterte natürlich vieles, doch beschritten sie einen über ihre Gesellschaftsschicht hinausragenden Lebensweg, indem sie antibürgerlich das freie Künstlertum lebten.

Während er 1903 in Berlin bei Lovis Corinth hospitierte, studierte sie an der Städelschule in Frankfurt am Main Bildhauerei. 1906 heiratete das Künstlerpaar und mietete in Berlin-Charlottenburg ihre erste Atelierwohnung. Marg Moll übte sich noch im Damenatelier von Corinth im Aktzeichnen, aber 1907 siedelte das Paar nach Paris über und gehörte dort bald zum Kreis des Café du Dôme. Gemeinsam besuchten sie den Abendkurs an der Académie Colarossi und trafen dort den Maler Henri Matisse. Da er sich kein eigenes Aktmodell leisten konnte, frequentierte er die Akademie zum Aktzeichnen. Schließlich berichtete der Speyrer Maler Hans Purrmann von seinen regelmäßigen Besuchen im Atelier von Matisse. Die Molls besuchten das Atelier daraufhin ebenfalls und lernten dabei auch die Geschwister Stein kennen, in deren Wohnung sie wiederum den jungen Picasso trafen. Unter den Freunden formierte sich schnell die Idee einer Privatschule, in der Männer wie Frauen die Möglichkeit haben sollten zu studieren. Daher überredeten sie Matisse mit Unterstützung der Geschwister Stein, Hans Purrmann und ihnen eine private Akademie zu gründen, die schließlich auch Marg Moll besuchte. Ihre frühen Bronzeskulpturen, bei denen sie zunehmend eine Freiheit der Form gewann, schuf sie in Paris. Sie war selbstbewusst und beanspruchte trotz zweier Kinder, die sie im Abstand von zehn Jahren bekam, ihre Freiräume. Ihr Ehemann zeigte Verständnis und kümmerte sich gleichfalls um die Erziehung der beiden Töchter. Die Molls schafften es, sich nicht nur als Künstlerpaar, sondern auch als Sammler zu etablieren. Sie sicherten sich so ihren Wohlstand und mussten sich anders als andere Künstlerpaare nie aus beruflichen oder finanziellen Gründen räumlich voneinander trennen. Die Lehrtätigkeit von Oskar Moll führte zu einem Umzug nach Breslau, wo sie ein wichtiger Teil der dortigen Kunstszene wurden. Sie unterstützte ihn, er öffnete für sie Türen in den Galerien, in denen er zuvor ausgestellt hatte. Nach dem Tod ihres Mannes, den sie um rund dreißig Jahre überlebte, wurde sie zu einer bedeutenden Zeitzeugin, die die Erinnerung an ihren Mann lebendig hielt.[37]

Zwei Frauen um Matisse – Mathilde Vollmoeller-Purrmann und Annemarie Kruse

Auch für Mathilde Vollmoeller bedeutete der Unterricht bei Matisse eine Wegmarke: Ihr Pinselduktus hatte sich unter dem Einfluss von Matisse entschieden gelockert. Ihre Bilder zeigten nun eine offenere, skizzenhaftere Malweise. Letztlich fand sie in Paris zu ihrem eigenständigen Stil. Gemeinsam mit der Académie Matisse reiste sie nach Südfrankreich, wo Bilder von großer Farbkraft entstanden *(Abb. 20)*.

Als 1911 ihr Vater schwer erkrankte, musste sie Paris verlassen, um ihn zu pflegen. Dies wurde von einer Tochter erwartet. Unmittelbar nach seinem Tod, der Vater wäre mit der Wahl eines Malers als Ehemann nicht einverstanden gewesen, heiratete sie den Maler Hans Purrmann. Zunächst schien es sich um eine annähernd gleichberechtigte Partnerschaft gehandelt zu haben. Die Fotografien der Hochzeitsreise nach Korsika zeigen beide gemeinsam beim Malen. Doch dies blieb eine Wunschvorstellung. Die Geburt ihrer Tochter, der noch zwei weitere Kinder folgen sollten, zwang Mathilde Vollmoeller-Purrmann dazu, die aufwendige Ölmalerei aufzugeben – das letzte Ölgemälde entstand 1913 – und sich aus Zeitgründen dem Aquarell zuzuwenden. Sie konzentrierte sich nun mehrere Jahre lang nahezu ausschließlich auf die Erziehung der Kinder und die Unterstützung ihres Mannes. Aber war dieses Schicksal so unausweichlich und hätte sie aufgrund ihrer privilegierten Situation – sie war eine wohlhabende Erbin – nicht die Wahl gehabt, ihr Leben anders zu organisieren? So kritisierte ihr Ehemann: „Es ist sehr einfach, wenn du an deine Malerei glaubst, so nehme dir eine Haushälterin, und arbeite nicht mit dummen Bauernmädchen, das Geld hast du ja dazu."[38] Doch war es wirklich so einfach? Letztlich folgte Mathilde Vollmoeller-Purrmann den Konventionen ihrer Zeit und dem gängigen Muster, nachdem für Frauen ganz selbstverständlich die Familie die erste Stelle einnahm

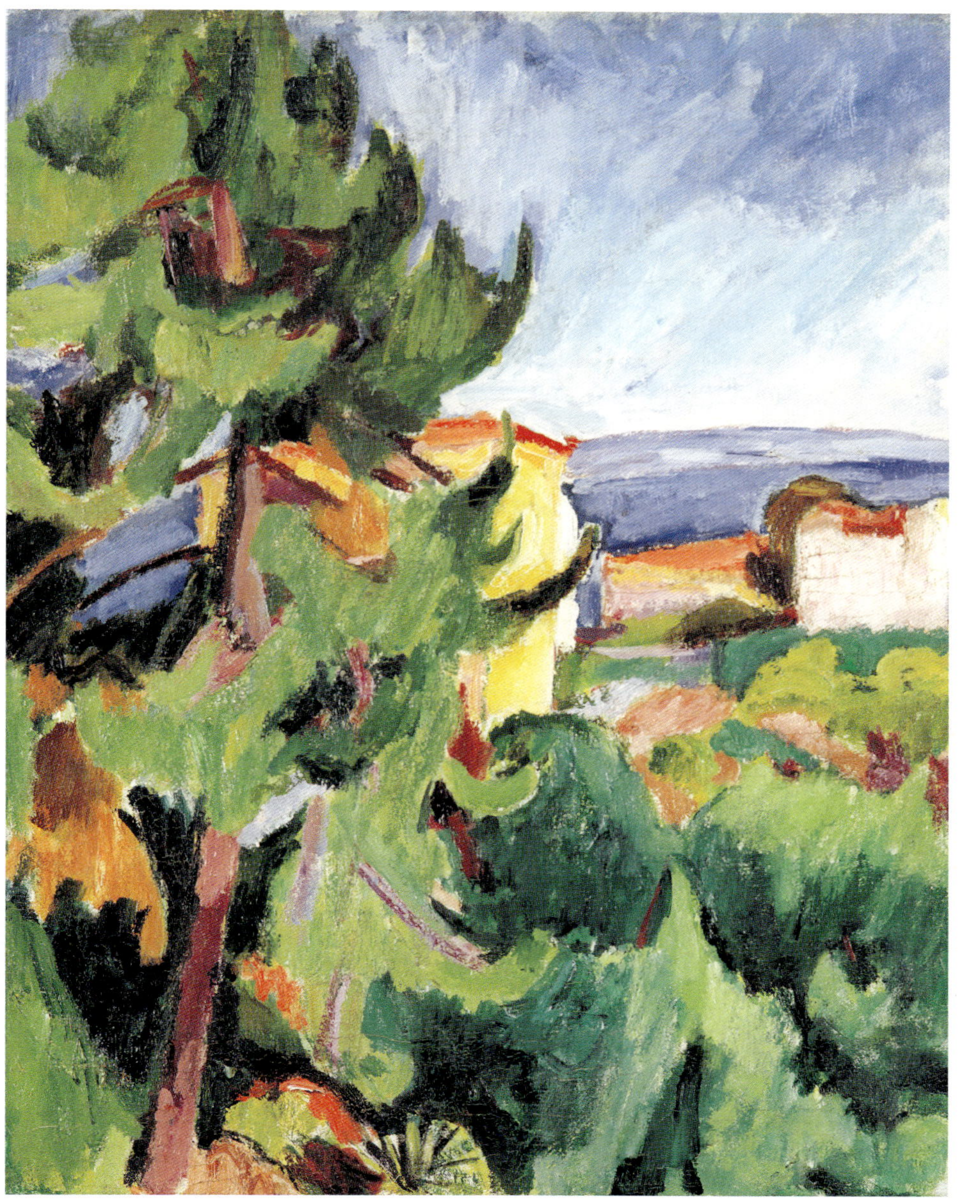

20 Mathilde Vollmoeller-Purrmann, Blick auf gelbes Haus, 1912. Öl/Lw., Museum Purrmann-Haus, Speyer

und sie ihre eigene Berufstätigkeit zu deren Wohl zurückstellen mussten. Die Frauen sind nicht unfähig zum schöpferischen Tun, sondern ihre häufige Unfähigkeit, Karriere zu machen, resultiert – so viele männliche Autoren – aus ihrem Charakterfehler des Altruismus, dem Drang des weiblichen Geschlechts, sich um seine Nächsten zu kümmern.

Ihrem Ehemann in ein fremdes Land folgte die Malerin Annemarie Kruse. Als drittes Kind des Bildhauers Max Kruse und seiner ersten Frau Anna Paval 1889 in Berlin geboren, erlebte sie glückliche Kindheitsjahre, die mit der Scheidung der Eltern ein jähes Ende fanden. Als Scheidungskind wie auch als geschiedene Frau erfuhr man allgemein gesellschaftliche Ächtung. Kein Wunder also, dass ihre Mutter mit den Kindern zunächst auf Reisen ging. Ein längerer Aufenthalt in Florenz weckte bei Annemarie Kruse den Wunsch, Künstlerin zu werden. Als sich die kleine Familie in Dresden niederließ, besuchte sie dort ab 1907 die Kunstgewerbeschule. Von 1908 bis 1912 lebte sie dann mit ihrer Mutter in Paris. Gleich nach ihrer Ankunft nahm sie Ida Gerhardi, freie Mitarbeiterin der Académie Colarossi, unter ihre Fittiche. Sie empfahl sie an die Académie Matisse, wo sie mit ihren neunzehn Jahren die jüngste Schülerin war. Gleichzeitig besuchte sie den abendlichen Aktzeichenkurs an der Colarossi, zeitweise war sie aber auch in der Académie Russe und der Académie Vitti. So berichtete sie über ihr Verhältnis zu Matisse: „Mir gegenüber war er immer sehr gnädig, ging aber selten länger auf meine Bemühungen ein, sagte freundlich: ‚Pas mal, continuez, continuez!‘ und schritt zur nächsten Arbeit. Mich ärgerte das; ich sah zwar, dass ich auf dem richtigen Wege war, hatte aber auch ein gewisses Misstrauen, dass Höflichkeit dem jungen Mädchen gegenüber im Spiele war, und fand, dass mir dadurch nicht geholfen wurde.“[39]

Obwohl die Zahl der studierenden Frauen relativ groß war, scheint Henri Matisse, gerade wenn sie so jung wie Kruse waren, sie nicht unbedingt ernst genommen zu haben. Oftmals schlossen sich die Frauen zu größeren und kleineren Grüppchen zusammen und separierten sich von den männlichen Studierenden: „Bei Matisse bildeten wir bald eine sehr nette weibliche Gruppe, Frau Glinka, eine hochbegabte Ungarin, Stella Prottmann, eine zarte feine Engländerin, Miss Hewitt und eine hellblonde

Bremerin, Nini Focke. Wir saßen in den fröhlichen Arbeitspausen im Garten beieinander. Es war so schön in dem herbstlichen Park, wo all die jungen Menschen in ihren oft farbigen Malschürzen oder Kitteln einherwandelten, diskutierten, lachten oder sich auch rauften (…).“[40]

Doch Annemarie Kruses Vater weigerte sich nach zwei Jahren, ihr weiterhin den Aufenthalt in Paris zu finanzieren. Möglicherweise lag dies daran, dass sie sich 1909 mit dem russischen Maler und Bildhauer Igor von Jakimow verlobt hatte, den sie Ende 1912 auch heiratete. Gemeinsam besuchten sie die Académie Russe, wo auch Bildhauerei unterrichtet wurde, und gelegentlich auch den Abendakt in der Académie Vitti, wo Kees van Dongen lehrte.

Noch vor Beginn des Ersten Weltkriegs zog das Ehepaar nach Russland. Dort war das Leben der Malerin geprägt von der harten Arbeit auf dem landwirtschaftlichen Gut der Familie. Sie hofften mit den Erlösen ihrer Arbeit bald wieder nach Paris zurückkehren zu können. Desillusioniert konnten sie dank der Einladung des Schriftstellers Friedrich Freksa immerhin zurück nach Deutschland gehen. Während der Ehemann seine Familie in Russland besuchte, brach der Erste Weltkrieg aus, und Annemarie Kruse folgte ihm mit dem kleinen Sohn. Es bedeutete einen harten Kampf, in Russland das Überleben zu sichern, die Revolution von 1917 erschwerte die Situation. Damals entstand wohl das Doppelporträt mit ihrem Sohn *(Abb. 21)*, auf dem sie dem Betrachter ernst entgegenblickt. Schließlich musste die Familie 1918 wegen der Revolutionswirren, in denen sie enteignet und vertrieben wurde, nach Deutschland fliehen. Sie lebten nun in Potsdam, und die Künstlerin knüpfte vielversprechende Kontakte zur Berliner Kunstszene. Zunächst war Annemarie von Jakimow-Kruse sehr erfolgreich und verkaufte fast alle ihrer russischen Bilder bei Fritz Gurlitt. In den folgenden Jahren war sie weit weniger gefragt, und ihr Stil fand kaum Beachtung. Während sie in Mariabrunn lebte, eröffnete ihr Mann in Berlin ein Atelier, wo er unterrichtete. Die räumliche Trennung vom Ehemann, die finanziellen Belastungen, die Sorgen um die Kinder, all dies belastete die Künstlerin schwer. Nach dem Ende ihrer Ehe 1923 lebte sie im Odenwald und wurde Lehrerin, um sich und ihre Familie durchzubringen.

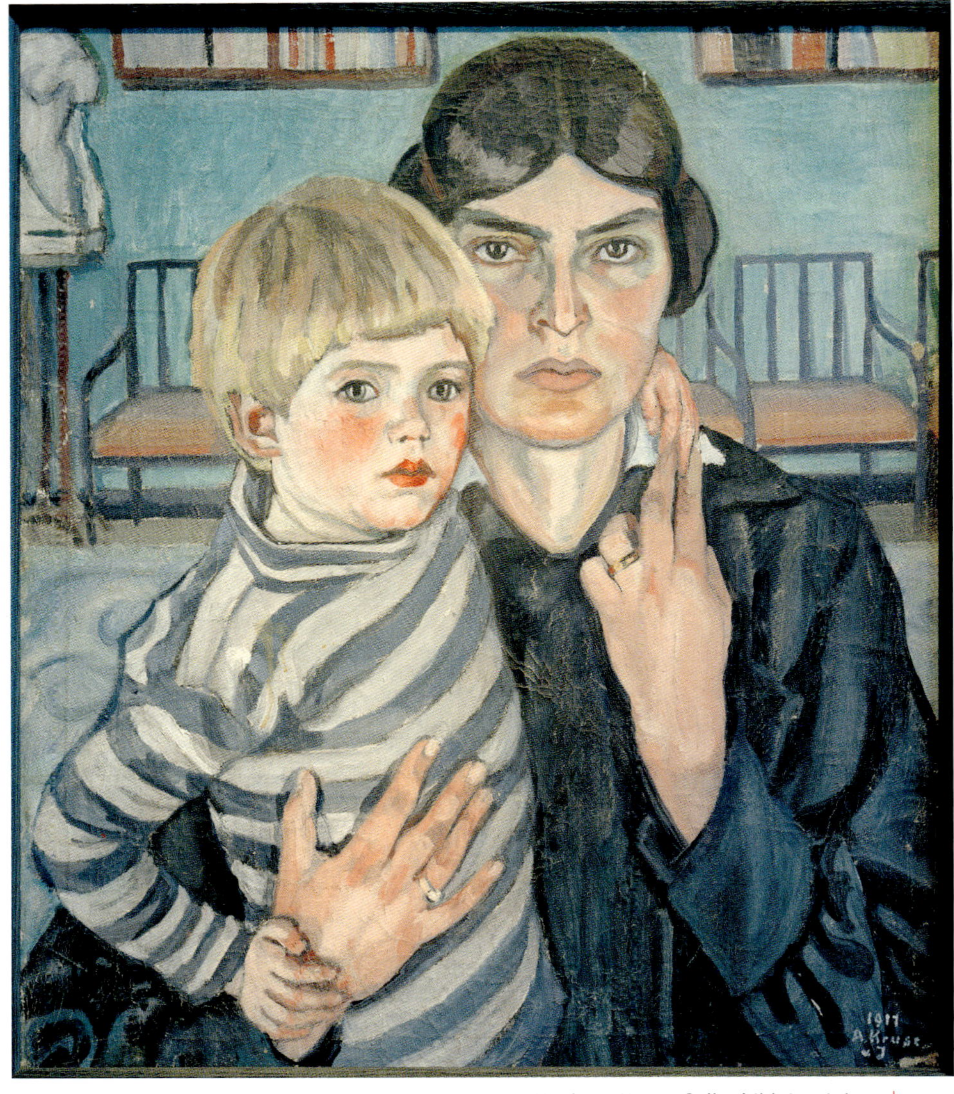

21 Annemarie Kirchner-Kruse, Selbstbildnis mit Igor, 1917, Öl/Lw., Privatbesitz

WIE WERDE ICH KÜNSTLERIN?

Neue Wege zur Professionalisierung

Bis zum Beginn der Weimarer Republik blieben den Frauen die staatlichen Akademien verschlossen. Eine der wenigen Ausnahmen, wenn auch mit vielen Einschränkungen, bildete die königliche Akademie der bildenden Künste in Stuttgart. Was lag also näher, als sich zu organisieren und eigene Kunstschulen zu gründen, um die Ausbildungssituation entscheidend zu verbessern? Einige Frauen eroberten sich auch neue Bereiche, die bisher weitestgehend den Männern vorbehalten waren, wie etwa die als gefährlich und äußerst unweiblich geltende Wandmalerei. Diese und andere neue Strategien erprobten Frauen in der ersten Hälfte des Jahrhunderts, nicht nur, um bekannt zu werden, sondern auch, um sich zu professionalisieren und sich das Überleben zu sichern.

In Deutschland entstanden seit Ende des 19. Jahrhunderts gleich mehrere Institutionen, die eine den Männern gleichwertige künstlerische Ausbildung von Frauen förderten: in Berlin, München, Karlsruhe und Stuttgart. Der Zugang für Frauen an Institutionen, die ihnen eine akademische Kunstausbildung boten, war ein bedeutender Schritt in die Emanzipation. Der Verein der Berliner Künstlerinnen und Kunstfreundinnen wurde 1867 gegründet und rief 1868 eine Zeichen- und Malschule ins Leben, der ein Zeichenlehrerinnenseminar angeschlossen war, um auch eine mögliche Berufstätigkeit zu fördern. Hinzu kam: Neben einer Verbesserung der Ausbildungssituation wurde 1884 auch eine Pensionskasse eingerichtet, die Künstlerinnen im Alter versorgen sollte.

Etwas später, 1882, wurde in der Kunststadt München der Künstlerinnen-Verein und 1884 dann seine Damen-Akademie gegründet. Diese Institution hatte regen Zulauf, insbesondere seit im April 1899 das Künstlerinnenhaus in der Barer Straße 21 errichtet worden war. Es verfügte neben verschiedenen Vereinsräumen vor allem über zahlreiche Ateliers.

Das erklärte Ziel der Damen-Akademie war es, den Frauen eine der Kunstakademie vergleichbare Ausbildung zu vermitteln, indem sie sich

„streng nach dem Vorbild der kgl. Akademie gestaltete und die geforderten Pflichtfächer zur Vervollständigung des Studiums anfügte“[1]. Es wurden daher auch die für Frauen sonst verpönten Aktkurse angeboten, es gab freie Lehrerwahl, und mehrmals in der Woche waren Korrekturen gewährleistet, außerdem standen den Schülerinnen Modelle zur Verfügung – wenn auch mit Lendenschurz. Zahlreiche technische Hilfsmittel vervollständigten das Ambiente, und nicht zuletzt waren die Arbeitsräume tagsüber und abends geöffnet, so dass uneingeschränktes Arbeiten möglich war. Das umfangreiche Lehrangebot von bis zu 27 Wochenstunden war allerdings recht kostspielig und bedeutete selbst bei knapp bemessener Unterrichtsbelegung Studiengebühren um die 400 Mark im Jahr. Zum Vergleich: An der staatlichen Akademie mussten die männlichen Studierenden lediglich 70 Mark entrichten. Und dies, obwohl viele der an der Königlich Bayerischen Akademie der Bildenden Künste gelehrten Fächer an der Damen-Akademie nicht angeboten wurden, wie zum Beispiel die Sakralkunst. Tatsächlich handelte es sich an der Damen-Akademie oft sogar um die gleichen Lehrkräfte wie an der Kunstakademie, die aber teuer bezahlt werden mussten. Besonders wichtig war zudem, dass es neben dem Unterricht ein reges Vereinsleben gab. Vorträge und Diskussionsrunden standen ebenso auf dem Programm wie Kostümbälle und gemeinsame Biergartenbesuche, was von den jungen Künstlerinnen sehr geschätzt wurde. Besonders beliebt waren die Kostümfeste, die nach und nach zum Treffpunkt der Münchner High Society wurden. Ähnlich wie in Berlin bot die Damen-Akademie auch etwas soziale Sicherung, indem die Verpflichtung bestand, einer Krankenversicherung beizutreten, von der der Künstlerinnen-Verein die Hälfte der Kosten übernahm. Zusätzlich gab es eine Vorschusskasse, ein Darlehen, das zur Fortsetzung des Studiums oder wegen Mangels an Aufträgen vergeben werden konnte.[2]

Die neu bezogenen Akademieräume fanden bald großen Anklang, so dass in den Atelierräumen eine drangvolle Enge geherrscht haben muss. Dennoch war die Damen-Akademie verglichen mit den teuren Privatakademien eine der besten und fortschrittlichsten Ausbildungsstätten für Frauen in Deutschland.

Unterwegs als gefragte Landschaftsmalerin – Sally Wiest

Auch Sally Wiest, eine der späteren Mitbegründerinnen des Württembergischen Malerinnen-Vereins, studierte Anfang der 1890er-Jahre an der Münchner Damen-Akademie. Josephine Salomé Wiest, wie sie mit vollem Namen hieß, obwohl sie zeitlebens nur Sally genannt wurde, war Jahrgang 1866. Ihr Vater Gottfried Wiest war ein preußischer Hauptmann aus Rangendingen, der 1870 in der Schlacht bei Wörth fiel. Die Mutter Luise Aloysia Veronika geb. Huber übersiedelte daraufhin mit ihren beiden Töchtern Sally und Marie sowie mit ihrem Sohn nach Stuttgart. Dort lebten sie in direkter Nachbarschaft zu Sallys Onkel Josef Huber, einem angesehenen Komponisten und Hofmusiker. Den ersten Zeichenunterricht erhielt sie im Stuttgarter Katharinenstift, der ersten Mädchenschule für höhere Töchter in der Region überhaupt, bei Gustav Conz, der zur Düsseldorfer Malerschule gehörte und seit 1865 in der Württembergischen Landeshauptstadt unterrichtete. Er entdeckte ihr Talent und gab ihr auch Privatunterricht.

Zwischen 1884 und 1890 besuchte sie dann die Königliche Kunstschule in Stuttgart, wo Frauen aber nur eingeschränkt studieren konnten; zeitweise waren dort dennoch fast dreißig Frauen immatrikuliert. Generell herrschte in Stuttgart eine andere Situation vor als in der bayerischen Landeshauptstadt, wo die Akademie bis auf einige wenige Ausnahmen Frauen zum Kunststudium nicht zuließ. Ganz anders dagegen Stuttgart: Waren Frauen an der Hohen Carlsschule nur als Ehrenmitglieder aufgenommen worden, fand man in der 1829 von König Wilhelm I. gegründeten Kunstschule, die 1867 immerhin den Status einer anerkannten Lehranstalt erhielt, zeitweise bis zu 29 als ordentlich Studierende eingeschriebene Frauen. 1892 eröffnete man an der Kunstschule schließlich eine eigene Damenklasse, was sich aber nicht als Vorteil erwies, sondern letztlich eine weitere Einschränkung des Lehrangebots bedeutete. Die Leitung der Damenklasse hatte zunächst Friedrich von Keller inne, ihm folgte 1898 Gustav Igler. Unzufrieden mit dem Unterricht wechselten viele Frauen damals nach München, um etwa an der neu gegründeten Damen-Akademie des Münchner Künstlerinnen-Vereins oder an einer der zahlreichen privaten Malschulen zu studieren.

Sally Wiest wechselte bereits im Frühjahr 1890 an die als wesentlich moderner geltende Damen-Akademie des Künstlerinnen-Vereins in München. Zusätzlich nahm sie Privatunterricht beim weitgereisten Landschaftsmaler Peter Paul Müller. Später war sie erneut an der Kunstschule in Stuttgart und studierte bei Robert von Haug sowie dem 1901 nach Stuttgart berufenen Leopold Graf von Kalckreuth.[3]

Sally Wiest, auch genannt die „Grüne Sally", war bald eine gefragte Landschaftsmalerin. Auf sie ging die Idee zurück, auch in Stuttgart eine vergleichbare Institution wie in München zu gründen. Letztlich entstand der Württembergische Malerinnen-Verein 1893 durch das Engagement von Anna Peters, Sally Wiest und Magdalene Schweizer. Dabei handelte es sich um den ersten Berufsverband von Künstlerinnen im deutschen Südwesten überhaupt. Auslöser war die Verschlechterung des Unterrichtsangebots an der Königlichen Kunstschule, so wurden Frauen ab dem Wintersemester 1892/92 nur noch in einer eigenen Damenklasse unterrichtet.[4] Das erklärte Ziel des neu gegründeten Malerinnen-Vereins sollte die Bildung und Förderung des Geschmacks sein. Darüber hinaus sollten Unterricht und Studienmöglichkeiten gefördert und Ateliers zur Verfügung gestellt sowie ein geselliges Zusammensein geboten werden.

Als Malerin erfolgreich und wirtschaftlich unabhängig – Anna Peters

Eine führende Rolle nahm von der ersten Stunde an Anna Peters ein, die eine der bekanntesten und wirtschaftlich erfolgreichsten Künstlerinnen in Stuttgart und darüber hinaus war. Sie stellte regelmäßig in Deutschland und im europäischen Ausland aus und galt als eine der ersten Künstlerinnen in Deutschland, die vom Verkauf ihrer Bilder leben konnte. Sie stammte aus einer Künstlerfamilie – in diesem Falle sogar in doppelter Hinsicht: Ihr Vater war der Landschaftsmaler Pieter Francis Peters, der aus einer niederländischen Glasmalerfamilie stammte; der Bruder der Mutter war der bekannte Tiermaler Christian Mali. 1845 zog die Familie Peters von Mannheim nach Stuttgart, wo Anna Peters gemeinsam mit ihren Schwestern Ida und Pietronella, die ihre Schwester an der Staffelei

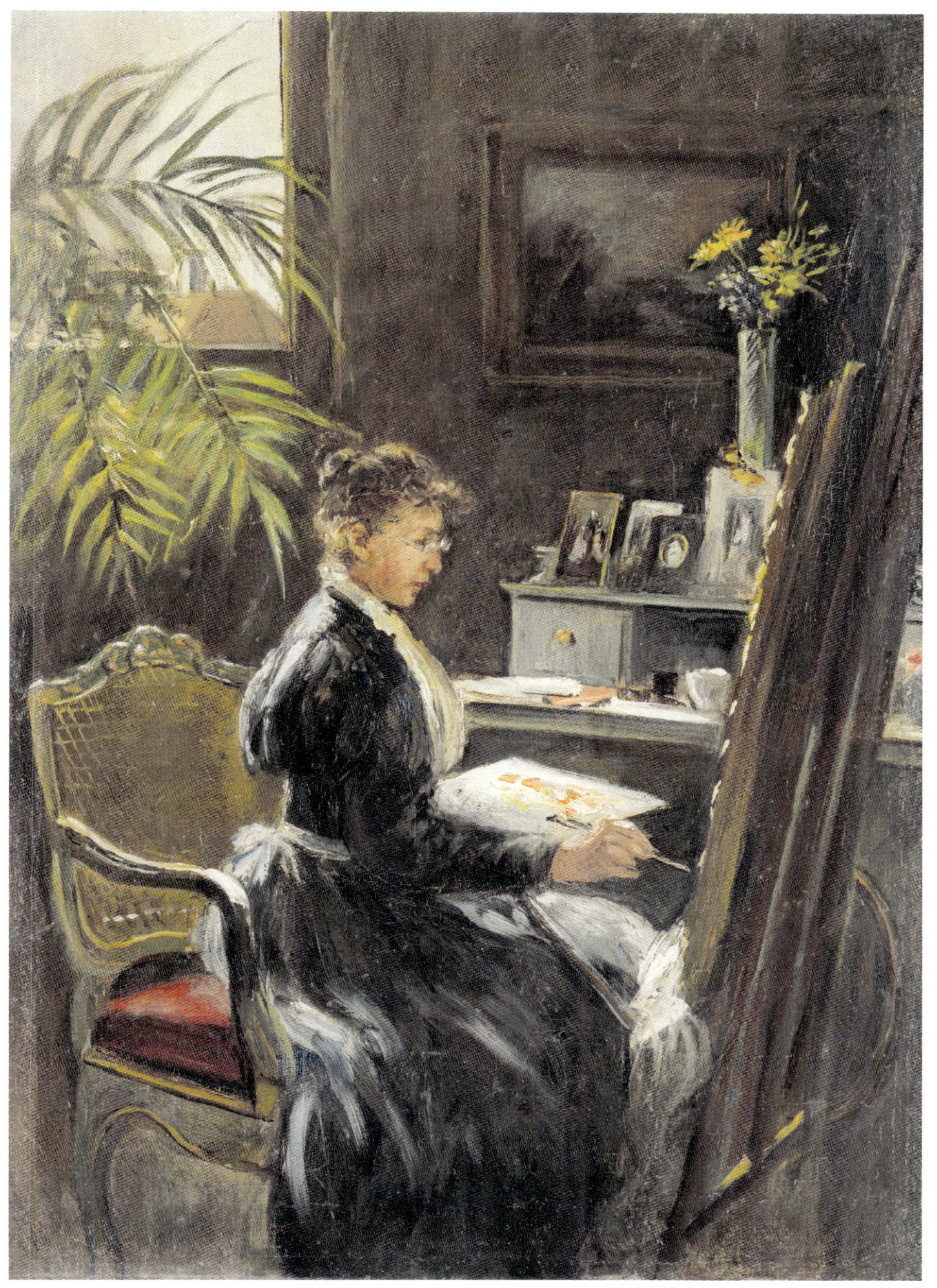

22 Pietronella Peters, Interieur mit der Malerin Anna Peters vor der Staffelei, o.J., Stadtarchiv Stuttgart

porträtierte *(Abb. 22)*, bis zu ihrem Tode lebte. Anna Peters bekam dort eine solide Ausbildung, besuchte zunächst das private Weidle'sche Töchterinstitut und später wie auch Sally Wiest das Katharinenstift. Von ihrem Vater Pieter Francis Peters erhielt sie mit ihrer jüngeren Schwester Pietronella den ersten Malunterricht. Später unterrichtete sie ihr Onkel Christian Mali, mit dem sie zeitlebens in engem künstlerischen Austausch stand. Eine Ausbildung an einer Akademie wurde ihr nicht zuteil, der Vater war, gerade weil er als Künstler von der schlechten Ausbildungssituation für Frauen wusste, dagegen.

Anna Peters malte sowohl Landschafts- als auch Blumenbilder, bezeichnete sich selbst aber als „Blumenmalerin". Blumenstillleben wurden den Frauen zugeordnet, weil sie traditionell als die niederste Gattung galten, und außerdem kein Aktstudium für sie nötig war. Peters schätzte jedoch besonders die Pleinairmalerei und lehnte es ab, nur im Atelier zu arbeiten. Für sie war die Natur ihre Lehrmeisterin. „Je genauer sich der Künstler an die Natur hält, je vollkommener wird sein Werk. Denn die Natur ist die höchste Weisheit selbst",[5] lautete ihr Credo. Neben Ausflügen in die nähere und weitere Umgebung unternahm sie regelmäßig Studienreisen, die sie in die Schweiz und auch nach Italien führten. Als Malerin war sie außerordentlich geschäftstüchtig und benötigte für den Verkauf ihrer Bilder weder den Vater noch einen Ehemann. Bereits mit achtzehn pflegte sie Kontakte mit dem Kunsthandel, und mit nur 26 Jahren führte sie die Familiengeschäfte ganz alleine. Schon zu ihren Lebzeiten kosteten ihre Gemälde im Durchschnitt 300 bis 400 Mark. 1877 erwarb sogar die Nationalgalerie in Berlin das Gemälde „Rosen und Trauben", das zuvor auf einer Berliner Akademieausstellung zu sehen war. Ab 1880 war Peters Mitglied im Berliner Künstlerinnenverein, wo sie auch auf zahlreichen Ausstellungen ihre Bilder zeigte. 1896 nahm sie mit dem Stillleben „Rosenkorb" anonym an einer Konkurrenzausstellung von Blumenstücken deutscher Künstlerinnen teil und gewann den mit fünfzig Mark dotierten 1. Preis. Viele in Berlin lebende Künstler waren damals von ihr beeindruckt. So soll Adolph Menzel gesagt haben: „Malen kann das Frauenzimmer."[6] Als Mitbegründerin und langjährige erste Vorsitzende des Württembergischen Malerinnen-Vereins gewährte

Peters diesem für den Ankauf einer Villa sogar einen großzügigen Kredit. Auch war sie als passives Mitglied in der Damen-Akademie des Münchner Künstlerinnen-Vereins eingeschrieben. Für ihr Engagement bekam sie 1918 die Goldene Medaille für Kunst und Wissenschaft des Königreichs Württemberg verliehen, und ein Jahr nach ihrem Tod im Juni 1926 fand in Stuttgart eine große Gedächtnisausstellung im Württembergischen Kunstverein statt, in der man sie und ihr Werk würdigte. Begeistert bezeichnete sie der Schwäbische Merkur damals in seiner Berichterstattung sogar als „Die Patriarchin der Stuttgarter Künstlerinnen".[7]

Moderner Unterricht für Frauen – Adolf Hölzel und seine Schülerinnen

König Wilhelm II. erhob 1901 die Stuttgarter Kunstschule zur Kunstakademie. Mit den Berufungen des impressionistischen Landschaftsmalers Christian Landenberger und des in Dachau lehrenden Adolf Hölzel im Jahr 1905 steigerte sich die Qualität des Unterrichts entscheidend. Während Landenberger die Freilichtmalerei nach Stuttgart brachte, unterrichtete Hölzel seine Kompositions- und Farbenlehre, anstatt die Malerei seiner Schüler*innen zu korrigieren. Sein erklärtes Ziel war es, Individualität und künstlerische Freiheit zu fördern. Vom Wintersemester 1910/11 bis zum Sommersemester 1913 übernahm Hölzel schließlich auch die Damenklasse der Akademie. Bei seinen Schülerinnen handelte es sich sowohl um junge Frauen aus der Region, wie Luise Deicher oder Käte Schaller-Härlin, als auch um ausländische Studentinnen wie Ida Kerkovius aus Riga oder Maria Hiller-Foell aus Odessa. Ihnen gemeinsam war, dass sie bei ihm, jede auf ihre ganz eigene Art und Weise, ihren charakteristischen Stil fanden und so später eigenständig von ihrer Kunst leben konnten.

Eine besondere Rolle unter den Hölzel-Schülerinnen nahm die 1880 in Odessa als Tochter deutschstämmiger Eltern geborene Maria Foell ein. Leider ist nichts über ihre weitere Herkunft sowie ihre erste künstlerische Ausbildung bekannt. Doch muss sie aus einer verhältnismäßig wohlhabenden Familie stammen, denn nur so war es möglich, um 1900 überhaupt eine Ausbildung zu beginnen sowie nach Deutschland zu reisen. Maria Foells Weg führte sie dann auch zunächst in die Kunststadt München. Warum sie anschließend nach Stuttgart wechselte, bleibt ein Rätsel. Möglicherweise wählte sie Stuttgart, da dort auch Frauen an der königlichen Akademie studieren konnten. Sie immatrikulierte sich dort 1905/06 und besuchte zunächst die Damenmalklasse von Gustav Igler. 1906 war sie zudem als eine der wenigen Frauen an der ersten Sommerexkursion Adolf Hölzels nach Pfullingen beteiligt. Ein Jahr später führten dann in den von Theodor Fischer erbauten Pfullinger Hallen vier Studenten von Hölzel die Wandmalereien aus. An die Studentinnen war bei diesem Auftrag nicht gedacht worden. Allerdings übernahm Hölzel erst zum Wintersemester 1910/11 von Igler die Damenklasse.

Als Maria Foell ihr Studium 1914 abschloss, wagte sie es, den mutigen Weg einer freischaffenden Künstlerin einzuschlagen und war daher von da an ebenfalls Mitglied im Württembergischen Malerinnen-Verein.[8] Letztlich blieb ihr auch kaum eine andere Wahl, denn weibliche Lehrkräfte an den Akademien waren noch lange eine Seltenheit. Immerhin gelang ihr gleich ein großer Erfolg: In ihrem Abschlussjahr erhielt sie gemeinsam mit der Freundin Luise Deicher als eine der ersten Künstlerinnen der Akademie überhaupt eine Silbermedaille für ihr „Damenporträt“ *(Abb. 23)*. Dieses gilt bis heute als ihr bedeutendstes und bekanntestes Werk, denn es zeigt ihre stilistische Eigenständigkeit. Es handelt sich dabei um die Halbfigur einer dunkelhaarigen Dame mit porträthaften Zügen. Das Profil nach rechts gewandt, erscheint sie ausgehfertig mit Mütze und Schirm unter dem Arm. Der Bildaufbau orientiert sich sichtlich an der Lehre Hölzels, die Ornamentik des Kleides sowie das zarte, konturierte Profil der Dargestellten erinnern jedoch an das Vorbild des Jugendstils. Das Gesicht ist ganz aus der Farbe heraus modelliert, Kleid und Schirm sind dagegen schwarz konturiert.

Ebenfalls 1914 war die Künstlerin auf einer Ausstellung der Kunstfreunde in den Ländern am Rhein mit einer „Kreuzigung“ vertreten. Der Herausgeber, Wilhelm Schäfer, erwähnte sie damals lobend in der Zeitschrift „Die Rheinlande“: „Marusja Foell (Stuttgart) mit einer ‚Kreuzigung‘, Hoelzel-Schule und Rasse der Künstlerin glücklich vereinigend, reif in der farbigen und linearen Harmonie.“[9]

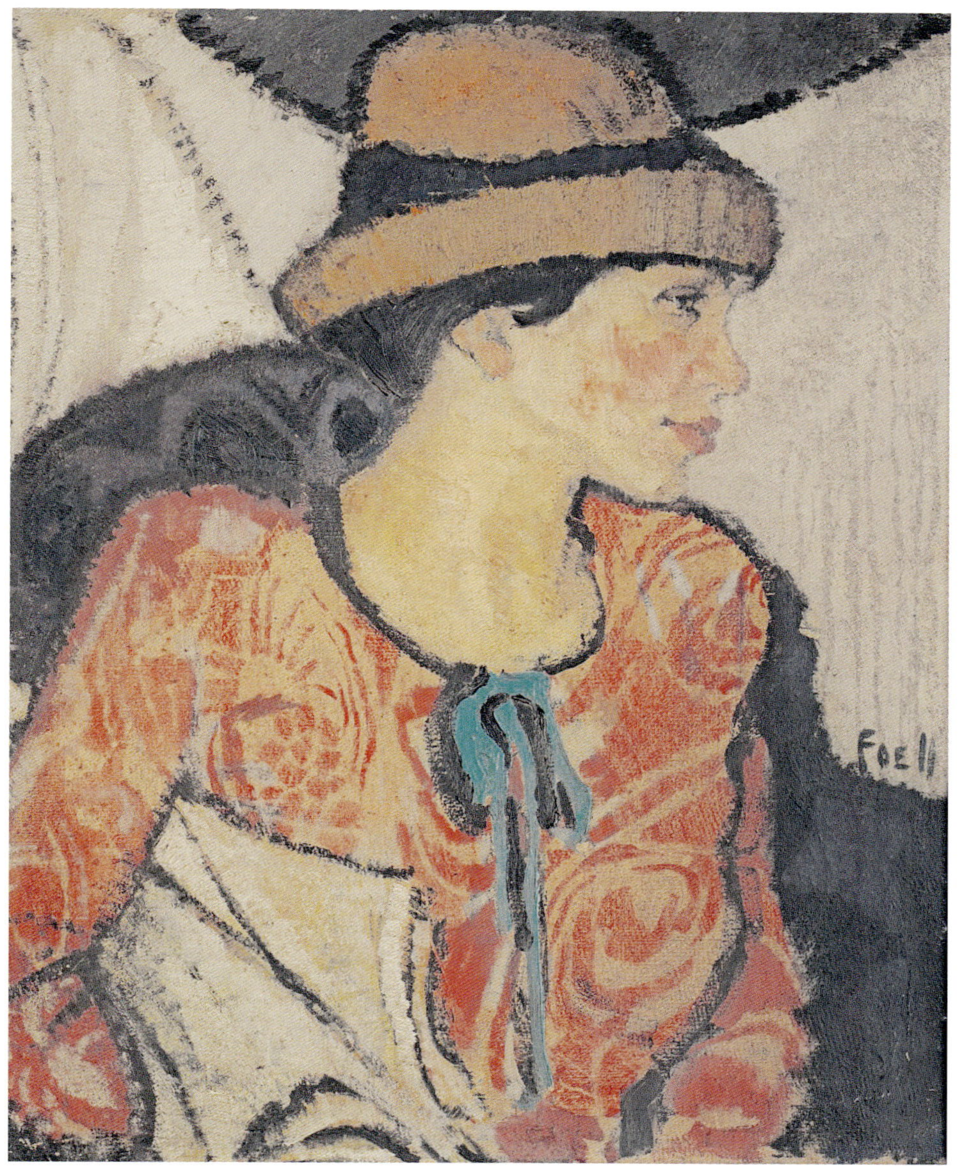

23 Maria Hiller-Foell, Damenporträt, 1913/14, Öl auf Pressspan, Kunstsammlung Bund Bildender Künstlerinnen e.V., Stuttgart

Foell war zu dieser Zeit ganz offensichtlich keine Unbekannte mehr. Sie galt vielmehr noch vor der später deutlich berühmteren Ida Kerkovius als eine Art Vorzeigeschülerin des Hölzel-Kreises. Später wandte sie sich der Glas- und Wandmalerei zu und erhielt insbesondere in den 1920er-Jahren zahlreiche öffentliche Aufträge. 1923 heiratete sie den immerhin sechs Jahre jüngeren Maler und Architekten Theodor Hiller, der nach einem Architekturstudium hauptberuflich als Regierungsbaumeister wirkte. Maria Hiller-Foell, wie sie sich nun nannte, hat dennoch weitergearbeitet. Über das Verhältnis des Ehepaares ist nichts Näheres bekannt, doch fällt auf, dass seine Gemälde ihren Werken auffallend gleichen und manchmal wie Kopien ihrer Bilder wirken. Von 1921 bis 1931 hat sie zudem zahlreiche Aufträge für Glasfenster und Wandmalereien, vorwiegend an innovativen Neubauten, übernommen. Damit steht sie in der Riege der Hölzelschüler*innen, die öffentliche Projekte übernahmen, an vorderster Stelle. Mit der Machtergreifung der Nationalsozialisten wird es still um sie. Ob sie aber 1943 tatsächlich Selbstmord beging, ist bis heute nicht nachweisbar.[10]

Eine Künstlerin auf Reisen – Luise Deicher

Ihre Kommilitonin Luise Deicher war wie Hiller-Foell im Württembergischen Malerinnen-Verein engagiert. Ihr Werk ist jedoch geprägt vom Vorbild zweier bedeutender Professorenpersönlichkeiten: Adolf Hölzel und Heinrich Altherr. Dennoch hat sie es geschafft, sich von diesen Vorbildern zu lösen und ihren ganz eigenen Stil zu verwirklichen.

Luise Deicher wurde am 6. April 1891 in Waiblingen als zweite Tochter des Ingenieurs Johann August Deicher und seiner Frau Sofie Luise geboren. Der Vater war nach seinem Ingenieursstudium nach Amerika ausgewandert und hatte es dort als Pionier im Eisenbahnbau und als Baumwollfabrikant zu einigem Wohlstand gebracht. Von seinen insgesamt sieben Kindern, zwei Töchter und fünf Söhne, durfte nur Luise Deicher eine akademische Ausbildung absolvieren, wobei erst kürzlich erfolgte Recherchen ergaben, dass zwei ihrer Brüder bereits in jungen Jahren auf tragische Weise den Tod fanden. 1908, mit siebzehn Jahren, absolvierte Deicher zunächst das viersemestrige Grundstudium in der Zeichenklasse der Stuttgarter Kunstakademie, erst danach folgte von 1910 bis 1913 die Ausbildung bei Adolf Hölzel. Obwohl ihrem Lehrer Hölzel und ihren Mitschüler*innen eng verbunden, wechselte sie 1913 zu dem frisch aus der Schweiz berufenen Heinrich Altherr. Während Hölzel sich zunehmend vom Gegenstand löste, bildete Altherr mit seiner figürlichen expressiven Malerei den Gegenpol dazu. Es bleibt zu vermuten, dass der Wechsel aufgrund von Deichers Vorliebe für die figürliche Malerei erfolgte. Deichers Malerei hat durch den Unterricht bei beiden Professoren, trotz oder gerade wegen deren Gegensätzlichkeit, nur gewonnen. Sie ist alles andere als eine Epigonin, nämlich eine eigenständige Künstlerinnenpersönlichkeit, die nach Abschluss ihres Studiums den Sprung in die freie Berufstätigkeit schaffte. Sie unterhielt ein eigenes Atelier in der Stuttgarter Innenstadt, stellte regelmäßig aus und hatte sogar Privatschüler*innen. Zudem konnte sie regelmäßig Bilder verkaufen. Allerdings hat sie nie geheiratet, sondern lebte weiterhin mit ihrer Mutter und ihrer Schwester im elterlichen Haus zusammen. Sie war dabei nicht nur wirtschaftlich unabhängig, sondern konnte in der schweren Zeit nach dem Ersten Weltkrieg sogar ihre Familie unterstützen.[11]

Ungewöhnlicherweise unterhielt sie eine enge Freundschaft zum jüdischen Kaufmann Hermann Dreifus. Er war nicht nur ihr wichtigster Mäzen, sondern unternahm mit ihr in den 1920er-Jahren weite Reisen durch ganz Europa. Viele und weite Reisen waren für Frauen damals nicht üblich. Obwohl Luise Deicher immerhin in männlicher Begleitung war, bedeutete dies ohne Eheschließung sich am Rande der Schicklichkeit zu bewegen. Tatsächlich war Dreifus aber wohl mehr an ihrer Schwester als an ihr interessiert und betrachtete sie vielmehr als hoffnungsvolle Künstlerin, die es zu unterstützen galt. In ihrem Reiseskizzenbuch berichtete sie von ihren Unternehmungen, wobei sie zum Teil in Regionen gelangte, die damals noch nicht touristisch erschlossen waren. Das von ihr auf diesen Reisen geführte Reiseskizzenbuch bildete einen wichtigen Motivfundus für Gemälde, die sie später in ihrem Atelier ausführte. Dabei handelte es sich um Kaffeehausszenen, Landschaften in der Schweiz oder den Blick auf den Hafen von La Palma *(Abb. 24)*.[12]

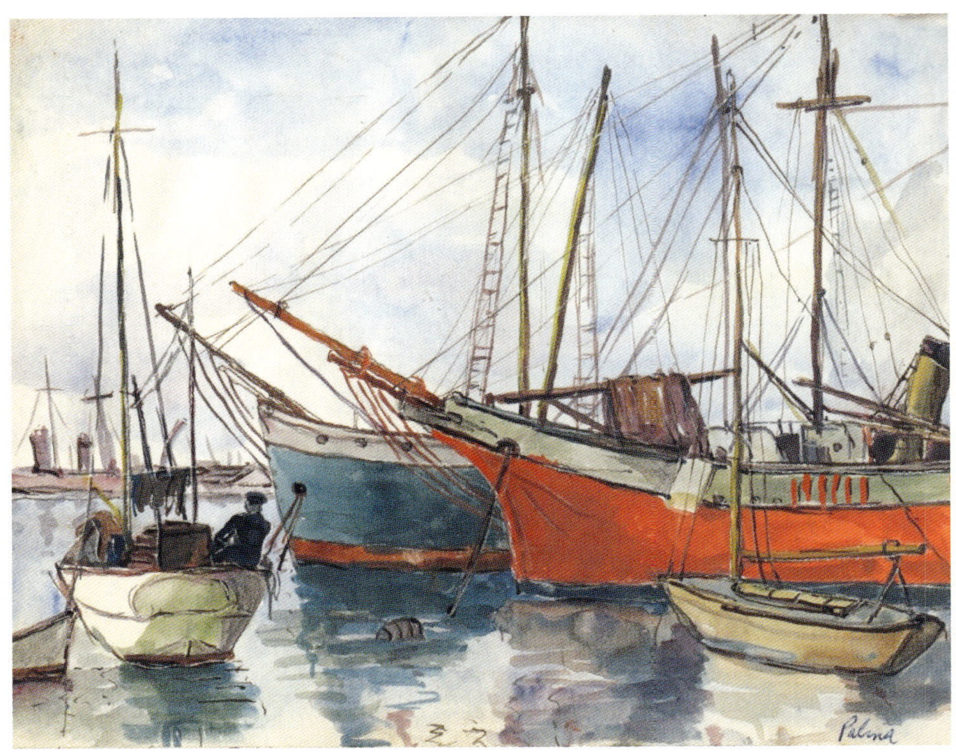

24 Luise Deicher, Hafen von La Palma, aus dem Reiseskizzenbuch, November 1925, Tusche/Aquarel , Privatbesitz Waiblingen

Die Zeit des Nationalsozialismus war für Luise Deicher, wie für viele Künstlerinnen, eine schwierige Zeit. Noch 1934 und 1937 nahm sie an Ausstellungen in München teil. Generell aber wurde es still um die Malerin, die sich 1955 gemeinsam mit ihrem einzigen noch lebenden, ebenfalls unverheiratet gebliebenen Bruder Karl ein Haus in Oberstenfeld kaufte, wo sie sich ein Atelier im Untergeschoss einrichtete. Ihre Heimatstadt Waiblingen feierte sie anlässlich ihres 75. Geburtstages, auch waren inzwischen verschiedene Werke in zahlreichen Ausstellungen vertreten, doch hat ihr bis heute noch kein Museum eine umfassende Retrospektive gewidmet.

Eine Schlüsselfigur der Sakralkunst in Südwestdeutschland – Käte Schaller-Härlin

An der Peripherie der Hölzel-Schule bewegte sich die Malerin Käte Schaller-Härlin, die als eine der Pionierinnen der modernen Sakralkunst im deutschen Südwesten angesehen werden kann. 1877 war sie als viertes von insgesamt acht Kindern des Missionars Emmerich Härlin und seiner Frau Anna geboren worden. Die Eltern der Malerin waren nach ihrer Eheschließung nach Indien aufgebrochen, um dort für die Basler Mission zu wirken. Dies konnten sie nur als Ehepaar gemeinsam tun, weil Anna Härlin ausgebildete Lehrerin war. Aufgrund der rasch wachsenden Kinderschar und vieler gesundheitlicher Schwierigkeiten erfolgte jedoch bald die Rückkehr in die Heimat. Der Vater nahm daraufhin verschiedene Pfarrerstellen an, um die Familie zu ernähren. Um 1890 besuchte Käte Härlin mit ihrer älteren Schwester Hanna das Härlin'sche Töchter-Institut in Göppingen, eine der damals fortschrittlichsten Ausbildungsstätten für Mädchen. Mit der Unterstützung ihrer Göppinger Onkel, sie waren Fabrikanten und unverheiratet, konnten die beiden Schwestern sogar die Städtische Gewerbeschule in Stuttgart besuchen. Ergänzend nahm Käte Härlin am Aktzeichenkurs des Württembergischen Malerinnen-Vereins teil, obwohl sie noch nicht volljährig war. Allerdings interessierte sie sich zunächst mehr für den Bereich der Illustration. Im Jahr 1900 wechselte sie, vermutlich auf den Rat ihrer älteren Freundin Sally Wiest, an die Damen-Akademie des Münchner Künstlerinnen-Vereins. Auch dies wäre ohne die Unterstützung der wohlhabenden Verwandten nicht möglich gewesen. Zugleich knüpfte Käte Härlin Kontakte zu den Zeitschriften „Die Jugend" und „Meggendorfer Blätter", für die sie über drei Jahre hinweg Karikaturen schuf und so eine der wenigen, schlecht bezahlten Frauen in dieser gleichfalls männerdominierten Branche war.

Die Künstlerinnen begannen damals in neue Bereiche vorzudringen, einer davon war die bisher den Männern vorbehaltene Sakralkunst. So war Linda Kögel eine der ersten Frauen, die eine Apsis ausmalte. Die 1861 als Pfarrerstochter in Den Haag geborene Kögel erhielt ihre erste künstlerische Ausbildung bei Karl Stauffer-Bern in Berlin. Ab 1887 war sie jedoch in München und studierte bei Ludwig von Herterich an der Damen-Akademie des Münchner Künstlerinnen-Vereins. Ihre Kommilitonin Käthe Kollwitz lobte damals ihre große Begabung: „Unter den Schülerinnen gab es hochbegabte. In erster Reihe unter den Kolleginnen standen Linda Kögel, Eugenie Sommer und Marianne Geselschap."[13] Sie galt bald als absolute Koryphäe und war für kurze Zeit sogar eine der wenigen weiblichen Lehrkräfte an der Münchner Damen-Akademie, bevor sie sich als freie Künstlerin selbstständig machte. Sie stellte gemeinsam mit bekannten Künstlern aus, war aber auch in den damals stattfindenden Frauenausstellungen vertreten. Sie hatte sich bereits mit religiösen Themen beschäftigt, als sie 1902 den Auftrag zur Ausmalung der Apsis der von Theodor Fischer erbauten Erlöserkirche in München-Schwabing erhielt. Ursprünglich sollte der Historien- und Genremaler Wilhelm Volz die Apsis ausgestalten, er verstarb aber bereits 1901, daher gab es einen Wettbewerb um die Ausmalung, den Kögel gewann. Die Wandmalerei galt zu dieser Zeit noch als absolute Männerdomäne. Das lag nicht zuletzt daran, dass sie körperlich extrem anstrengend und zudem aufgrund der Arbeit auf den hohen Gerüsten ausgesprochen gefährlich war. Tatsächlich erkrankte Kögel während der Arbeit an der Apsis der Erlöserkirche an Gelenkrheumatismus, so dass zwei ihrer Schülerinnen sowie der Maler Ferdy Horrmeyer die letzten Bildelemente nach ihren Entwürfen ausführen mussten. Beim monumentalen Apsisfresko gelang es ihr, die traditionelle christliche Ikonografie moderner und lebendiger zu gestalten. In der wichtigsten protestantischen Zeitschrift erfuhr sie dafür höchstes Lob: „Wir können uns freuen, daß mit diesem Meisterwerk einer Frau, für die die aufreibende Freskomalerei an und für sich schon eine Leistung bedeutet, das christliche Monumentalbild einen Entwicklungsschritt weiter getan hat."[14]

Für Käte Härlin, die ebenfalls an der Münchner Damen-Akademie studierte, war Linda Kögel und ihr Apsisfresko sicher ein Begriff, vielleicht war Kögel sogar ein wichtiges Vorbild. Härlin reiste zudem mehrfach und natürlich in Begleitung nach Italien, was ihr zum einen die Verwandten ermöglichten und zum anderen der Verkauf von Kopien Alter Meister, Porträtaufträge sowie möglicherweise auch Werbeaufträge. In

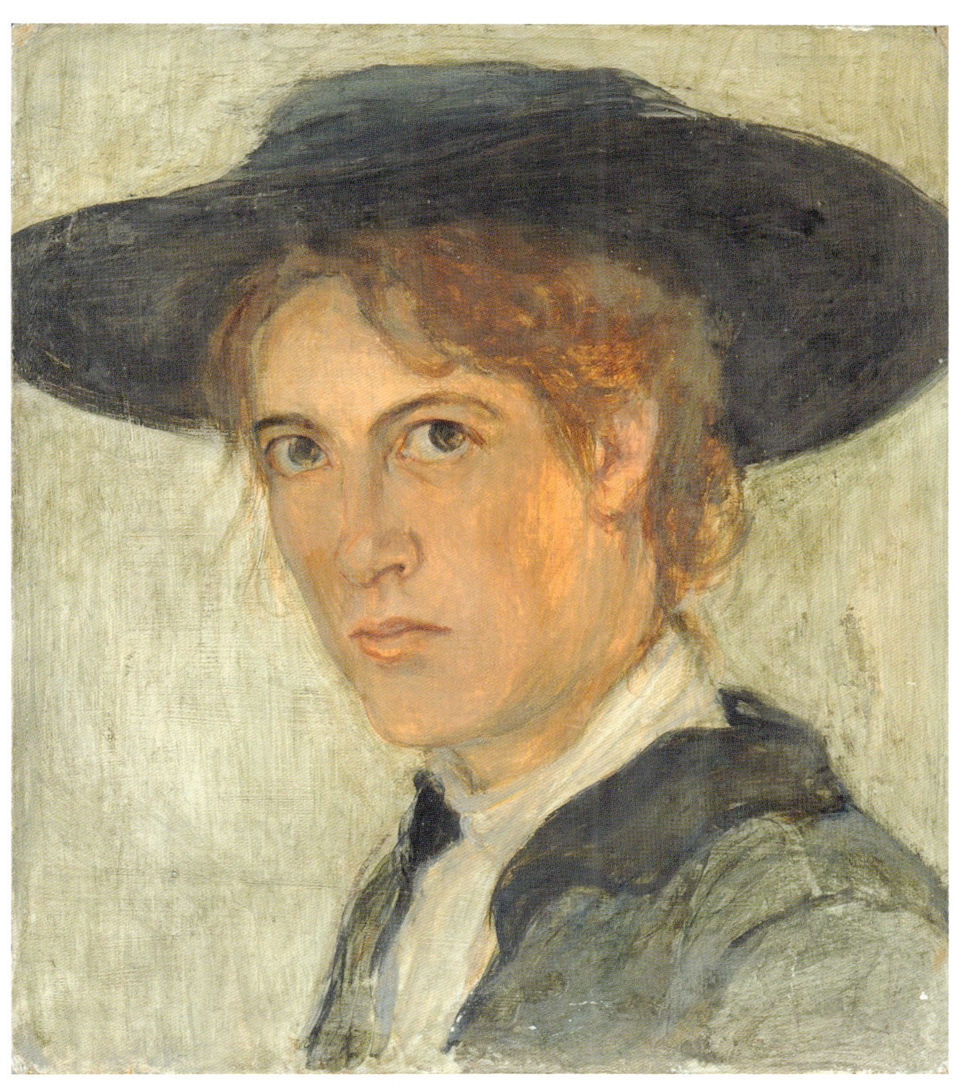

25 Käte Schaller-Härlin, Selbstbildporträt, um 1906, Öl/Malkarton, Privatbesitz Stuttgart

dieser Zeit entstand ihr selbstbewusstes Selbstporträt *(Abb. 25)*, in dem ihr Wille, unbedingt eine erfolgreiche Künstlerin zu werden, deutlich sichtbar wird. Kurz darauf erhielt sie den Auftrag für ihr erstes sakrales Wandbild. Dazu verholfen hat ihr ein geknüpftes Netzwerk an Beziehungen. Als Vermittler fungierte wohl ihr ehemaliger Lehrer Rudolf

Yelin der Ältere, der sie am Württembergischen Malerinnen-Verein in Aktzeichnen unterrichtet hatte und der mit dem zuständigen Oberkonsistorialrat Merz befreundet war. So führte sie 1907 in der evangelischen Pauluskirche von Tailfingen die Lünette der Kanzelwand aus. Für diesen Auftrag schuf sie mehrere Entwürfe, um eine geeignete Illustration des Bibelworts: „Kommet her zu mir alle, die ihr mühselig und beladen seid" (Mt. 11,28), zu finden. Dem leitenden Geistlichen scheint es ein Dorn im Auge gewesen zu sein, dass eine attraktive, knapp dreißigjährige, unverheiratete Frau in seiner Kirche auf einem Gerüst herumkletterte. Zudem war die Bemalung der Kanzelwand der prominenteste Auftrag in der Kirche, das Wandbild stand dauerhaft allen Besuchern des Gottesdienstes vor Augen. Relativ rasch beschwerte sich der zuständige Parochialvikar Paul Scheuerlen beim Oberkonsistorialrat über die Entwürfe der Künstlerin: „Das ganze Bild kommt mir zu luftig, zu kalt, zu steif vor. Mühselige und Beladene stellen sich sonst nicht in so tadelloser Ordnung auf."[15] Letztlich musste die Künstlerin ihre Entwürfe nach dem Geschmack des Geistlichen verändern.

Das Debakel um ihren ersten Wandbildauftrag war wohl ein Grund, warum sich Käte Härlin im Sommersemester 1909 an der Stuttgarter Kunstakademie einschrieb, um die Vorlesungen von Adolf Hölzel zu hören. Hölzel hatte 1907 mit der von ihm konzipierten Ausmalung der Pfullinger Hallen durch seine Studenten große Aufmerksamkeit erregt. Seine Ideen zur modernen Wand- und Glasmalerei publizierte er 1908 in der Zeitschrift „Die Rheinlande". Käte Härlin äußerte sich später in einem Zeitungsartikel: „Am Anfang dieser Zeit hörte ich auch Vorträge bei Professor Hölzel, die mir sehr lehrreich waren und anregend."[16] Bald schuf sie sakrale Wand- und Glasmalereien in Kirchen, die von dem mit ihr befreundeten Architekten Martin Elsaesser errichtet oder renoviert worden waren. Eine Zusammenarbeit war wohl schon um 1907 bei der Ausstattung der Lutherkirche in Baden-Baden Lichtental angedacht, der ersten Elsaesser-Kirche. Doch erhielt diese zunächst eine zurückhaltende, aus nur wenigen Farbflecken bestehende Ausmalung. Sehr wahrscheinlich war nicht Käte Härlin für die Ausmalung vorgesehen, sondern ein männlicher Kollege. Zuvor hatte sie einen weiteren Auftrag für Wandbilder in der evangelischen St.-Blasius-Kirche vollendet, bei dem sie die moderne Formensprache von Hans Brühlmann in den Pfullinger Hallen rezipierte.

Für den folgenden großen Wandbildauftrag mit insgesamt sechs Wandfeldern in der Lutherkirche in Baden-Baden Lichtental reiste sie zunächst nach Paris. Dort studierte sie vermutlich an der Académie Matisse und wohnte damals wie Rainer Maria Rilke im Palais Biron, wo die Akademie zunächst ihren Sitz hatte. Zusätzlich hatte sie wohl Privatunterricht bei Maurice Denis. Lange währte ihr Aufenthalt an der Seine nicht, die beschränkten finanziellen Mittel sowie vor allem der wichtige Auftrag in Baden-Baden Lichtental ließen dies nicht zu.

Während der Arbeit an den Wandbildern lernte Käte Härlin den Kunsthistoriker und Kunsthändler Dr. Hans Otto Schaller kennen. Sie war tief beeindruckt von dem eloquenten Mann, der sie schon länger aus der Ferne verehrt hatte. Dr. Hans Otto Schaller war ein Spross des bekannten Kunsthauses Schaller in Stuttgart, wo er für die Kunstabteilung zuständig war. Er hatte als Erster in der Familie studiert, war zunächst in Berlin und dann in Bern eingeschrieben gewesen und war für seine Dissertation „Figurenbild und Landschaft“ durch ganz Europa gereist. Relativ rasch entwickelte sich eine intensive Liebesbeziehung. Doch gab es bald große Bedenken seitens der Künstlerin. So kam es etwa einem Skandal gleich, dass Hans Otto Schaller ganze sechs Jahre jünger war als sie. Die Sorgen um den Altersunterschied vermochte dieser bald zu zerstreuen. Doch hatte die Malerin dennoch große Angst, ihren Beruf aufgeben zu müssen. In ihrem Freundeskreis und der eigenen Familie gab es genügend Beispiele: Ihre ältere Schwester Hanna galt als künstlerisch ausgesprochen begabt, musste jedoch ihre künstlerischen Ambitionen nach der Eheschließung mit dem Pfarrer Otto Wilhelm aufgeben. Nicht viel besser erging es der Freundin, der in München ausgebildeten Malerin Auguste Langbein-Mährlen, die Pfarrer Langbein geheiratet hatte. Und auch Sophie Eckener, die Nichte des mit ihrer Familie befreundeten Architekten Ludwig Eisenlohr, konnte nach der Heirat und der Geburt von fünf Kindern nur noch eingeschränkt ihren künstlerischen Neigungen nachgehen.

Obwohl nicht verheiratet, reiste das Paar gemeinsam nach München, wo sie sich heimlich verlobten. Damit einher ging die Intensivierung ihrer Beziehung. Eine weitere große Angst der Künstlerin war es nun, wegen eines Kindes in ihrer Arbeit eingeschränkt zu werden. Recht bald folgte dann die offizielle Verlobung innerhalb der Familie. Während der Brautzeit lebte Käte Härlin aber nicht in ihrer Stuttgarter Atelierwohnung, sondern bei ihren Eltern. Hans Otto Schaller erwies sich glücklicherweise als moderner Mann, der die beruflichen Ambitionen seiner zukünftigen Frau nicht nur tolerierte, sondern auch förderte. Allerdings währte die Ehe aufgrund des frühen Soldatentods von Hans Otto Schaller nur wenige Jahre. Im Jahr vor dem Ersten Weltkrieg schuf die Malerin ein letztes großen Wandbild im Chor der von Martin Elsaesser 1913 errichteten evangelischen Stadtpfarrkirche Stuttgart-Gaisburg. Kurz vor dessen Ausführung hatte sie ihr einziges Kind, die Tochter Sibylle, geboren. In der ihr eigenen Formvereinfachung sowie in der reduzierten Farbwahl schuf Käte Schaller-Härlin ein herausragendes Beispiel moderner protestantischer Sakralkunst. Aufgrund einer Lungenerkrankung, aber auch wegen des Ausbruchs des Ersten Weltkriegs, war dies ihr letztes sakrales Wandbild überhaupt, Kirchenfenster entwarf sie aber weiterhin. Im Alter von knapp vierzig Jahren war Käte Schaller-Härlin Witwe und alleinerziehende Mutter. Wie so oft half ihr das gut geknüpfte Beziehungsnetzwerk, sich nun als gefragte Porträtmalerin zu etablieren. Ein großer Unterstützer ihrer Bestrebungen war einer der besten Freunde ihres Mannes und Patenonkel der Tochter, Theodor Heuss. Berühmte Persönlichkeiten aus Politik, Kultur und Wissenschaft wollten sich nun von ihr malen lassen. Schön und erfolgreich, porträtierte sie sich selbst in ihrem Atelier. Vom Licht des Atelierfensters hinterfangen, inszenierte sie sich selbst als erfolgreiche Malerin. Eine Beziehung mit einem Mann ging sie nie wieder ein, sie lebte bis zu ihrem Lebensende ganz für ihre Malerei und ihre Tochter. Sie hatte es geschafft, wenn auch zu einem hohen Preis, ein selbstbestimmtes Leben zu führen.

Künstlerinnen begannen mit Beginn des neuen Jahrhunderts zunehmend Strategien zu entwickeln, um mit und von ihrer Arbeit auch leben zu können. Ein wohlhabendes Elternhaus war in der Regel eine gute

Voraussetzung für eine Künstlerinnenkarriere, ebenso wie verständnisvolle Verwandte, die helfend unter die Arme greifen konnten. Sich gut funktionierende Netzwerke von möglichen Auftrageber*innen aufzubauen, war und ist bis heute eine aussichtsreiche Möglichkeit, um Aufträge zu erhalten. Nach und nach eroberten sich die Künstlerinnen neue Bereiche, die bisher überwiegend oder sogar ausschließlich den Männern vorbehalten waren. Dazu gehörte die sakrale Kunst, insbesondere die Wandmalerei. Nur wenige Künstlerinnen wagten sich an dieses Metier heran, das nicht nur als gefährlich, sondern als ausgesprochen unweiblich galt. Die Malerinnen standen in Gefahr, in der Öffentlichkeit als „Mannweiber" abgestempelt zu werden. Zudem waren Wandbildaufträge nicht besonders zahlreich, und da sie gut bezahlt waren, war die männliche Konkurrenz dementsprechend hoch. Eine Chance zur Professionalisierung boten inzwischen die neu gegründeten Künstlerinnen-Vereine, die wie in München und Berlin an ihren Damen-Akademien vergleichbaren Unterricht wie an den staatlichen Akademien anboten oder wie in Stuttgart immerhin eine Berufsgemeinschaft bildeten. Ungerecht waren jedoch die deutlich höheren Kosten, die wiederum eine Selektion der Studentinnen bedeutete. Die Stuttgarter Kunstakademie war in puncto Frauenausbildung eine Ausnahme, auch wenn es dort gleichfalls Einschränkungen für Frauen gab. Insgesamt ist zu beobachten, wie sich Künstlerinnen immer mehr Terrain eroberten. Doch benötigte es weiterhin einen gewissen finanziellen Rückhalt, Glück bei der Partnerwahl, wenn man nicht besser ledig blieb, und wie auch bei den Männern ein gewisses Durchhaltevermögen, das Frauen so bisher nicht zugetraut wurde.

NEVER WALK ALONE
Stark in der Gemeinschaft

Viele Künstlerinnen schlossen sich Künstlergruppen an, um ihre Möglichkeiten zu erweitern. Mehr Ausstellungsmöglichkeiten, mehr Öffentlichkeitswirksamkeit, mehr Kontakte zu einflussreichen Persönlichkeiten – dies versprachen sich viele Künstlerinnen, als sie sich gemischten Künstlergruppen zugesellten. Während die Dresdner Künstlergruppe Brücke, bis auf einige wenige passive Teilnehmerinnen, eine reine Männerangelegenheit war, lebten der Blaue Reiter, die Sema und die Münchner Neue Secession auch vom Zulauf weiblicher Mitglieder, die nicht selten wichtige Impulse gaben. Zu nennen wären hier Marianne von Werefkin und Gabriele Münter sowie Maria Caspar-Filser, die gleich in mehreren Künstlergruppierungen mitwirkte.

Als einzige Frau in Künstlergruppen – Maria Caspar-Filser

Maria Caspar-Filser gehörte zu den Malerinnen, die es geschafft hatten, erfolgreich zu sein. Vertreten auf zahlreichen Ausstellungen im In- und Ausland, war sie 1925 sogar eine der ersten Frauen, die den Professorentitel erhielten. Während viele Frauen es aus Angst, nicht mehr malen zu dürfen, nicht wagten, die Ehe einzugehen, lebte sie in einer glücklichen und sich wechselseitig befruchtenden Ehe mit dem Maler Karl Caspar. Was waren neben ihrem Können die Voraussetzungen für eine derartig erfolgreiche Laufbahn in der ersten Hälfte des 20. Jahrhunderts?

1878 in Riedlingen in eine kinderreiche Familie hineingeboren, zeigte sich ihre Begabung bereits früh. Auch lernte sie schon als zehnjähriges Mädchen ihren späteren Ehemann kennen, mit dem sie selbstlos ihren ersten Malkasten teilte. Mit achtzehn Jahren studierte sie ab 1896 an der Königlichen Kunstschule, wo es ab dem Wintersemester 1892/92 eine eigene Damen-Malschule gab.[1] Sie wechselte dann nach München und besuchte dort den privaten Unterricht von Ludwig von Herterich, da es Frauen von 1839 bis zum Wintersemester 1920/21 untersagt war, sich an der dortigen Kunstakademie einzuschreiben. Allerdings kehrte sie wieder nach Stuttgart zurück, wo die Kunstschule inzwischen zur Königlichen Akademie der bildenden Künste aufgewertet worden war, um dort 1903/04 ihr Studium zu beenden. An der Stuttgarter Akademie traf sie auch den Freund aus Kindertagen Karl Caspar wieder, mit dem sie eine Beziehung einging. 1905, im Alter von 27 Jahren, zeigte sie ganz selbstbewusst ihre erste Einzelausstellung in Ebingen. Dies war alles andere als selbstverständlich: Viele andere Künstlerinnen mussten wesentlich länger auf ihre erste Einzelausstellung warten, Ida Kerkovius etwa war fast fünfzig Jahre alt, als sie ihre erste Bilderschau zeigte. Maria Filsers Ausstellung im Königlichen Forstamt gegenüber dem Rathaus wurde sogar lobend im Regionalteil des Alb-Boten besprochen: „Die Gemäldeausstellung war gestern den ganzen Tag über sehr stark besucht."[2]

In das Jahr der ersten Einzelausstellung fiel auch die Verlobung mit Karl Caspar, die wohl auch Anlass zu einer gemeinsamen Reise nach Paris war. Mit dabei war die Studienkollegin Mathilde Huber – wohl als „Anstandswauwau". Das Werk des kurz zuvor verstorbenen Paul Cézanne sahen sie dort wegen einer Fehlinformation nicht, die Entdeckung dieses für sie so wichtigen Künstlers erfolgte erst später in München. 1907 heirateten die beiden, selten existierte zu dieser Zeit ein Künstlerpaar, das ohne Konkurrenzdenken und ohne Nachteile für die Frau zusammenfand. Das Gebot der Zeit war für beide der Zusammenschluss in Künstlergruppen und -vereinen, die vermehrt Ausstellungs- sowie Kontaktmöglichkeiten boten. So war Maria Caspar-Filser Mitglied im Deutschen Künstlerbund, bei dessen Ausstellungen sie ab 1910 bis zu seiner Auflösung regelmäßig vertreten war. Zusätzlich schloss sie sich als korrespondierendes Mitglied der Vereinigung bildender Künstlerinnen Österreichs an, die 1910 mit einer ersten umfassenden Frauenausstellung Furore machte. Und 1911 war sie gemeinsam mit ihrem Mann und Paul Klee Gründungsmitglied der Sema (das Zeichen), die 1912 bei Heinrich Thannhauser ausstellte und mit der Künstlergruppe Blauer Reiter konkurrierte. Auch unter den Gründungsmitgliedern der Münchner Neuen Secession ist sie als einzige Frau vertreten. Diese 1913 zunächst unter dem Namen Neue Münchner Secession neu gegründete

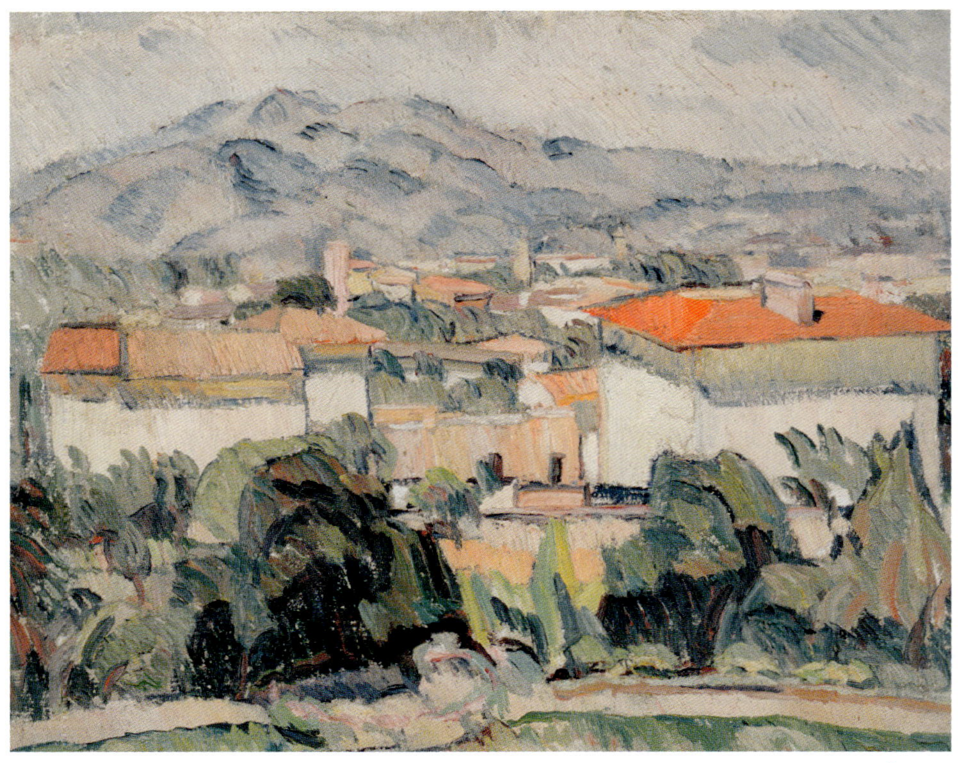

26 Maria Caspar-Filser, Florentiner Landschaft mit Monte Morello, 1914, Öl/Lw., Privatbesitz

Künstlervereinigung bot regelmäßig eine attraktive Ausstellungsmöglichkeit im Glaspalast.

Im Jahr 1911 reiste das Ehepaar erstmals gemeinsam nach Italien und besuchte Rom, Florenz und Neapel, Venedig sowie Sestri Levante. Insbesondere Maria Caspar-Filser ließ sich von der Weite der Campagna-Landschaft, der beeindruckenden Kulisse von Rom, den verwinkelten Gassen von Florenz sowie vom Blick ihres Hotels in Sestri Levante inspirieren. Mit einem eindrucksvollen Gemälde dieser Italienreise „Frühlingsgewitter in Rom" war Maria Caspar-Filser dann auch als eine der wenigen Frauen auf der Sonderbund-Ausstellung 1912 in Köln – eine Leistungsschau der neuesten Strömungen der Moderne – vertreten. Ab 1913/14 bis 1919/20 war sie außerdem Mitglied im Münchner Künstlerinnen-Verein, der auch die Damen-Akademie betrieb, eine der wichtigsten Ausbildungsschulen für Frauen im Deutschen Reich. Sie unterstützte zudem die Karriere einer Künstlerin, die dort studierte, indem sie ihr die Möglichkeit bot, mit der Münchner Neuen Secession auszustellen. Noch während der Italienreise 1911 erfuhr das Künstlerpaar, dass sie beide und nicht nur Karl Caspar von der Jury des Deutschen Künstlerbunds für den Villa-Romana-Preis vorgeschlagen waren. Erhalten hatte ihn nominell Karl Caspar, wenngleich er in der Praxis an ein Ehepaar vergeben wurde. So listete man Maria Caspar-Filser gleichfalls unter den Stipendiaten der Villa-Romana, die aufgrund ihrer außergewöhnlichen Begabung ausgewählt worden waren, auf. Das Jahr, das das Künstlerpaar in der Florentiner Institution verbrachte, war intensiv und arbeitsreich. Maria Caspar-Filser schuf zahlreiche Gemälde im Garten der Villa Romana *(Abb. 26)*.[3]

Der Ausbruch des Ersten Weltkriegs – Karl Caspar wurde eingezogen – führte zum vorzeitigen Abbruch des Italienaufenthalts. Trotz der schwierigen Zeiten war Maria Caspar-Filser auch während des Ersten Weltkriegs auf zahlreichen Ausstellungen in Deutschland vertreten, 1916 holte sie Lovis Corinth sogar in die Berliner Secession. Nicht einmal die Geburt ihres Kindes, der Tochter Felizitas, im Jahr 1917 unterbrach für einen längeren Zeitraum ihre ungeheure Schaffenskraft, drei Wochen nach der Entbindung begann sie bereits wieder zu malen. Das Ende des Ersten Weltkriegs brachte neue Herausforderungen: 1924 hat sie als eine der wenigen Frauen gemeinsam mit der Hölzel-Schülerin Maria Hiller-Foell auf der XIV. Biennale in Venedig ausgestellt. Noch vor dem Zweiten Weltkrieg war sie weitere zweimal, 1926 und 1928, Teilnehmerin auf der italienischen Kunstschau. Interessant in diesem Zusammenhang: 1922 hatte der Bildhauer Edwin Scharff seine 1921 modellierte Büste von Maria Caspar-Filser in Venedig ausgestellt. Die 1920er-Jahre waren auch die Jahre der ersten Ehrungen und des beruflichen Erfolges. Als erste deutsche Malerin wurde ihr mit einer Urkunde, datiert auf den 12. Dezember 1925, der Titel der Professorin der bildenden Künste vom Freistaat Bayern verliehen, und 1927 wurde sie sogar in den Gesamtvorstand des Deutschen Künstlerbundes gewählt. Während der Zeit des Nationalsozialismus galten ihre Bilder wie auch die ihres Mannes allerdings als „entartet“; sie wurden abgehängt, und es bestand ein Ausstellungsverbot. Gemeinsam mit ihrem Mann ging sie in die innere Emigration nach Brannenburg bei Rosenheim, wo er zu ihren Gunsten auf das knappe Malmaterial verzichtete. Nach dem Zweiten Weltkrieg konnte sie an ihre Karriere vor dem Krieg anknüpfen, war aber bald nach ihrem Tod 1968 nahezu vergessen. Erst in den letzten Jahren folgte eine Wiederentdeckung der expressiven Malerin.

Die Blauen Reiterinnen – mehr als nur Gefährtinnen

Während bei der Dresdner Künstlergruppe Brücke Frauen nur als Modelle oder Geliebte vorkamen, waren im Blauen Reiter mehrere Frauen vertreten, als Ehefrauen und Freundinnen, aber auch als anerkannte Künstlerinnen, wie etwa die Malerinnen Gabriele Münter und Marianne von Werefkin, die die Geschicke der Künstlergruppe mitprägten. Beide Künstlerinnen ließen sich auf eine nichteheliche Beziehung mit einem ihrer Künstlerkollegen ein, bei der sie letztlich als Verliererinnen dastanden, zum Teil mit dramatischen Folgen für ihr Schaffen und den weiteren Lebensweg.

Der Blaue Reiter entwickelte sich durch das Zusammentreffen unterschiedlicher Künstlerpersönlichkeiten, die von ähnlichen geistigen Voraussetzungen ausgingen und ähnliche Ziele hatten. Er hatte von Beginn an einen internationalen Charakter und öffnete sich auch Künstlerinnen. 1896 kamen unabhängig voneinander drei russische Künstler*innen nach München, die sich vorher nicht gekannt hatten. Wassiliy Kandinsky, Alexej von Jawlensky und Marianne von Werefkin, die gemeinsam mit Jawlensky nach Deutschland gekommen war. Marianne von Werefkin, 1860 in Tula als Spross einer russischen Familie der Hocharistokratie geboren, war die älteste der Gruppe. Aber auch ihre Ausbildung war in jeder Hinsicht fundierter und umfangreicher als die der Männer. So war sie umfassend ausgebildet und sprach zahlreiche Sprachen, darunter auch Deutsch und Französisch. Sie begann zwar spät zu malen, war aber so begabt, dass ihre Eltern ihr eine private Zeichenlehrerin finanzierten und ihr ein eigenes Atelierhaus errichteten. Im Jahr 1880 wurde sie dann Privatschülerin des wichtigsten Vertreters des russischen Realismus, Ilja Repin, das hieß, sie hatte den bestmöglichen Lehrer. Unglücklicherweise durchschoss sie sich selbst bei einem Jagdunfall die rechte Hand, mit der sie auch malte. Die Verletzung heilte zwar, sie war aber seitdem in ihrer Motorik der Hand behindert. Erst nach langwierigen Kuren konnte sie zu ihrer geregelten Maltätigkeit zurückkehren. Ihre erste Werkphase vor 1890 machte sie bereits so berühmt, dass sie von ihren Landsleuten als der „russische Rembrandt" bezeichnet wurde. 1890 stellte sie mindestens vier Bilder bei der St. Petersburger Künstlergesellschaft aus und erntete dafür großen Beifall. In diesem Jahr lernte sie auch den subalternen Offizier Alexej von Jawlensky kennen.

Der mehrere Jahre Jüngere kam aus sehr viel einfacheren Verhältnissen als sie und strebte eigentlich die Offizierslaufbahn an. Auf der Allrussischen Industrie- und Kunstausstellung sah er 1882 in Moskau zum ersten Mal Gemälde, entdeckte seine Liebe zur Malerei und begann, als Autodidakt seine malerischen und zeichnerischen Fähigkeiten durch Besuche an Sonn- und Feiertagen in der Tretjakow-Galerie zu schulen. Als Offizier erreichte er 1889 seine Versetzung von Moskau nach Sankt Petersburg. Nur dort konnte Jawlensky als mittelloser zaristischer Fähnrich beim Militär an den Abenden die Russische Kunstakademie besuchen. Von Repin erhielt er 1892 die Empfehlung, die Ölmalerei bei dessen ehemaliger Privatschülerin, der vermögenden Baronin Marianne von Werefkin, zu erlernen. Sie schreibt dazu: „Er gefiel mir, ich wusste, dass er leichtsinnig und ein Frauenläufer war. (…) Seine Selbstgefälligkeit betörte mich. (…) Ich wollte ihn an mich binden mittels Gefühl. Ich wollte, dass er mich liebt. (…) Und wir wollten zusammen arbeiten, als Gefährten dem gemeinsamen Werk dienen. (…) Er begriff wohl, was in mir steckte, was ich ihm geben konnte. (…) Er sagte mir: Wir werden zusammen leben. Und meine Ängste, mein Widerstand? Ich sagte mir: wenn auch nur der kleinste Zweifel bestünde, dass das alles schlecht sei, würde ich es nicht tun (…)."[4] Sie begann, sich allmählich einen freieren Malstil anzueignen, während sie Jawlensky gleichzeitig förderte. Zudem war es mutig, als unverheiratetes Paar zusammenzuleben. Bald ging Jawlenskys größter Wunsch in Erfüllung, aus gesundheitlichen Gründen konnte er die Uniform ablegen. Er war von da an Zivilist, lebte aber auf Kosten der Werefkin. Kurz darauf kam es zu gravierenden Problemen mit Jawlensky, da dieser eitel war und nicht unter Werefkin stehen mochte. Sie klagte: „Ja, alle meine Anstrengungen, meine Kraft zu verbergen, nur Weib zu sein (…), all das ist jetzt Fäulnis und Staub.“[5] Und er sagte schonungslos zu ihr: „Wären sie jünger, das heißt schwächer, aber jetzt sind Sie zu stark.“[6] Dies sorgte für starke Selbstzweifel Werefkins, und sie musste erkennen, dass sie für Jawlensky letztlich nur ein Mittel zum Zweck war. Als Rache dafür wollte sie ihn zunächst seines Egos berauben und ihn sich völlig untertan machen. In dieser Situation hörte Werefkin jedoch gänzlich auf zu malen.

1896 erhielt sie nach dem Tod ihres Vaters, da dieser ein hochrangiger zaristischer Beamter war und sie unverheiratet, eine Pension von ca. 22.000 Mark jährlich. Daraufhin reiste sie mit Jawlensky über Deutschland, Belgien, England nach Paris und schließlich nach München, wohin sie auch das junge Dienstmädchen Helene Nesnakomoff mitnahm. Werefkin übernahm, durch ihre Pension finanziell unabhängig, alle Kosten für sich, Jawlensky und ihr Dienstmädchen. In München etablierte sie schnell einen Salon und wurde allgemein „die Baronin“ genannt. In ihrem berühmten „Rosa Salon“ wurde vor allem über Kunst geredet. Statt zu malen, schrieb sie in ihren „Briefen an einen Unbekannten“ ihre künstlerischen Ansichten nieder. Sie widerlegte damit die allgemeine Ansicht, dass Frauen zu kunsttheoretischen Gedanken nicht fähig seien. Erst 1906 begann sie wieder zu malen. Auslöser war eine Reise nach Frankreich, insbesondere ein Besuch in Paris. Sie ließ sich derart von der französischen Malerei inspirieren, dass sie in München bald den Beinamen „die Französin“ erhielt. 1907 entstand in München ihr erstes Gemälde mit flächigem Farbauftrag und reduzierter Formgebung: „Herbst (Schule)“ *(Abb. 27)*. In den nun folgenden Arbeiten, so wie bereits in ihren vorausgegangenen theoretischen Überlegungen zur Malerei, zeigte sich Werefkin auch besonders vom japanischen Farbholzschnitt beeinflusst, so dass ihre Bilder exzeptionell für eine Künstlerin ihrer Zeit waren. Zudem engagierte sie sich in den neu entstandenen Künstlergruppierungen. Gemeinsam mit Jawlensky war sie 1913 an der Ausstellung der Redaktion des Blauen Reiters beteiligt.

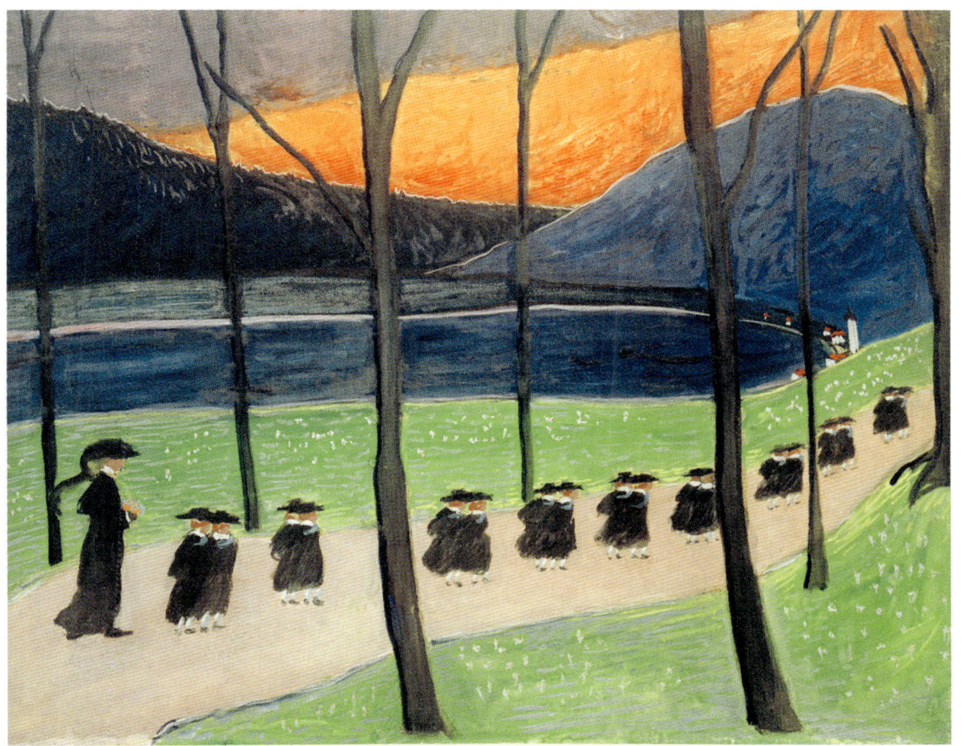

27 Marianne von Werefkin, Herbst (Schule), 1907, Tempera auf Pappe, Fondazione Marianne Werefkin, Ascona

Zu dieser Zeit plante sie, sich von Jawlensky zu trennen – ein Grund war der uneheliche Sohn, den Jawlensky mit ihrem Dienstmädchen Helene hatte – und hielt sich daher für längere Zeit bei ihrem Bruder in Vilnius auf. Doch Jawlensky schaffte es, sie mit seinen Briefen zu überreden, wieder zu ihm zurückzukehren. Daher war sie im Sommer 1914 bei ihm in Deutschland. Als der Erste Weltkrieg ausbrach, mussten sie gemeinsam – eingetragen auf Werefkins Pass – innerhalb von nur 24 Stunden fliehen. Zu viert lebten sie nun gemeinsam am Genfer See, wobei die Pension der Baronin aufgrund des Krieges um die Hälfte gekürzt wurde, bis sie diese schließlich mit dem Ende des Zarenreichs ganz verlor, so dass Werefkin nun mittellos war. Nach einem kurzen Intermezzo in Genf zog die Patchworkfamilie 1918 nach Ascona. Beide Künstler beteiligten sich dort an Ausstellungen, Werefkin konnte sogar 1920 auf der Biennale in Venedig ausstellen. Die Streitereien zwischen Jawlensky und

Werefkin wurden aber immer heftiger und die Trennung unvermeidbar. 1921 reiste Jawlensky gemeinsam mit Helene nach Wiesbaden und heiratete sie kurz darauf. Marianne von Werefkin war zeitweise in einer verzweifelten Situation. Dennoch gründete sie 1924 unbeirrt mit ausschließlich männlichen Künstlern die Künstlergruppe „Der große Bär", mit der sie erneut an Ausstellungen teilnahm. Doch musste sie ihren Lebensunterhalt auch mit dem Malen von Plakaten, Postkarten oder mit journalistischen Beiträgen bei der „Neuen Zürcher Zeitung" verdienen. Ein befreundetes wohlhabendes Ehepaar, Carmen und Diego Hartmann, rettete sie schließlich vor der allergrößten wirtschaftlichen Not, die sich durch den allmählichen körperlichen Verfall unweigerlich abzeichnete. 1938 verstarb die einst so in ihrem Land gefeierte Künstlerin in Ascona und wurde unter großer Anteilnahme der dortigen Anwohner zu Grabe getragen. Im Rahmen der Forschung über den Blauen Reiter blieb ihre Persönlichkeit stets präsent, doch die Neubewertung ihres Einflusses auf Kandinsky und Münter sollte noch einige Zeit auf sich warten lassen.

Auch die siebzehn Jahre jüngere Künstlerkollegin Werefkins, Gabriele Münter, kam aus wohlhabendem Hause. 1877 war sie als jüngstes von vier Kindern des Zahnarztes Carl Münter und seiner Frau Wilhelmine in Berlin geboren worden. Sie besuchte zunächst eine Damenkunstschule in Düsseldorf. Durch das elterliche Erbe finanziell unabhängig, reiste sie gemeinsam mit ihrer Schwester zu Verwandten in die USA, damals für die meisten Frauen undenkbar. Zwei Jahre lang reisten die Schwestern weitestgehend auf sich gestellt durch Amerika. Zur weiteren Ausbildung zog Gabriele Münter 1901 nach München, besuchte dort erst den Unterricht des Malerinnen-Vereins und wechselte dann an die kleine, aber fortschrittliche Kunstschule Phalanx, die Kandinsky mitbegründet hatte. Mit der Schule und ihrem Lehrer Kandinsky fuhr sie 1902 für einige Wochen nach Kochel am See und übte sich erstmals in der Freilichtmalerei. Während des Malaufenthaltes im Sommer 1903 in Kallmünz kam es schließlich zur Verlobung mit Kandinsky, der allerdings noch verheiratet war. Das Paar, das in einer skandalösen, nicht legitimen Beziehung lebte und daher nicht als gesellschaftsfähig galt, ging in der folgenden Zeit gemeinsam auf Reisen. 1906 und 1907 hielten sie sich in

Sèvres auf, wo Kandinsky sich angeblich weder für Matisse noch für Picasso interessierte.

Als sie 1908 wieder zurück in München waren, freundeten sie sich mit Marianne von Werefkin und Alexej von Jawlensky an, die in der Giselastraße 23 wohnten. Im selben Jahr hielten sich die beiden Paare gemeinsam in Murnau am Staffelsee auf, den wahrscheinlich Marianne von Werefkin kurz zuvor entdeckt hatte. Kandinsky und Münter malten dort gemeinsam mit Jawlensky und Werefkin in der Natur. In der Forschung ist schon lange bekannt, dass Münter und Kandinsky durch das andere Paar künstlerisch eine neue Stufe erreichten und zu expressionistischen Malern wurden. Insbesondere Werefkin kam eine wegweisende Rolle zu, da sie Kandinsky auf die aktuelle französische Kunst aufmerksam machte – eine Tatsache, die Kandinsky später leugnete. Kandinsky begeisterte sich in Murnau für eine Villa am Ortsrand und riet Münter zum Kauf. Im August 1909 erwarb diese das Haus, das Kandinsky so gefallen hatte. Es wurde Wohnhaus und Lebensmittelpunkt, zum Motiv vieler Bilder und bald auch zum Treffpunkt vieler Gäste. Die beiden Malerpaare wurden misstrauisch von den Einheimischen beäugt, nicht nur, weil sie anscheinend keiner geregelten Arbeit nachgingen, sondern auch, weil sie in wilder Ehe zusammenlebten.

Auf dem Höhepunkt ihrer gemeinsamen Arbeit malte Gabriele Münter das Bildnis ihrer Künstlerfreundin Marianne von Werefkin *(Abb. 28)*. In einem für das Schaffen Münters außergewöhnlich vitalen und positiv gestimmten Porträt tritt uns die Persönlichkeit dieser einzigartigen und ein wenig exzentrischen Künstlerin entgegen. Vor maisgelbem, bewegt strukturiertem Hintergrund blickt sie den Betrachter unter einem riesigen, mit Blumen geschmückten Hut selbstbewusst über die rechte Schulter hinweg an. Zur Entstehung des Bildes verriet Münter in einer undatierten Notiz, dass sie die Freundin im Freilicht vor der Wand ihres Murnauer Hauses gemalt habe: „Die Werefkina malte ich 1909 vor dem gelben Sockel meines Hauses. Sie war eine pompöse Erscheinung, selbstbewusst, herrisch, reich gekleidet, mit einem Hut wie ein Wagenrad, auf dem allerhand Dinge Platz hatten.“[7] Kandinsky und Münter entdeckten in Murnau auch gemeinsam die Hinterglasmalerei für ihr Werk, die bei

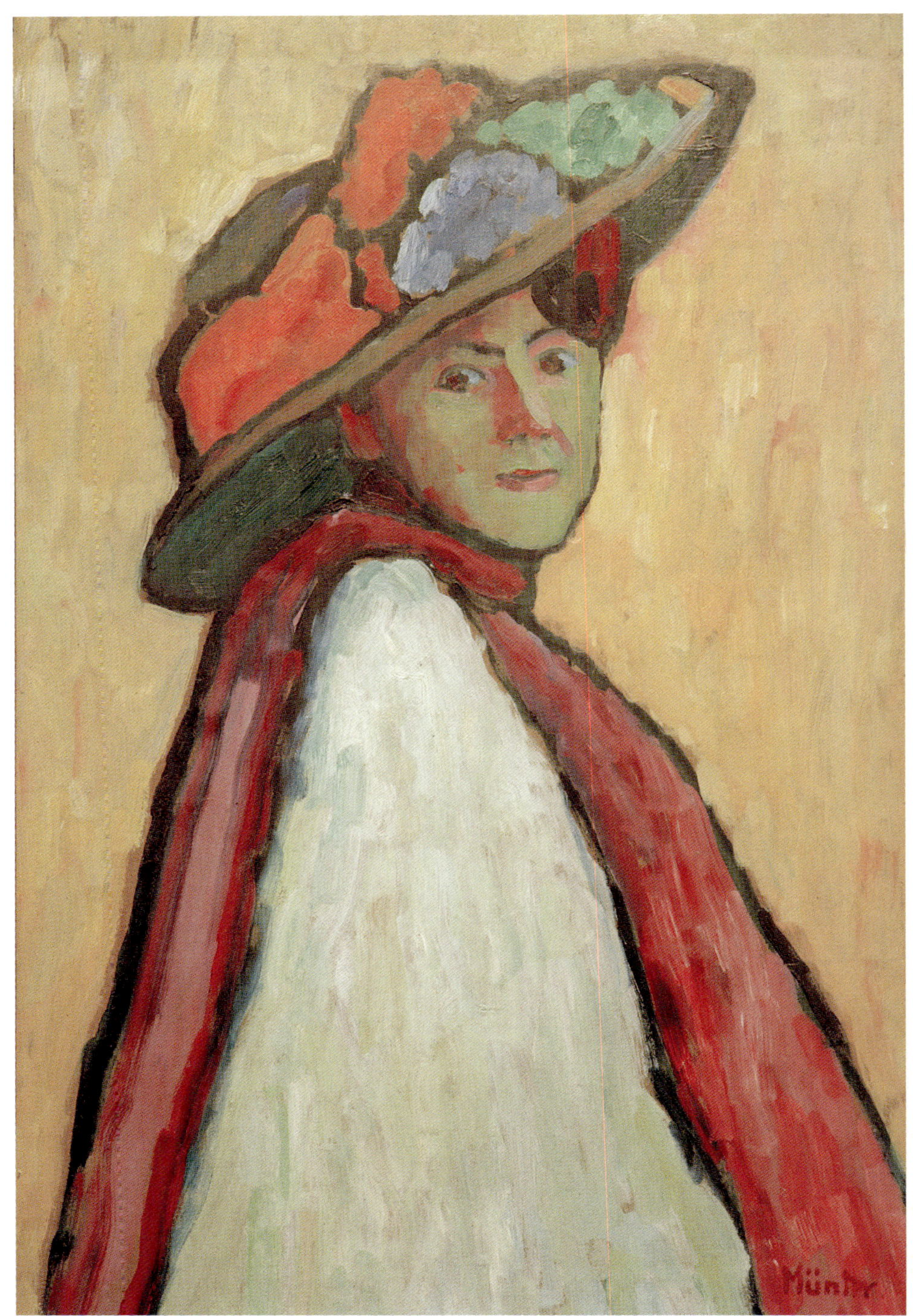
Münter

Jawlensky und Werefkin keine Rolle spielte. Generell war das Verhältnis zwischen den Paaren nach dem ersten gemeinsamen Murnauer Aufenthalt getrübt. Vieles weist darauf hin, denn Weihnachten 1908 konzipierten Werefkin und Jawlensky mit anderen Malern im berühmten „Rosa Salon“ allein den Plan, die Neue Künstlervereinigung München zu gründen, an der sich Kandinsky später nur äußerst zögerlich beteiligte.

Auch Franz Marc kam bald zu dieser neuen Künstlergruppe hinzu. Er hatte 1907 mit Marie Schnür in München die Ehe geschlossen und war noch am Tag der Hochzeit alleine nach Paris gereist. Seine Begeisterung über die dortige Kunst- und Ausstellungsszene fasste er in umfangreichen Berichten zusammen, die er allerdings nicht seiner Ehefrau, sondern der befreundeten Malerin Maria Franck zuschickte. Es kam kurzzeitig zu einer Ménage à trois. Im darauffolgenden Jahr, am 8. Juli 1908, wurde die Ehe mit Marie Schnür schließlich geschieden. Da diese jedoch Marc entgegen den gemeinsamen Vereinbarungen des Ehebruchs mit Maria Franck beschuldigte, konnte Marc nach geltendem Recht zunächst keine zweite Ehe eingehen. Das bedeutete eine schwierige, nahezu unhaltbare Situation für Maria Franck, die aus bürgerlichem Hause stammte. Ursprünglich als Zeichenlehrerin ausgebildet, hatte sie in Berlin im Damenatelier von Karl Storch studiert und bei einem Malaufenthalt mit ihrem Lehrer und ihren Mitschülerinnen die Freilichtmalerei für sich entdeckt.

Ihre Eltern hatten ihr schließlich einen befristeten Aufenthalt an der Damen-Akademie des Münchner Künstlerinnen-Vereins erlaubt, wo sie 1905 Franz Marc zum ersten Mal während der sogenannten Bauernkirchweih in Schwabing begegnete.[8] Durch eine gemeinsame Einladung kamen sie sich näher. Die Konstellation war fatal: Maria Franck besuchte Maria Schnürs Stillleben-Klasse am Künstlerinnen-Verein. Ihre Eltern beorderten sie schließlich zurück nach Berlin, immerhin durfte sie im Sommer in Worpswede studieren. Obwohl ihre Eltern sie nicht mehr nach München ziehen lassen wollten, kehrte sie Ende des Jahres

28 Gabriele Münter, Porträt Marianne von Werefkin, 1909, Öl auf Pappe, Lenbach-Haus, München

an die Isar zurück. Nach einer weiteren zufälligen Begegnung mit Franz Marc begann schließlich ihre Beziehung, die im Sommer 1906 zu einem Leben zu dritt führte, das trotz Eheschließung fortgeführt wurde. Nach der Scheidung von Schnür ließ sich Franz Marc mit Maria Franck in „wilder Ehe" in Sindelsdorf bei Kochel nieder. Es entwickelten sich in den folgenden Jahren enge Freundschaften mit Gabriele Münter und Wassily Kandinsky in Murnau und mit August und Elisabeth Macke in Bonn. Auch bei Maria Franck machte sich der künstlerische Einfluss der Freunde, insbesondere von August Mackes von Delaunay abgeleiteten prismenartigen Verkantungen, bemerkbar. Obwohl ein 1911 beantragter Dispens für eine Eheschließung abgelehnt worden war, reiste das Paar Anfang Juni nach London auf „Hochzeitsreise" und bezeichnete sich fortan als verheiratet. Erst am 3. Juni 1913 konnten sie standesamtlich in München heiraten und lebten fortan in einem eigenen Haus in Ried bei Kochel am See. Am Tag nach der Hochzeit schrieb Marc an Kandinsky: „Ich bedaure, dass ich Ihnen und Klee nicht den Spaß gemacht habe, gestern unsere Trauzeugen zu machen, – die spielen auf dem Münchner Standesamt eine Komödie, die schon die Grenzen des Erlaubten und Vorstellbaren überschreitet. Wir beherrschten uns Gott sei Dank alle, so dass die Sache ohne unangenehmere Zwischenfälle verlief; aber die Komik war grausig."[9]

Der Blaue Reiter wurde durch Marc und Kandinsky gegründet. Allerdings war der Name zunächst nur für die Bezeichnung eines Almanachs gedacht gewesen, der dann 1912 herauskam. Geplante weitere Ausgaben erschienen nicht mehr, dafür wurde 1914 eine zweite Auflage mit neuem Vorwort Marcs nachgedruckt. Die in dieser Schrift zusammengetragenen Gedanken waren für die weitere Entwicklung der abstrakten Malerei von grundlegender Bedeutung. Die erste Ausstellung des Blauen Reiters fand im Dezember 1911 in der Galerie Thannhauser in München statt. Die zweite Ausstellung der Redaktion des Blauen Reiters folgte im März 1912 in der Kunsthandlung Goltz und beschränkte sich auf Aquarelle, Zeichnungen und Druckgrafik. Ein kollektiver Stil, wie etwa bei der Brücke existierte nicht.

Auch der im Sauerland geborene August Macke, der eng mit Franz Marc befreundet war, gehörte zum Blauen Reiter. Ohne seine Ehefrau Elisabeth Gerhardt, die er 1903 kennengelernt hatte und die aus einer wohlhabenden Familie stammte, wäre seine Malerkarriere vermutlich so nicht möglich gewesen. Durch die Heirat mit ihr im Jahr 1909 war seine Existenz gesichert, da sie von ihrem Vater ein großzügiges Erbe erhalten hatte. Gemeinsam lebte das Paar in Tegernsee, wo Macke ungestört malen konnte. Sowohl Marc als auch Macke fielen bereits zu Beginn des Ersten Weltkriegs. Die Witwen kümmerten sich um den künstlerischen Nachlass und publizierten über ihre Ehemänner.

Insbesondere Maria Marc widmete nun ihr Leben nahezu ausschließlich dem Andenken ihres Mannes. Sie verwaltete den Nachlass und vertrat sein Werk nach außen. Dank ihr wurden bereits wenige Jahre nach seinem Tod, im Jahr 1920, seine Aufzeichnungen und 1936 die erste Monografie publiziert. 1922 studierte sie selbst am Bauhaus Weberei und lebte ab Ende der 1920er-Jahre in Ascona in der Nähe von Marianne von Werefkin. 1939 wohnte sie gemeinsam mit Johanna Schütz-Wolff, die sie am Bauhaus kennengelernt hatte, in einem Haus in Ried und stellte mit ihr zusammen Pflanzenfarben her. Eine erste große Einzelausstellung der Künstlerin Maria Marc fand jedoch erst 1995 statt.

Gabriele Münter stand ebenfalls lange im Schatten ihres berühmten Lebensgefährten Wassily Kandinsky. Nach dem Ausbruch des Ersten Weltkriegs floh das Paar in die Schweiz. Dort trennten sich die beiden, Kandinsky ging nach Russland und Münter nach Stockholm. Auch ihr Erbe war geschmolzen und ihre finanzielle Situation angespannt. Sie überlebte aber durch den Verkauf von Bildern und indem sie Porträtaufträge annahm. Für Kandinsky konnte sie 1915 in Stockholm sogar eine Ausstellung arrangieren, worauf er sie dort auch besuchte. 1917 brach er schließlich kommentarlos den Kontakt zu ihr ab. Erst sehr viel später erfuhr sie, dass er damals eine andere geheiratet hatte, obwohl er eigentlich ihr die Ehe versprochen hatte. Sie war sogar nach Kopenhagen gezogen, auch in der Hoffnung, wieder von ihm zu hören. Sie selbst wurde in Skandinavien als Vertreterin der internationalen Avantgarde hoch geschätzt und erlebte dort einen Höhepunkt in ihrer Anerkennung. Als sie

1920 nach Deutschland zurückkehrte, fiel es ihr daher sehr schwer, in der Heimat wieder Fuß zu fassen. Wenig später vertraute sie ihrem Tagebuch an: „Mit meiner Kunst geht es mir als alleinstehende Frau dreckig.“[10]

So kam es in den 1920er-Jahren zu einem „Showdown“ zwischen dem einstigen Künstlerpaar. Kandinsky forderte sein Eigentum, das er bei Münter zurückgelassen hatte, zurück. Tief verletzt – sie hatte inzwischen von seiner Eheschließung erfahren – weigerte sie sich, dieses herauszugeben. Sie wollte seine Werke als Wiedergutmachung des nicht eingelösten Eheversprechens behalten. Die Auseinandersetzungen wurden nun von beiden Seiten mit aller Härte geführt. Erst Jahre später räumte er ihr das Eigentumsrecht an den bei ihr zurückgelassenen Arbeiten ein. Damit war das Kapitel Kandinsky für sie abgeschlossen. Als Gabriele Münter ein knappes Jahr später den Philosophen und Kunsthistoriker Johannes Eichner kennenlernte, wendete sich ihr Blatt: Er wurde zum treuen Lebensgefährten an ihrer Seite, der ihre Ausstellungen organisierte und über sie schrieb und somit ihr Bild in der Kunstgeschichte über Jahre hinaus prägte.

Sich neue Möglichkeiten zu suchen, um gesehen zu werden, war mehr und mehr das Gebot der Stunde. Ein wohlhabendes Elternhaus war immer noch eine gute Voraussetzung für eine Künstlerinnenkarriere. Doch was tun, wenn dieser finanzielle Hintergrund bedingt durch das Zeitgeschehen wegfiel? Der Zusammenschluss in verschiedenen Künstler*innengruppen bot die Möglichkeit des Austauschs, aber auch zusätzliche Ausstellungsmöglichkeiten und damit Gelegenheiten, Bilder zu verkaufen. Doch waren weiterhin die Männer tonangebend und scheuten auch nicht davor zurück, die Frauen für ihre Zwecke einzuspannen. Wagte es eine Frau, wie Marianne von Werefkin, tonangebend zu sein, so wurde sie schnell in ihre Schranken verwiesen. Viele männliche Künstler suchten sich ganz gezielt eine „gute Partie“, um sich künstlerisch entfalten zu können. Diese Möglichkeiten waren für Frauen verschwindend gering. Meist waren sie es, die in Beziehungen und in die Karrieren von Partnern investierten und nicht selten sogar dafür sorgten, dass diese nicht in Vergessenheit gerieten, auch unter der Gefahr, selbst von der Öffentlichkeit vergessen zu werden.

NEUE FRAU UND NEUE FREIHEIT

Künstlerinnen der „goldenen" 1920er-Jahre

Nach den Schrecken des Ersten Weltkriegs begann eine neue Zeit. In den 1920er-Jahren kam der Typus der „Neuen Frau" auf: Selbstbewusst und selbstbestimmt nahm sie sich neue, für Frauen bisher unbekannte Freiheiten. Die russische Feministin und Sozialistin Alexandra Kollontai definierte diesen neuen Typus Frau als „Heldinnen mit selbständigen Anforderungen an das Leben, Heldinnen, die ihre Persönlichkeit behaupten, Heldinnen, die gegen die allseitige Versklavung der Frau im Staat, der Familie, der Gesellschaft protestieren, die um ihre Rechte kämpfen als Vertreterinnen ihres Geschlechts".[1]

Die Frauen kämpften nun mit Vehemenz um neue Rechte und neue Möglichkeiten. Die proletarische Frauenbewegung, deren erklärtes Ziel es war, die Klassengesellschaft zu überwinden, und die bürgerlichen Feministinnen, die nach individueller Selbstbestimmung, freier Berufswahl und politischer Mitbestimmung drängten, verbuchten nun erste Erfolge. Das Ende des Ersten Weltkriegs förderte diese Veränderungen, der Mangel an männlichen Arbeitskräften brachte den Frauen auch neue Chancen: Oft mussten sie in Berufen einspringen, die ihnen sonst verwehrt blieben. Mit der neuen Weimarer Reichsverfassung kam auch bald das Frauenwahlrecht sowie der Gleichberechtigungsparagraf, obwohl die Gesellschaft der Weimarer Republik noch weit davon entfernt war, gleichberechtigte Bedingungen für Frauen zu schaffen. Aber immerhin war so die rechtliche Grundlage dafür geschaffen, dass Frauen endlich an den staatlichen Kunstakademien studieren durften. Diese drängten sich nun in großer Zahl an den Akademien, um die ihnen lange vorenthaltene Ausbildung einzufordern. Nicht immer ging dies völlig reibungslos vonstatten. Viele Professoren bevorzugten immer noch ihre männlichen Studierenden, andere nutzten das Angebot an weiblicher Aufmerksamkeit, um Liebschaften anzuknüpfen, wurde doch in den 1920er-Jahren auch eine größere sexuelle Freiheit gelebt. Mit der Professionalisierung ihrer Ausbildung strebten Künstlerinnen zudem verstärkt auf den

Kunstmarkt, versuchten vermehrt auszustellen und wollten ihren eigenen Lebensunterhalt verdienen. Malerinnen und Bildhauerinnen vertraten wie kaum eine andere Berufsgruppe den Typus der „Neuen Frau“, was sich auch oft in ihrem Erscheinungsbild zeigte: flotte Kurzhaarfrisur oder Bubikopf, Make-up und modischer Kleidungsstil. Viele der Künstlerinnen wurden inzwischen auch durch die damaligen „neuen Medien“ bekannt: Sie publizierten ihre Bilder in Modejournalen und Zeitschriften. Zudem gaben sie sich privat fortschrittlich: Sie zeigten sich öffentlich mit Liebhaber*innen oder auch alleine in Cafés, Nachtclubs und Theatern. Dementsprechend wandelten sich auch die Bildthemen. Besonders häufig waren Selbstbildnisse, die das neue Selbstverständnis vermittelten, oft dienten sie auch der Hinterfragung der eigenen Position in der Gesellschaft. Die Künstlerinnen der 1920er-Jahre bewegten sich stilistisch zwischen Dadaismus, Neuer Sachlichkeit, Surrealismus und konkreter Kunst.

Am Dadaismus, der absoluten Revolte, waren proportional nur wenige Frauen beteiligt, dafür waren sie umso prägnanter. Anlass seiner Entstehung war die spezielle Situation der Schweiz im Ersten Weltkrieg. Kriegsgegner, darunter auch viele Künstler, sammelten sich im neutralen Staat. Am 5. Februar 1916 gründete Hugo Ball mit seiner Freundin Emmy Hennings in Zürich in der Spiegelgasse das Cabaret Voltaire. Dort fanden fast jeden Abend Programme mit exzentrischem Inhalt statt. Sie sang Chansons, und er begleitete sie auf dem Klavier. Es folgte die Rezitation von eigenen Gedichten des Paars. Die Gruppe erweiterte sich durch Tristan Tzara, Hans Arp und Richard Huelsenbeck. An den Dada-Veranstaltungen nahm bald auch Sophie Taeuber, die Freundin von Hans Arp, als Tänzerin teil sowie Suzanne Perrottet als Pianistin.

Pionierin der Form – Sophie Taeuber-Arp

Sophie Taeuber, später Taeuber-Arp, war eine der vielseitigsten Künstlerinnen der Moderne: Sie war Bildhauerin, Designerin, Herausgeberin, Kunstgewerblerin, Malerin und Tänzerin. 1898 im schweizerischen Davos geboren, wuchs sie in einem kunstbegeisterten Haus auf: Bereits ihre Mutter hatte das Haus der Familie in Tongern entworfen und ausgestattet. Sie selbst studierte an der Kunstgewerbeschule in St. Gallen und dann in München an der Debschitz-Schule für freie und angewandte Kunst. Die handwerklichen Techniken, die sie dort erlernte, bildeten den Grundstock ihrer Kunst. In der bayerischen Landeshauptstadt entdeckte sie auch ihre Begeisterung für Kostüme und Tanz. So nahm sie nach ihrer Rückkehr in die Schweiz 1915 an Kursen des Tanzreformers Rudolf von Laban teil, entwickelte bald eigene Performances und stand im lebhaften Austausch mit Mary Wigman und Katja Wulff. In Zürich trat sie noch im selben Jahr in den Schweizer Werkbund ein und begann, an der dortigen Kunstgewerbeschule zu unterrichten, wobei sie sich heftig dagegen wandte, dass Frauen nur Blumen malen sollten: „Es gehörte viel Mut dazu, im Jahre 1915 an der Kunstgewerbeschule von Zürich zu unterrichten, wenn man die Absicht hatte, den Kampf gegen den Blumenkranz aufzunehmen. Der Blumenkranz war ein Ungeheuer, und Sophie Taeuber rang mit ihm wie der Ritter St. Georg mit dem Drachen. Scharen junger Mädchen eilten aus allen Kantonen der Schweiz nach Zürich mit dem brennenden Wunsch, unaufhörlich Blumenkränze auf Kissen zu sticken. Die grauenhaftesten Vorbilder spukten in diesen rosigen Jungfrauen, doch Sophie gelang es durch Sanftmut und Güte, die meisten zum Quadrat zu führen“,[2] so ihr späterer Ehemann Hans Arp, den sie in der Galerie Tanner während seiner Ausstellung kennenlernte. Dieser berichtete über die Begegnung: „Ich lernte Sophie Taeuber im Jahre 1915 in Zürich kennen. Schon in dieser Zeit gestaltete sie ihre innere Wirklichkeit unmittelbar. Diese Kunst wurde damals ‚abstrakte Kunst‘ genannt. Sie ist seitdem ‚konkrete Kunst‘ (sic) umbenannt worden, weil sie ja etwas Konkreteres als die seelische Wirklichkeit nicht geben kann. Diese Kunst ist, wie die Musik, unmittelbare, innere Wirklichkeit.“[3] Sie kann somit als eine der ersten Frauen angesehen werden, die nicht nur die Grenzen zwischen freier und angewandter Kunst missachteten, sondern auch ungegenständlich arbeiteten. Da sich das Paar als Seelenverwandte verstand, schufen beide auch erste gemeinsame Arbeiten, die sogenannten Duoarbeiten, bevor sie zwei Jahre später, 1917, ein Liebespaar wurden.

Unter den Dadaisten war Sophie Taeuber die Einzige, die einen bürgerlichen Beruf ausübte, mit ihrem Gehalt ermöglichte sie ihrem Mann die künstlerische Arbeit. 1922 heiratete das Paar in Pura im Tessin. Während er sich überwiegend in Paris aufhielt, blieb sie wegen ihres Lehramts in Zürich. Schließlich zogen sie gemeinsam nach Straßburg und nahmen die französische Staatsbürgerschaft an. Sophie Taeuber-Arp pendelte dennoch zwischen Straßburg und Zürich. Weiterhin war sie die kommerziell Erfolgreichere von beiden: Zunehmend erhielt sie Aufträge für monumentale Wandgestaltungen. 1926 bekam sie einen Auftrag für ein besonders umfangreiches Projekt: Sie sollte ein ehemaliges Militärgebäude, die sogenannte Aubette, im Zentrum von Straßburg, zu einem Vergnügungstempel nach amerikanischem Vorbild mit Bar, Teesalon und Kino umgestalten. Die Leitung hatte Sophie Taeuber-Arp inne, Mitarbeiter waren ihr Ehemann sowie Theo van Doesburg, Begründer der Stijl-Bewegung. Gemeinsam schufen sie ein avantgardistisches Gesamtkunstwerk, das auch als „Sixtinische Kapelle der Moderne" in die Architekturgeschichte einging. Obwohl sie federführend war, unterschlug Doesburg ihren Namen, als er in einem Zeitschriftenartikel über das Projekt berichtete, eine übliche Strategie von männlichen Künstlern. Immerhin war das Künstlerpaar nach diesem großen Projekt finanziell unabhängig, und Sophie Taeuber-Arp konnte in Paris ein gemeinsames Wohn- und Atelierhaus bauen. Dank ihres Erfolgs konnte sie den Lehrauftrag an der Züricher Kunstgewerbeschule aufgeben und sich nun ganz ihrer künstlerischen Arbeit widmen. Weiterhin entstanden Gemeinschaftsarbeiten, wie etwa eine Eheplastik, und auch ihre Sammlerin Marguerite Hagenbach kaufte nach wie vor Werke von beiden Künstlern an. Doch trat Sophie Taeuber-Arp weiterhin aktiver als Hans Arp in der Öffentlichkeit auf: So war sie Mitbegründerin der progressiven, mehrsprachigen Zeitschrift „Plastique" und Mitglied der Schweizer Künstlergruppe Allianz. Sie stellten jedoch häufig gemeinsam aus, etwa in der Pariser Galerie Bucher, und in Arps Gedichtband „Muscheln und Schirme" fanden sich Zeichnungen Sophies. Während des Zweiten Weltkriegs mussten sie allerdings vor den deutschen Besatzern aus Paris fliehen und verbrachten mehrere Jahre im südfranzösischen Grasse. Im Exil schufen sie Gemeinschaftsarbeiten mit Alberto Magnelli und Sonia Delaunay. Nachdem eine gemeinsame Emigration in die USA gescheitert war, lebten sie wieder überwiegend in der Schweiz. Völlig überraschend starb Sophie Taeuber-Arp in der Nacht vom 13. auf den 14. Januar 1943 im Gästezimmer ihres Freundes Max Bill an einer Kohlenmonoxydvergiftung. Hans Arp, der sie um Jahrzehnte überlebte, arbeitete nicht nur an seinem Werk, sondern versuchte nun, auch ihre Arbeiten nicht in Vergessenheit geraten zu lassen.

Dadaistin unter Männern – Hannah Höch

Aktiver als Taeuber-Arp gehörte Hannah Höch zur Gruppe der Dadaisten. Sie ist vor allem bekannt als Erfinderin der Fotocollage. 1889 als Älteste von fünf Kindern eines Versicherungsdirektors und einer Hobbymalerin geboren, besuchte sie zunächst die höhere Töchterschule in Gotha. Ganz bürgerlich gehörte eine künstlerische Bildung in ihrer Familie zum guten Ton. Mit fünfzehn musste sie jedoch die Schule abbrechen, um sich um ihre jüngste Schwester zu kümmern und ihre Mutter zu entlasten. Sie selbst war darüber wenig glücklich, hatte aber ihre Ambitionen nicht aufgegeben: „Ich liebte dieses Kind sehr, aber dadurch zögerte sich zu meinem großen Kummer mein Studium beträchtlich hinaus – sehr zur Befriedigung meines Vaters, der ein Mädchen verheiratet wissen, aber nicht Kunst studieren lassen wollte, was übrigens um 1900 noch der allgemeinen bürgerlichen Ansicht entsprach."[4] Schließlich kehrte Hannah Höch Gotha 1912 den Rücken und ging an die Berliner Kunstgewerbeschule. Drei Jahre später, 1915, besuchte sie an der Unterrichtsanstalt des Kunstgewerbemuseums die Klasse für Graphik und Buchkunst von Emil Orlik. Die Schule bot ihr den nötigen künstlerischen Freiraum. Zudem lernte sie dort Raoul Hausmann kennen. Obwohl er verheiratet war, waren sie lange Jahre ein Liebespaar, was auch in künstlerischer Hinsicht Früchte trug. Für Hannah Höch war dies in mehr als einer Hinsicht verheerend, sie hatte mehrere Abtreibungen, unter denen sie vor allem gesundheitlich sehr litt. Nach der zweiten Abtreibung bemühte sich Hausmann, ihr die Situation schmackhaft zu machen, seine Beziehung zu zwei Frauen bedeute Emanzipation und die Befreiung von gesellschaftlichen Konventionen, so sein Credo. Die Streitereien eskalierten jedoch so sehr, dass es bald zu gewaltsamen Auseinandersetzungen kam.

Auch künstlerisch war die Partnerschaft für Höch schwierig, denn sie galt lange nicht als eigenständige Künstlerin, sondern als „die Frau" an seiner Seite. Als Dada von Zürich nach Berlin gelangte und 1918 der „Club Dada" gegründet wurde, hielt Huelsenbeck die erste Dada-Rede, und Hausmann verkündete das Dada-Manifest. Kurz darauf entstanden die ersten Fotomontagen von Hausmann und Höch aus zerschnittenen Fotografien. Ihre Beteiligung an der Ersten internationalen Dada-Messe 1920 bedeutete auch ihren künstlerischen Durchbruch. Allerdings konnte sie nur durch die Intervention von Hausmann daran partizipieren, George Grosz und John Heartfield, die sie als Hannchen Höch verulkten, hatten gegen ihre Beteiligung gestimmt. Höch zeigte dort ihre Fotomontage, eine der bedeutendsten Arbeiten, die Dada in Berlin hervorbrachte: „Schnitt mit dem Küchenmesser Dada durch die letzte Weimarer Bierbauchkulturepoche Deutschlands" *(Abb. 29)*. Dort integrierte sie eine Landkarte, auf der die Daten der Einführung des Frauenwahlrechts verzeichnet sind. Zusätzlich zeigte sie auf dieser Ausstellung ihre zwei Dada-Puppen, mit denen sie interagierte.

Gemeinsam mit Dada starb auch die Liebe zwischen Hausmann und Höch 1922. Die Beziehung des Paares hatte ganze sieben Jahre gedauert, die später zur entscheidenden Phase ihres Lebens wie auch ihrer Kunst erklärt wurden. Nach der Trennung behauptete Hausmann, Hannah Höch sei nie Mitglied des Clubs gewesen. Sie selbst äußerte sich resigniert in einem Brief an ihre Schwester: „Ich trage mein Los mit Fassung und versuche mit aller Kraft nicht daran zugrunde zu gehen. Ich bin sehr zäh und will tapfer sein. Ich habe es sehr, sehr schwer, und bin manchmal sehr müde – aber ich darf nicht einschlafen –, nicht um seinetwillen, er ist und das weiß ich heute besser und sicherer denn je, ein ganz bedeutender Mensch, und da muss mein kleines Ich ganz duldsam sein und sehr demütig. Ich dachte: jeder Mensch hat das Recht seine Wünsche und Instinkte, sofern sie rein sind, zu erfüllen zu trachten. Heute weiß ich: für eine wertvolle Sache muss man opfern – oder auch geopfert werden."[5] Tatsächlich fanden ihre

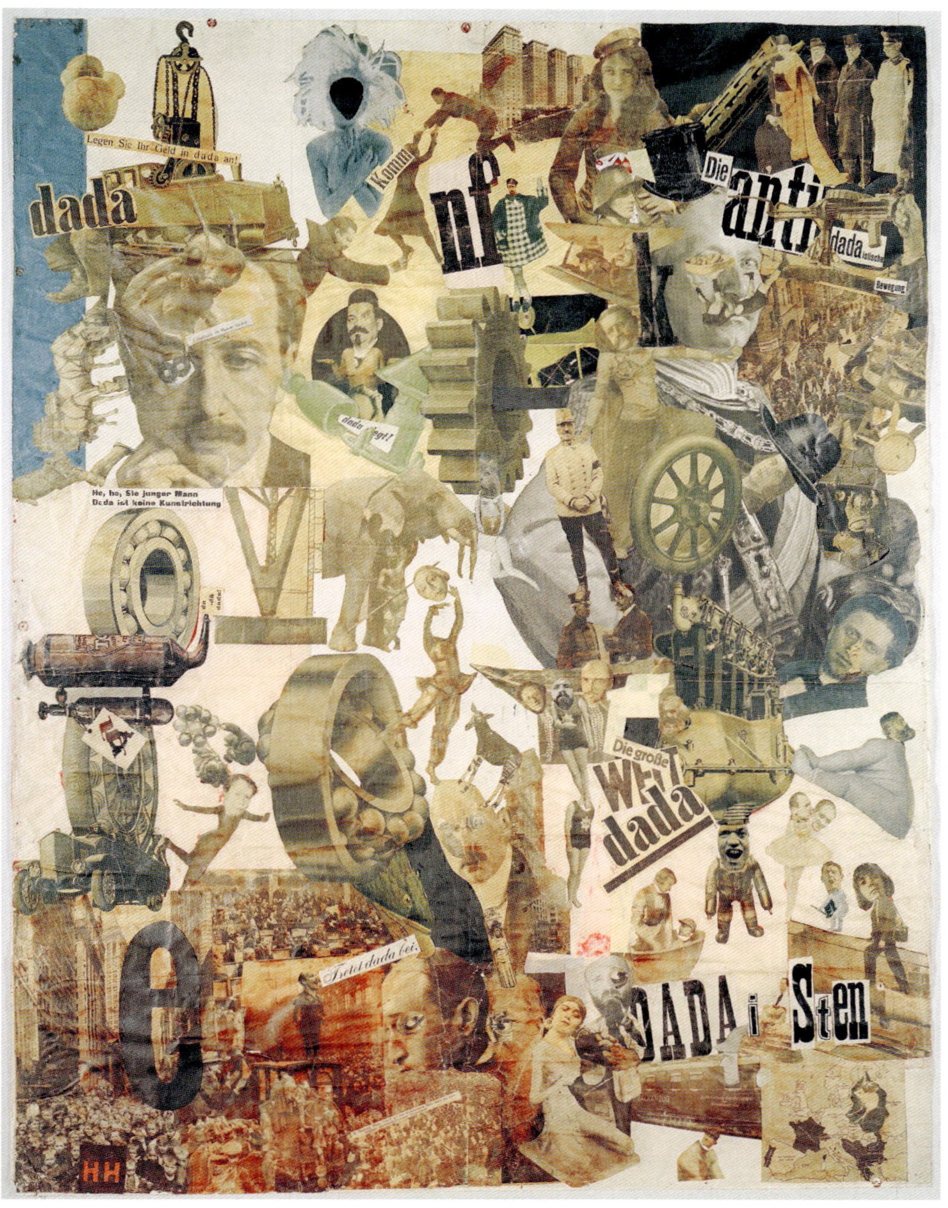

29 Hannah Höch, Schnitt mit dem Küchenmesser Dada durch die letzte Weimarer Bierbauchkulturepoche Deutschlands, 1919/20, Collage aus aufgeklebten Papieren, Berlin, Staatliche Museen, Preußischer Kulturbesitz, Neue Nationalgalerie

ersten Einzelausstellungen gerade einmal zehn Jahre vor ihrem Tod statt, eine davon in Paris. Gerade in den jüngeren Künstlerinnengenerationen kam es dann verstärkt zu einer Rezeption. Sie gilt heute als Vorläuferin konzeptioneller Ansätze in der zeitgenössischen Kunst.

Hoffnung auf bessere Ausbildung – Das Bauhaus und seine Frauen

Große Hoffnung setzten die Frauen auf das vom Architekten Walter Gropius 1919 als neue und innovative Ausbildungsstätte gegründete Bauhaus in Weimar. Alle Künste sollten dort nach mittelalterlichem Vorbild der Architektur dienen. Angewandte und freie Kunst sowie das Handwerk verbanden sich zu gleichberechtigten Partnern. Die Studierenden durchliefen, vergleichbar dem Handwerk, eine Ausbildung, die sie vom Lehrling zum Gesellen und schließlich zum Meister werden ließ. Es existierten verschiedene Werkstätten, in die die Studierenden nach einem vorbereitenden Vorkurs eingeteilt wurden. Noch vor den staatlichen Akademien war das Bauhaus eine der ersten Institutionen, die auch Frauen als Studierende aufnahm. Während der Zeit, in der das Bauhaus bestand, studierten dort rund 460 Frauen von 1253 Studierenden, aber nicht von allen sind die Lebensdaten bekannt, denn viele hielten sich nur kurz am Bauhaus auf und erwarben oft keinen Abschluss. Auffallend ist zudem, dass die meisten Frauen in die Webereiwerkstatt eintraten, die von 1919 bis 1933 bestand. Tatsächlich waren Frauen in allen Werkstätten zu finden, bildeten dort aber keine Mehrheit. So waren sie unter anderem auch in der Buchbinderei, Wandmalerei oder gar der Tischlerei zu finden. Die meisten kamen unverheiratet und kinderlos ans Bauhaus, gelegentlich erfolgte dort die Entscheidung zwischen Beruf und Privatleben. Viele Frauen erlebten ihre Zeit am Bauhaus als Befreiung von der für sie vorgezeichneten Geschlechterrolle und als Überwindung von althergebrachten Moralvorstellungen und sahen plötzlich einen ganz neuen Lebensweg für sich.

Zu den wenigen lehrenden Frauen zählte die Musikpädagogin Gertrud Grunow; sie war die einzige Formmeisterin und damit Professorin am Bauhaus. Sie war bereits knapp fünfzig Jahre alt, als sie 1919 einen Lehrauftrag am Weimarer Bauhaus erhielt. Ihr Kurs „Praktische Harmonielehre“ sollte Wahrnehmung und Ausdruck schulen. Nach anfänglichen Bedenken Johannes Ittens gehörte sie bald zu den festen Lehrkräften und wohnte ab Frühjahr 1921 gemeinsam mit ihrer Assistentin Hildegard Heitmeyer mit Lily und Paul Klee in einem Haus. 1923 erhielt sie dann erstmals den Titel „Meisterin“, ihre Lehre hatte nun im Bauhausprogramm eine zentrale Bedeutung gewonnen. 1870 in Berlin geboren, hatte sie Musik studiert und zunächst als Sängerin und Gesangslehrerin gearbeitet. Dabei unterrichtete sie auch die rhythmische Erziehung, wie sie von Émile Jaques-Dalcroze angewandt worden war.

Am Bauhaus half ihr Unterricht den Studierenden vor allem bei der Wahl der richtigen Werkstatt und der künstlerischen Ausrichtung. Auch Meister wie Klee und Kandinsky unterrichtete sie, daher wäre eine Untersuchung des Einflusses Grunows auf deren Werk sicher hoch interessant. So berichtete etwa Lothar Schreyer: „Sie (…) mutete uns an wie eine der großen Wissenden der Vorzeit. Aus einer inneren Hellsichtigkeit waren ihr die geistigen Zusammenhänge von Farbe, Form und Ton aufgegangen (…). So brachte sie die Menschen innerlich und äußerlich ins Gleichgewicht.“[6] Ihre Bedeutung war zeitweise so groß, dass sie in der offiziellen Übersicht der Lehrkräfte neben den männlichen Kollegen gleichberechtigt aufgeführt wurde. Aber obwohl sie 1923 zur Formmeisterin erhoben worden war, erhielt sie weiterhin eine Bezahlung wie eine Hilfslehrkraft auf Honorarbasis. Ihre Leistung und große Bedeutung für das Bauhaus standen also bei Weitem nicht in Relation zu ihrer Entlohnung. Da sie keine eigene Werkstatt leitete und nicht mit eigenen Arbeiten in der Öffentlichkeit zu sehen war, tauchte sie in der Rezeption des Bauhauses lange nicht auf. Mit dem Ausscheiden Ittens 1923 aus dem Bauhaus war letztlich auch ihre Ära zu Ende. Bereits im Sommer desselben Jahres war sie nur noch Lehrkraft, aber nicht mehr Formmeisterin und erhielt somit einen Extra-Vertrag. Schließlich verloren ihre Lehre und ihre Person die zuvor genossene Wertschätzung. Nur kurze Zeit später konstatierte der Meisterrat, ihre Harmonisierungslehre sei nutzlos und solle nicht weitergeführt werden.

Die folgenden zehn Jahre war sie an der Universität Hamburg und wirkte im Bereich der entwicklungspsychologischen experimentellen Forschung. Nach einigen Jahren, in denen sie überwiegend in der Schweiz und in England gearbeitet hatte, lebte sie ab 1940 ganz in Deutschland, wo sie 1944 verstarb. Es bleibt zu hoffen, dass die Erforschung und Würdigung ihres Werkes bald erfolgt.

Dass die Zahl der Frauen, die ans Bauhaus kamen, relativ hoch war, beunruhigte Walter Gropius. Häufig versuchte er, diese in der Weberei-Werkstatt unterzubringen. Zunächst von den Frauen selbst als ihren eigenen Bereich gewählt, bezeichneten die Meister die Weberei bald als „Frauenabteilung". Laut der Bauhaus-Expertin Magdalena Droste sah man die Arbeit mit Textilien für Frauen als angemessen an. Weiterreichende künstlerische Ambitionen wurden dagegen auch am Bauhaus als „unnatürlich" und „unnütz" angesehen. Selbst wenn Frauen eigentlich Malerinnen oder Architektinnen werden wollten, drängte man sie rasch in die Weberei. Es ist nur zu erahnen, wie viel weibliche Kreativität dort in eine andere, vermutlich falsche Richtung gelenkt wurde.

Doch einige der Frauen, etwa Gunta Stölzl, begannen das Weben entscheidend zu modernisieren, ja eine regelrechte Revolution herbeizuführen. Gunta Stölzl war am Bauhaus eine absolute Ausnahmeerscheinung: Als erste Jungmeisterin am Bauhaus war sie eine der ganz wenigen Frauen in einer Führungsposition, die zudem innovative Neuerungen in der Webkunst entwickelte. Als Tochter eines Schulrektors, der der Reformpädagogik anhing, hatte sie eine höhere Töchterschule besuchen und dort sogar das Abitur ablegen können. Anschließend besuchte sie die Königliche Kunstgewerbeschule in München, ihr wichtigster Lehrer dort war kein Geringer als Richard Riemerschmied, der 1907 den Deutschen Werkbund mitbegründet hatte. Der Deutsche Werkbund, eine Vereinigung von Künstlern, Architekten, Unternehmern und Selbstständigen, setzte auf ein Zusammenspiel von Kunst, Industrie und Handwerk. Nachdem Gunta Stölzl im Ersten Weltkrieg als Rotkreuzschwester gedient hatte, wechselte sie 1919 mit 22 Jahren ans Bauhaus, dessen neue Lehrmethoden für sie einen Neuanfang bedeuteten.

Die Anfänge des Bauhauses waren allerdings oft improvisiert und auf das rein Technische in den Werkstätten reduziert. Ausprobieren und selbst neue Ideen entwickeln war das Gebot der Stunde. So schuf Stölzl gemeinsam mit Marcel Breuer, einem Studenten der Tischlerei, den sogenannten Afrikanischen Stuhl, indem sie die Stoffe dafür in der Bauhaus-Weberei selbst herstellte. 1922/23 legte sie mit einem großen Knüpfteppich, der kurz darauf einen Käufer fand, die Gesellenprüfung ab. Für das Musterhaus „Das Haus am Horn“ webte sie sogar einen der Teppiche, die besonders beachtet wurden. Nach dem Umzug des Bauhauses nach Dessau erhielt sie schließlich einen Vertrag als Werkmeisterin der Weberei, deren Leitung sie dann auch übernahm. Somit war sie die erste Frau, die einer der Werkstätten vorstand. In dieser Funktion entwickelte sie neue Lehrpläne, so dass die Werkstatt auch größere Aufträge übernehmen konnte.

Auf einer Reise zum internationalen Architektenkongress 1928 in Moskau verliebte sie sich in einen Studenten der Bauabteilung, Arieh Sharon, den sie nur wenige Monate später heiratete. Dafür musste sie allerdings ihre deutsche Staatsbürgerschaft aufgeben. Auch am Bauhaus und in der Webereiwerkstatt gestaltete sich die Situation zunehmend schwieriger für sie, es kam zu immer größerer Kritik seitens der Studierenden sowohl an ihrem Unterricht als auch an ihrem Privatleben. Ohne Paul Klee und Hannes Meyer, die das Bauhaus bereits verlassen hatten, gab es für sie keinen Rückhalt mehr. Trotz Vermittlungsversuchen durch Mies van der Rohe spitzte sich die Lage zu, sie wurde sogar auf sexuellem Gebiet verleumdet. Schließlich blieb ihr kaum noch eine andere Wahl, als zu kündigen. Da sie in Deutschland keine Stelle mehr fand, emigrierte sie mit ihrer Tochter in die Schweiz, wo sie gemeinsam mit zwei ehemaligen Bauhausschüler*innen ein Unternehmen gründete, das sie aber, obwohl es zunächst erfolgreich war, bereits nach zwei Jahren wieder schließen musste. Walter Gropius hatte aus Unkenntnis ihrer Situation ihren wichtigsten Kunden an die Textilkünstlerin und Weberin Otti Berger vermittelt.[7] Doch sie kämpfte weiter, ließ sich scheiden und heiratete erneut, war Inhaberin einer eigenen Handweberei und widmete sich weitere zwanzig Jahre intensiv ihrer Arbeit. 1976 richtete ihr das Berliner

Bauhaus-Archiv schließlich eine Einzelausstellung aus, um ihre Leistungen zu würdigen.

Auch in der Buchbinderei des Bauhauses wuchs gegen alle Widerstände eine der innovativsten Künstlerinnen der Buchbindekunst heran: Anny Wottitz. 1900 in Budapest geboren, gelangte sie mit ihrer Familie nach Wien, wo sie gemeinsam mit Friedl Dicker an der privaten Malschule von Johannes Itten studierte. Als dieser ans Bauhaus wechselte, folgten ihm Dicker und Wottitz. Im Wintersemester 1919 war sie dort zunächst Hospitantin ohne Lehrvertrag in der Buchbinderei bei Otto Dorfner, einem der besten Buchbinder Deutschlands. Aber erst zwei Jahre später wurde sie dort als Lehrling aufgenommen. Sehr zum Ärger ihres Lehrers experimentierte sie mit verschiedenen Techniken und exotischen Materialien wie Gepardenfell, Schildpatt, Wurzelholz oder Muscheln. Formell ließ sie sich vor allem von Johannes Itten, der sie in seinem Vorkurs dazu ermuntert hatte, unterschiedliche Materialien auszuprobieren, sowie dem De-Stijl-Künstler Theo van Doesburg inspirieren. Die Quittung kam postwendend: Dorfner wollte sie im Frühjahr 1922 nicht zur Gesellenprüfung zulassen, die sie schließlich im Sommer in Wien nachholte. Letztlich hatte sie die anderen Lehrkräfte auf ihrer Seite. Am 23. September schloss das Bauhaus mit der Gesellin Wottitz einen Vertrag ab, der bis 1. Mai 1923 bestehen sollte und in dem sie in der Buchbinderei einen eigenen Raum zur Verfügung gestellt bekam, wobei das Bauhaus die Nebenkosten übernahm und das Werkzeug und Material zur Verfügung stellte. Im Gegenzug war sie verpflichtet, ihre Aufträge über das Sekretariat abzuwickeln. Die Vereinbarung sah auch vor, dass sie 33 Prozent des Verkaufswertes ihrer Arbeiten an das Bauhaus abtreten musste.

In der zur Verfügung gestellten Werkstatt schuf Wottitz freie Buchbindearbeiten sowie Auftragsarbeiten in unterschiedlicher Stückzahl. Als ihr Markenzeichen erwiesen sich die ungewöhnlichen Materialien ihrer Einbände. Zusätzlich entwickelte sie eine komplett neue Arbeitsweise. Um die flächige Gestaltung der Einbände nicht durch eine Unterbrechung zu stören, verzichtete sie auf den Falz an der Seite des Buchrückens. Dieses Vorgehen konnte jedoch bei Gebrauch zum Ablösen des

Rückens vom Buchblock führen und stand daher, insbesondere bei Dorfner, in der Kritik. Dies kam schließlich vor den Meisterrat, und Paul Klee erklärte sich bereit, die von Wottitz mit afrikanischer Stickerei, Samenkapseln und Muscheln gestalteten „Afrikanischen Märchen“ zu begutachten.[8] Letztlich verließ sie nach Ablauf ihres Vertrags das Bauhaus und gründete gemeinsam mit Friedl Dicker und Franz Singer in Berlin-Friedenau die „Werkstätten bildender Kunst“. Dort boten sie vom Bauhaus inspirierte Häuser und andere Bauten, oft inklusive Innenausstattungen, oder auch individuell designte Möbel an. Wottitz' künstlerische Karriere endete, als sie 1924 in Wien den Textilunternehmer Hans Moller heiratete. Nun lebte sie mit ihrem Gatten in einer von Adolf Loos errichteten Villa. Um ihre Freund*innen zu unterstützen, die 1926 in Wien das Gemeinschaftsatelier Singer & Dicker eröffnet hatten, beauftragte sie diese mit der Einrichtung des Hauses, die jedoch nur zum Teil ausgeführt wurde. 1925 brachte Wottitz ihre Tochter Judith zur Welt, mit der sie später nach England auswanderte. Noch heute wirken ihre Bucheinbände modern und experimentell, und sogar ihr heftigster Widersacher Otto Dorfner ließ sich später davon inspirieren.[9]

Als fiktive Protagonistin eines Spielfilms erst kürzlich wiederentdeckt wurde Dörte Helm, die für die Rechte der Frauen am Bauhaus stritt und sich in der Wandmalerei-Werkstatt ausbilden ließ. 1898 wurde sie in Berlin in einen gutbürgerlichen Haushalt hineingeboren. Vehement setzte sie sich gegenüber ihrem Vater durch, studierte an der Kunstgewerbeschule in Rostock, an der Kunstakademie in Kassel sowie an der Großherzoglich-Sächsischen Hochschule für bildende Kunst Weimar und schließlich am Bauhaus. Dort ließ sie sich nicht in die Webereiwerkstatt vermitteln, sondern ging in die Textilwerkstatt und vor allem in die Werkstatt für Wandmalerei, wofür sie sogar ein Stipendium erhielt. Als ihre Lehrer fungierten Johannes Itten, Lyonel Feininger, Oskar Schlemmer, Georg Muche und Walter Gropius. Streitbar setzte sie sich am Bauhaus für die Gleichbehandlung der Frauen ein: „Es ist falsch, (...) einen Unterschied zwischen den Geschlechtern zu machen. Hier handelt es sich doch nur um Menschen, die zusammengekommen sind, um zu arbeiten und sich gegenseitig anzuregen“,[10] propagierte sie. 1922 legte sie dann erfolgreich die Gesellenprüfung als Dekorationsmalerin ab. Nach ihrer Ausbildung am Bauhaus zog sie sich zunehmend zurück und wurde 1933 als Halbjüdin von den Nationalsozialisten mit Berufsverbot belegt. Ihr Leben fand daraufhin überwiegend im Privaten statt: Sie war verheiratet mit dem Journalisten Heinrich Heise und brachte 1938 die Tochter Cornelia zur Welt. Bereits im Februar 1941 verstarb sie an einer Lungenentzündung. Von der Forschung wurde sie lange nicht beachtet, erst in den 2000er-Jahren wurden ihre Werke in Ausstellungen gezeigt und sie somit in der Öffentlichkeit wahrgenommen.

Tanz auf dem Vulkan – Die Frauen der Neuen Sachlichkeit

Die 1920er-Jahre waren in Deutschland geprägt von Glanz und Elend, von Modebegeisterung und sozialer Ungerechtigkeit. Als Kritik an der aktuellen Situation entstand die Neue Sachlichkeit. In der Kunstgeschichtsschreibung wurden lange nur die männlichen Vertreter dieses Stils berücksichtigt. Einen ersten Vorstoß zur Würdigung der Malerinnen der Neuen Sachlichkeit unternahm die Städtische Galerie Bietigheim 2015 mit ihrer Ausstellung „Die neue Frau? Malerinnen und Grafikerinnen der Neuen Sachlichkeit". Zu sehen waren neben den bekannteren Künstlerinnen wie Jeanne Mammen oder Hanna Nagel auch Malerinnen und Grafikerinnen, die bisher nur einem begrenzten Kreis ein Begriff waren. Doch selbst Hanna Nagel war zuvor erst ab 2007, mit einer Unterbrechung von knapp sechzig Jahren, wieder umfassend ausgestellt worden, und noch bei einer Präsentation ihres Werkes im Jahr 2022 sprach die Kunsthalle Mannheim von einer „Wiederentdeckung" der Künstlerin. Hanna Nagel gehörte zu den Künstlerinnen, die sich in ihrem Werk stets kritisch mit der Situation der Frau auseinandersetzten und so brisante Themen wie Abtreibung und deren brutale Ahndung nach Paragraf 218 – in den 1920er-Jahren wurde dies noch mit Gefängnis bestraft – behandelten. Auch die Künstlerehe, in der die Paare bei wechselnder Kinderbetreuung um die Möglichkeiten des künstlerischen Arbeitens rangen, thematisierte sie in ihren Arbeiten.

1907 in Heidelberg als älteste Tochter des Kaufmanns Johannes Nagel und seiner Frau Bertha geboren, wuchs sie mit zwei Geschwistern auf. Sie besuchte in Heidelberg eine Mädchenschule und versuchte sich 1924 an einer Buchbinderlehre. Schließlich entschied sie sich für ein Kunststudium an der Badischen Landeskunstschule im nahegelegenen Karlsruhe, das sich damals als Zentrum der Neuen Sachlichkeit etablierte. Dort gehörte sie zu den ersten zugelassenen weiblichen Studierenden. Ihr erster Lehrer war vermutlich Karl Hubbuch, dessen neusachlicher Stil sie stark beeinflusste. Doch ihre Haltung zu ihrem Lehrer war durchaus ambivalent: Hubbuch pflegte wechselnde Liebesbeziehungen zu Studentinnen und sogar zu minderjährigen Modellen. Mehrfach karikierte sie die sexuell aufgeladene Situation an der Akademie, zeigte Hubbuch in leidenschaftlicher Umarmung mit einem Modell oder zeichnete den „Hengstmann" oder einen „Frauenakt mit Tierschweif". Ihr Lehrer war darüber verärgert, dass sie solchen Mist darstelle, obwohl sie die Begabteste seiner Radierklasse sei. Nichtdestotrotz kritisierte sie weiterhin die schlechte Behandlung der Studentinnen durch die Lehrer und Studenten. Bei ihren Modellen legte sie, ganz im Sinne des sozial-kritischen Verismus, großen Wert darauf, deren Lebensumstände miteinzubringen: ältere abgeschaffte Frauen mit hängenden Brüsten oder die modische Zwanzigerjahre-Dame, bei der der modische Bubikopf die große unweibliche Nase erst zur Geltung bringt.

1929 wechselte sie dann an die Vereinigten Staatsschulen für freie und angewandte Kunst in Berlin, wo sie Schülerin von Emil Orlik wurde. Damals war sie bereits mit dem Kommilitonen Hans Fischer liiert. Gerade diese Beziehung thematisierte sie in ihren Zeichnungen. Dies intensivierte sie nach ihrer Eheschließung 1931; nun schilderte sie die Ehe als gemeinschaftliche Gefangenschaft beider oder stellte dar, wie sie und ihr Partner mühevoll versuchten, mit ihrer beider Kunst die Familie zu versorgen und wie sie als Frau regelrecht „vor den Karren" gespannt wurde *(Abb. 30)*. Aber auch der Mann leidet bei ihr an der Frau, die ihm die Hände über der Zeichnung festnagelt oder satanisch grinst, während sie sich an seinen Wunden zu schaffen macht. Der Kampf der Geschlechter scheint bei ihr in vollem Gange zu sein. Auch die Problema-

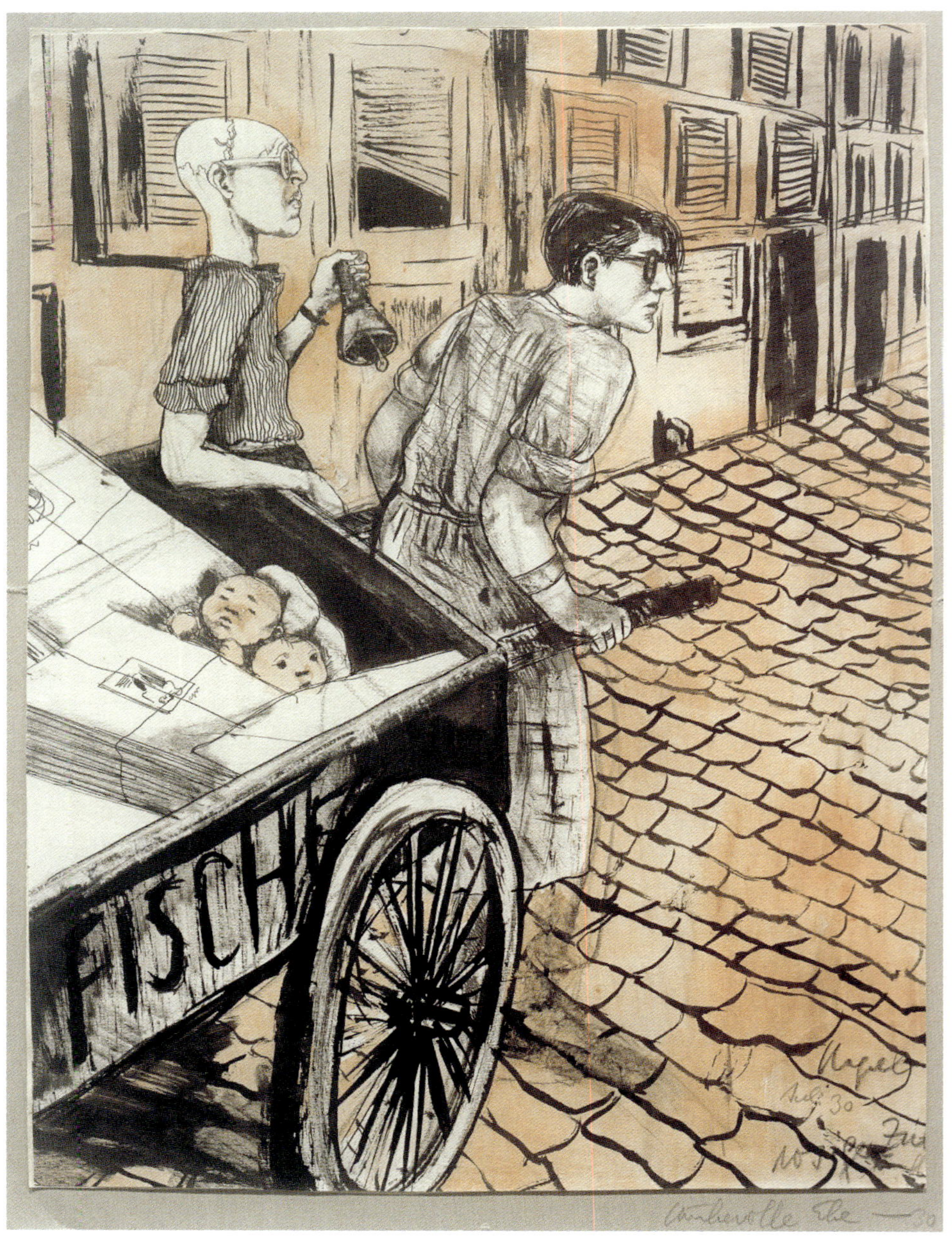

30 Hanna Nagel, Mühevolle Ehe, Juli 1930, Aquarell, Feder, Pinsel, Tusche, Privatbesitz

tik der Unvereinbarkeit von Beruf und Mutterschaft thematisierte sie. So trägt sie in ihrem Selbstbildnis einen Fötus im Reagenzglas in Händen, während im Hintergrund die Karrieremöglichkeiten vorbeiziehen. 1932 schloss Hanna Nagel schließlich ihr Studium ab und gehörte ein Jahr später zu den wenigen Frauen, die den Rompreis der Deutschen Akademie erhielten, was ihr die Möglichkeit gab, sich zusammen mit ihrem Mann an der Villa Massimo in Rom aufzuhalten. Bald folgte ein zweiter Aufenthalt, da ihr Mann zwei Jahre nach ihr ebenfalls den Rompreis erhielt.

Erst 1938 wurde die einzige Tochter geboren, die sie alleine erzog, da ihr Mann 1940 in den Krieg ziehen musste. Auch danach sorgte sie mit Illustrationen zunächst für den eigenen Lebensunterhalt und den ihrer Tochter, da Hans Fischer erst 1945 aus der englischen Kriegsgefangenschaft zurückkehrte. Bald darauf trennte sie sich von ihm, doch erst zu Beginn der 1960er-Jahre erfolgte die Scheidung. Hanna Nagel sprach in ihrem Frühwerk der 1920er-Jahre in ihren Zeichnungen erstmals die Geschlechterproblematik an und zeigte zudem, dass es weiterhin an der Akzeptanz von Frauen mangelte, obwohl sie nun auch an den staatlichen Akademien studieren konnten. Erst 2022 widmete ihr die Mannheimer Kunsthalle, wo sie bereits 1931 mit 24 Jahren ausgestellt hatte, eine umfassende Retrospektive ihres Werkes.

Mondän und elegant – Die Illustratorin Dodo

Mondän und ein wenig verrucht, so erscheint die Künstlerin Dodo. Im gleichen Jahr wie Hanna Nagel geboren, allerdings in der Hauptstadt Berlin, ist sie ein Beispiel für ein völlig anderes Künstlerinnenschicksal. Ihre Welt war nicht die der politischen Agitation, sondern die der Mode. Finanziell abgesichert durch ein wohlhabendes jüdisches Elternhaus und eine vorteilhafte Heirat, bewegte sie sich in der High Society von Berlin und begeisterte sich von Anfang an für Kleidung, Schmuck, Revuen und andere Vergnügungen. Dementsprechend studierte sie für drei Jahre an der privaten Kunst- und Gewerbeschule Reimann, wofür sie zunächst bei ihren Eltern Überzeugungsarbeit hatte leisten müssen.

Bald war sie als freiberufliche Illustratorin berufstätig, unter anderem publizierte sie Kostümentwürfe für die Zeitschrift „Für die elegante Frau". Sogar für die berühmte Sängerin Marlene Dietrich gestaltete sie Kostüme, die diese in der bekanntesten Revue der Weimarer Republik „Es liegt in der Luft" (Ein Spiel im Warenhaus) trug. Auch die damals bejubelte Tänzerin Josefine Baker konnte Dodo selbst im Nelson-Theater am Kurfürstendamm sehen. Schließlich heiratete sie einen Rechtsanwalt, um dessen Hand sie ganz emanzipiert selbst anhielt, und brachte zwei Kinder zur Welt. Dies hielt sie aber nicht davon ab, Affären mit anderen Männern und sogar mit Frauen einzugehen. Am prägendsten war die Liaison mit dem Psychoanalytiker Gerhard Adler, von dem sie mehrmals schwanger wurde, aber immer wieder abtrieb, trotz offiziellem Verbot. Zeitweise war auch ihre Psychoanalytikerin Tami Oelfken ihre Liebhaberin.

Ihr Schaffen beschränkte sich jedoch nicht auf die Mode der 1920er-Jahre; ihre Arbeiten waren oft scharfe Analysen der damaligen Gesellschaft, insbesondere in Bezug auf das Verhältnis von Mann und Frau. Ihre Frauentypen entsprachen ganz dem Zeitgeist: schmale Hüften, wenig Busen, kesser Kurzhaarschnitt, laszive Katzenaugen und natürlich teure elegante Kleider. Selbstbewusst nahm sie sich viele Freiheiten, reiste allein in die Ferne oder besuchte, meist in Begleitung deutlich älterer Herren, Bars, Restaurants und Theater. Bezeichnend für Dodos Werk ist die Gouache „Logenlogik" von 1929: Zu sehen ist darauf eine laszive, schöne junge Frau in einer Theaterloge, in ihrer Begleitung ein Herr, deutlich älter und beleibt, aber im teuren Smoking. Während er interessiert das Geschehen auf der Bühne mit einem Theaterglas verfolgt, langweilt sie sich sichtlich; sicher eine Situation, die die Künstlerin selbst oft erlebt hatte. In den 1930er-Jahren emigrierte Dodo, da sie Jüdin war, nach London, war abwechselnd mit Hans Bürgner oder mit Gerhard Adler verheiratet. Schließlich zog sie mit dem Wohnwagen durch Cornwall und verdiente ihr eigenes Geld mit Werbegrafik und natürlich mit Mode,[11] wie es sich für eine freie und selbstbestimmte Frau gehörte.

Moderne Malerei in der Provinz – Lotte Lesehr-Schneider

Mit Hanna Nagel bekannt war die 1908 im Württembergischen Oberlenningen geborene Lotte Schneider, die später den Doppelnamen Lesehr-Schneider trug. Ihr Vater, ein selbstständiger Maschinenfabrikant, wollte für seine beiden Töchter unbedingt die Sicherheit einer Heirat. Dementsprechend wurde Lotte in einem Mädchenpensionat auf ihre spätere Rolle vorbereitet. Doch während ihre Schwester den damals aktuellen Ausdruckstanz studierte, schrieb sie sich schließlich gegen den Willen des Vaters an der Kunstakademie in Stuttgart ein. Dort besuchte sie zunächst die Zeichenklasse bei Arnold Waldschmidt. Bereits in diesem ersten Akademiejahr schuf sie die Kohlezeichnung eines Tanzlokals, die die Darstellung auf der Mitteltafel des Triptychons „Großstadt" von Otto Dix nicht nur vorwegnahm, sondern sie in ihrer Ausdruckskraft entschieden übertraf: Zu sehen ist ein verzweifelter Tanz auf dem Vulkan, der das drohende Ende bereits erahnen lässt. Ihr wichtigster Lehrer wurde schließlich der österreichische Expressionist Anton Kolig. In ihrem Werk nahm nun unter seiner Anleitung das Porträt, genauer die Darstellung vom Leben geformter Menschen, einen besonderen Stellenwert ein. Im Zentrum ihres Schaffens standen bald die Bildnisse psychisch Kranker, die sie im Stuttgarter Bürgerhospital zeichnete, was bedrückend gewesen sein muss. „Die psychisch Kranken in ihrer Isoliertheit und Ausgrenzung, meist ohne Ausweg haben mich besonders interessiert",[12] erinnerte sie sich später. Auch die Dresdner Malerinnen Paula Lauenstein und Alice Sommer porträtierten in der Psychiatrie, ebenso wie Elfriede Lohse-Wächtler. Letztere allerdings als Insassin und nicht als Besucherin, da bei ihr Schizophrenie diagnostiziert worden war.

1930 studierte Lotte Lesehr-Schneider für kurze Zeit an den Vereinigten Staatsschulen in Berlin bei Emil Orlik, der gerne in den Kaffeehäusern porträtierte. Dort lernte sie Hanna Nagel kennen, mit der sie sich anfreundete. Die beiden Frauen porträtierten sich abwechselnd, fasziniert voneinander, unter anderem beim Zeichnen. Lesehr-Schneider wurde aufgrund ihrer fremdländischen Erscheinung mehrmals von Kolleg*innen gemalt. Sie selbst porträtierte sich häufig, aber nur einmal als Ma-

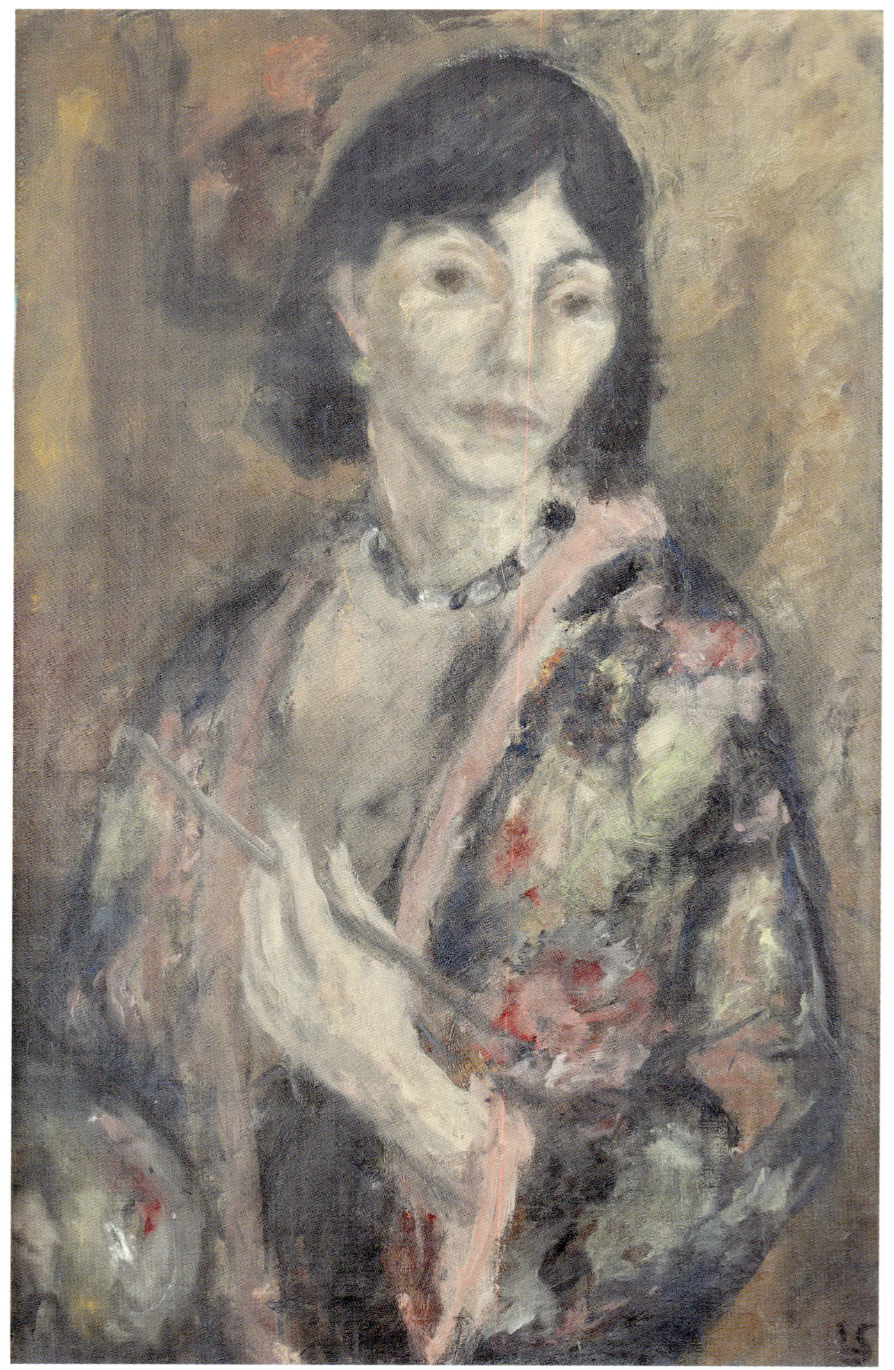

lerin in einem japanischen Morgenrock an der Staffelei *(Abb. 31)*. Nach ihrer Rückkehr nach Stuttgart war sie Meisterschülerin bei Anton Kolig, dessen expressiver Formensprache sie sich verweigerte, um ihren eigenen Stil zu entwickeln. In den 1930er-Jahren war sie sehr erfolgreich und war an Ausstellungen in Berlin, München und Stuttgart beteiligt. Die Heirat mit dem Bildhauer Georg Lesehr 1938 bedeutete einen großen Einschnitt in ihrem bisherigen Leben. Sie zog mit ihm in die Provinz, nach Biberach, wo ihr Vieles, was bisher selbstverständlich erschien, verwehrt war. Sie trug als freischaffende Malerin und durch Unterricht im Aktzeichen zum gemeinsamen Familieneinkommen bei. 1945 wurden Haus und Atelier durch eine Druckwelle zerstört und damit auch ein großer Teil des Frühwerks. Ihren Lebensunterhalt bestritt Lotte Lesehr-Schneider nach Kriegsende, indem sie Aktzeichnungen an französische Offiziere verkaufte. Nach und nach versiegte aber ihre künstlerische Kraft, es war ihr zunehmend unmöglich, Ehe, Haushalt und Künstlerinnenschaft miteinander zu verbinden. Erst in den 1960er-Jahren begann sie wieder zu malen; es entstanden farbintensive und ausdrucksstarke Porträts, die nun an das Vorbild ihres Lehrers Anton Kolig erinnerten. In ihren späten Lebensjahren war sie zudem wieder an Ausstellungen beteiligt, eine Wiederentdeckung ihrer Person und ihres Werkes fand jedoch erst nach ihrem Tod 2003 statt.

Ein weibliches Enfant terrible – Elfriede Lohse-Wächtler

Spektakulär und vor allem skandalös verlief das kurze Leben der Elfriede Lohse-Wächtler, deren Werk erst vor wenigen Jahren wiederentdeckt wurde. Mit knapp sechzehn Jahren verließ sie ihr gutbürgerliches Elternhaus und lebte am Rande der Gesellschaft. Der Vater hatte noch versucht, sie zu einer Ausbildung als Bühnenbildnerin, Kostüm- oder Modellschneiderin zu bewegen, damit sie eine Existenzgrundlage hätte.

31 Lotte Lesehr-Schneider: Selbstbildnis im japanischen Morgenrock, um 1932, Öl/Lw., Biberach, Museum Biberach, Braith-Mali-Museum

Immerhin begann sie ein Studium an der Dresdner Königlichen Kunstgewerbeschule in der Klasse für Mode und weibliche Handarbeiten. Später wechselte sie in die Klasse für angewandte Grafik, wo sie bis Anfang Februar 1918 studierte. In der Zwischenzeit hatte sie aufgrund der ständigen Auseinandersetzungen das Elternhaus verlassen. Sie schnitt sich die langen blonden Zöpfe ab und trug nun Bubikopf, rauchte in aller Öffentlichkeit Pfeife und lebte ein im Rahmen des Möglichen selbstbestimmtes Leben. Bald gehörte sie zur Dresdner Bohème, war befreundet mit Otto Dix und Conrad Felixmüller, die sie liebevoll Laus nannten. Und auch dem damals neu aufgekommenen Ausdruckstanz mit expressiven Posen frönte sie, wie einige wenige Fotografien belegen. Allerdings musste sie in den letzten Kriegsjahren auf einem Bauernhof als Aushilfe arbeiten, um nicht zu verhungern.

In den ersten Nachkriegsjahren wohnte sie im bunten Geschäfts- und Kneipenviertel Dresdens. Sie benutzte damals das Pseudonym Nikolaus Wächtler und lebte so vom Verkauf kunsthandwerklicher Arbeiten.[13] Zudem entstanden die ersten Lithografien. Gemeinsam mit dem Kunststudenten Otto Griebel engagierte sie sich im Spartakusbund und lernte durch ihn auch ihren späteren Ehemann Alfred Kurt Lohse, einen engen Freund von Otto Dix, kennen. Beide bewegten sich in Dada-Kreisen und waren befreundet mit dem Ober-Dada Johannes Baader, den sie beide porträtierten. Das Paar lebte von dem Geld, das sie mit Porträts verdiente, Lohse schwankte dagegen zwischen einer Maler- oder Gesangsausbildung. 1921 heirateten sie und lebten in einer freien Gemeinschaft – zeitweise zu dritt – in der Stadt Wehlen, wo Elfriede Lohse-Wächtler Lithografien und sogar Bildhauerarbeiten schuf. Bereits 1923 trennte sich das Paar wieder, verbrachte aber dann doch immer wieder viel Zeit zusammen. Einer der Käufer ihrer Werke war Dr. Kurt Glaser, der auch Bilder von Otto Dix sammelte. Legendär war das Silvesterfest 1923/24, wo sie sich ganz ungezwungen gab, wie Otto Griebel berichtete: „1924 zu Neujahr feierten wir im Atelier von Eugen Hoffmann auf der Zircusstraße ein lustiges Künstlerfest, bei dem auch Laus und Lohse zugegen waren. Und ich sehe es noch wie heute, plötzlich zog Laus alle Sachen herunter und tanzte splitternackt mit einer Tabakspfeife zwischen den Zähnen vor uns. Laus konnte sich so etwas unbeschadet leisten; sie war exzentrisch, ihr gefiel alles Außergewöhnliche, aber nie das Gemeine, und dieser Nackttanz war großartig und gar nicht ordinär."[14]

1925 zog sie zu ihrem Ehemann nach Hamburg, um ihn, der an einer Tuberkulose litt, zu pflegen. Doch bald kam es zu einem tiefen Zerwürfnis, Kurt Lohse hatte seine spätere zweite Ehefrau kennengelernt, und die beiden trennten sich endgültig. Künstlerisch konnte sich Elfriede Lohse-Wächtler nun ungebremst verwirklichen. Sie hatte sogar 1928 ihre erste Einzelausstellung und mehrere Ausstellungsbeteiligungen. Zwischenzeitlich verschlechterten sich aber ihre Verdienstmöglichkeiten, was ihr sehr zusetzte. Als sie Kurt Lohse im Sanatorium besuchte, zeigten sich bei ihr bereits erste Zeichen von Verfolgungswahn und übersteigerter Nervosität. Schließlich wurde sie zum ersten Mal in die Staatskrankenanstalt Friedrichsberg in Hamburg eingewiesen. Nach etwa drei Wochen konnte Kurt Lohse ihre Entlassung erwirken, die Diagnose blieb aber weiterhin unklar. Während dieses Krankenhausaufenthaltes entstand die Werkgruppe der „Friedrichsberger Köpfe". Dabei handelt es sich um etwa sechzig Zeichnungen und Pastelle, in denen sie schonungslos Patienten der Psychiatrie darstellte. Auch sich selbst zeichnete sie in dieser Zeit mehrfach. Eine Ausstellung dieser Köpfe im Hamburger Kunstsalon trug Elfriede Lohse-Wächtler begeisterte Kritiken ein. Möglicherweise lässt es sich hier von einem künstlerischen Durchbruch sprechen. Immerhin erlebte sie während der folgenden drei Jahre ihre intensivste Schaffensphase. Berührend sind die achtzehn Selbstbildnisse, in denen sie sich und ihre aktuelle Situation auslotete. Sie zeigte sich mal desillusioniert mit nacktem Oberkörper, mal in erotischer Pose im engen roten Kleid.

Tatsächlich war sie wahrscheinlich die erste, wenn nicht sogar lange Zeit die einzige Frau überhaupt, die sich selbst beim Liebesakt darstellte. Sie schien sich geradezu als „Neue Frau" der 1920er-Jahre kess und selbstbewusst zu inszenieren *(Abb. 32)*. Der Maler Otto Griebel schrieb über sie: „Sie selbst liebte es, sich fast männlich zu kleiden, ohne dabei manieriert wirken zu wollen. Sie trug einen eingedrückten schwarzen Künstlerhut auf ihrem kurzgeschnittenen Haar, dazu am Körper einen kurzen Rock und eine Russenbluse, welche an den Hüften ein Ledergurt zu-

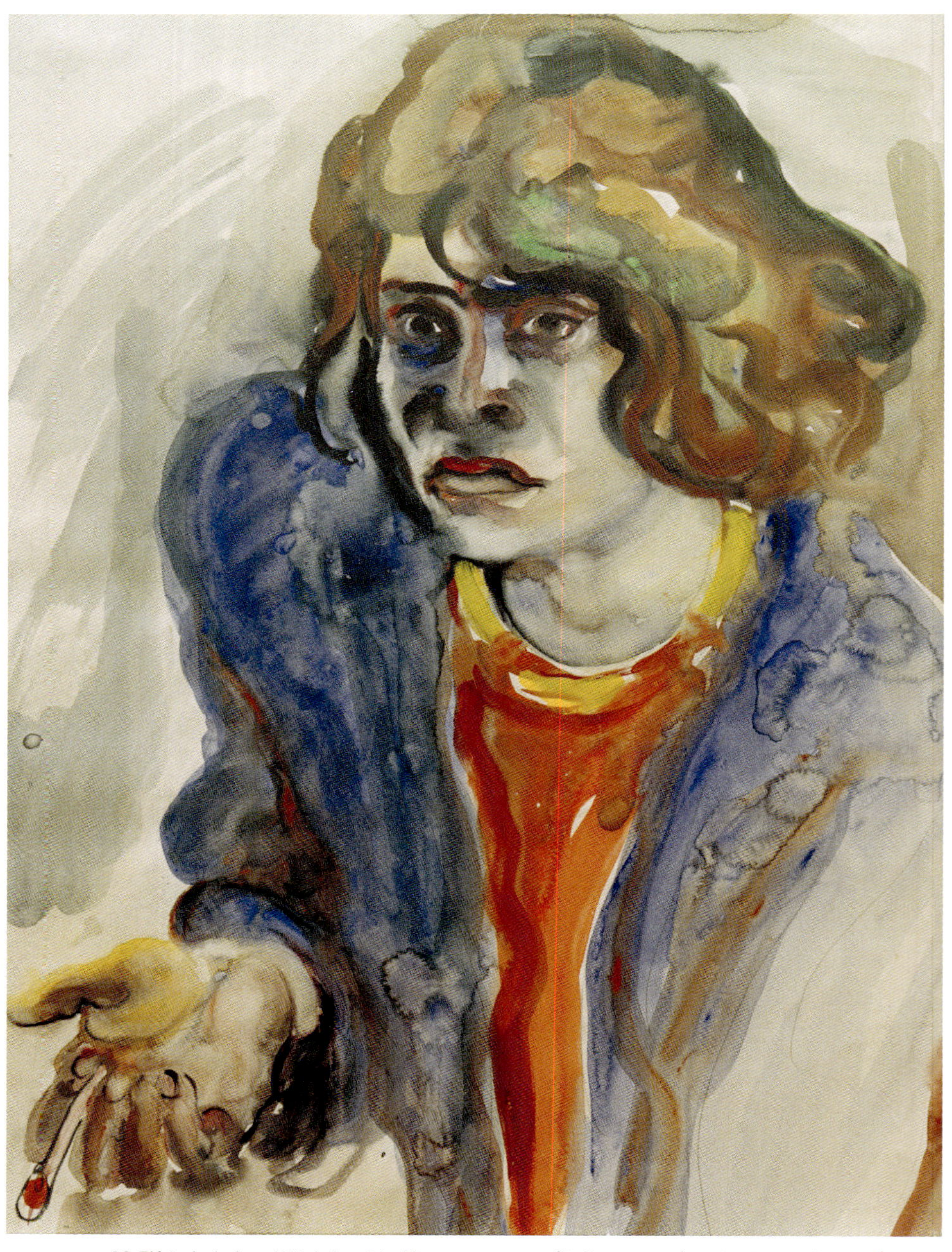

32 Elfriede Lohse-Wächtler, Die Zigarettenpause (Selbstporträt), 1931, Aquarell über Bleistift, Hamburg, Förderkreis Elfriede Lohse-Wächtler e.V.

sammenhielt, und zum Entsetzen der Spießbürger rauchte Laus auf der Straße auch noch Tabak aus der Pfeife."[15]

Doch immer wieder verschlechterte sich Elfriede Lohse-Wächtlers finanzielle und psychische Situation. Zeitweise lebte sie beim fahrenden Volk oder schlief in der Bahnhofswartehalle. Viele ihrer Freunde distanzierten sich aufgrund dieses Lebenswandels von ihr. Zeitweise wohnte sie aus Not auch wieder bei den Eltern. 1932 erfolgte die Diagnose Schizophrenie, so dass sie trotz verzweifelter Appelle ihrer Eltern die letzten acht Lebensjahre in der Landes-Heil- und Pflegeanstalt Arnsdorf bei Dresden verbrachte. Auch in dieser Zeit entstanden Bleistift- und Tuschezeichnungen von Kranken und Pflegerinnen. In diesen Arbeiten ging sie einen klaren Schritt weiter als Lesehr-Schneider, die in ihrer bürgerlichen Existenz verhaftet blieb. Dank der Vermittlung von Johannes A. Baader konnte sie nochmals in einer Ausstellung Zeichnungen, Aquarelle und Pastelle zeigen. Eine der Besprechungen im Hamburger Echo lobte: „Im Kunstsalon Maria Kunde bringen Zeichnungen, Aquarelle und Pastelle allen wahren Kunstfreunden ein einzigartiges, schon fast nicht mehr weiblich anmutendes Talent in Erinnerung: Elfriede Lohse-Wächtler."[16] Und eine weitere Kritik von Harry Reuss-Löwenstein machte die Schonungslosigkeit ihrer Werke deutlich: „Es ist nicht gerade die heitere Seite des Lebens, der sie in einer rücksichtslosen Wahrheitsliebe, die sich auch bis zum Brutalen steigert, nachgeht. Typen aus Kneipen und Kaschemmen, Dirnen von Dixschen Kaliber werden mit ungestümer Eile auf das Papier geworfen."[17]

Im Leben wie in der Kunst war sie unkonventionell und unabhängig. Viele ihrer Motive fand sie bei ihren nächtlichen Streifzügen durch St. Pauli, damals für eine Frau nahezu undenkbar und hoch gefährlich. Sie besuchte Kneipen, Bars und sogar Bordelle, wo sie ihre Modelle fand. So dokumentierte sie etwa auch die damals regelmäßig stattfindenden Gesundheitskontrollen der Prostituierten, die diese stoisch über sich ergehen ließen. Mit der Machtergreifung der Nationalsozialisten galt ihr Werk wie das vieler anderer als „entartet". Doch für sie sollte es noch viel schlimmer kommen. Aufgrund der Diagnose Schizophrenie stellte der Arnsdorfer Anstaltsdirektor einen Antrag auf Zwangssterilisation, und sie wurde entmündigt. Zusätzlich betrieb Kurt Lohse wegen angeblich unheilbarer Geisteskrankheit die Scheidung. Durch seine Aussagen vor dem Scheidungsgericht lieferte er sie letztlich der nationalsozialistischen Gesundheitsideologie aus. Vater und Bruder versuchten, die drohende Sterilisation zu verhindern, als Konsequenz durften sie Elfriede Lohse-Wächtler zeitweise nicht mehr besuchen. Ende 1935 erfolgte schließlich die Zwangssterilisation, die Schaffenskraft der Künstlerin kam nach diesem Eingriff nahezu zum Versiegen. Ende der 1930er-Jahre war sie zudem stark vom Mangel an medizinischer Versorgung und Verpflegung betroffen. 1940 begann die Aktion T4, bei der körperlich und psychisch Kranke als sogenanntes „lebensunwertes Leben“ ermordet wurden. Die besorgten Eltern stellten einen Antrag, ihre Tochter für mehrere Wochen mit nach Hause nehmen zu dürfen. Als sie diese abholen wollten, hieß es, sie sei umgesiedelt worden. Tatsächlich war sie da bereits in den Räumen des Kellergeschosses vergast und die Leiche umgehend eingeäschert worden. Erst nach dem Ende des Zweiten Weltkriegs wurden die verantwortlichen Ärzte dafür zur Rechenschaft gezogen. Elfriede Lohse-Wächtlers Bruder verwaltete bis zu seinem Tod ihren Nachlass und half, ihr Leben und Werk vor dem Vergessen zu bewahren. 1994 entstand ein Förderkreis, der diese Bemühungen fortsetzte.

Ein weiblicher Toulouse-Lautrec – Jeanne Mammen

War Elfriede Lohse-Wächtler eine schonungslose Chronistin des Hamburger Milieus, so gleichen Jeanne Mammens elegante Milieustudien eher den Arbeiten eines Henri de Toulouse-Lautrecs. Ein echtes Berliner Gewächs, wurde sie 1890 in der Metropole geboren. Mit ihrer gutbürgerlichen, wohlhabenden, aber auch weltoffenen Familie, die ihr eine internationale Ausbildung ermöglichte, lebte sie ab ihrem zehnten Lebensjahr in Paris. Jeanne Mammen und ihren Geschwistern standen alle Ausbildungsmöglichkeiten zur freien Verfügung, zwischen Jungen und Mädchen wurde nicht unterschieden. Die Schwestern Mammen besuchten daher das Lycée Molière, das die Frauenbewegung förderte und in dem die Schülerinnen ermutigt wurden, ein Studium aufzunehmen.

Im Oktober 1907, mit sechzehn Jahren, begann sie gemeinsam mit ihrer Schwester Mimi ein Studium der Malerei an der Académie Julian in Paris, nur ein Jahr später waren sie an der Académie Royal des Beaux-Arts in Brüssel eingeschrieben, wo Jeanne Mammen einen Preis für ihre Bildkomposition erhielt. An der Brüssler Akademie war es bereits seit 1889 für Frauen möglich, an einer Klasse für Fortgeschrittene teilzunehmen und sich wie auch die Männer an den Kunstwettbewerben zu beteiligen. 1909 waren die Schwestern erneut an der Académie Julian. Auf ihren Streifzügen durch Paris machten sie – wie Jeanne berichtete – andauernd Skizzen. Dabei hatte die Académie Julian noch 1907 darauf hingewiesen, dass in den Damenklassen Anstandspersonen als Begleitung zugelassen seien, da es sich für Frauen nicht schicke, alleine durch die Straßen zu spazieren, weil sie sonst für Prostituierte gehalten werden könnten. Nach dem kurzen Pariser Intermezzo kehrten die Schwestern nach Brüssel zurück, wo sie 1910 ihr Studium abschlossen. Anschließend war Jeanne Mammen ein Jahr lang auf Studienreise in Rom an der Scuola Libera Academica, um dort ihre Ausbildung zu vervollständigen. Ihr erstes Atelier bezog sie in Paris gemeinsam mit ihrer Schwester Mimi, wechselte aber bald wieder nach Brüssel. Beide waren nun freischaffend und beteiligten sich an Ausstellungen in Paris und Brüssel. Gerade in dieser Zeit entstanden Skizzenbücher, in denen Jeanne Mammen Menschen mit ihren typischen Gesten festhielt.

Während des Ersten Weltkriegs musste die Familie jedoch nach Deutschland fliehen, denn sie waren in Frankreich zu feindlichen Ausländern erklärt worden, so dass Berlin ihr neuer Lebensmittelpunkt wurde. Als das Familienvermögen beschlagnahmt wurde, mussten die Geschwister auch wirtschaftlich auf eigenen Beinen stehen. Mimi und Jeanne knüpften Kontakte zu verschiedenen Verlagen und konnten so ihren Lebensunterhalt mit Illustrationen bestreiten. Der Vater mietete und bürgte für ein Atelier, in dem die Schwestern nun frei arbeiten konnten. Eine weitere Einnahmequelle bildete bald der Entwurf von Filmplakaten. Und auch im Bereich Mode fanden sie ein lukratives Betätigungsfeld. Jeanne Mammen entwickelte sich in dieser Zeit zu einer Art Chronistin der 1920er-Jahre. Ihr Thema wurde die „Neue Frau“, sie

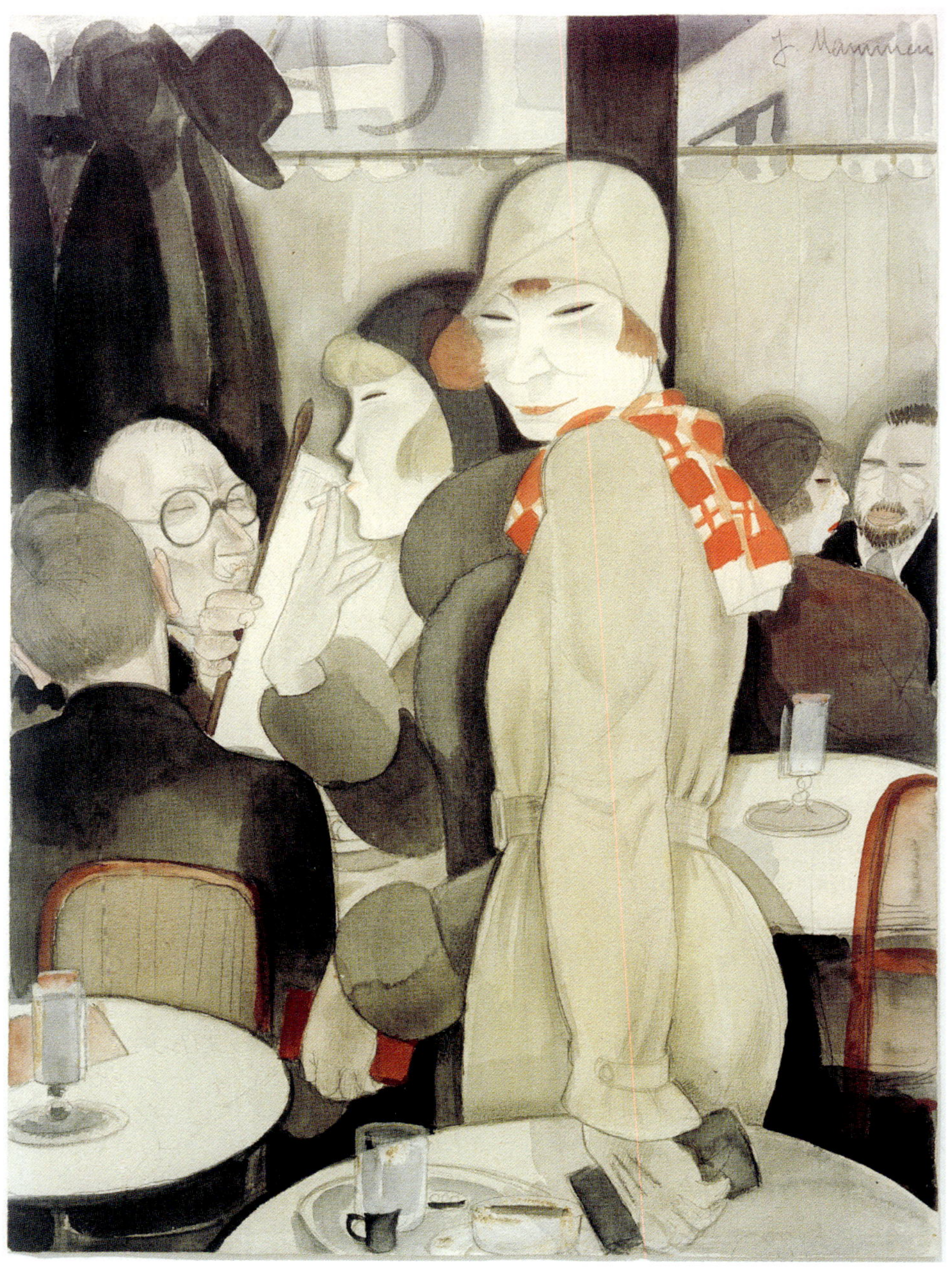

33 Jeanne Mammen, Berliner Café (im Romanischen Café), um 1930, Aquarell über Bleistift, Albstadt, Galerie Albstadt – Städtische Kunstsammlungen

schilderte sie an verschiedenen Orten in unterschiedlichen Situationen, zeigte sie in ihren Rollen als Vamp, Naive und Kokette *(Abb. 33)*. Jeanne Mammen war mit ihren Arbeiten bald so erfolgreich, dass sie zu den wenigen Künstlerinnen gehörte, die von ihrer Kunst leben konnten. Und das musste sie auch, da sie nicht wie andere Kolleginnen gut verheiratet war. In der Berliner Galerie Gurlitt fand 1930 ihre erste Einzelausstellung statt, die großen Anklang fand. Gurlitt war es auch, der sie beauftragte, Illustrationen zum Thema lesbische Liebe zu schaffen. Das war ein Thema, das sie häufiger beschäftigte und mit dem in den 1920er-Jahren sehr offen umgegangen wurde, so war Jeannes Schwester Mimi mit Henriette Goldenberg liiert. Sie selbst pflegte eine Freundschaft mit dem Ingenieur und späteren Bildhauer Hans Uhlmann. 1932 reiste das Paar, das mit dem Sozialismus sympathisierte, sogar nach Moskau, wo Mammen die russische Bevölkerung in ihren Zeichnungen festhielt. Während einer antifaschistischen Flugblattaktion in Berlin wurde Uhlmann festgenommen. Bei einem Haftbesuch zeichnete sie das Wartezimmer des Gefängnisses als Gegenwelt zur Berliner Bohème. Noch in den 1930er-Jahren schuf sie Lithografien von Prostituierten, Kaschemmen, Tänzerinnen und andere Berliner Milieustudien. Immer wieder besuchte sie selbst Zeichenkurse und zeichnete oft unbemerkt die dortigen Schüler.

Mit der Machtübernahme der Nationalsozialisten war Jeanne Mammens Karriere vom einen auf den anderen Tag zu Ende. Viele der Zeitschriften, für die sie arbeitete, wurden verboten, und mit den erlaubten Blättern wollte sie nicht arbeiten. Schließlich musste sie sich arbeitslos melden und wurde daraufhin, da sie nie in eine Arbeitslosenversicherung eingezahlt hatte, zur Wohlfahrtsempfängerin. Schließlich hielt sie sich mit Gelegenheitsarbeiten über Wasser. Als die Schwestern die Aufnahme in die Reichskammer der bildenden Künste beantragten, landete Jeanne bei den Gebrauchsgrafikern. Es dauerte lange, bis Jeanne Mammen als Künstlerin wieder einigermaßen Fuß fassen konnte. Erst im Nachkriegsdeutschland wurde sie zu einer Größe und entwickelte ihre Kunst stetig weiter. Anlässlich ihres 85. Geburtstages klagte sie: „Da ich nicht mehr saufen noch rauchen kann war der sogenannte Geburtstag höchst popelich (…) Am liebsten schlafe ich, ausgiebig mit Gier, leider komme ich nicht dazu, soviel wie ich möchte denn auf einmal kümmert sich alle Welt um mich als wenn ich ein Genie wäre, will Bilder in diverse Muséen buxieren, Lebensläufe, Bücher, Fotos vom Atelier und sonstwas für späteren Unsinn machen."[18]

„Die Badenden" – Die Künstlerin Margarete Oehm

Eine völlig andere Art der Selbstverwirklichung fand Margarete Oehm, die den bekannten Künstler Willi Baumeister heiratete. 1898 in eine Fabrikantenfamilie hineingeboren, erlebte sie eine unbeschwerte Kindheit. Als höhere Tochter begann sie, sich mit vierzehn Jahren besonders für die Malerei zu interessieren. Dank ihrer Mutter, die bereits früh verwitwet war, konnte sie sich künstlerisch ausbilden lassen. Allerdings besuchte sie nie eine Akademie, sondern nahm Privatunterricht: ab 1912 Zeichenunterricht bei Fräulein Mürdter und Fräulein May und nach dem Ersten Weltkrieg in einem Kassler Mädchenpensionat bei Fräulein Koeppel. Nach und nach reifte in ihr die Idee, Künstlerin werden zu wollen. 1920 reiste sie in den Norden Deutschlands und lernte in Worpswede Künstler wie den Maler und Schriftsteller Otto Tetjus Tügel sowie den Grafiker und Fotografen Hans Saebens kennen. Beide beurteilten ihre in Worpswede entstandenen Arbeiten wohlwollend. Selbstbewusst versuchte sie, ihren eigenen Weg zu finden, knüpfte Kontakte mit weiteren Künstlern und verglich die Ausbildungsmöglichkeiten in den verschiedenen deutschen Städten.

Nach ihrer Rückkehr nach Stuttgart wurde Willi Baumeister 1923 ihr letzter und wichtigster Lehrer. Der Hölzel-Schüler war bereits über Deutschland hinaus bekannt, so hatte er bereits 1922 gemeinsam mit Fernand Léger in der Berliner Sturm-Galerie ausgestellt und pflegte zudem enge Beziehungen zu Bauhaus-Künstlern wie Paul Klee und Oskar Schlemmer. Durch die Korrekturstunden mit Baumeister entwickelte sich Margarete Oehms Stil sichtlich weiter, so war sie sogar auf der zweiten Ausstellung der Stuttgarter Secession mit ihrem Gemälde „Badende" vertreten. Im Juli 1926 reiste sie sogar mit Baumeister, der sie nun Margrit nannte, nach Paris. Die befreundete Malerin Gertrud Koref-Stemmler begleitete das unverheiratete Paar als eine Art „Anstandsdame". Gemeinsam besuchten sie das Atelier von Piet Mondrian, und die beiden Damen kleideten sich bei der Künstlerin und Designerin Sonia Delaunay-Terk neu ein. Neben dem Ehepaar Delaunay trafen sie auch den berühmten Maler Fernand Léger. Margrit war tief beeindruckt und beschloss nur wenige Monate später, ihre eigenen künstlerischen Ambitionen aufzugeben. 1978 begründete sie diesen Schritt in einem Interview: „Die Welt der Malerei wurde für mich in Paris so groß, dass ich mich entschloss, selbst nicht mehr weiterzumalen."[19]

Stattdessen heiratete sie im November 1926 Willi Baumeister. Sie agierte nun als wichtigste Kritikerin ihres Mannes und war damit die wichtigste Person in seinem Leben, mit der er zuerst seine neuen Bilder besprach. Sie führte so durchaus ein reiches und erfülltes Leben als Künstlergattin. 1928 erhielt Baumeister einen Ruf an die Kunstgewerbeschule in Frankfurt, und Margrit beriet ihn beim Kontakt mit so wichtigen Galeristen wie Alfred Flechtheim oder der Galerie Nierendorf. So schrieb sie nach einer Ausstellungseröffnung in Paris im Jahr 1930: „Eine Menge Leute waren gestern bei der Eröffnung der Ausstellung, ganz bedeutende Maler, Kritiker usw. Ich bekam entzückende Blumen und wir wurden sehr gefeiert [...] Nachmittags Einladung zu dem Maler Léger [...] und Corbusier. In Paris fühlten wir uns ungemein wohl, wie früher."[20]

In der Zeit des Nationalsozialismus endete die Karriere Willi Baumeisters, und die inzwischen vierköpfige Familie lebte in der inneren Emigration. Erst in der Nachkriegszeit konnte Willi Baumeister wieder an seine früheren Erfolge anknüpfen. Nachdem er am 31. August 1955 völlig unerwartet verstarb, sorgte Margarete Baumeister gemeinsam mit den beiden Töchtern für den Nachlass. Und es erscheint relativ sicher: Ohne dieses Engagement, das heute von der Tochter Felicitas Baumeister fortgeführt wird, wäre das Werk Willi Baumeisters heute nicht so bekannt.

Die 1920er-Jahre waren für Künstlerinnen ein wichtiges Jahrzehnt. Endlich fielen die Schranken, und sie konnten an den staatlichen Akademien studieren. Doch was sich zunächst so erfreulich anhörte, bedeutete für viele Frauen weiterhin einen harten Kampf. Nicht anerkannt, nicht ernst genommen zu werden, war weiterhin das Schicksal künstlerisch tätiger Frauen. Am Bauhaus gar in die Weberei gedrängt, machten sie meist aus den vorhandenen Möglichkeiten das Beste. Für einige, etwa für Ida Kerkovius, ehemalige Meisterschülerin und Assistentin von Hölzel, war die Webkunst in den schweren Zeiten jedoch eine der wenigen Möglichkeiten, sich den Lebensunterhalt zu verdienen. Verstießen die Frauen gegen gesellschaftliche Konventionen, mussten sie dies nicht selten teuer bezahlen, galten gar als Anhängsel von Männern oder als Aussätzige der Gesellschaft. So manches tragische Schicksal steht den nun deutlich gelungeneren Lebensentwürfen entgegen. Das Aufkommen des Nationalsozialismus, der jüdische und avantgardistische Künstlerinnen massiv verfolgte, bedeutete das Ende vieler Freiheiten und Chancen.

VERFEMT, VERFOLGT, ERMORDET
Tragische Schicksale im Nationalsozialismus

Die Zeit des Nationalsozialismus bedeutete generell einen tiefen Einschnitt in der Kunstgeschichte. Die rigide Kunstpolitik der amtierenden Machthaber verhinderte die künstlerische Entwicklung vieler Kunstschaffender oder beendete sie durch Verfolgung und Ermordung. Insbesondere Künstlerinnen wurden häufig zum Opfer politischer oder rassistischer Verfolgung. Zudem waren sie die Leidtragenden der männlich geprägten nationalsozialistischen Kunstpolitik, nachdem es in der Weimarer Republik einigen Frauen gelungen war, sich im Kunstbetrieb zu etablieren. So konstatierte Ingrid von der Dollen in ihrer Studie zur verschollenen Generation, dass gerade die Frauen „in der entscheidenden Phase ihres Lebens durch die Etablierung der nationalsozialistischen Diktatur an ihrer Entfaltung gehindert worden seien wie nie zuvor".[1] Die NS-Zeit bedeutete für viele Künstlerinnen das Ende einer bisher hoffnungsvoll verlaufenen Entwicklung. Stattdessen wurde nun in erster Linie die „Karriere" als Ehefrau und Mutter propagiert. So manche Künstlerin musste sogar froh sein, überhaupt mit ihrem Leben davonzukommen, und nicht alle schafften dies. Während der Wirren des Krieges reduzierte sich die Arbeit der Künstlerinnen dramatisch, meist kam es zu einer kompletten Unterbrechung des Werkes.

Einige Künstler*innen arrangierten sich mit dem NS-Regime. Vielen blieb aufgrund ihrer Lebensumstände, etwa wegen familiärer Verpflichtungen, kaum eine andere Wahl, wenn sie und ihre Familien überleben wollten. Weiterhin wurde Frauen abgesprochen, künstlerisch arbeiten zu können, doch gab es andererseits auch positive Äußerungen zu Künstlerinnen. Sie erhielten, sofern sie keine Jüdinnen waren, jüdische Verwandte hatten oder offenkundig avantgardistisch arbeiteten, Zugang zur Reichskammer der bildenden Künste. Die bisher gut frequentierten Berufsverbände erfuhren die Gleichschaltung, wie etwa auch der Württembergische Künstlerinnen-Verein, der umgehend seine jüdischen Mitglieder ausschloss.

Die bildende Kunst der Nationalsozialisten favorisierte traditionelle Gattungsmalerei sowie figurative Plastik mit einer sichtlichen Hinwendung zu neoklassizistischen Gestaltungsprinzipien. In der Malerei fand das Triptychon eine Wiederentdeckung und Neubewertung. Landschaftsdarstellungen, insbesondere mit Assoziationen zu Heimat und „Rasse“, wurden hoch geschätzt. Szenen mit Bauern sollten die landwirtschaftliche Arbeit aufwerten, der weibliche Akt als sportliche und schlanke Schönheit, oft vor Landschaft, visualisierte den Typus der „nordischen Rasse“ und feierte den Körperkult.

Generell kam während der Zeit des Nationalsozialismus der Plastik eine deutlich größere Bedeutung zu als der Malerei, da sie im öffentlichen Raum besser zum Zweck der Propaganda inszeniert werden konnte. Die bildende Kunst der Nationalsozialisten war hauptsächlich von Männern geprägt. Eine der wenigen Frauen, die als Künstlerin geschätzt wurde, war eine Bildhauerin, deren Skulptur sich an klassischen Vorbildern orientierte.

Eine Karriere im Nationalsozialismus – Hanna Cauer

Zu den wenigen Künstlerinnen, die damals Karriere machten, gehörte die Bildhauerin Hanna Cauer, die schon vor dem Machtwechsel als Ausnahmetalent gegolten hatte und zudem aus einer prominenten Künstlerfamilie stammte. 1902 in eine Bildhauerfamilie hineingeboren, die bereits seit drei Generationen einen Bildhauerbetrieb leitete, strebte sie bereits in ihrer Kindheit eine Künstlerinnenlaufbahn an. Bei ihren ersten Arbeiten handelte es sich noch um Aquarelle sowie um Wandmalereien. Auf einer Reise mit ihrem Vater nach Berlin lernte sie sogar Max Liebermann kennen. Dieser war derart begeistert vom Talent der damals erst Vierzehnjährigen, dass er ihr sein Atelier zur Ausstellung ihrer Bilder überließ. In diesem Alter schuf sie auch ihre erste Bildhauerarbeit, bei der es sich um eine Jungmädchenbüste handelte. Ein Jahr lang studierte sie nach dem Schulabschluss an der Berliner Akademie. In Zweifel geraten, ob sie Malerin oder Bildhauerin werden sollte, verbrachte sie Anfang der 1920er-Jahre einen Winter lang nur mit Aktzeichnen. Schließlich zog sie zur weiteren Ausbildung nach Hamburg zu ihrem Onkel, dem bekannten Maler Leopold Graf von Kalckreuth, wechselte dann wieder nach Berlin, wo sie Studien bei Leo von König, Emil Orlik und Max Slevogt betrieb. Letztlich entschied sie sich erst 1927, Bildhauerin zu werden und begann eine entsprechende Ausbildung.

In der Darstellung von nackten, idealen Körpern sowie von Porträts erlangte sie bald eine große Meisterschaft. 1930 erhielt sie als erste Bildhauerin überhaupt ein Aufenthaltsstipendium der Deutschen Akademie an der Villa Massimo in Rom, wo sie die Skulptur der Antike studieren konnte. Im Anschluss daran reiste sie nach Paris und entdeckte Aristide Maillol als wichtiges Vorbild für sich. Sie begann nun überwiegend Kolossalskulpturen zu schaffen, zunächst hauptsächlich Frauenfiguren wie die „Schwebende Göttin", oder „Allegreto" und „Moderato" für das Nürnberger Opernhaus. Auch andere von ihr gestaltete Frauenfiguren waren für die Aufstellung in der Öffentlichkeit gedacht. Eine stilistische Anpassung an die vorherrschende Kunstauffassung musste bei ihr nicht erfolgen, ihre Werke entsprachen dem Geschmack der neuen Machthaber. Diese waren bald jedes Jahr in der Großen Deutschen Kunstausstellung vertreten, zudem bekam Cauer ein Atelier an den Vereinigten Staatsschulen für freie und angewandte Kunst Berlin zur Verfügung gestellt. 1937 wurde sie aber auch mit einer Goldmedaille auf der Weltausstellung in Paris geehrt. Die Künstlerin erlebte ihren Karrierehöhepunkt während des Dritten Reiches. Inwieweit sie aber in das politische System involviert war oder einfach nur die Gunst der Stunde nutzte, wie das viele andere möglicherweise auch getan hätten, bleibt dahingestellt – hatten doch die Künstlerinnen in dieser Zeit gegenüber den männlichen Kollegen entschieden das Nachsehen.

Ein Fall von „entarteter Kunst" – Emy Roeder

Ganz anders dagegen die expressionistische Bildhauerin Emy Roeder. Nach einer Lehre bei einem Steinbildhauer in ihrer Geburtsstadt Würzburg studierte sie zunächst in München und war dann Schülerin beim expressionistischen Bildhauer Bernhard Hoetger in Darmstadt. 1915 wechselte sie nach Berlin, wo sie sich avantgardistischen Künstlergruppen anschloss, darunter die Freie Secession und die revolutionäre Novembergruppe. Ihre künstlerische Laufbahn gestaltete sich zunächst äußerst erfolgreich. Sie lernte die bekannten Bildhauer ihrer Zeit kennen, einen davon, Herbert Garbe, heiratete sie sogar. Dieser ließ ihr jeglichen Freiraum, um sich künstlerisch weiterzuentwickeln.[2] In ihrer ersten von Alfred Kuhn verfassten Werkmonografie dankte sie ihm dafür: „Ich widme Herbert Garbe die Zeichen meiner Arbeit, ich danke ihm meine künstlerische Befreiung, die Harmonie meines Lebens."[3] Außerdem war sie Meisterschülerin bei Hugo Lederer, gewann Preise, nahm an Ausstellungen teil und unternahm Reisen. Sie war etabliert und wurde insgesamt positiv von der Kunstkritik bewertet. 1933 veränderte sich die Situation allmählich. Zunächst folgte sie ihrem Mann, der ein Atelier in der Villa Massimo erhalten hatte, nach Rom. Inspiriert von antiken Venusdarstellungen vom Typus Venus pudica, etwa der Kapitolinischen Venus, schuf sie in dieser Zeit das „Stehende Mädchen mit Tuch" *(Abb. 34)*.

Anschließend blieb sie alleine im Ausland, die Ehe war inzwischen geschieden, und Garbe hatte sich dem Nationalsozialismus zugewandt. Emy Roeder bekam dagegen 1936 ein Stipendium der Villa Romana in Florenz. Der dortige Leiter, Hans Purrmann, hielt, solange ihm das möglich war, seine schützende Hand über die gefährdete Künstlerin, so dass sie ein ganzes Jahr dortbleiben konnte. Im selben Jahr wurde jedoch die von ihr geschaffene Skulptur „Schwangere" beschlagnahmt und 1937 in der Ausstellung „Entartete Kunst" gezeigt. Von finanziellen Sorgen belastet und künstlerisch isoliert, konnte Emy Roeder in Florenz zunächst beim Kunsthistoriker Herbert Siebenhüner und seiner Frau wohnen. Nach der Befreiung Italiens wurde sie von den Alliierten 1944/45 in einem Lager in Padula interniert. Dank der Initiative von Hans Purrmann und des Kunsthistorikers Wolfgang Fritz Volbach kam sie frei, blieb aber zunächst in Rom. Erst 1949 kehrte sie wieder nach Deutschland zurück und erhielt einen Lehrauftrag für Bildhauerei und Grafik an der Landeskunstschule in Mainz, wo sie bis zu ihrem Tod 1971 als angesehene Künstlerin lebte.

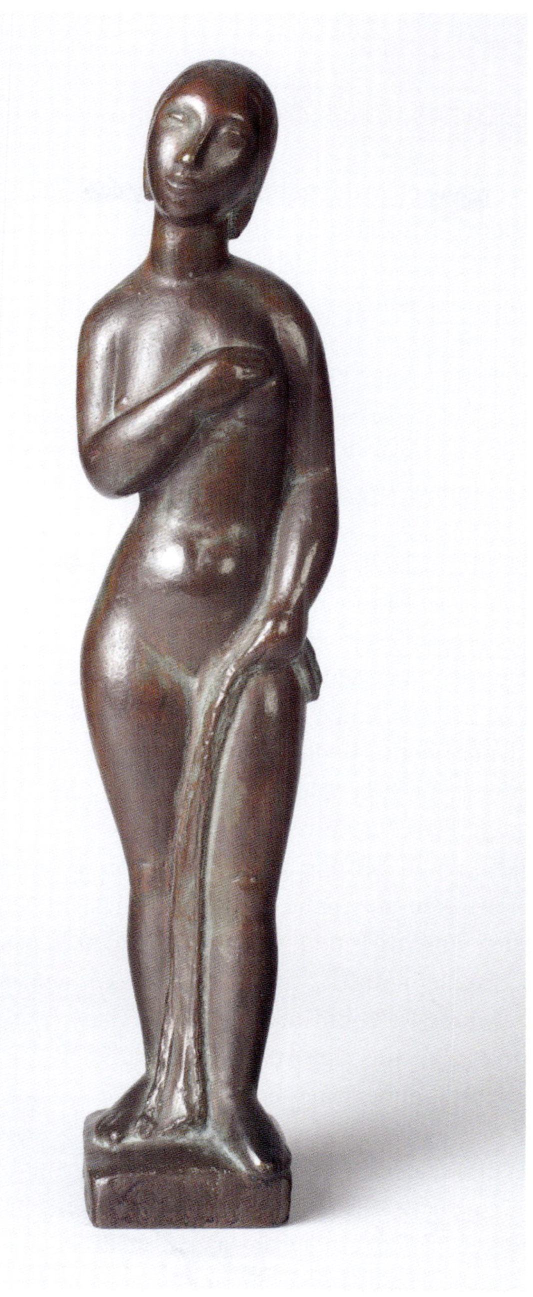

34 Emy Roeder, Stehendes Mädchen mit Tuch (Pariserin), 1934, Bronze, Sammlung Karl H. Knauf

Käthe Loewenthal – deportiert und ermordet

Die größte Gefährdung bestand für jüdische Künstlerinnen, insbesondere alleinstehende reiche Frauen in Großstädten standen im Fokus. Die besten Überlebenschancen hatten Künstlerinnen in sogenannten Mischehen, wie zum Beispiel die Hölzel-Schülerin Lily Hildebrandt, die sich retten konnte, während ihre Mitstudentin Käthe Loewenthal umkam. Geboren 1878 als älteste von fünf Töchtern des renommierten Mediziners und Hygienikers Professor Wilhelm Loewenthal und seiner Frau Clara, die aus einer reichen Hamburger Kaufmannsfamilie stammte, standen Käthe Loewenthal zunächst alle Möglichkeiten offen. Die Karriere des Vaters führte zu wechselnden Aufenthalten der Familie im Ausland, unter anderem hielt sie sich mehrmals für längere Zeit in der Schweiz auf, wo sie vermutlich früh das Werk Ferdinand Hodlers kennenlernte. In den 1890er-Jahren unternahm sie zahlreiche Studienreisen, was damals für Frauen noch ungewöhnlich war. In Paris lernte sie Leo von König kennen und besuchte anschließend dessen privaten Unterricht in Berlin. 1902 lernte sie auf einer Italienreise, die sie gemeinsam mit ihrer Schwester unternahm, ihre Freundin und Seelenverwandte Erna Raabe von Holzhausen kennen. Diese zog 1903 nach Stuttgart, um an der dortigen Kunstakademie bei Heinrich Altherr zu studieren, während Käthe Loewenthal sich im Künstlerinnen-Verein München einschrieb und sich regelmäßig zu Malaufenthalten bei Ferdinand Hodler aufhielt. Zum Jahreswechsel 1909/10 folgte Käthe Loewenthal ihrer Freundin und bezog im Haus des Württembergischen Malerinnen-Vereins eine Atelierwohnung.

Ab dem Sommersemester 1910 meldete sie sich an der Stuttgarter Akademie an und war damit eine der ersten drei dort immatrikulierten Frauen und ab dem Wintersemester auch eine von Adolf Hölzels Schülerinnen. 1914 hatte sie ihr Studium abgeschlossen und zog mit Erna Raabe zusammen. Zudem erhielt sie von der Stadt Stuttgart ein Atelier in der Ameisenbergstraße 61 zugewiesen.[4] Bereits während ihres Studiums war sie jeden Sommer nach Vitte auf der Ostseeinsel Hiddensee gereist, um ihre jüngere Schwester zu besuchen, die sich dort als Malerin in einem alten Fischerhaus niedergelassen hatte. Mit der Machtübernahme der Nationalsozialisten endeten diese Besuche. Obwohl die Künstlerin bereits früh den protestantischen Glauben angenommen hatte, geriet sie ins Visier der Nationalsozialisten: Ein Kriterium für ihre „Rassenzugehörigkeit" bildete gar das Religionsbekenntnis der Großeltern. Als Jüdin wurde Käthe Loewenthal aus der Reichskulturkammer ausgeschlossen und erhielt 1934 zudem Mal- und Ausstellungsverbot. 1935 wurde sie zusammen mit Alice Haarburger und Elli Heimann aus dem Württembergischen Malerinnen-Verein ausgeschlossen. Die anderen jüdischen Mitglieder waren zu diesem Zeitpunkt bereits ausgetreten. Auch das städtische Atelier wurde Loewenthal aberkannt. 1935 hielt sie sich nochmals in der Schweiz auf und hätte die Möglichkeit gehabt, auch dort zu bleiben, obwohl der Vermögenstransfer ins Ausland bereits erheblich erschwert war, doch ein Brief ihrer schwerkranken Freundin, der Malerin Erna Raabe, veranlasste sie, wieder nach Stuttgart zurückzukehren. Menschlich verständlich, war dies jedoch für ihr Überleben ein schwerwiegender Fehler.

Als Erna Raabe 1938 verstarb, unternahm Käthe Loewenthal keine weiteren Versuche mehr, Deutschland zu verlassen. Zudem hatte sich die Situation für die Juden in der Württembergischen Landeshauptstadt drastisch verschlechtert. Ihnen war es bereits nicht mehr möglich, sich in nichtjüdischen Gaststätten und Caféhäusern aufzuhalten. Ab September 1941 mussten sie den Davidstern tragen und konnten öffentliche Verkehrsmittel nur noch mit Sondererlaubnis benutzen. Ab 1942 durften Juden keine Wartesäle und öffentlichen Fernsprechzellen aufsuchen. Und mitten im tiefsten Winter mussten sie ihre Woll- und Pelzsachen abgeben. Sie durften keine elektrischen Haus- und Küchengeräte, keine Fahrräder, keine Schreibmaschinen mehr besitzen und keine Hunde, Katzen oder Kanarienvögel mehr halten.

In dieser Zeit entstand Loewenthals „Spargelstillleben" *(Abb. 35)*, bei dem es sich um eines ihrer wenigen erhaltenen Gemälde handelt. Vorbild dieser Darstellung ist sichtlich Manets „Spargelbündel" aus dem Jahr 1880. Mit breitem Pinselstrich schildert sie die verschiedenen farblichen Schattierungen des wie eine Kostbarkeit auf einem Teller im Bild-

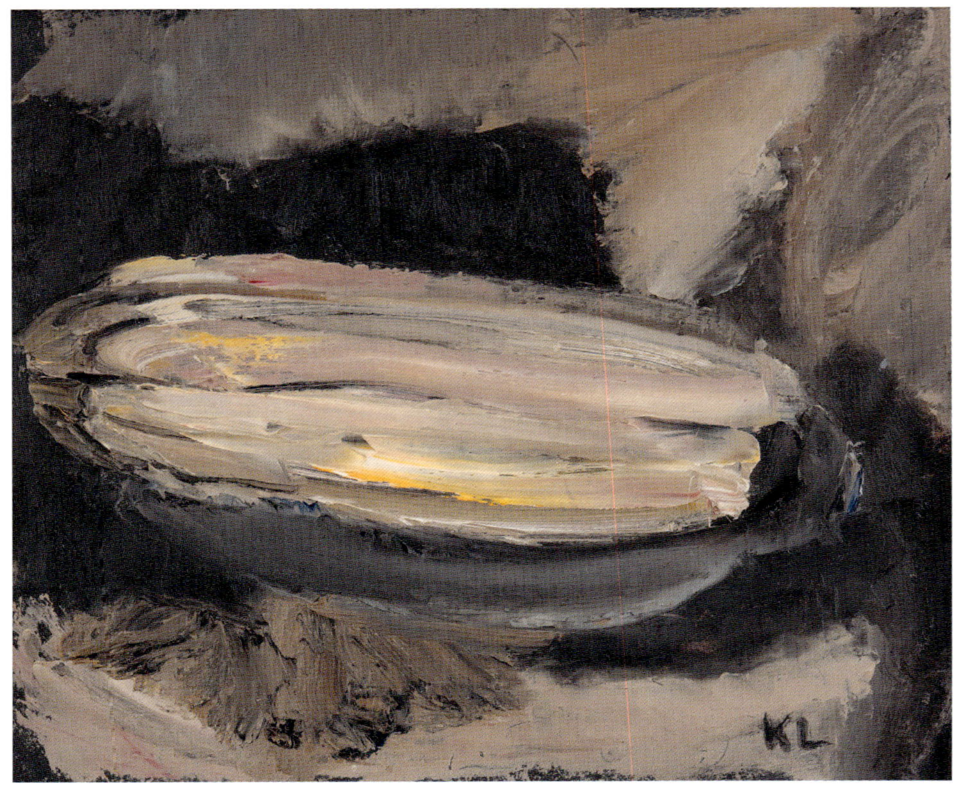

35 Käthe Loewenthal, Spargelstillleben, o.J., Öl auf Hartfaser, Stuttgart, Kunstmuseum

zentrum drapierten Gemüses. Möglicherweise war Spargel eines der wenigen Lebensmittel, das der Künstlerin zum Überleben zur Verfügung stand, sonst hätte sie ihn nicht auf diese prominente Art und Weise inszeniert. Hell leuchtet das edle Wurzelgemüse vor dem düsteren Hintergrund, der an die schwere Zeit gemahnt, in der das Stillleben entstand. Dementsprechend konnte sie das Bild nicht einfach verkaufen, sondern tauschte es, wahrscheinlich zusammen mit zwei weiteren Stillleben, beim Schreinermeister und Nationalsozialisten Bruno Lüpnitz gegen Bilderrahmen ein.[5]

1942 musste Käthe Loewenthal in eine sogenannte Judenwohnung umziehen, später in ein Altersheim in Weißenstein im Kreis Göppingen. Zuvor versuchte sie noch, ihre Werke in Sicherheit zu bringen: Vierzig Ölgemälde gab sie dem Malermeister Albrecht Kämmer in Verwahrung.

Bei einem schweren Bombenangriff ein Jahr später wurden allerdings die Magazinräume des Malermeisters mit allen darin verwahrten Kunstwerken vernichtet. Eine Mappe mit Pastellen und Aquarellen hatte sie jedoch dem Sohn ihrer früheren Haushaltshilfe übergeben, der sie zu einer befreundeten Familie bringen konnte. Diese Arbeiten haben sich wie durch ein Wunder erhalten und bilden heute die wenigen Zeugnisse, die vom künstlerischen Wirken Käthe Loewenthals zeugen. Kurz vor ihrer Deportation wurde sie noch in ein Sammellager auf Schloss Weisenstein verlegt. Der Abtransport in das „Durchgangsghetto" Izbica, südöstlich von Lublin, erfolgte im März 1942, wo sie zu einem unbekannten Zeitpunkt – vermutlich kurz nach ihrer Ankunft – ermordet wurde. Auch sie war lange Zeit von der Kunstgeschichte vergessen und wurde mit der Forschung über die Hölzel-Schülerinnen sowie durch verschiedene Ausstellungen wiederentdeckt.[6] Heute erinnern Stolpersteine in Vitte auf Hiddensee und in Stuttgart an die Malerin. Zudem tragen ein Seniorenwohnstift in Fürth sowie eine Straße im Stadtteil Stuttgart-Riedenberg ihren Namen.

Durch einen waghalsigen Trick gerettet – Lily Hildebrandt

Etwas besser erging es Lily Hildebrandt, die die Zeit des Nationalsozialismus überlebte. Ende der 1990er-Jahre veranstaltete der Verein „Das verborgene Museum" für die Malerin eine Einzelausstellung, und auch der dazugehörige Katalog bildete einen wichtigen Anstoß der Forschung. Lily Hildebrandt, geborene Uhlmann, war Jüdin und konnte sich nur mit einem Trick vor Deportation und Ermordung retten. Was zuvor noch ein Vorteil war – die Herkunft aus einem wohlhabenden jüdischen Elternhaus – wurde beinahe zu einem Todesurteil. Lily Uhlmann wurde 1887 in Fürth geboren. Der Wohlstand ihrer Familie hatte es ihr ermöglicht, sich als Künstlerin ausbilden zu lassen. Nachdem die Familie 1904 von Mannheim nach Berlin umgezogen war, konnte sie 1905 ein Studium an der privaten Malschule von Adolf Mayer beginnen. Bezeichnend dafür ist, dass sie während dieser Ausbildung zunächst im familiären Umfeld bleiben konnte, da sie mit ihrer Familie am Ausbildungsort lebte.

In der Malschule lernte sie Ida Kerkovius aus Riga kennen und freundete sich mit ihr an. Ida Kerkovius zeigte ihr Fotos von Arbeiten Hölzels und erzählte ihr, dass sie nach Dachau übersiedeln wolle. Mit der privaten Malschule von Adolf Mayer besuchten Lily Uhlmann und Ida Kerkovius schließlich 1907 den Sommerkurs Hölzels, der damals bereits in Stuttgart lehrte, aber bis 1909 noch an seiner alten Wirkungsstätte im Sommer Unterricht abhielt. Hier kam sie erstmals in Kontakt mit der innovativen Kompositions- und Farbenlehre Hölzels. Im Herbst kehrte sie wieder nach Berlin zurück, wo sie im April 1908 den Kunsthistoriker Hans Hildebrandt heiratete. Mit ihm lebte sie zunächst in München. Als Ehefrau benötigte sie für ein Studium die Zustimmung des Gatten, und da sie diese problemlos erhielt, kann von einer fortschrittlichen Beziehung der beiden gesprochen werden. Mehr noch – über seine Frau kam Hildebrandt wohl erst in Kontakt zum Akademieprofessor und konnte 1913 eine der ersten Schriften über Hölzel publizieren: „Adolf Hölzel als Zeichner". Vielleicht war es Lily Hildebrandt durch die Bekanntschaft der beiden Männer möglich, trotz ihres Wohnsitzes in München im Wintersemester 1910/11 die Vorlesung Hölzels in Stuttgart zu besuchen und sich sogar an der Akademie zu immatrikulieren. Als sich Hans Hildebrandt schließlich 1912 an der TU Stuttgart habilitierte und dann dort als Privatgelehrter wirkte, wurde sie Meisterschülerin bei Hölzel und war gemeinsam mit ihrem Mann Teilnehmerin der Sommer-Exkursion in Monschau, weshalb sie auch die Sonderbundausstellung in Köln besuchen konnte. Anschließend reiste das Ehepaar gemeinsam mit dem Studienfreund Hermann Stenner nach Paris.

Als eines der bekanntesten Werke Lily Hildebrandts gilt das 1918 von ihr illustrierte Kinderbuch für den 1914 geborenen Sohn Rainer: „Klein-Rainers-Weltreise". Die vierzehn Farbillustrationen, begleitet von schlichten, erläuternden Versen, zeigen Stationen einer fantastischen Reise, in denen der Titelheld auf einem Walfisch *(Abb. 36)* oder einem Elefanten reitet oder eine Ente auf Rädern trifft. Am Ende wird Klein-Rainer entsprechend müde ins Bett gebracht. Die Farblithografien wurden dabei vermutlich durch Buntpapiercollagen ab 1916 vorbereitet. Sie zeigen Lily Hildebrandts spielerische Bildauffassung, die in originellen erzähleri-

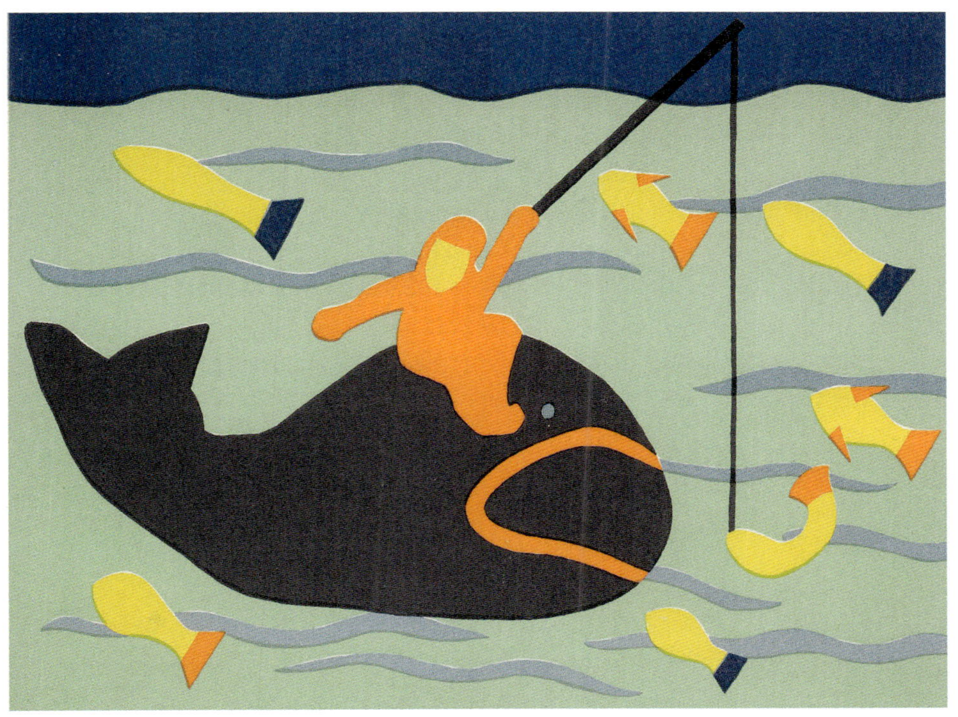

36 Lily Hildebrandt, Klein-Rainers Weltreise, 1918, eine von 18 Farblithographien, Stuttgart, Württembergische Landesbibliothek

schen Szenen kindgerecht eine ansprechende Abenteuergeschichte vermitteln. Die mitunter rassistische Tendenz der Texte, die von ihrem Mann Hans Hildebrandt stammen, wurde allgemein kritisiert, dennoch war das Werk erfolgreich und erzielte mehrere Auflagen. Ab 1918 schuf Lily Hildebrandt zudem erste Hinterglasbilder. Es ist nicht ganz klar, woher sie die Anregungen dazu erhalten hat. War es ihre Münchner Herkunft oder hatte sie sich auf der Kölner Sonderbundausstellung mit Werken der Künstler des Blauen Reiters auseinandergesetzt, oder hatte gar die Beschäftigung Hölzels mit Glasfenstern ihr Interesse am luziden Material geweckt? Mit den Hinterglasbildern in vereinfachter Formensprache hat sie ihren ganz eigenen künstlerischen Weg gefunden. Darüber hinaus war sie eine illustre Persönlichkeit, die in Stuttgart gemeinsam mit ihrem Ehemann in der Gerokstraße 63 ein für Künstler und Intellektuelle offenes Haus führte. Mit dem Bauhausgründer Walter Gropius, damals noch verheiratet mit Alma Mahler, pflegte Lily Hildebrandt eine längere leidenschaftliche Beziehung, die schließlich in eine Freundschaft mündete. Hans Hildebrandt und sie scheinen eine offene Ehe geführt zu haben, denn auch er hatte wohl verschiedene Liebschaften. Lily Hildebrandts künstlerische Arbeit bildete für ihren Ehemann letztlich den Anlass zu seiner Publikation „Die Frau als Künstlerin" von 1928. Darin wollte er dem zunehmenden Aufkommen von Künstlerinnen in der Gesellschaft Rechnung tragen, wobei er aber viele der vorherrschenden Vorurteile gegenüber Künstlerinnen wiederholte.

Hans Hildebrandt schreibt in „Die Frau als Künstlerin", dem weiblichen Geschlecht sei aktuell zum ersten Mal in der Geschichte die grundsätzliche Ebenbürtigkeit zugestanden worden. Seiner Ansicht nach, hat eine Frau jedoch das Allerhöchste als gestaltende Künstlerin bisher weder erstrebt noch erreicht – „und es fragt sich, ob sie es je erreichen wird".[7] So ordnete er der Frau lediglich ein geschlechtsspezifisches Genie zu: „Nicht, weil dem weiblichen Geschlechte die letzte Genialität versagt ist. Die Frau hat sie. Doch auf anderen Gebieten als auf jenen, auf denen sie dem Manne eignen mag. Das Weib besitzt sie, wo es seine leiblich-geistige Persönlichkeit ohne jede Einschränkung einsetzen kann: im Leben und in der Liebe."[8] Er sieht die Frau generell als unfähig an, Architektin zu werden, sie sei „unfruchtbar im Bereiche der Architektur".[9] In der bildenden Kunst ordnet er den Frauen vor allem das Selbstporträt sowie Porträts von nahen Angehörigen und Kindern zu: „Wärme des Gefühls oder mondäne Eleganz sind gemeinhin Merkmale der weiblichen Bildniskunst, nicht überlegen kühle Bobachtungsschärfe."[10] Als Nächstes folge das Blumenstillleben, dann erst Landschaftsmalerei sowie das häufig sentimentale Genrebild. Dennoch ist der Autor der Meinung: „Unstreitig war manche der begabtesten Künstlerinnen ein halber Mann."[11] Zuletzt unterscheidet er zwei unterschiedliche Typen von Künstlerinnen. Das sind zum einen die begabten Frauen, die jedoch sehr viele männliche Merkmale aufweisen: „Reichlichere Einsprengung männlicher Elemente in ihren geistig-leiblichen Organismus ist bei ihnen offenkundig. „Es sind dies die Frauen mit der sicheren Hand, die Könnerinnen."[12] Der andere Typus besitzt diesen „männlichen Einschlag" nicht, ist daher weniger logisch und fantasievoll und kann und will „mit dem Manne nicht wetteifern". Auch im letzten Kapitel, das die „Künstlerinnen der Gegenwart" behandelt und in dem Hans Hildebrandt neben Käthe Kollwitz und Paula Modersohn-Becker auch seine eigene Ehefrau erwähnt, kommt er zu dem Schluss: „Trotz unverhoffter Steigerung der Selbständigkeit bewahrheitet sich dennoch die alte Erfahrung auch jetzt: Die Kunst der Frau begleitet die Kunst des Mannes. Sie ist die zweite Stimme im Orchester, nimmt die Themen der ersten Stimme auf, wandelt sie ab, gibt ihnen neue, eigenartige Färbung; aber sie klingt und lebt von jener."[13] Damit fasst er die Vorurteile gegenüber Künstlerinnen, die Ende der 1920er-Jahre wieder mehr Präsenz erlangten, zusammen.

Lily Hildebrandts weiteres tragisches Schicksal ist bekannt: Durch die Initiative ihres Mannes und ihres Sohnes, der als Mitglied einer Widerstandsgruppe gleichfalls in Gefahr war, musste sie sich einer entwürdigenden „Rassenuntersuchung" beim Reichsamt für Sippenforschung unterziehen, denn man behauptete, sie sei einer Affäre ihrer Mutter mit einem Deutschen entsprungen.[14] Bezeichnenderweise hörte sie damals auf zu malen.

Emigration als einzige Rettung – Lotte Laserstein

Eine weitere Künstlerin, die als eine der herausragenden Talente der 1920er- und 1930er-Jahre galt, war Lotte Laserstein. Sie konnte ab 1933, da sie Jüdin war, nicht mehr in Deutschland arbeiten. Unter Zurücklassung ihrer Verwandten sowie ihrer gesamten Existenz konnte sie sich ins Exil retten. Zeitweise musste sie sich dort mit Auftragsarbeiten über Wasser halten. Der Preis für das Überleben war auch bei ihr extrem hoch. Doch waren ihr noch mehrere Schaffensjahre vergönnt, und ihr Werk wurde ganz am Ende ihres Lebens wiederentdeckt, was für ihre Künstlerinnengeneration nicht selbstverständlich war. Ihre Bilder firmieren heute unter dem Begriff „Exilkunst". Künstlerinnen ihrer Generation, die von zwei Weltkriegen beeinträchtigt wurden und deren Werk sich aufgrund der politischen Situation nie voll entfalten konnten, bezeichnet man als „verschollene Generation".

Geboren 1898, erfüllt Lotte Laserstein diese Definition. Zudem kam sie aus einem wohlhabenden Elternhaus – wie auch viele andere jüdische Künstlerinnen. Ihre Eltern waren assimilierte Juden und gehörten zu den besseren Kreisen des ostpreußischen Provinzstädtchens Preußisch-Holland. Kurz nach der Geburt einer zweiten Tochter siedelte die Familie nach Bad Nauheim um, wo ihr ein mehrstöckiges Mietshaus gehörte. Der Vater starb kurz darauf an einem Herzleiden, so dass die Witwe mit ihren beiden Töchtern zu ihrer Mutter nach Danzig zog. Diese unkonventionelle Familiensituation – sie wuchs unter lauter Frauen mit einer dominanten Großmutter auf – prägte ihr späteres Leben. Sowohl sie als auch ihre jüngere Schwester Käthe waren alleinstehende, berufstätige Frauen. Auch die Malerei spielte früh eine wichtige Rolle: Ihre Tante Elsa Birnbaum war Malerin und leitete – damals im Deutschen Reich nicht selbstverständlich – eine Malschule, allerdings für Frauen des gehobenen Bürgertums. Hier erhielt Lotte Laserstein ihren ersten Unterricht. „Sie war keine gute Malerin. Und doch, sie war so wichtig für mich, ich verdanke ihr so viel“,[15] bekannte sie Jahre später. Schon früh übte sie sich in der Porträtmalerei, zeichnete Großmutter und Mutter. Und sie erlebte, dass eine künstlerische Tätigkeit für Frauen durchaus nichts Außergewöhnliches war.

1912 zog die Kleinfamilie nach Berlin, den Töchtern sollten gute Ausbildungsmöglichkeiten geboten werden. So legte Laserstein 1918 dort das Abitur ab und machte zunächst einen Umweg über die Kunstgeschichte, die ihr aber zu langweilig war. Auch in eine private Schule für Gebrauchsgrafik schnupperte sie kurz hinein. Schließlich besuchte sie die Kunstschule von Leo von König, der vor allem Porträt unterrichtete. Bei ihm fand sie zu mehr malerischer Sicherheit. Da 1919 die Kunstakademien im Zuge des Gleichberechtigungsparagrafen der neuen Weimarer Verfassung für Frauen erstmals ihre Pforten öffneten, war die Zulassung zu einem akademischen Studium möglich, aber dennoch streng geregelt: Es gab zunächst einen vorbereitenden Probekurs für Akademieanwärterinnen. Mit 23 Jahren immatrikulierte sich Lotte Laserstein an der Akademischen Hochschule für die Bildenden Künste. Dort waren sie und ihre Mitstudentinnen den gegenüber Frauen herrschenden Vorurteilen ausgeliefert, außerdem hatte die Hochschule zu der Zeit keinen guten Ruf und galt als veraltet.

Dennoch war ein Akademiestudium für Frauen wichtig, da sie nur so gegen den Ruf des Dilettantismus angehen konnten. Einer der wichtigsten Lehrer Lasersteins war Erich Wolfsfeld, zu dem sie eine sehr enge Bindung aufbaute und bei dem sie sich künstlerisch weiterentwickelte. Beispielsweise schilderte sie damals im Porträt ihrer Großmutter die Spuren des Alterns, wobei sie sich selbst im Hintergrund beim Malen zeigte. Auch zeichnete sie ihre Großmutter auf dem Totenbett. 1925 erhielt sie für ihre herausragenden Leistungen von der Akademie eine Medaille verliehen und wurde als Meisterschülerin aufgenommen. Das heißt, sie konnte weiter an der Hochschule bleiben, erhielt ein eigenes Atelier und bekam Malmaterial und Modelle zur Verfügung gestellt. Ohne diese Unterstützung wäre es für sie schwierig gewesen, weiterzukommen, da ihre Familie inzwischen finanziell schlecht dastand.

Eine Liebesbeziehung zum begabten Maler Palo Vidor gab sie damals auf, da sie fürchtete, bei einer Heirat auf ihre eigene Arbeit verzichten zu müssen. Wichtig wurde für sie die Freundschaft zu Gertrud Süssenbach, verheiratete Traute Rose, die ihr wichtigstes Modell wurde. Gertrud Süssenbach war vom Aussehen her die „Neue Frau" der 1920er-Jahre, schlank und androgyn, zart und frech zugleich. Ihr sind einige der besten Gemälde Lasersteins zu verdanken, die diese vor allem ab 1927 als freie Malerin von Süssenbach schuf. In ihrem Atelier in der Friedrichsruher Straße 33a in Berlin-Wilmersdorf entstanden zudem zahlreiche Selbstporträts, die sie bei der Arbeit vor dem Bild zeigen. Herausragend ist jenes Selbstporträt, in dem sie vor dem Panorama der Stadt Berlin den liegenden Akt Süssenbachs malte. Es galt damals als ungewöhnlich, dass sich Künstlerinnen mit weiblichen Aktmodellen darstellten. Laserstein griff auch das Thema der Geschlechterrollen auf, die sich damals wandelten; sie gab sich mit Herrenhaarschnitt betont männlich. Gleichzeitig rekurrierte sie deutlich sichtbar auf Vorbilder der Kunstgeschichte. Und im Selbstporträt mit Katze stellte sie sich erstmals auch ohne ein Modell dar, Anlass war ein erster Bilderverkauf, der öffentliche Anerkennung bedeutete. Hier wirkt sie gleichfalls ausgesprochen männlich und zeigt sich dem Betrachter gegenüber distanziert – eine Haltung, die man vor allem bei männlichen Selbstbildnissen findet.

Berühmt war und ist Laserstein vor allem für ihre großformatigen Akte. Weniger bekannt ist dagegen eine Reihe von Zeichnungen, in denen sie ihre eigene Nacktheit erkundete. Hier stellte sie sich in eine Reihe mit Paula Modersohn-Becker, Tamara de Lempicka oder Frida Kahlo.

Energisch arbeitete sie daran, bekannt zu werden, nahm innerhalb von fünf Jahren an zwanzig Gruppenausstellungen teil und hatte gleichzeitig zwei Einzelausstellungen, die eine in der Galerie Gurlitt, die andere im Württembergischen Kunstverein in Stuttgart. Großen Erfolg hatte sie mit einem Bild, das bis heute zu ihren bekanntesten zählt: das Bildnis „Russisches Mädchen mit Puderdose" von 1928 *(Abb. 37)*. Es entstand für einen Wettbewerb des Kosmetikkonzerns Elida und kam in die Endauswahl. In der Folge wurde dieses Bild mehrfach in Zeitschriften abgebildet und so einem größeren Publikum bekannt. Der mit 10.000 Mark dotierte Preis ging jedoch an einen männlichen Kollegen, was vor allem in der Presse Protest auslöste. Auch bei der Verleihung des großen Staatspreises kam sie in die engere Auswahl. Wiederum hatte ein Mann, für den sogar Käthe Kollwitz stimmte, die Nase vorne. Diese Entscheidung wurde gleichfalls kritisiert und es gab viele, die in ihr die eigentliche Preisträgerin sahen, denn bildende Kunst von Frauen hatte Ende der 1920er-, Anfang der 1930er-Jahre Konjunktur. Um sich ihren Lebensunterhalt zu sichern, eröffnete Lotte Laserstein, wie einst ihre Tante, eine Malschule. Dort bereitete sie künftige Akademiestudent*innen auf ihre Aufnahmeprüfung vor. Trotz bescheidener Räumlichkeiten wurden die akademischen Prinzipien eingehalten, zum Aktzeichnen war es dort allerdings zu eng.

Mit der Machtübernahme der Nationalsozialisten wurde sie, für die die jüdische Kultur und Religion bisher keine Bedeutung hatte, zur Jüdin gemacht. Ihr Vermieter feindete sie an und sie musste ihr Atelier aufgeben. Auch die Werbeschilder ihrer Malschule wurden entfernt. Zugleich versiegten die Ausstellungsmöglichkeiten. Ihre Arbeitssituation verschlechterte sich dramatisch, wovon das „Selbstporträt an der Staffelei" von 1935 Zeugnis ablegt, bei dem die drangvolle Enge die Atmosphäre eines Ateliers vermissen lässt. Sie selbst berichtete später: „Vom Jahre 1933 an wurde es mir verboten auszustellen. Die Mitgliedschaften in den Kunstvereinen wurde gekündigt, und mein Schülerkreis durfte nur

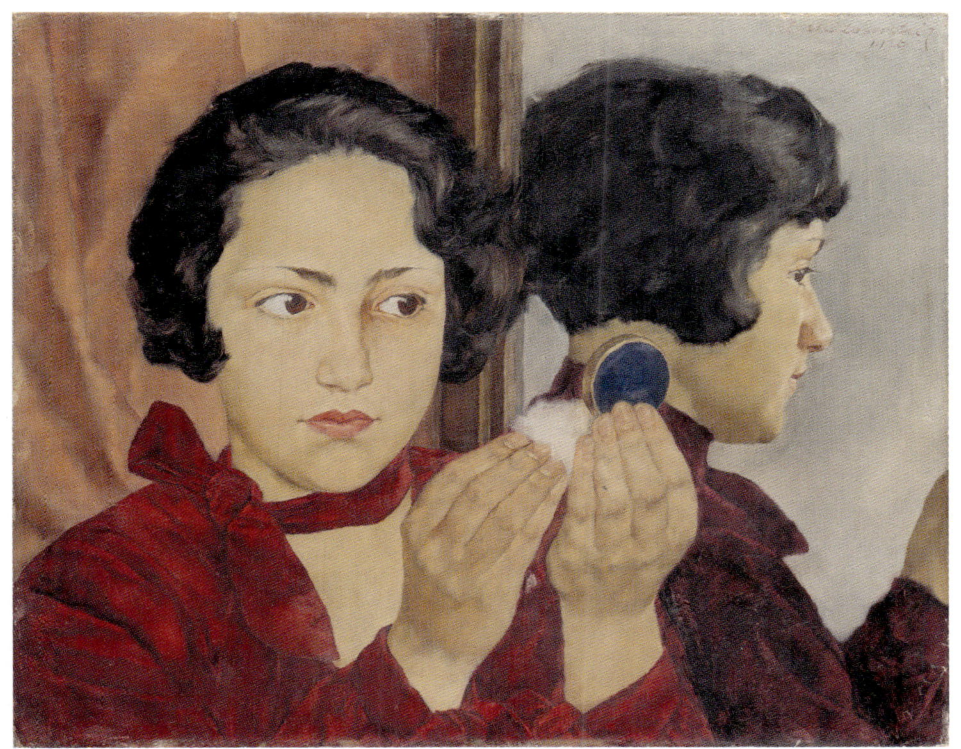

37 Lotte Laserstein, Russisches Mädchen mit Puderdose, 1928, Öl auf Holz, Frankfurt am Main, Städel Museum

noch aus jüdischen Kunststudierenden bestehen. (…) Meine Arbeiten zu verkaufen, war mir nicht erlaubt."[16] Auch in die Reichskulturkammer, deren Mitgliedschaft Voraussetzung für eine berufliche Existenz als Malerin war, wurde sie nicht aufgenommen. Die Folge war: Sie durfte die Berufsbezeichnung „Malerin" nicht mehr verwenden, und jede weitere Ausübung ihres Berufes wurde ihr untersagt. Aus Mangel an Material und aufgrund zunehmender finanzieller Schwierigkeiten malte sie nur noch mit Öl auf Papier. Auch ihre Malschule musste sie komplett schließen, bildete aber heimlich und privat weiterhin aus. 1935 trat sie aus der wirtschaftlichen Not heraus eine Stelle als Zeichenlehrerin an einer jüdischen Privatschule an, wo auch ihre inzwischen aus dem Schuldienst entlassene Schwester arbeitete.

Schließlich suchte sie nach einer Möglichkeit zur Emigration. Dank einer Einladung der Stockholmer Galerie Moderne gelang ihr 1937 mit einem Großteil ihrer Bilder die Ausreise aus Deutschland. Bilder, die in Berlin geblieben waren, wurden ihr per Post oder durch persönliche Transporte nach Schweden gebracht. Wie kaum einer anderen von den Nationalsozialisten verfolgten Künstlerin, gelang es ihr so, einen großen Bestand ihrer Bilder zu retten. Sie konnte in Schweden erstmals wieder ausstellen und verkaufte auch einige wenige Zeichnungen. Insgesamt hielt sich die Begeisterung für ihre Bilder dort zwar in Grenzen, jedoch verhalf ihr malerisches Können ihr immer wieder zu Porträtaufträgen. Sie malte Politiker, Wirtschaftsbosse, Prominenz aus dem Kulturbereich sowie Vertreter des schwedischen Adels. Obwohl nicht religiös, wandte sie sich an die dortige jüdische Gemeinde, deren Hilfskomitee sie 1938 die schwedische Staatsbürgerschaft zu verdanken hatte. Um dieses Ziel zu erreichen, war sie sogar eine Scheinehe mit dem 22 Jahre älteren Kaufmann Sven Marcus eingegangen. Nun hatte sie uneingeschränkte Arbeitserlaubnis und war als Deutsch-Schwedin vor Fremdenfeindlichkeit gefeit. Auch konnte sie jetzt versuchen, ihre Mutter und Schwester samt Lebensgefährtin in Sicherheit zu bringen. Dies war jedoch vergeblich, ihre Mutter wurde Ende 1942 ins KZ Ravensbrück deportiert, wo sie kurz darauf verstarb. Ihre Schwester konnte untertauchen und sich bis Kriegsende verstecken. Lotte Laserstein selbst lebte relativ isoliert in Schweden, denn die Aufnahme in den schwedischen Berufsverband wurde ihr zunächst verweigert. Um ihren Lebensunterhalt zu verdienen, musste sie zudem auch Blumenstillleben malen. Ihre Malweise wurde nun leichter und luftiger, da dies mehr dem schwedischen Geschmack entsprach. Insbesondere nach dem Zweiten Weltkrieg litt sie an mageren Verdiensten und kultureller Isolation. Um sich künstlerisch wieder zu finden, malte sie als eine Art Selbsttherapie Selbstbildnisse. 1951 konnte sie erstmals wieder in die Heimat reisen. Da sie ihr altes Berlin nicht mehr wiedererkannte, entschied sie sich indes, nicht mehr nach Deutschland zurückzukehren, sondern in Schweden zu bleiben, wo sie 1993 starb. Ehrungen und Anerkennung kamen spät, international bekannt wurde sie erst Mitte der 1980er-Jahre. Eine große Gesamtschau ihrer Arbeiten fand aber erst kürzlich in Frankfurt und Berlin statt.

Soziale Missstände anprangern – Lea Grundig

Auch die Malerin Lea Grundig durchlebte eine Odyssee während der Zeit des Nationalsozialismus. Sie kämpfte stets für ein selbstbestimmtes Leben. Geboren als Tochter eines jüdischen Kaufmanns, studierte sie gegen den Willen der Eltern an der Dresdner Kunstakademie und war dort in der Meisterklasse von Otto Gußmann, wo sie ihren späteren Mann Hans Grundig kennenlernte, den sie gegen den Widerstand ihres Vaters heiratete. Ihre Zeichnungen waren radikal politisch und gesellschaftskritisch. Bereits seit 1925 gehörte sie der kommunistischen Studentenfraktion an, wurde dann Mitglied bei der KPD und war Mitbegründerin der Assoziation Revolutionärer bildender Künstler. Ihr Thema war das Elend der Arbeiterklasse: „Wir alle waren Künstler, die aus innerer Überzeugung am Klassenkampf teilnahmen und Partei ergriffen.“[17] Insbesondere die Belastung der Arbeiterfrauen schilderte sie immer wieder. Als sie den mittellosen Maler Hans Grundig heiratete, endete damit auch die Unterstützung des gutbürgerlichen Elternhauses. Sie erlebte daher selbst materiellen Überlebenskampf.

In ihren Kreidezeichnungen, die von ihren Eltern scherzhaft als Briketts bezeichnet wurden, erfasste sie die ganze Armut und Ungerechtigkeit der Weimarer Republik. Aufgrund ihrer Situation und auch für ihre künstlerische Arbeit verzichtete sie, wie sie selbst bekannte, auf Kinder. Viele andere Künstlerinnen dieser Zeit taten dies ebenso. Sowohl ihre Herkunft als auch ihr politisches Engagement sollten ihr bald zum Verhängnis werden. 1935 erhielt sie Berufsverbot, sie wurde mehrfach verhaftet und verbrachte ein ganzes Jahr im Gefängnis. Als sie entlassen wurde, sagte sie zu, auszuwandern. Sie emigrierte zunächst nach Preßburg, wo sie interniert wurde, floh anschließend mit einem Flüchtlingsschiff nach Palästina, wo sie zunächst im Flüchtlingslager Atlit bei Haifa lebte. Erst 1949 kehrte sie zurück nach Dresden und erhielt als späte Wertschätzung dort eine Professur.

Überleben dank Freunden – Ida Kerkovius

Andere Künstlerinnen lebten in der inneren Emigration in völliger Abgeschiedenheit, wie etwa Hannah Höch in einem Gartenhaus in Berlin. Mithilfe von Freunden schaffte es die aus Riga stammende Malerin Ida Kerkovius zu überleben. 1879 geboren, stammte sie aus einer wohlhabenden Familie. In ihrer Heimat konnte sie bereits eine Mal- und Zeichenschule für höhere Töchter besuchen. Als sie in Riga eine Ausstellung der Hölzel-Schülerin Martha Hellmann sah, war ihr nächster Schritt klar. Bei einer Studienreise nach Italien 1902, die sie mit Verwandten unternahm, führte sie ihr Rückweg nach Dachau zu Adolf Hölzel, wo sie fünf Monate lang studierte. Danach besuchte sie die private Malschule von Adolf Mayer in Berlin, wo sie Lily Hildebrandt kennenlernte. Gemeinsam waren sie mit der Schule von Mayer 1907 erneut bei Hölzel in Dachau. Schließlich wechselte sie 1911 nach Stuttgart an die königliche Akademie der bildenden Künste, dort wurde sie Meisterschülerin von Adolf Hölzel mit eigenem Atelier und bald auch seine Assistentin. In dieser Funktion gab sie Hölzels Lehre auch an andere Studierende weiter, wie etwa Johannes Itten, den später Lily Hildebrandt ans Bauhaus vermittelte. 1912 war Ida Kerkovius Teilnehmerin der Exkursion nach Monschau, der ein gemeinsamer Besuch der Sonderbundausstellung in Köln vorausging. 1914 verlor sie jedoch ihr Atelier, weil sie als russische Staatsbürgerin keine Lehrbefugnis hatte. Ab 1916 entwickelte sie eine farbig-expressive Malerei mit freier Figuration von der Lehre Hölzels ausgehend.

In dieses Jahr datiert auch die Bekanntschaft mit der Malerin Hanna Bekker vom Rath, die auf Vermittlung von deren Lehrerin Ottilie Röderstein zustande kam. Hanna Bekker von Rath wollte bei Adolf Hölzel studieren, wurde aber an Ida Kerkovius verwiesen. Zehn Jahre lang, von 1919 bis 1929, hatte sie in Stuttgart ein Atelier im ersten Stock des Anbaus der Friedensstraße 11 gemietet, das zuvor Itten gehört und Kerkovius ihr vermutlich vermittelt hatte.[18] Sie war viele Jahre lang die wichtigste Förderin von Ida Kerkovius.

Noch mit Anfang vierzig entschloss sie sich, ans Bauhaus in Weimar zu gehen, wo sie vom Wintersemester 1920/21 bis zum Wintersemester

1923/1924 eingeschrieben war. Dort war sie vor allem von Paul Klee und Wassily Kandinsky beeindruckt und profitierte in erster Linie von diesen beiden Lehrern, bei denen sie die elementare Gestaltungslehre besuchte.[19] Schon vor 1920 hatte sie sich aber für das Teppichknüpfen und Weben interessiert, ein Interesse, das sie am Bauhaus vertiefen konnte. „Ganz abgesehen davon, dass ich einen Hang für das Stoffliche habe, bin ich gezwungen, mir eine neue Erwerbsquelle zu schaffen",[20] so ihre Motivation. Bis 1921 war zunächst noch Johannes Itten ihr prägender Lehrer. Paul Klee bestellte 1923 einen großformatigen Teppich bei ihr, wofür sie von ihm ein Aquarell als Vorlage erhielt. „Paul Klee schätzte die Weberei, die er mit dem Musikmachen verglich, und ich war beglückt, als er sich einen Teppich der Marke „Kerko" bestellte. Ich webte ihn und durfte mir dafür eines seiner schönsten Ölgemälde aussuchen."[21] Mit der Webkunst konnte sie sich in schweren Zeiten ernähren. Diese war anstrengend, die Fusseln der Wolle belasteten die Lunge. Dennoch spann Kerkovius in der Tradition des Bauhauses einen großen Teil der von ihr verwendeten Wolle und färbte sie auch selbst ein.

Zurückgekehrt nach Stuttgart, fand dort 1929, da war sie bereits fünfzig Jahre alt, ihre erste Einzelausstellung statt. Im selben Jahr entstand ihr beeindruckendes Selbstporträt als selbstbewusste Künstlerin mit Bubikopf und Reformkleid, das Einflüsse sowohl von Hölzel als auch des Bauhauses zeigt. Ihr erstes ungegenständliches Bild schuf sie jedoch erst 1933.[22] Erstaunlicherweise konnte sie als Vertreterin der klassischen Moderne während der Zeit des Nationalsozialismus zunächst unbehelligt, allerdings unter wirtschaftlichen Entbehrungen weiterarbeiten. Zwei ihrer Werke wurden aus den Museen entfernt und in der Ausstellung „Entartete Kunst" gezeigt. Solange es ging, unternahm sie in den 1930er-Jahren weite Reisen. Ein schwerer Schlag für sie war der Tod ihres Lehrers Adolf Hölzel 1934. Dessen für das Stuttgarter Rathaus geschaffene Fenster, an denen sie mitgearbeitet hatte, wurde 1937, kurz vor dem Besuch Hitlers entfernt, weil auch seine Kunst als „entartet" diffamiert wurde. Kerkovius wurde 1937 aus der Reichskammer der bildenden Künste ausgeschlossen. Dennoch kaufte der Sammler Hugo Borst weiterhin bis 1941 ihre Bilder, in der Regel über die Galerie Valentien.

Auch unterrichtete sie weiterhin in ihrem Atelier in der Urbanstraße 53 einige wenige Schüler. Dieses Atelier war zudem Treffpunkt der damals aktuellen Stuttgarter Kunstszene. Dies endete, als das Gebäude in der Nacht vom 2. auf den 3. März 1944 während eines besonders schweren Bombenangriffs zerstört wurde. Ganze zwei Jahre lang konnte Kerkovius danach zurückgezogen bei Freunden im Stuttgarter Stadtteil Heslach wohnen. Schließlich baute ihr ein befreundetes Ehepaar, Erich und Margarete Schurr, in ihren Garten ein Atelierhaus, wo sie sich vor allem durch ihre Webarbeiten über Wasser halten konnte. Erst nach dem Krieg wurden ihre Werke wieder in Ausstellungen gezeigt. In den 1950er-Jahren erfuhr sie zahlreiche Ehrungen: 1954 bekam sie das Bundesverdienstkreuz verliehen. 1970 verstarb sie im Alter von neunzig Jahren, bestattet ist sie auf dem Stuttgarter Waldfriedhof in der Nähe ihres Lehrers Adolf Hölzel. Kerkovius hat die Zeit des Nationalsozialismus unter schweren Entbehrungen überlebt. Andere schafften es hingegen nicht.

Aus Verzweiflung den Tod gewählt – Anita Rée

Aus Verzweiflung über ihre Verfemung im Dritten Reich nahm sich die Hamburger Malerin Anita Rée mit gerade einmal 48 Jahren das Leben. „Ich kann mich in so einer Welt nicht mehr zurechtfinden und habe keinen anderen Wunsch, als sie, auf die ich nicht mehr gehöre, zu verlassen. Welchen Sinn hat es – ohne Familie und ohne die einst geliebte Kunst und ohne irgendeinen Menschen – in so einer unbeschreiblichen, dem Wahnsinn verfallenen Welt weiter einsam zu vegetieren und allmählich an ihren Grausamkeiten zugrunde zu gehen?“[23] Reiz und Verhängnis zugleich war Rées exotische Erscheinung: Ihre Mutter stammte aus Venezuela, der Vater war Jude, die Familie lebte aber nach protestantischem Glauben. Anita und ihre Schwester Emilie waren evangelisch getauft. Künstlerisch begabt, suchte sie nach Möglichkeiten des Unterrichts und studierte schließlich beim impressionistischen Maler Arthur Sieblist. Auch suchte sie Rat bei bekannten Malern und Kunsthistorikern wie Max Liebermann und Aby Warburg. Trotz enger Zusammenarbeit mit Künstlerfreunden suchte sie immer wieder nach neuen Impulsen, so beschäftigte sie sich intensiv mit dem Werk von Paul Cézanne und nahm Kontakt auf zu Renoir. 1912/13 hielt sie sich daher für einige Zeit in Paris auf. Zurück in Hamburg verkehrte sie dort im Kreise bedeutender Persönlichkeiten, darunter auch Mäzene und Sammler. Besonders intensiv setzte sie sich mit der sieben Jahre zuvor verstorbenen Paula Modersohn-Becker auseinander und besuchte sogar deren ehemaligen Wohnort Worpswede. Während des Ersten Weltkriegs verzeichnete sie die ersten Ankäufe von Gemälden und Zeichnungen, hielt sich zwischenzeitlich in einer Erholungsstätte für in Kriegsnot gelangte Künstler auf und nahm Aktzeichenstunden bei der Malerin Wilhelmine Niels, einer der erfolgreichsten Porträtmalerinnen Hamburgs.

Nach dem Ersten Weltkrieg war Anita Rée kunstpolitisch aktiv und engagierte sich in der neu gegründeten Hamburgischen Secession. In den 1920er-Jahren hielt sie sich dagegen drei Jahre lang in Italien auf, besuchte die kunsthistorisch bedeutsamen Stätten und gelangte zum Stil der Neuen Sachlichkeit. Sie wurde danach allmählich bekannter, zeigte ihre Werke auf zahlreichen Ausstellungen, etwa in der Bilderschau „Modern German Art“ in Cambridge, Massachusetts, neben Max Beckmann, Paul Klee und anderen. Auch die Zeitschrift „Jugend“ bildete sieben ihrer Werke ab. Ende der 1920er-Jahre erhielt sie erste Aufträge für Wandgemälde und 1933 sogar den Auftrag für ein Triptychon für die Kirche St. Ansgar in Hamburg-Langenhorn mit dem Thema der Passion. Dieser Auftrag wurde dann aber von der Gemeinde zurückgezogen. Ob es daran lag, dass Rée von der NSDAP als Jüdin denunziert worden war, oder ob es andere Gründe dafür gab, konnte nie abschließend geklärt werden.[24] Auf der Höhe ihrer Karriere entstand 1930 ihr Selbstporträt *(Abb. 38)* mit der Gebärde der Melancholie, in dem sie ihre eigene Person hinterfragt. Dabei wird offensichtlich, dass sie mit ihrem exotischen Äußeren, der dunklen Haut und den großen dunklen Augen, nicht der geltenden Rassenideologie entsprach. Zugleich nahmen aber auch die Anfeindungen wegen ihrer jüdischen Abstammung zu. Bereits 1932 setzte sie, als würde sie das Kommende vorausahnen, ihr Testament auf. Im Sommer siedelte sie schließlich nach Sylt über, lebte dort unstet an wechselnden Orten. Fern von Hamburg erlebte sie die Auflösung der

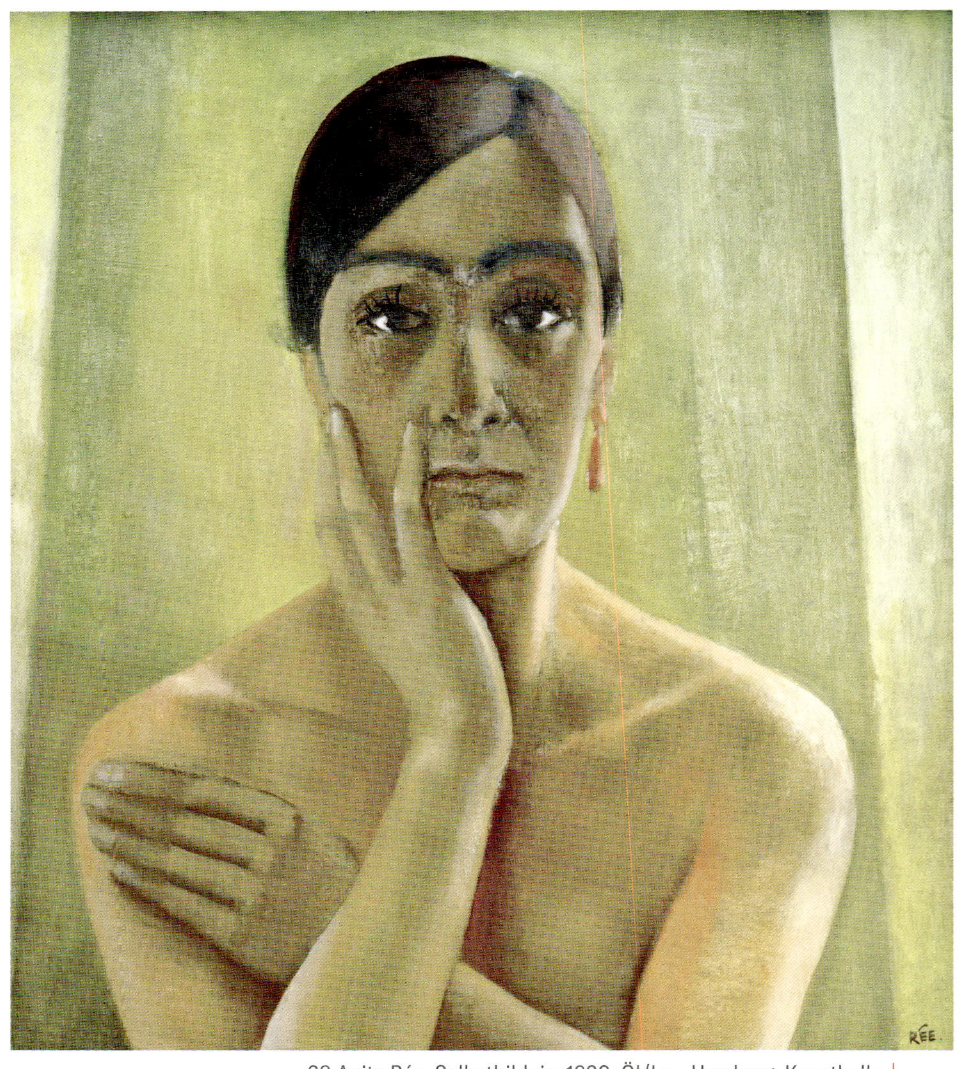

38 Anita Rée, Selbstbildnis, 1930, Öl/Lw., Hamburg, Kunsthalle

Hamburgischen Secession und die Entlassung befreundeter oder bekannter Kunsthistoriker aus ihren Ämtern. Noch zeigte sie Interesse an verschiedenen Auslandsaufenthalten, aber am 12. Dezember 1933 nahm sie sich in Sylt mit dem Schlafmittel Veronal das Leben.

Künstlerinnen im Konzentrationslager

Andere mussten dagegen verzweifelt um ihr Leben kämpfen. Bisher kaum in der Kunstgeschichte beachtet: Es gab in den Konzentrationslagern zahlreiche Künstlerinnen, die im Rahmen ihrer beschränkten Möglichkeiten Kunstwerke schufen. Dabei handelte es sich um ganz unterschiedliche Frauen von verschiedener Herkunft, die einen hatten gar keinen künstlerischen Hintergrund, andere waren künstlerisch ausgebildet. Sie schufen Bilder in erster Linie, um sie zu tauschen. Ausgebildete Künstlerinnen mussten nicht selten im Auftrag der Lagerkommandanten Porträts oder Reproduktionen von bekannten Werken schaffen. Vieles entstand als Überlebenshilfe unter den schlimmen Lagerbedingungen. Jedes Material, das sich eignete, wurde dafür verwendet. Manchmal war dies sogar gefährlich, es drohten schwere Strafen oder gar die Hinrichtung.

Zu den geheimen Malerinnen des Holocausts gehörte Malva Schalek, die einer intellektuellen jüdischen Familie aus Prag entstammte. Sie hatte an der Münchner Damen-Akademie studiert und anschließend in Wien ein Atelier unterhalten. Erfolg hatte sie vor allem mit Porträts von Angehörigen der jüdischen Mittel- und Oberschicht. 1938 musste sie vor den Nationalsozialisten fliehen und war gezwungen, ihre Bilder zurückzulassen. Ihre Flucht führte sie in die Tschechoslowakei, wo sie zunächst versteckt wurde. Schließlich wurde sie 1942, da war sie fast sechzig Jahre alt, in das Konzentrationslager Theresienstadt deportiert. Dort schuf sie mehr als hundert Kunstwerke, meist handelte es sich um gefällige Malerei zum Überleben. In einem 2014 erschienenen Buch über die Künstlerinnen in Theresienstadt heißt es über Malva Schalek: „(…) Sie konnte in Theresienstadt malen, und ihre Lage verbesserte sich. Sie war sehr fleissig, malte Portraits, Landschaften und Blumen.“[25]

Andere Bilder, die sie heimlich schuf und die sie versteckte, schilderten das schreckliche Überleben im Lager. Ihr Talent war tragischerweise auch ihr Tod: Ein mit den Nationalsozialisten kollaborierender Arzt wünschte ein Porträt von ihr, sie wollte ihn jedoch nicht malen und wurde 1944 nach Ausschwitz deportiert, wo sie ermordet wurde. Ihre kritischen Werke hatte sie dort zwischen zwei Holzwänden versteckt, wo sie zum Glück erst nach der Befreiung gefunden wurden. Ihre Werke aus dieser Zeit gelten „als vielleicht das beste und vollständigste Œuvre, das den Holocaust überlebt hat".[26] Der größte Teil der vor Theresienstadt entstandenen Arbeiten der Künstlerin blieb jedoch bis heute verschollen, was eine umfassende Würdigung der Künstlerin verhindert.

Dank ihrer künstlerischen Begabung überlebte dagegen Elli Liebermann-Shiber das KZ Auschwitz-Birkenau. Im Auftrag eines SS-Mannes zeichnete sie nach einem Foto das Porträt seines im Krieg gefallenen Sohnes. Darauf folgten weitere Aufträge von SS-Männern. Obwohl eigentlich verboten, erhielt sie Papier und Stifte. Dies verbesserte ihre Situation und die ihrer Mutter entscheidend, mit hoher Wahrscheinlichkeit sicherte es sogar ihr Überleben. Sie selbst berichtete mit Schrecken von dieser Zeit: „Alles, was meine Kinderjahre verfinsterte, was ich in meiner frühesten Jugend sah und fühlte, versuchte ich in Zeichnungen wiederzugeben. Als Augenzeugin dieser schrecklichen Geschehnisse ist es leider unmöglich, diese fürchterlichen Schreie und Qualen der Todgeweihten, die ewig vor meinen Augen stehen und in meinen Ohren klingen werden, auf dem Papier wiederzugeben."[27] 1927 in Berlin geboren, musste Elli Liebermann-Shiber 1938 mit ihrer Familie Deutschland verlassen. Die aus Polen stammende Mutter war ausgewiesen worden. Von Berlin ging es nach Schlesien. Erst nach dem Ausbruch des Zweiten Weltkriegs und nach der Besetzung durch die deutschen Truppen kamen sie in ein extra errichtetes Ghetto. Trotz mehrerer Verstecke wurde die Familie Anfang 1944 nach Auschwitz deportiert. Vater und Bruder wurden kurz nach ihrer Ankunft ermordet, Elli und ihre Mutter mussten in Birkenau Zwangsarbeit leisten. Hunger und ständige Demütigungen bestimmten dort ihr Leben. Erst als sie Aufträge für Porträts erhielt, verbesserte sich ihre Lage entscheidend. Heimlich zeichnete sie auch die Situation im Lager, die Zeichnungen schildern drastisch die Misshandlungen der Frauen: So mussten sie sich bei ihrer Ankunft unter Prügeln vor den Blicken der Aufseher*innen, die keine Gnade mit den Frauen kannten, entkleiden. Auch den Vorgang der Selektion, der über Leben und Tod entschied, schilderte sie auf drastische Art und Weise. Da die Entdeckung der Zeichnungen für sie verheerend gewesen wäre, versteckte sie diese unter einer Strohmatratze. Anders als bei Malva Schalek haben sich diese Zeichnungen aber nicht erhalten. Dafür hat sie überlebt und konnte ihre im Lager geschaffenen Arbeiten kurz nach ihrer Befreiung mithilfe ihres Gedächtnisses rekonstruieren.

Auch die bekannte jüdische Porträtmalerin Julie Wolfthorn, die in ihren Porträts vor allem berufstätige Frauen darstellte, wurde im Oktober 1942 mit 78 Jahren nach Theresienstadt deportiert, wo sie es schaffte, knapp zwei Jahre zu überleben. Die Zeit, die ihr noch blieb, nutzte sie, um Porträts von ihren Mithäftlingen zu malen, wobei sie sich bemühte, deren Individualität herauszuarbeiten. Aufgrund der Wirren der Kriegs- und Nachkriegszeit gingen viele ihrer Arbeiten verloren, die sie in ihren ehemaligen Wohn- und Kellerräumen aufbewahrt hatte; ein ganzes Lebenswerk gilt bis heute als verschollen.

In Vergessenheit geriet – wie sie selbst befürchtet hatte – Else Argutinsky-Dolgorukow. Sie überlebte Theresienstadt und wurde achtzig Jahre alt, weil ihre Malerei sie im Lager vor der Vernichtung gerettet hatte: So kam sie im Zeichensaal von Theresienstadt unter und konnte dort als Malerin und Grafikerin arbeiten.

Die Zeit des Nationalsozialismus bedeutete für Künstler*innen einen tiefen Einschnitt in ihrer Biografie. Auch jene, die dem nationalsozialistischen Regime genehm waren – ob als Verfechter*innen des neuen politischen Systems oder als Mitläufer*innen, wie die meisten –, hatten für einige Zeit Erfolg, wurden dann aber nach dem Zweiten Weltkrieg kritisch bewertet, in vielen Fällen für zu leicht befunden. Tragisch ist das Schicksal der meisten jüdischen Künstlerinnen. Verfemt, verfolgt und vernichtet, so verlief für viele von ihnen der Weg. Hatten sie das Glück, rechtzeitig emigrieren zu können, bedeutete dies einen tiefen Bruch in ihrer zuvor noch so erfolgreichen Karriere. Dabei ging nach vielen Jahren Erreichtes meist verloren. Durch List oder dank Freunden gerettet, war der künstlerische Neubeginn oft schwer, wenn nicht gar ganz unmöglich wie bei Lily Hildebrandt, die zwar überlebte, aber Erniedrigungen ausgesetzt gewesen war und deshalb zu malen aufhörte. Umso mehr erstaunt es, dass sich im Lager Theresienstadt einige Künstlerinnen gerade durch ihre Malerei retten konnten.

NEUE FORMEN – NEUE ZEITEN:
Künstlerinnen nach dem Zweiten Weltkrieg

Nach 1945 mussten sich Künstlerinnen völlig neu erfinden, die Voraussetzungen für eine Karriere hatten sich inzwischen drastisch verändert. Dazu gehörte: Die figurative Malerei galt kurz nach dem Krieg als nicht mehr zeitgemäß, Ungegenständlichkeit war nun angesagt, was aber nicht zwangsläufig bedeutete, dass Künstlerinnen sich nicht weiterhin mit realistischer Malerei auseinandersetzten. Neues Epizentrum der bildenden Kunst war nun Amerika. Viele Künstlerinnen waren in das gelobte Land geflohen, manche konnten sich durch Förderprogramme weiterentwickeln, andere beschritten nach wie vor ungewöhnliche Wege, um sich mit ihrer Kunst zu behaupten.

Ungewöhnliche Porträts – Alice Neel

Erst kürzlich wiederentdeckt wurde die amerikanische Porträtmalerin Alice Neel. 1900 geboren, umfasst ihr umfangreiches Werk rund fünf Jahrzehnte. Sie gehörte zu jenen, die nicht den Weg in die Ungegenständlichkeit wählten, sondern der figurativen Malerei treu blieben und sich sogar mit der als altmodisch geltenden Porträtmalerei auseinandersetzten. Darüber hinaus brach sie in ihren Porträts Tabus, indem sie etwa schonungslos die Schwangerschaft ihrer Schwiegertochter inszenierte oder in der Darstellung des männlichen Akts Männlichkeit infrage stellte.

Zunächst führte sie ein für eine amerikanische Frau in den 1920er-Jahren übliches Leben: Sie absolvierte eine Ausbildung zur Sekretärin und verdiente damit auch ihren Lebensunterhalt. Zusätzlich besuchte sie jedoch Abendkurse an der School of Industrial Art of Philadelphia, die sie selbst finanzierte. Auch ihr erstes Jahr an der Philadelphia School of Design for Women zahlte sie zunächst aus eigener Tasche, erhielt dann aber für die letzten drei Jahre ein staatliches Stipendium, so dass sie 1926 ihr Studium abschließen konnte. Den wichtigsten Einfluss auf ihr Werk hatte die Ashcan School, die den sogenannten Amerikanischen Realismus vertrat. Sie selbst schätzte sich als nicht besonders innovativ ein: „Ich bin eine altmodische Malerin. Ich male Landszenen, Stadtszenen, Figuren, Porträts und Stillleben. Stillleben sind eine Erholung. Es geht nur ums Entwerfen und Nachdenken über das Leben, über Farben und oft über Blumen.“[1]

Privat gestaltete sich das Leben der Künstlerin, die sich so intensiv in ihre Modelle hineindenken konnte, äußerst turbulent. Sie war zunächst mit dem kubanischen Maler Carlos Enriquez verheiratet, mit dem sie einige Zeit in Kuba lebte. Nach dem Tod ihres erstgeborenen Kindes im Kleinkindalter und der Trennung von ihrem Ehemann, aber auch durch die Strapazen, sich eine unabhängige Künstlerinnenkarriere aufzubauen, erlitt sie einen Nervenzusammenbruch und wurde in einer Klinik behandelt. Erst ab den 1930er-Jahren setzte dann ihr künstlerisches Werk mit aller Vehemenz ein, in dem sie sich ganz der Porträtmalerei, den „Pictures of People“, den Menschen verschrieben hatte. Kurze Zeit war sie mit dem Seemann Neel Kenneth Doolittle verheiratet, den sie ebenfalls eindrucksvoll porträtierte. Die Zerstörung eines Teils ihres Werkes in einem heftigen Wutanfall, als er erfuhr, dass sie eine Affäre hatte, führte letztlich zur Trennung des Paars. Mit dem puerto-ricanischen Musiker und Sänger José Santiago Negrón hatte sie einen Sohn, einen weiteren mit dem Fotografen und Filmemacher Sam Brody.

Der Blick in eine Babystation desillusioniert die Vorstellung von glücklicher Mutterschaft, so verarbeitete sie in einem Gemälde ihre eigene Geschichte. Besonders verstörend wirkt aber ihr Porträt von Andy Warhol, entstanden nach dem auf ihn 1968 verübten Attentat, das er nur knapp überlebte. Tiefe Narben überziehen seinen Oberkörper mit den weiblich wirkenden hängenden Brüsten, der Unterleib wird scheinbar nur von einem Mieder zusammengehalten, die Zerstörung des Körpers wirkt extrem verstörend. Auf einem anderen Gemälde räkelt sich indes der Kunstkritiker und Kurator John Perreault, ihr zweites Aktmodell nach Joe Gould 1933, den er für eine Ausstellung hatte ausleihen wollen. Lässig den Kopf in die Hand gestützt, posiert er nackt auf einem weißen Laken *(Abb. 39)*. Die erotische Inszenierung erinnert auffallend an bekannte Frauenakte der Kunstgeschichte. Der männliche Körper er-

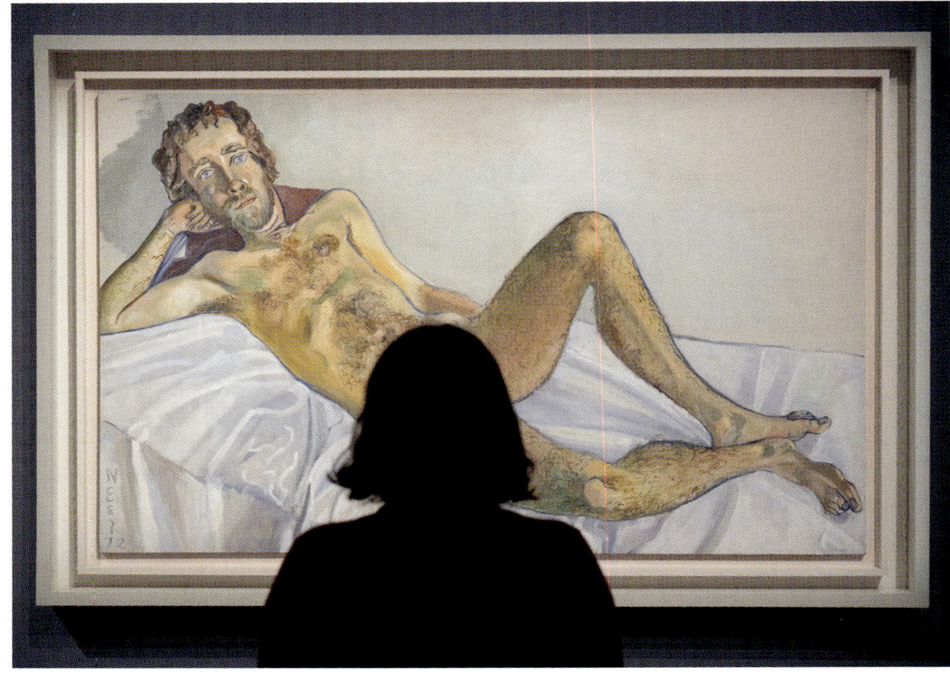

39 Alice Neel, John Perreault, 1972, Öl/Lw., Whitney Museum of American Art, New York

scheint jugendlich idealisiert, die dichte Körperbehaarung ist minutiös ausgeführt, während die helle Haut am Unterleib daher rührt, dass dieser üblicherweise nicht der Sonne ausgesetzt, sondern von einer Badehose bedeckt wird. Somit dürfte sie eine der ersten Künstlerinnen überhaupt sein, die die Geschlechterrollen umkehrte und den Mann zum Objekt der (weiblichen) Begierde werden ließ, wobei Perreault, für dessen Porträt Neel siebzehn Sitzungen benötigte, homosexuell war.[2]

Als freie Frau mit wechselnden Beziehungen steckte sie ihre ganze Energie in ihre Malerei. Allerdings erlebte sie ihre erste Retrospektive erst knapp zehn Jahre vor ihrem Tod im Jahr 1984. Glücklicherweise nahm die Kunsthistorikerin Linda Nochlin, die sich auch von ihr porträtieren ließ, sie in ihre bahnbrechende Ausstellung „Women Artists: 1550–1950" auf. Als Alice Neel starb, hinterließ sie mehr als 3000 Porträts, eine internationale Würdigung ihres Werkes erfolgte allerdings erst in den 2000er-Jahren.[3]

Neue Maßstäbe in der Bildhauerei – Germaine Richier und Louise Bourgeois

Neue weibliche Maßstäbe in der Bildhauerei setzten dagegen Germaine Richier und Louise Bourgeois. Beide wurden in Frankreich im Abstand von nur wenigen Jahren geboren: Germaine Richier 1902 in der Nähe von Arles und Louise Bourgeois 1911 in Paris. Die eine starb mit nur 56 Jahren und konnte ihr Werk nicht mehr vollenden, die andere wurde dagegen fast 100 Jahre alt und gehört heute zu den Klassikern der Kunstgeschichte. Und es gibt noch andere Unterschiede: Germaine Richier blieb weitestgehend in Europa, wo sie sehr erfolgreich war, Louise Bourgeois heiratete den amerikanischen Kunsthistoriker Robert Goldwater, mit dem sie in die USA zog, wo sie ihr eigenständiges Werk über mehrere Jahrzehnte hinweg entwickeln konnte.

Beide Künstlerinnen kamen aus einfachen Verhältnissen. Germaine Richier stammte aus einer Weinbauernfamilie und begann gegen den Wunsch ihrer Eltern Bildhauerei in Montpellier zu studieren. Schließlich wechselte sie nach Paris an die Académie de la Grande Chaumière, wo sie ein Schüler von Auguste Renoir unterrichtete. Bis 1929 schulte sie sich im Modellieren, Gießen und in der Steinbearbeitung. Anschließend übte sie sich an Büsten, Akten und Porträts. Die damals aktuellen Kunstströmungen, etwa den Surrealismus, nahm sie kaum wahr. Als freie Bildhauerin führte sie ein eigenes Atelier und heiratete kurz darauf ihren ehemaligen Mitstudenten Otto Charles Bänninger, einen der bedeutendsten Schweizer Bildhauer. In den 1930er-Jahren war sie außerordentlich erfolgreich und zeigte bereits 1934 ihre erste Einzelausstellung in Paris. Kurz darauf fand sie zu ihrem eigenen, innovativen Stil: Abstrahierte ausdrucksstarke Skulpturen. Als erste Frau überhaupt erhielt Germaine Richier einen Preis für Bildhauerei der Blumenthal Foundation in New York. Auch anlässlich ihrer Teilnahme auf der Pariser Weltausstellung 1937 wurde sie ausgezeichnet. Noch 1939 konnte sie ihre Werke im französischen Pavillon der Weltausstellung in New York zeigen. Ab 1940 schuf sie ihre bekannten Mischwesen, in denen menschliche und tierische Formen miteinander verschmelzen.

Während des Zweiten Weltkriegs lebte sie mit ihrem Ehemann zeitweise in der Provence und in der Schweiz, kehrte aber anschließend wieder nach Paris zurück und ließ sich kurz darauf scheiden. In dieser Zeit fing sie an, mit Drahtverspannungen zu arbeiten, die ein Spannungsfeld von Bewegung und Stillstand erzeugten. Sie selbst erklärte die Intention ihrer Arbeiten so: „Ich versuche nicht, Bewegung wiederzugeben. Meine Intention geht vor allem dahin, Bewegung vorstellbar zu machen. Meine Skulpturen sollen den Eindruck erwecken, unbeweglich zu sein und sich gleichzeitig bewegen zu wollen."[4] Sie erhielt mit diesen bald bekannt gewordenen Werken bedeutende Aufträge, wie das Altarkreuz für die Kirche von Notre Dame de Toute Grâce in Plassy, dessen Christusfigur weder Gesicht noch Hände und Füße besitzt, sondern auf ein stangenähnliches Skelett reduziert ist. Das Werk war höchst umstritten und musste sogar entfernt werden. In den 1950er-Jahren erlangte Germaine Richier internationale Bekanntheit mit ihren Bronzefiguren, bei denen es sich um abstrahierte Mischwesen aus Mensch und Tier handelt. Als herausragend kann insbesondere ihre Skulptur einer Gottesanbeterin angesehen werden, deren Weibchen die Männchen vor oder nach dem Paarungsakt vertilgen. Somit inszenierte sie als eine der ersten Künstlerinnen der Nachkriegszeit aggressive weibliche Sexualität. Sie stellte nochmals auf der Biennale von Venedig aus und bereitete eine große Retrospektive vor, als sie 1959 im Alter von gerade einmal 56 an den Folgen einer Krebserkrankung verstarb.

Markanter und plakativer setzte sich Louise Bourgeois während ihrer langen Künstlerinnenlaufbahn mit weiblicher Sexualität auseinander. Dennoch verstand sie ihre Werke selbst nicht als feministisch, sondern empfand sie als eine Reise zu sich selbst. Wie Richier arbeitete sie zunächst mit sowohl figürlicher als auch ungegenständlicher Form. In diesen Skulpturen verarbeitete sie ihre Kindheit: Ihr Vater betrog ihre Mutter mit dem Kindermädchen und behandelte Louise als Mädchen mit Geringschätzung. Ein Studium der Mathematik an der Sorbonne brach sie ab, um bildende Kunst und Kunstgeschichte zu studieren. Dafür besuchte sie sowohl die École des Beaux-Arts als auch die Académie de la Grande Chaumière sowie die École du Louvre und war auch kurz im Atelier von Fernand Léger. Er soll ihr vorgeschlagen habe, sich für die Bildhauerei zu entscheiden. Dabei experimentierte sie mit verschiedenen Materialien und Techniken, so verwendete sie Latex, Gummi, Gips oder sogar Zement. Damit war sie die erste Frau überhaupt, die Installationen schuf. Eine ihrer ersten Werkgruppen hieß „Femme Maison“ und thematisierte das Verhaftetsein der Frauen in ihren Häusern.

Diesen folgten die „Personnages“, stelenhafte Figuren, die an Artefakte von Stammeskulturen erinnern. Besonders bekannt war Bourgeois für ihre „Cells“ (Zellen), die in den 1980er-Jahren entstanden. Zimmergroße Installationen, um die der Betrachter herumgehen konnte. Die „Cells“ erinnerten dabei an Gefängniszellen, da der Raum zuerst durch Wandschirme und Türen, später durch Drahtgitter beschränkt wurde. In den Räumen befanden sich meist Gegenstände mit autobiografischer Bedeutung. Bei ihren bekanntesten Arbeiten handelt es sich jedoch um die „Mamans“, überdimensionale, bis zu neun Metern hohe Spinnen aus Bronze. Diese sind immer positiv besetzt und sollen an ihre Mutter erinnern, die Wandteppiche webte. Zudem schuf die Künstlerin sexualisierte Formen, die sich nicht eindeutig als weiblich oder männlich identifizieren lassen. Die Verarbeitung der eigenen Biografie und die Konstruktion von Erinnerung kann letztlich als zentral für ihr Werk angesehen werden. Legendär ist der überdimensionierte Latex-Phallus mit dem Titel „Kleines Mädchen“ von 1969, mit dem sie der Fotograf Robert Mapplethorpe mit 72 Jahren verewigte *(Abb. 40)*. Ab Ende der 1960er-Jahre nahm sie zunehmend den feministischen Diskurs auf, schuf etwa 1974 die raumgreifende Skulptur „Destruction of the Father“, mit der sie den Betrug des Vaters aufarbeitete. In den 1970er-Jahren konnte sie sich in der New Yorker Kunstszene behaupten, doch war sie 71 Jahre alt, als das New Yorker Museum of Modern Art 1982 ihre erste große Retrospektive zeigte. Ihre Bedeutung für die amerikanische Kunst der Nachkriegszeit wurde damals endlich erkannt und ihre Arbeiten zehn Jahre später auch in Europa, auf der documenta IX und der Biennale von Venedig, gezeigt. Wie kaum eine andere Künstlerin ihrer Zeit bot sie mit ihren eigenen biografischen Erfahrungen eine Projektionsfläche für die Fantasie der Betrachter*innen.

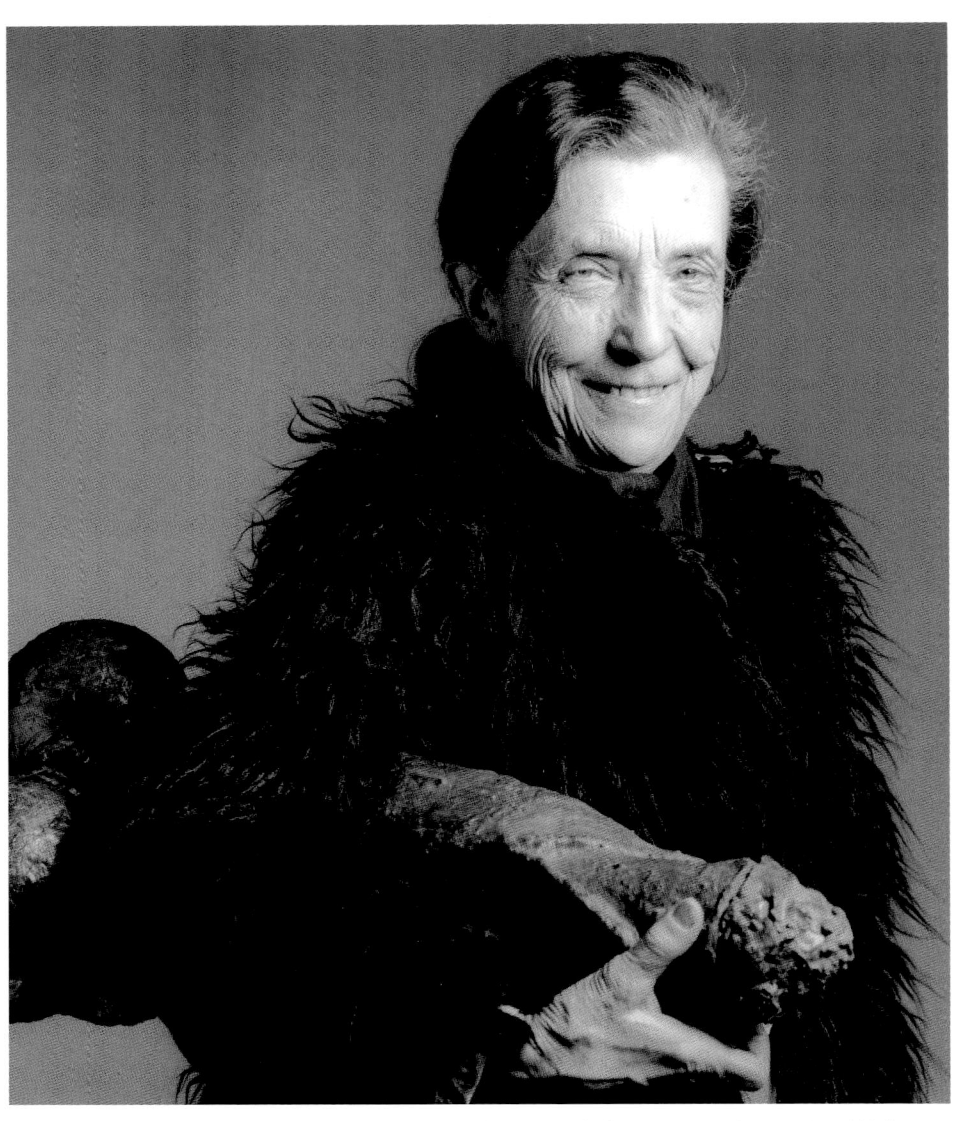

40 Robert Mapplethorpe, Louise Bourgeois, 1982 |

Aus dem Schatten der Männer – Künstlerinnen des abstrakten Expressionismus

Viele Künstlerinnen mussten sich in der Nachkriegszeit immer noch aus dem Schatten ihrer berühmten Ehemänner befreien, wie etwa Lee Krasner oder Elaine de Kooning. Wobei insbesondere de Kooning einen damals völlig neuen Ansatz verfolgte, indem sie Männer als Sexualobjekte darstellte. Niki de Saint Phalle verarbeitete dagegen den eigenen Missbrauch in ihren Schießbildern und wurde später durch ihre üppigen Nanas bekannt. Erst kürzlich entdeckt wurde dagegen, dass es in der Pop Art nicht nur Künstler, sondern auch Künstlerinnen gab.

Bedeutenden Einfluss auf die gerade aufblühende New Yorker Kunstszene hatte Peggy Guggenheim, die 1941 gemeinsam mit Max Ernst nach Amerika geflüchtet war. Sie eröffnete 1943 neue Ausstellungsräume namens „Art of this century". Hier zeigte sie Ihre Sammlung europäischer abstrakter und surrealistischer Kunst und veranstaltete Ausstellungen aktueller Künstler. Ihr sind die ersten Einzelausstellungen der abstrakten Expressionisten zu verdanken. 1947 schloss sie jedoch ihre Galerie wieder, ihre Bemühungen setzte die Galeristin Betty Parsons fort, die auch als „Mutter des abstrakten Expressionismus" bezeichnet wird. Die abstrakten Expressionisten waren eine lose Künstlergruppierung der 1940er- und 1950er-Jahre, die sich nach dem Zweiten Weltkrieg in New York bildete. Da der abstrakte Expressionismus von Emotion und Spontaneität geprägt war und neue Maltechniken mit Spachteln, Handflächen oder durchlöcherten Behältern verwendete, schien er zunächst eine Domäne der Männer zu sein.

Erst im Oktober 1949 kamen auch die ersten Künstlerinnen ins Blickfeld der Öffentlichkeit, allerdings nur in Gemeinschaft mit ihren Männern. Die Sidney Janis Gallery zeigte damals eine Ausstellung mit dem Titel: „Artists: Man and Wife". Zu sehen waren Künstlerpaare wie Lee Krasner und Jackson Pollock, Hans Arp und Sophie Taeuber-Arp oder Elaine de Kooning und Willem de Kooning. Die Idee dahinter war, Gleichberechtigung zu inszenieren. Doch Elaine de Kooning etwa zeigte sich da im Rückblick eher skeptisch: „Die Ausstellung hatte etwas, das die

Künstlerinnen – Ehefrauen – irgendwie zu Anhängseln der wirklichen Künstler machte. Vielleicht war sie einfach zu nett. Sie wissen schon, eine nette Idee, um Aufmerksamkeit auf die Galerie zu lenken."[5]

Lee Krasner und Elaine de Kooning gehörten wie Hedda Sterne zur ersten Generation der abstrakten Expressionistinnen. Trotz zahlreicher Ausstellungen wurden sie immer wieder auf die Rolle der Augenzeuginnen ihrer berühmten Partner reduziert. Lee Krasner war mit Jackson Pollock verheiratet, mit dem sie sich ein gemeinsames Atelier teilte. Sie war auch diejenige, die ihn bei seinen zahlreichen Abstürzen rettete. Ihr Werk ist weit weniger umfangreich als seines, dennoch zählte sie zu den einflussreichsten Künstlerinnen der ersten Generation der abstrakten Expressionisten in den USA. Sie stammte aus einer russisch-jüdischen Einwandererfamilie und konnte in den USA bildende Kunst studieren. Von 1929 bis 1932 war sie Teilnehmerin am WPA Federal Art Project, einer Hilfsaktion für bildende Künstler*innen während der Weltwirtschaftskrise, die ihr Überleben sicherte. Als einer ihrer prägenden Lehrer gilt Hans Hoffmann, der sie hin zur freien Abstraktion führte. Hoffmann war tief beeindruckt von der jungen Frau und kommentierte ihre Arbeiten begeistert: „Das ist so gut, man würde gar nicht denken, dass es von einer Frau gemalt wurde."[6]

Lee Krasner setzte sich zudem mit den kunsttheoretischen Schriften von Harold Rosenberg auseinander, der später den Begriff „Action painting" prägen sollte. Auch stellte sie 1940 gemeinsam mit den American Abstract Artists aus. Erst anlässlich der Ausstellung „American und French Painting" lernte sie ihren späteren Ehemann Jackson Pollock kennen, den sie 1945 heiratete. Unter seinem Einfluss begann sie, malerisch zu experimentieren. Die Ehe gestaltete sich jedoch schwierig, sie litt unter Pollocks Alkoholexzessen. Von Selbstzweifeln geplagt, neigte er immer wieder zu unkontrollierten Wutausbrüchen. Sie stellte ihre eigene Malerei zurück, um ihn zu unterstützen. Schließlich konnte sie ihn überreden, mit ihr nach Long Island zu ziehen, fern von den Gefahren der Großstadt New York. Gemeinsam renovierten sie ein baufälliges Haus, das sie als Wohnatelier nutzten. Die Renovierungsarbeiten dauerten fast ein Jahr, erst dann konnten sie sich wieder der Malerei widmen. Zwischen ihnen entstand zunehmend eine künstlerische Symbiose, seine Ausbrüche auf dem Malgrund wurden von ihrem ordnenden Verstand gelenkt. Letztlich bleibt unklar, wer wen in dieser Zeit stilistisch mehr inspirierte.

Während jedoch Jackson Pollocks Karriere kometenhaft steil nach oben schoss – der Kunsttheoretiker Clement Greenberg erklärte ihn zum größten amerikanischen Künstler – blieb Krasner im Hintergrund und fungierte als Muse und Beschützerin gleichermaßen. Mit dem Beginn ihrer Beziehung hatte sie ihr Werk vernachlässigt. Erst als sie in Long Island lebten, schuf sie ihre erste bedeutende ungegenständliche Werkgruppe, die „Little Image paintings", in denen sie mit den von Jackson Pollock erfundenen Techniken, dem All-over, dem Bemalen der Leinwand von allen Seiten und dem Dripping, dem Tropfen und Spritzen der Farbe, arbeitete, aber zu mehr Struktur als ihr Ehemann gelangte. Doch gerade dies wurde kritisiert und als übersteigerte Selbstkontrolle negativ bewertet. So schrieb Gretchen T. Munson anlässlich der oben erwähnten Ausstellung „Artists: Man and Wife": „Es besteht bei einigen Frauen auch die Tendenz, den Stil ihrer Ehemänner ein wenig aufzuräumen. Lee Krasner (Mrs. Jackson Pollock) nimmt die Farben und Lacke ihres Ehemanns und verwandelt seine ungezügelten, schwungvollen Linien in säuberliche kleine Quadrate und Dreiecke."[7]

Erst im Oktober 1951 eröffnete Krasner ihre erste Einzelausstellung, allerdings ohne Bilder zu verkaufen. Voller Enttäuschung übermalte sie zwölf der vierzehn dort ausgestellten Bilder und verwendete sie teils für neue Arbeiten, teils zerschnitt sie diese für Collagen. Auch einige schwarz-weiße Papierarbeiten, die sie kurz nach diesem Fiasko geschaffen hatte, zerriss sie und warf die Schnipsel auf den Boden. Es dauerte Wochen, bis sie wieder ihr Atelier betreten konnte. Und plötzlich kam ihr eine Erleuchtung. Das, was auf dem Boden lag, begann sie zu inspirieren, sie zerschnitt Zeichnungen und Leinwände und schuf daraus Collagen. Diese zeigte sie 1955 in einer Ausstellung. Für ihre Collagen verwendete sie auch einige verworfene Leinwände ihres Mannes. Darunter war ein Stück Leinwand, das eine Form zeigte, die an den Kopf eines Adlers erinnerte, das bekannte Gemälde „Bald Eagle" war geboren.

Wie bei der Malerei entstanden die Collagen auf dem Boden in einer Art All-over.

Gleichzeitig verschlimmerte sich ihre private Situation zusehends: Pollock malte, als wäre er manisch, er war ständig betrunken und geriet in immer tiefere Krisen. Als er sich jedoch eine Geliebte nahm, forderte Krasner eine Entscheidung, was Pollocks Alkoholkonsum zusätzlich steigerte. Die Situation eskalierte: Jackson Pollock kam bei einem Autounfall unter Alkoholeinfluss ums Leben. Dabei wurde seine Geliebte Ruth Kligman schwer verletzt und ihre Freundin, die mit im Wagen gewesen war, getötet. Jackson Pollocks tragischer Unfalltod bedeutete für Lee Krasner einen tiefen Einschnitt in ihr Leben und Werk. Als Reaktion schuf sie ihre „Nachtbilder", großformatige Gemälde in dunklen Erdtönen, die sich um die Themen Geburt, Tod und Spiritualität drehten. So widersprüchlich das klingt, Pollocks Tod bedeutete auch eine Befreiung für Lee Krasner als Künstlerin. Ihre Arbeit intensivierte sich, sie stellte wieder mehr aus und verkaufte auch Bilder. Allerdings signierte sie häufig nur mit L.K., um ihr Geschlecht zu verbergen. Der große Durchbruch gelang ihr jedoch nie, obwohl von ihr fast 600 Werke bekannt sind. 1984 verstarb sie im Alter von 75 Jahren. Ihrem Wunsch gemäß wurde ihr einstiges gemeinsames Wohn- und Atelierhaus der Öffentlichkeit zugänglich gemacht, auch sorgte sie für die Gründung einer Stiftung, die Künstler- und Kunsteinrichtungen fördert.

Weit mehr als Kunstkritikerin denn als Malerin bekannt, war zunächst Elaine de Kooning. Sie heiratete ihren Lehrer, den vierzehn Jahre älteren Maler Willem de Kooning, der neben Jackson Pollock als einer der Wegbereiter des abstrakten Expressionismus galt. Ab den späten 1940er-Jahren machte sie sich bei der Zeitschrift „Art News" als Kunstkritikerin einen Namen und begann gleichzeitig mit ihren ersten eigenen abstrakten Arbeiten. Sie erlebte, dass aus den lockeren Zusammenkünften der abstrakten Expressionisten 1949 in Downtown New York 8th Street „The Club" gegründet wurde, in dem Maler und Bildhauer, darunter auch zahlreiche Künstlerinnen, über die Gegenwartskunst diskutierten. In „The Club" formierte sich zudem die Idee zur legendären 9th Street Art Exhibition, die vom 21. Mai bis zum 10. Juni 1951 in einem baufälligen Geschäftshaus in 60 East 9th Street zu sehen war. Sie war die Geburtsstunde einer neuen Ästhetik nach 1945 und signalisierte, dass das Zentrum der Kunst sich nun von Paris nach New York verlagert hatte.[8]

Zwar nahm Elaine de Kooning an dieser bahnbrechenden Gruppenausstellung teil, was aber nicht bedeutete, dass sie auch als Malerin anerkannt war. Ab Mitte der 1950er-Jahre malte de Kooning vornehmlich Porträts von gesichtslosen Männern – darunter Bildnisse der Kunstkritiker Harold Rosenberg und Thomas B. Hess –, bei denen sie die Gesichter auf geradezu aggressive Art und Weise auslöschte. Damit etablierte sie sich als wichtigste Porträtistin des abstrakten Expressionismus. Sie ließ in den Porträts die Farbe absichtlich herablaufen, was in den Augen des damals bekanntesten Kunstkritikers, Clement Greenberg, als Manierismus galt, den er ablehnte. Auch bekannte sie sich zur Figuration, was als ein Aufbegehren gegenüber dem aktuellen Primat der Abstraktion anzusehen war.[9] Die Gattung des Porträts stand damals ebenfalls nicht allzu hoch in Kurs. Diese bezeichnete Willem de Kooning als „pictures that girls made",[10] denn traditionell wurde ja den Frauen die Porträtmalerei zugesprochen. Da Elaine de Kooning mit einem Alphamann der New Yorker Kunstszene verheiratet war, blieb ihr jedoch nichts anderes übrig, als zu versuchen, sich von ihm abzusetzen. Sonst hätte sie vermutlich wie Lee Krasner als den Stil des Mannes ordnende Ehefrau gegolten. Sie selbst äußerte sich selbstbewusst, dass sie nicht in seinem Schatten arbeite, sondern in seinem Licht male.[11]

Die Ehe von Elaine und Willem de Kooning war ebenfalls äußerst schwierig: Ihre Beziehung prägten zeitweise große Armut, Alkoholprobleme, Liebesaffären und ständige Streitereien, die dennoch künstlerisch inspirierend gewesen sein müssen. Trotz zeitweiser Trennung fanden sie immer wieder zusammen. Elaine de Kooning schwamm auch später wieder gegen den Strom der Künstlerkollegen: Als die sogenannten Black Paintings aktuell waren, wandte sie sich helleren Farben zu. Schließlich war sie vor allem als Porträtmalerin gefragt, sie erhielt sogar den Auftrag, den damaligen Präsidenten J. F. Kennedy zu porträtieren. Seine Ermordung unterbrach jedoch die Arbeit daran. Als Kunstprofessorin an verschiedenen Universitäten inspirierte sie später vor allem junge Nachwuchskünstler*innen und galt, obwohl man ihr malerisches Werk zeitweise kaum beachtet hatte, als eine der führenden Künstlerinnen des abstrakten Expressionismus. 1989 verstarb sie im Alter von siebzig Jahren.

Innovativ und Vorbild einer neuen Generation – Helen Frankenthaler

Als abstrakte Expressionistin der zweiten Generation gilt die New Yorkerin Helen Frankenthaler. Geboren als jüngste Tochter eines Anwalts und einer Deutschstämmigen, besuchte sie zunächst Privatschulen, bevor sie an der New Yorker Dalton School Malunterricht nahm. Nach Stationen in Vermont und wiederum in New York hatte sie ebenfalls Unterricht bei Hans Hoffmann. Auch studierte sie an der Columbia University Kunstgeschichte bei dem bedeutenden amerikanischen Kunsthistoriker Meyer Schapiro. Als sie 1950 an einer Gruppenausstellung der New Yorker Seligmann Gallery teilnahm, freundete sie sich mit dem einflussreichen Kunstkritiker Clement Greenberg an, der von da an zu einem engen Freund und Förderer wurde. Ihr berühmtestes Gemälde „Mountains and Sea“ *(Abb. 41)*, in dem sie ihre Reiseeindrücke von Neuschottland verarbeitete, entstand 1952. Hier verwendete sie erstmals die von ihr entwickelte Einfärbetechnik. Dabei dringen die mit Terpentin und Kerosin stark verdünnten Ölfarben tief in die ungrundierte Leinwand ein. Dies führte dazu, dass ihre Ölbilder wie Aquarelle wirkten. Nach dem Vorbild Pollocks war dabei die Leinwand auf dem Boden ausgebreitet. Auch arbeitete sie nicht mit einem Pinsel, sondern goss die Farben aus verschiedenen Gefäßen auf den Malgrund. Danach rieb sie die Farbe an manchen Stellen mit dem Schwamm tief ins Gewebe ein. Dennoch wollte sie Pollock nicht imitieren, sondern ihrem eigenen Wunsch nach Leichtigkeit und Transparenz nachgehen. Dabei verwies sie auf ein Experiment in ihrer Kindheit: Sie hatte in ein mit Wasser gefülltes Waschbecken Nagellacke gegossen, um zu sehen, wie sich die Farben auf der Oberfläche ausbreiteten und sich in schwebende und veränderliche Formen verwandelten. Vom Gemälde „Mountains and Sea“ war Clement Greenberg

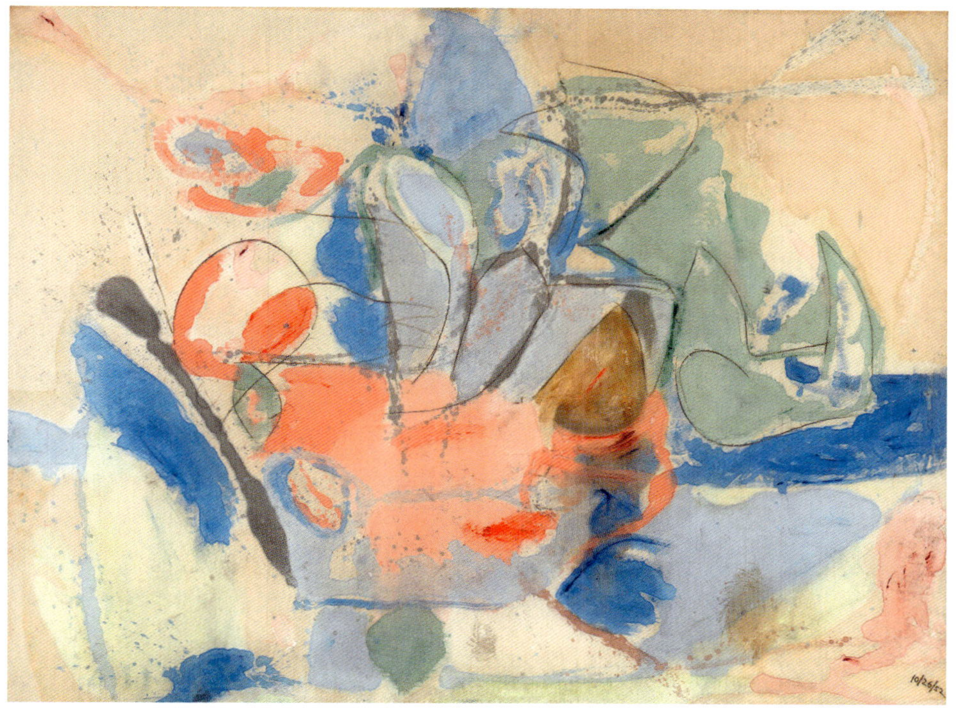

41 Helen Frankenthaler, Mountains and Sea, 1952, Acryl/Leinwand, Helen Frankenthaler Foundation, New York, Leihgabe an die National Gallery of Art, Washington DC

derart begeistert, dass er die Maler Morris Louis und Kenneth Noland in Frankenthalers Atelier einlud. Beide waren schockiert und begeistert gleichermaßen und wurden dadurch zur Entwicklung der Farbfeldmalerei inspiriert.[12] Helen Frankenthaler hatte hier etwas ganz Eigenständiges geschaffen, das den abstrakten Expressionismus quasi mit der Farbfeldmalerei verschmolz, womit sie andere Künstler*innen, insbesondere eine neue Generation, sichtlich beeinflusste.

Sex, Konsum und Gesellschaftskritik – Künstlerinnen der Pop Art

Als Gegenbewegung zum entfesselten und dramatischen abstrakten Expressionismus kam Mitte der 1950er-Jahre die Pop Art unabhängig voneinander in England und in den USA auf. In den 1960er-Jahren war sie der vorherrschende Kunststil in Nordamerika und Europa. Ihre Motive waren in der Regel der Alltagskultur, der Welt des Konsums, den Massenmedien und der Werbung entnommen. Meist wirkte ihre Darstellung fotorealistisch und überdimensioniert. Pop Art feierte den neuen Wohlstand nach dem Zweiten Weltkrieg, kritisierte ihn aber gleichzeitig auch.

Allgemein galt Richard Hamilton als Begründer der Pop Art, dessen frühe Arbeit von 1956 „Just what is it that makes today's homes so different, so appealing?" mit Collage-Elementen als erstes Werk des neuen Stils gefeiert wurde. Pop Art war in der Regel wie auch der abstrakte Expressionismus von Männern dominiert. Doch traten in den Ausstellungen ab den 2010er-Jahren auch immer mehr Künstlerinnen aus dem Umkreis der Pop Art hervor. In Großbritannien galt Pauline Boty als einzige Vertreterin dieses Stils. Durch ihre Werke und ihre Lebensführung kann sie als eine Vorreiterin des Feminismus der 1970er-Jahre angesehen werden.

Ihre Herkunft bildete nicht die beste Voraussetzung für eine künstlerische Karriere. Sie gehörte einer Familie der katholischen Mittelschicht in Südlondon an. Aufgewachsen mit einem strengen Vater und drei älteren Brüdern, wurde ihr sehr deutlich gemacht, was von einem Mädchen erwartet wurde. Nur dank eines Stipendiums konnte sie sich an der Wimbledon School of Art einschreiben, wo sie bald wegen ihrer Schönheit und den blonden Haaren sowie ihrer extrovertierten Art den Spitznamen „Bardot aus Wimbledon" erhielt. Während ihr Vater wenig begeistert war, wurde sie von ihrer Mutter unterstützt, die ebenfalls gerne Künstlerin geworden wäre. Ihr Vordiplom legte sie in Lithografie ab und erlangte ihr Diplom in Glasmalerei, eine ungewöhnliche Wahl für eine Frau. Von einem Tutor wurde sie zu experimentellen Techniken, unter anderem der Collage, ermuntert, so dass sie immer mehr ausprobierte. Schließlich studierte sie ab 1958 am Royal College of Art Glasmalerei, weil im Fach Malerei, das sie eigentlich belegen wollte, weniger Frauen aufgenommen wurden. Die Versuche, den Frauen den Zugang zu erschweren, erreichte seinen Höhepunkt, als im 1962 errichteten Neubau des Instituts für Mitarbeiterinnen keine Waschräume eingeplant wurden.

Boty galt bald als besonders begabt, und ihre Arbeiten fanden zunehmend Aufnahme in Ausstellungen, sogar in der Bilderschau „Young

Contemporarys“ war sie vertreten. Schließlich freundete sie sich mit Pop-Art-Künstlern wie David Hockney und Peter Blake an. Nach Abschluss ihres Studiums entwickelte sie bald ihren charakteristischen Stil und konnte daher 1961 in ihrer ersten Gruppenausstellung „Blake, Boty, Porter, Reeve“ in der A.I.A. Galerie in London – einer der ersten britischen Pop-Art-Ausstellungen – zwanzig Collagen zeigen, in denen sie Hochkultur mit Populärkultur verband. 1962 war sie sogar Teil der BBC-Dokumentation „Pop Goes the Easel“. Dort stand sie im Mittelpunkt der Berichterstattung, konnte aber, im Gegensatz zu ihren männlichen Kollegen, nicht über ihr Werk Auskunft geben. Stattdessen startete Pauline Boty eine Karriere als Schauspielerin. Bald stand sie im Zwiespalt zwischen ihrer Karriere als Malerin und der als Schauspielerin. In den frühen 1960er-Jahren war es für eine gut aussehende und entsprechend begabte junge Frau üblicher, den Weg der Schauspielerin zu wählen. Ihre Legitimität als ernstzunehmende Künstlerin wurde daher, nicht zuletzt aufgrund ihrer Attraktivität, immer wieder infrage gestellt. Selbst die Fähigkeit zu guter Kunst sprach man ihr ab. Als Pop-Art-Künstlerin wandte sie sich gegen den damals vorherrschenden Sexismus und schilderte in ihren frühen Arbeiten Sexualität aus der Sicht einer Frau. Erst 1963 konnte sie ihre erste Einzelausstellung zeigen, die sehr erfolgreich war.

Nachdem fast alle Männer, mit denen sie zusammengearbeitet hatte, in sie verliebt waren, heiratete sie überraschenderweise den Literaturagenten Clive Goodwin. Ihre gemeinsame Wohnung in Westlondon wurde bald zum Treffpunkt der künstlerischen Avantgarde und der Londoner Bohème sowie nationaler und internationaler Prominenz, darunter auch Bob Dylan. Ihre Bilder begannen in dieser Zeit immer politischer zu werden, prangerten das Patriarchat an und entwickelten eine neue, befreite weibliche Erotik. Als sie schwanger wurde, diagnostizierten die Ärzte während einer Routineuntersuchung Leukämie. Boty lehnte die nötige Behandlung vehement ab, um ihr ungeborenes Kind nicht zu gefährden. Nur wenige Monate nach der Geburt ihrer Tochter verstarb sie 1966 mit nur 28 Jahren. Bei Recherchen zu einer Ausstellung über die Kunst der 1960er-Jahre entdeckten zwei Kuratoren ein Konvolut ihrer Arbeiten in der Scheune ihres Bruders. Eine erste Übersichtsausstellung kam nicht zustande, erst 2013, rund 47 Jahre nach ihrem Tod, gelang es der Wolverhampton Art Gallery, ihr eine erste Retrospektive auszurichten.[13]

Kunst als Therapie – Niki de Saint Phalle

Im weißen Hosenanzug stand sie da und schoss mit Revolver und Gewehr auf das Patriarchat. Sie richtete ein „Blutbad“ an aus Rot, Gelb und Blau. Das Happening im Hinterhof ihres Ateliers im 15. Pariser Arrondissement fand am 12. Februar 1961 statt. Niki de Saint Phalle und ihre Künstlerfreunde schossen auf weiß überzogene, mit Farbbeuteln gefüllte Gipsplatten.[14] Noch integrierte sie darin verschiedene Alltagsdinge, wie Puppen oder Küchenutensilien. Ihre Kunstwerke waren Teil ihrer Biografie und ihrer Verarbeitung.

1930 als zweites von fünf Kindern in einem Vorort von Paris geboren, entstammte sie einem alten französischen Adelsgeschlecht. Der Vater war während der Weltwirtschaftskrise 1929 verarmt, ihre Mutter war Amerikanerin, weshalb Niki de Saint Phalle zum Teil in den USA aufwuchs. Wie es sich für ein Mädchen aus gutem Hause gehörte, besuchte sie in New York eine Klosterschule, um auch entsprechend verheiratet werden zu können. Das schockierende Erlebnis, das ihr Leben in zwei Hälften zerriss, geschah, als sie elf Jahre alt war: Ihr Vater missbrauchte sie sexuell. Dieses Ereignis führte zu autoaggressiven Störungen, brachte sie aber auch dazu, sich mithilfe der bildenden Kunst zu therapieren. Für sie schien es der einzige Ausweg zu sein, um das Erlebnis zu verarbeiten: „Ich war eine zornige junge Frau, doch gibt es ja viele zornige Männer und Frauen, die trotzdem keine Künstler werden. Ich wurde Künstler, weil es für mich keine Alternative gab – infolgedessen brauchte ich auch keine Entscheidung zu treffen. Es war mein Schicksal. Zu anderen Zeiten wäre ich für immer in eine Irrenanstalt eingesperrt worden – so aber befand ich mich nur für kurze Zeit unter strenger psychiatrischer Aufsicht, mit zehn Elektroschocks usw. Ich umarmte die Kunst als meine Erlösung und Notwendigkeit“,[15] berichtete sie später.

Um aus der Verfügungsgewalt ihres Vaters zu entkommen, damals begann Volljährigkeit erst mit 21 Jahren, heiratete sie mit 18 heimlich ihren Jugendfreund, den Schriftsteller Harry Matthews, mit dem sie die zwei Kinder Laura und Philipp bekam. Sie ließ sie beim Vater zurück, um nach Paris zurückzukehren, wo kurz darauf ihre ersten Bilder entstanden. Bekanntheit erreichte sie 1961 mit ihren Schießbildern. Sie schoss auf Gipsbilder mit eingearbeiteten Farbbeuteln, die folglich zerplatzten, sodass sich die Farbe willkürlich auf der Oberfläche verteilte. Gefördert wurde sie daraufhin vom Balletttänzer, Sammler und Galeristen Alexander Iolas; er unterstützte sie nicht nur finanziell, sondern organisierte auch ihre Ausstellungen und führte sie in prominente Künstlerkreise ein. In ihren Arbeiten setzte sie sich immer wieder mit der Situation der Frau und der Repräsentation von Weiblichkeit auseinander. Sie selbst versuchte, sich aus den vorgegebenen Zwängen zu befreien: „Als Kind konnte ich mich weder mit meiner Mutter noch mit meiner Großmutter identifizieren, weder mit meinen Tanten noch mit den Freundinnen meiner Mutter. Sie schienen ein ziemlich unglücklicher Haufen. Unser Zuhause war beschränkt. Ein enger Raum mit wenig Freiheit oder Privatleben. Ich wollte nicht so wie sie werden, Wächterinnen des Herdfeuers; ich wollte die Welt, und die Welt gehört den MÄNNERN. Eine Frau konnte die Bienenkönigin in ihrem Heim sein, aber das war auch alles. Die Rollen, die Männer und Frauen bestimmt waren zu spielen, waren damals strengen Regeln unterworfen. (…) Ich wollte, dass die Außenwelt auch mir gehörte. Sehr jung erhielt ich die Botschaft, dass MÄNNER MACHT HATTEN, UND DIE WOLLTE ICH."[16]

Nach drei Jahren endeten diese therapeutisch anmutenden Schießaktionen. Niki de Saint Phalle setzte sich nun intensiv mit den verschiedenen Rollen der Frau auseinander: Braut, Ehefrau, Mutter, Geliebte, Hure. So entstanden 1965 ihre berühmten „Nanas" – farbenfrohe Frauenfiguren mit betont voluminösen und runden Formen, die zuerst noch aus Draht und Textilien gefertigt waren, später aber aus Polyester bestanden, ein Material, das auch beim Bootsbau benutzt wurde. Die Nanas erinnern in ihrer runden Üppigkeit an die Urmutter und sind letztlich Symbol für eine befreite Weiblichkeit. Eine ihrer spektakulärsten Nanas schuf sie 1966 für die Ausstellung „Hon – en katedral" („Sie – eine Kathedrale") im Moderna Museet in Stockholm. Mit Unterstützung ihres späteren zweiten Ehemannes Jean Tinguely, den sie bereits 1955 kennengelernt hatte, und des Schweden Per Olof Ultvedt entstand eine 29 Meter lange, liegende schwangere Frauenskulptur, die durch die Vagina betreten werden konnte. In ihrem Inneren gab es eine Art Vergnügungspark mit Bar, Kino, Planetarium, einer „Galerie der Fälschungen", einer Milchbar und einem Aquarium. Diese Arbeit, die Sexualität öffentlich machte, löste erhebliche Diskussionen aus. Zugleich realisierte Saint Phalle auch Bühnenbilder für Inszenierungen des Regisseurs Rainer von Diez. Mit von Diez drehte sie später außerdem den Film „Daddy", in dem sie sich mit ihrem Trauma auseinandersetzte und sich mit einer drastischen Inszenierung davon befreite. Als nun bekannte Künstlerin war sie häufig in Ausstellungen in Amerika und Europa vertreten. Ihr Vermächtnis bildet heute der mit Tinguley geschaffene Skulpturengarten in der Toskana sowie der Brunnen vor dem Centre Pompidou in Paris. Heute gehört sie zu den bekanntesten feministischen Künstlerinnen und ist auch einer breiteren Öffentlichkeit durch ihre fast schon inflationären Nanas ein Begriff.

Gegen das Malen von Blumen – Künstlerinnen der konkreten Kunst

Auffallend groß ist die Zahl der Künstlerinnen, die sich der konkreten Kunst oder der Op Art zuwandten. Diese wurde von Männern entwickelt, und die Bezeichnung „konkrete Kunst" stammt von keinem Geringeren als Theo van Doesburg. Tatsächlich erreichten vor allem die männlichen Vertreter dieses Stils Bekanntheit, während die Frauen lange Zeit eher unbeachtet blieben. Als schweizerische Variante der konkreten Kunst bildeten sich die sogenannten „Züricher Konkreten" dann auch mit Verena Loewensberg als einziger Frau. „1936 begann ich konkrete Bilder zu malen, seither arbeite ich beständig weiter",[17] so die 1912 geborene Künstlerin später. Zwar war ihre Position innerhalb der Gruppe anerkannt, doch hat sie als Einzige keine Ehrung durch die Stadt Zürich erfahren.

Verena Loewensbergs Ausbildung entsprach dem für viele Künstlerinnen charakteristischen Weg: Sie besuchte zunächst die Basler Gewerbeschule, wo sie die Fächer Weben, Sticken und Entwerfen belegte und sich auch mit der Farbenlehre auseinandersetzte. Anschließend begann sie eine Lehre in einer Weberei. Wie viele andere Künstlerinnen, etwa Sophie Taeuber-Arp, absolvierte sie zudem eine Ausbildung in Tanz und Choreografie, die sie allerdings bereits nach zwei Jahren wieder abbrach. Erst 1933, da war sie bereits verheiratet, begann sie, sich in der Zeichnung zu erproben und experimentierte sowohl mit gegenständlicher als auch ungegenständlicher Darstellung. Kurz darauf begann ihre Freundschaft mit dem Maler Max Bill, und der Kontakt zu verschiedenen Mitgliedern der Künstlergruppe Abstraction-Création führte zur weiteren Bekanntschaft mit konkreten Künstlern wie Theo van Doesburg oder Georges Vantongerloo. Nach und nach fand Loewensberg so zu einer geometrisierenden Bildsprache. Allerdings mussten sie und ihr Mann ihren Lebensunterhalt bis in die 1950er-Jahre hinein mit Stoffentwürfen und Gebrauchsgrafik bestreiten.

Mit gerade einmal 24 Jahren war sie mit zwei Farbstiftzeichnungen als einzige Künstlerin bei der Gründung der Künstlervereinigung Allianz, Vereinigung moderner Schweizer Künstler beteiligt und fand sich damit unter der Züricher Avantgarde. Sie brachte sich selbst die Ölmalerei bei, eine Technik, bei der sie zeit ihres Lebens auch bleiben sollte. 1944 malte sie ihr erstes Ölbild, mit dem sie selbst auch zufrieden war, und war damit in der Kunsthalle Basel an der ersten Ausstellung konkreter Kunst beteiligt. In ihrer Malerei setzte sie sich besonders intensiv mit dem Quadrat auseinander, das sie in Progression versetzte oder das sie in eine neue Räumlichkeit überführte. Ende der 1950er-, Anfang der 1960er-Jahre schuf Loewensberg erste Streifenbilder, deren Verlauf freihändig und ohne Hilfsmittel entstanden. In manchen Jahren malte sie nur ein einziges Bild, erst nachdem sie ihr erstes eigenes Atelier bezogen hatte, steigerte sich ihre Bildproduktion zusehends. Flächenbetonte Bildkompositionen demonstrierten seit Ende der 1950er-Jahre die koloristi-

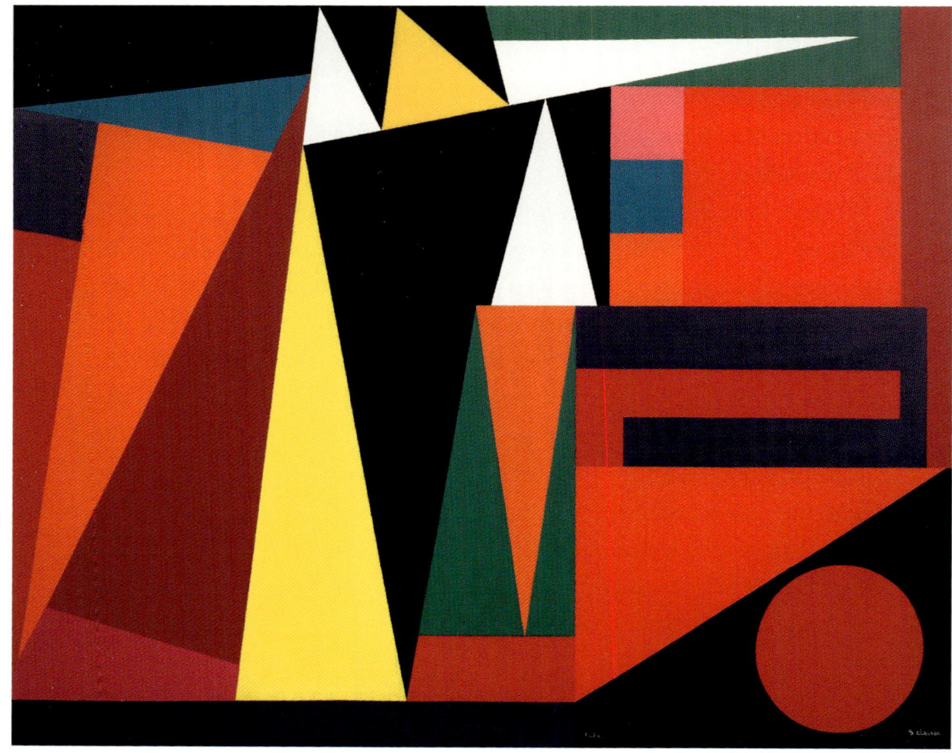

42 Geneviève Claisse, Turin, 1959, Öl/Lw., Museum Ritter, Waldenbuch

schen Qualitäten der Malerin, gegen Ende der 1960er-Jahre wirkten sie sogar regelrecht bunt und zu der um 1968 aufkommenden Pop Art passend. Neben der Malerei spielte für sie Musik eine zentrale Rolle. Kennern der Jazz-Szene war bekannt, dass sie in den 1960er-Jahren in Zürich das Schallplattengeschäft City Discount führte, wo man LPs mit aktueller amerikanischer Musik finden konnte.

Geneviève Claisse entwickelte als Assistentin ihres Onkels, des bekannten Malers Auguste Herbin, ihren eigenständigen Stil. Herbin hatte unter anderem 1931 die Künstlergruppe Abstraction-Création mitbegründet und war wahrscheinlich dafür verantwortlich, dass sich Claisse bereits seit ihrer Jugend für die ungegenständliche geometrische Kunst interessierte. Daher entschied sie sich nach ihrem Studium an der École des Beaux-Arts, sich weiter von ihrem Onkel ausbilden zu lassen. Das Schülerin-Lehrer-Verhältnis dauerte jedoch nur ein knappes Jahr, da Herbin 1960 verstarb. Sie erhielt zwar viele Anregungen von ihm, übernahm aber nicht dessen codiertes und mit Farben und Formen verschlüsseltes Bildalphabet. Stattdessen spielten Gefühle bei der Erschaffung ihrer Bilder eine nicht unwesentliche Rolle: „Meine Malerei ist eine reale innere Visualisierung dessen, was in den Tiefen meines Gefühls vorgeht. Mein Schaffensprinzip ist, bei jedem Kunstwerk das herauszuarbeiten, was wesentlich an ihm ist. Ich bemühe mich, eine möglichst perfekte Technik in den Dienst der ursprünglichen Intuition zu stellen, und zu diesem Zwecke wähle ich ein klares Vokabular."[18] Die Entstehung eines Bildes geschieht bei ihr spontan mithilfe einer Skizze. Diese wird zunächst in eine Gouache und dann in Malerei umgesetzt. Auch der Auftrag mehrerer Farbschichten, von denen die ersten freihändig aufgetragen werden, bis sie die Leinwand wie eine zweite Haut bedecken, vermittelt die Intensität des Schaffensprozesses. Ihr 1959 geschaffenes Bild „Turin" *(Abb. 42)* entstand nach einer Reise in die oberitalienische Stadt und zeigt eine Komposition rhythmisch angeordneter geometrischer Formen, die farblich harmonisch aufeinander abgestimmt sind.

Mit dem Neubeginn nach dem Zweiten Weltkrieg erfolgte auch ein Neubeginn im künstlerischen Schaffen der Künstlerinnen. Die allmähliche Befreiung von der männlichen Vorherrschaft in der bildenden Kunst war zentral für die 1950er- bis 1970er-Jahre. Der aufkommende Feminismus beförderte diese Tendenz und wurde bald auch in der Kunst von Frauen thematisiert. Lange vorherrschende Tabus wurden mit zum Teil drastischen Aktionen gebrochen, Missbrauch von Frauen und weibliche Sexualität zu neuen provokanten Sujets erhoben.

KUNST OHNE MALEREI

Künstlerinnen erobern die Kunstwelt

Von den 1970-Jahren bis weit in die 1990er-Jahre wandten sich viele Künstlerinnen der Fotografie, der Film- und Videokunst, Performances sowie der Objekt- und Installationskunst zu. Es schien, als sei die Malerei zumindest bei den Frauen an einen Endpunkt gelangt. Die Künstlerin Ulrike Rosenbach begründete, warum Künstlerinnen sich von der traditionellen Malerei abwandten: „Video hat keine vorbelastete Kunstgeschichte, in der jahrhundertelang und fast ohne Ausnahme die Qualitätskriterien von Männern bestimmt wurden. Es ist ein blankes Medium, unbelastet und relativ frei von prägenden Urteilen; ein weit offenes Experimentierfeld steht bereit."[1] Und Suzanne Lacy konstatierte Anfang der 1970er-Jahre: „Die Bedeutung der Aktionskunst (Performance Art) für Frauen liegt in der Betonung des aktiven Vorgehens. Das ist sehr verschieden von der passiven Rolle als Modell oder Muse. In der performance art sind Frauen frei, Rollen zu untersuchen."[2] Das heißt, für sie kam der sogenannten Body Art eine besondere Rolle zu, die Frauen in Videoarbeiten und Performances gezielt einsetzten, um festgefahrene Rollenklischees zu entlarven. Der weibliche Körper, bisher oft vereinnahmt von Männern, wurde von den Künstlerinnen nun als Symbol ihrer Selbstbestimmung inszeniert. So entstanden ab den 1970er-Jahren häufig raumgreifende Installationen, die Eroberung des Raums wurde zu einem weiteren wichtigen Thema von Künstlerinnen.

Pionierin der Konzeptkunst und Ehefrau von John Lennon – Yoko Ono

Als eine der ersten Konzeptkünstlerinnen und Wegbereiterin der Fluxus-Bewegung gilt Yoko Ono. Internationale Berühmtheit erlangte sie allerdings erst als Ehefrau von John Lennon. Um die Welt ging, wie sie gemeinsam während ihrer Flitterwochen mit der Aktion „Bed-in For Peace" gegen den Vietnamkrieg demonstrierten. Tatsächlich war sie eine der frühen Künstlerinnen, die sich in ihren mitunter verstörenden Arbeiten mit weiblicher Identität und körperlicher Selbstwahrnehmung auseinandersetzten. Auch ihre Herkunft thematisierte sie immer wieder.

1933 in Tokio in wohlhabende Verhältnisse hineingeboren, lebte Yoko Ono als Kind getrennt von ihren Eltern in New York. Wieder zurück in ihrer Heimat studierte sie dort Klavier und Komposition und hatte bereits als Kind erste öffentliche Auftritte, studierte dann aber später Philosophie. Sie heiratete früh den Komponisten Toshi Ichiyanagi, und das Loft des Paares avancierte bald zum Treffpunkt der New Yorker Avantgarde. Von da an zählte Ono zu den Begründern der Fluxusbewegung.[3] Nach der Trennung von ihrem Ehemann bestritt sie in Japan Einzelausstellungen und veranstaltete Performances, in denen sie das heterosexuelle Geschlechtermodell kritisierte. Spektakulär und vorbildhaft für weitere Künstlerinnen war ihre Performance „Cut Piece", während der sie eine Stunde lang auf einer Bühne kniete und das Publikum aufforderte, ihr mit einer Schere die Kleider vom Leib zu schneiden.

Schließlich bekam Ono nach einer Aufführung von „Cut Piece" in London, sie war inzwischen wieder verheiratet, das Angebot, eine eigene Ausstellung zu bestreiten. Während der Vorbesichtigung der Galerie lernte sie John Lennon kennen, mit dem sie knapp zwei Jahre später eine Affäre begann. Beide ließen sich von ihren jeweiligen Partnern scheiden und heirateten im März 1969. In rascher Folge produzierte das Paar drei avantgardistische Schallplatten und erlangte damit Kultstatus. Dies bedeutete jedoch das Ende von „The Beatles", wofür vor allem die weiblichen Fans der Band Yoko Ono verantwortlich machten und es ihr sehr übelnahmen. Erst 2012 räumte Paul McCartney ein, sie habe keine Schuld an der Trennung der Beatles gehabt. Fast zwei Jahrzehnte lang – zwischenzeitlich war sie nicht nur Musikerin, sondern vor allem Ehefrau und Mutter, dann aber auch Witwe von John Lennon, die sich um sein Werk kümmerte – zeigte sie ihre Arbeiten nicht mehr. Erst in den 1990er-Jahren, als sie als eine der bedeutenden frühen feministischen Künstlerinnen anerkannt wurde, präsentierte sie ihre raumgreifenden Installationen erneut. 2008 fand schließlich in der Kunsthalle Bielefeld eine große Retrospektive ihrer konzeptionellen Arbeiten statt, der bald wei-

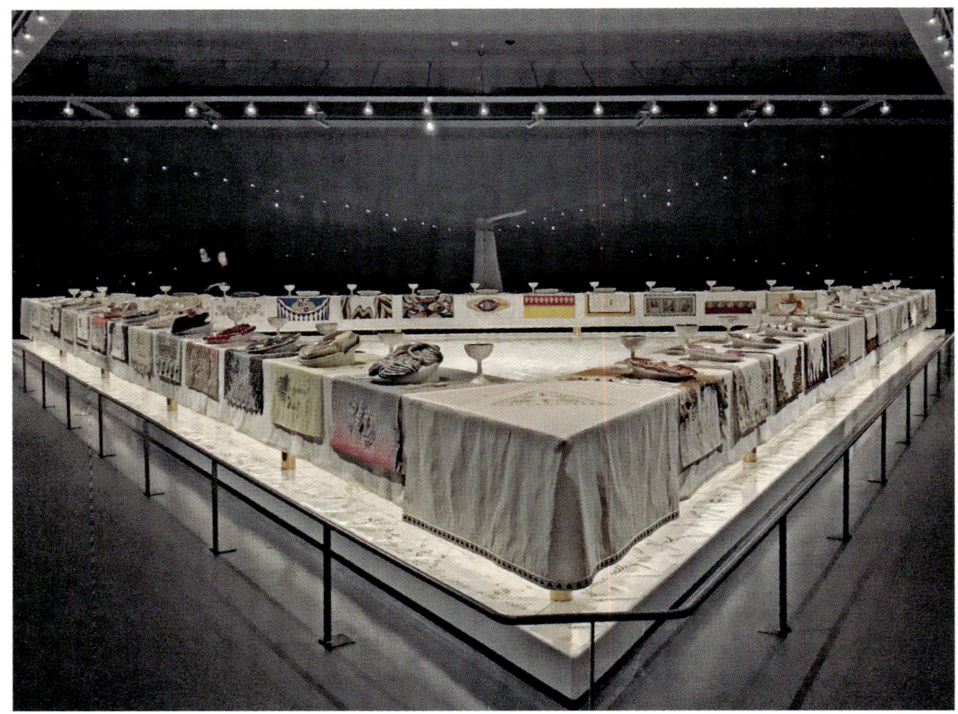

43 Judy Chicago, The Dinner Party, 1974-1979, Keramik, Porzellan und Textilien, Brooklyn Museum, New York

tere folgten, etwa in der Kunsthalle Schirn in Frankfurt unter dem Titel „Yoko Ono: Half-A-Wind-Show“, dann 2015 im Museum of Modern Art in New York „Yoko Ono: One Woman Show, 1960–1971“, 2019 im Museum der bildenden Künste Leipzig „Yoko Ono. Peace is Power“ und zuletzt 2022 im Kunsthaus Zürich „Yoko Ono. This room moves at the same speed as the clouds“. 2023 feierte die Ausnahmekünstlerin ihren 90. Geburtstag.

Feminismus in den USA – Judy Chicago

Um eine für die feministische Kunst in den USA besonders wichtige und wegweisende Künstlerin handelt es sich bei Judy Chicago. Mit ihrer Installation „The Dinner Party“ *(Abb. 43)*, mit der sie international bekannt wurde, veranschaulichte sie die Leistungen von Frauen in der männlich dominierten Geschichte. Der Hauptteil der Arbeit besteht aus 39 Tellern auf einem offenen dreieckigen Tisch. Jedes Gedeck ziert ein Porzellanteller, der in Anlehnung an eine Vulva und ihren anatomischen Variationen gestaltet und entweder einer mythischen oder einer geschichtlich realen Frau gewidmet ist. Die erste Tischseite versammelt Göttinnen und historische Gestalten von der Prähistorie bis zur Antike. Die zweite Seite zeigt den Einfluss von Frauen vom Christentum bis zur Reformation, die dritte Seite reicht dagegen von der Amerikanischen Revolution bis zur ersten und zweiten Welle der feministischen Umwälzung, darunter finden sich als wichtige Reformerinnen die Malerin Georgia O'Keeffe und die Autorin Virginia Woolf. Des Weiteren sind die Namen von 999 mythischen und historischen Frauen mit Goldlüster auf die Bodenfliesen unter dem Tischdreieck geschrieben. Nach fünfjähriger Arbeit wurde „The Dinner Party" im Frühjahr 1979 im San Francisco Museum of Modern Art eröffnet.[4]

Geboren als Judith Cohen konnte die Künstlerin dank ihrer weltoffenen Eltern bildende Kunst studieren und nahm dann 1970 den Künstlernamen Judy Chicago an: „Durch diesen Akt wollte ich mich als unabhängige Frau zu erkennen geben",[5] so ihre Begründung für den Namenswechsel. Kurz darauf gründete sie das Feminist Art Program und war Mitorganisatorin einer der ersten feministischen Kunstausstellungen „Womanhouse", die in einem Haus mit siebzehn Zimmern Performances und Installationen ausschließlich von Frauen zeigte. Das erklärte Ziel war, die Entstehung von Kunst zu fördern, die weibliche Erfahrungen ins Zentrum rückte. Ihr Engagement richtete sich dabei vor allem gegen die männliche Dominanz im Kunstbetrieb: „Wieder und wieder musste ich entdecken, dass die Frauen von den Studienplänen der Kunsthochschulen buchstäblich ignoriert werden. Sie sitzen in Vorlesungen, die hauptsächlich von Männern gehalten werden, sehen sich Bilder von Arbeiten an, die beinahe ausschließlich von Männern stammen; und man verlangt von ihnen, an Projekten zu arbeiten, die wenig mit ihrem Leben und ihren Interessen zu tun haben."[6] Zudem konstatierte sie, dass es weiterhin problematisch sei, als Künstlerin von der Gesellschaft anerkannt zu werden: „Entweder verwirklichte man sich als Frau in seiner Arbeit und lebte ausgeschlossen vom Kunstbetrieb, oder man wurde als Künstlerin anerkannt und musste dafür bezahlen, indem man sein Frausein verbarg."[7]

Ihr für den Feminismus bahnbrechendes Werk wird bis heute rezipiert: 2017 berief sich sogar die Choreografin Sascha Waltz in ihrem Tanzstück „Women" auf Chicagos „Dinnerparty".

Kampf für Gleichberechtigung – Ulrike Rosenbach

Ausgehend von feministischer Selbsterfahrung, die sie in den USA machte, schuf die deutsche Künstlerin Ulrike Rosenbach ihre Performances und Videoarbeiten. Sie setzte sich aktiv für die Gleichberechtigung von Künstlerinnen im internationalen Kunstbetrieb ein. Jahrgang 1943, studierte sie in den 1960er-Jahren Bildhauerei an der Kunstakademie Düsseldorf und war dort sogar Meisterschülerin von Joseph Beuys. 1972 entstand ihre erste Videoskulptur „Hauben für eine verheiratete Frau", in der sie sich mit ihrer eigenen Doppelrolle als Künstlerin, Ehefrau und Mutter auseinandersetzte. Auch ihre weiteren Videoarbeiten beschäftigten sich bis 1973 unter Einsatz des eigenen Körpers mit ihrer weiblichen Identität. Der Kamera kam dabei eine Kontroll- und Spiegelfunktion gleichermaßen zu, und sie nahm ihre Performances ohne Schnitte auf. Durch die doppelte Rolle als Aufnehmende und Aufgenommene kam es zu einer Aufhebung der traditionellen Trennung von Künstlerin und Modell: Sie war Objekt und Kunstschaffende zugleich. Rosenbach kreierte somit ihr eigenes Bild von sich selbst und emanzipierte sich so vom vorherrschenden männlichen Blick. Ab 1973 weitete sie ihren zunächst individuellen Ansatz auf die gesellschaftliche Rolle der Frau im Allgemeinen aus. Sie setzte sich mit typischen Rollenvorstellungen auseinander und verwendete dabei häufig Zitate aus der Kunstgeschichte. In Ihrer Videoarbeit aus dem Jahr 1975 „Glauben sie nicht, dass ich eine Amazone bin" arbeitete sie mit männlichen Klischeevorstellungen, indem sie zwei typisierte Frauenmodelle, die sanfte Madonna und die kampfbereite Amazone, überblendete. Ihre Arbeiten sollten vor allem traditionelle Erwartungen an Frauen und althergebrachte Klischees zerstören.

Nach dem Studium hatte Rosenbach zunächst im Schuldienst gearbeitet, aber parallel ihre Karriere als freischaffende Künstlerin weiter vorangetrieben. Ab Mitte der 1970er-Jahre hatte sie dann einen Lehrauftrag für feministische Kunst in Kalifornien inne. Auf der documenta 6 setzte sie sich 1977 in ihrer Videoinstallation „Herakles – Herkules – King Kong" mit dem Thema der Verbindung von körperlicher Stärke und Macht auseinander. Die Frau wurde dabei in ihrer traditionellen Rolle als Unterdrückte gezeigt, während Herkules – eine Fotoreproduktion des Kassler Herkules – zum gefährlichen Monster mutierte. Herkules trug unter dem linken Arm einen Fernsehmonitor. Darauf war der Kopf der nach Atem ringenden Künstlerin zu sehen, die das Wort „Frau" mehrfach wiederholte.[8]

Ab den 1980er-Jahren ging es in Rosenbachs Arbeiten immer mehr um die Suche nach der eigenen Identität. Vom kämpferischen Feminismus hatte sie sich da bereits ab- und dem Gender-Thema zugewandt. Demnach sind viele Unterschiede zwischen Mann und Frau letztlich auf festgefahrene patriarchale Gesellschaftsstrukturen zurückzuführen. Schließlich hielt sie sich für längere Zeit in den USA auf und setzte sich intensiv mit Zen-Buddhismus auseinander. Nach Gastprofessuren an mehreren renommierten Hochschulen in Europa hatte sie ab 1989 eine Professur für neue künstlerische Medien an der Kunstakademie von Saarbrücken inne.

Weibliche Körper und Maschinen – Rebecca Horn

Als bedeutende Vertreterin der „Body Art" gilt die deutsch-amerikanische Künstlerin Rebecca Horn, eine der vielschichtigsten Künstlerinnen überhaupt. Sie arbeitete früh mit unterschiedlichen Medien wie Zeichnung, Kinetik, Skulptur, Fotografie, Performance und Text. Die Kunstwissenschaftlerin Verena Kuni schrieb 1997: „Zweifelsohne ist Rebecca Horn eine Künstlerin, „die es geschafft hat". Ihre Arbeiten wurden auf zahlreichen internationalen Kunstausstellungen gezeigt, fünfmal seit 1972 war Horn auf der documenta und zweimal auf Sonderausstellungen der Biennale vertreten."[9] Horn wirkte zudem in ihren Interviews aktiv an ihrer eigenen Legendenbildung mit. Die Wahl von Materialien und Objekten begründete sie häufig mit ihrer Biografie. Auch verwendete sie gerne indirekte Zitate, die ihre Arbeiten mit anderen Künstlern oder künstlerischen Kontexten verbanden. Ihre Referenzfiguren waren dabei häufig Joseph Beuys oder Marcel Duchamp. Dass es sich dabei ausschließlich um Männer handelt, wurde allerdings vielfach kritisiert. Doch stellte sie in ihrer Kritik der gesellschaftlichen Konventionen auch die tradierten Geschlechterrollen infrage. Eines ihrer wenigen weiblichen Vorbilder war Meret Oppenheim, die auf einer Fotografie des Bildzyklus „Érotique voilée" von Man Ray von 1933 zu sehen ist und dadurch berühmt wurde. Diese Fotografie war in ihrem Film „Der Eintänzer" immer wieder zu sehen, zudem soll Horn sie auch in ihrer Wohnung aufgehängt haben.

In ihren Anfängen arbeitete Rebecca Horn zunächst mit Polyester und Fieberglas, wobei sie ihre Lunge durch das Einatmen der giftigen Dämpfe schwer schädigte. Während eines langen Sanatoriumaufenthalts begann sie nach und nach ihre Körperskulpturen zu entwickeln. Mit dem Thema „Raum", seit Virgina Woolfs Essay „Ein Zimmer für sich allein" bedeutend für die Frauenbewegung, setzte sich Horn besonders vielschichtig auseinander. Ihre Installation „Messkasten" aus dem Jahr 1970 erinnert zunächst an Raster und Messinstrumente, wie sie seit der Renaissance besonders gebräuchlich waren. Der Körper aber, der in diesem begehbaren Messkasten vermessen wird, ist ein weiblicher. Die beweglichen Stäbe wirken dabei bedrohlich und besitzen durchaus eine eindeutige sexuelle Komponente, indem sie auf eine mögliche Penetrierung verweisen. Die Frau muss in den Messkasten treten, die Stäbe laufen auf ihren Körper zu und vermessen so seine Proportionen. Nachdem die Frau den Messkasten wieder verlassen hat, bleibt eine sichtlich weibliche Negativform zurück. Die Arbeit setzt sich unter anderem mit den Körperwahrnehmungen der Frauen auseinander, da bei dieser Arbeit eine perfekte schlanke Silhouette zu sehen ist.

Der weibliche Körper spielt in ihren Arbeiten generell eine zentrale Rolle: So verwendete sie Bandagen und seltsame Prothesen, Umhüllungen aus Schläuchen oder Federn, die den Körper teilweise oder ganz verbargen, ihn aber auch einengten. In der Apparatur „Die sanfte

Gefangene" aus dem Film „Der Eintänzer" etwa ist die Tänzerin zwischen zwei riesigen Federfächern verborgen. Oder sie bemalt die Haut nackter Frauen, Gesicht oder Rumpf, Arme oder Beine mit Rot, Blau oder Schwarz. Einzelne Körperteile werden dadurch entweder hervorgehoben oder unsichtbar gemacht. Eine Frau, die vor einem schwarzen Hintergrund bemalt wird, verschwindet so allmählich vor den Augen der Betrachter*innen.

In ihrem Atelier entstanden Mitte der 1970er-Jahre zudem verschiedene Übungstücke, bei denen sie sich selbst filmte und von denen das drastischste „Mit zwei Scheren gleichzeitig die Haare schneiden" ist. Während sie sich mit zwei Scheren in beiden Händen die langen roten Haare abschneidet, berichtet der Schauspieler Otto Sander von dem Paarungsverhalten zweier Schlangen. Horn bezieht sich bei dieser Arbeit auf das „Selbstbildnis mit abgeschnittenem Haar" von Frida Kahlo, die sich aufgrund der Untreue ihres Lebensgefährten in einem selbstzerstörerischen und gleichzeitig emanzipierten Akt von ihren langen schwarzen Haaren trennte. Für Horn bedeutete diese Aktion ebenfalls nicht nur eine Form der Autoaggression, sondern auch eine Selbstbehauptung gegenüber allgemeiner männlicher Vorstellung von Weiblichkeit. Sie ist nun nicht mehr nur Objekt männlicher Blicke, sondern ist selbst schaffende Künstlerin. Der Blick in die Kamera am Ende der letzten Einstellung scheint dies zu verdeutlichen. Bezeichnenderweise hat sie von da an Filme nur noch als Regisseurin geschaffen, sie selbst trat nicht mehr vor die Kamera.

Auch die „Pfauenmaschine" *(Abb. 44)* steht in Verbindung zu einem Film. Sie mechanisiert das natürliche Vorbild, wobei Horn außerdem auf ein besonderes Erlebnis verweist: „In dem Garten der Medici Villa, in der ich den Film La Ferdinanda (1981) drehte, lebten Pfauen. Täglich fanden Hochzeitsbankette statt. Pfauenmännchen entwickeln ihre prächtigen Schwanzfedern das ganze Jahr hindurch, aber nur in der vierwöchigen (sommerlichen) Paarungszeit schlagen sie ihr werbendes Rad. Wir konnten nur im September drehen, und in diesem Monat hatten die Vögel gerade ihre langen Schwanzfedern verloren. Ich war darüber so enttäuscht, dass ich die Pfauenmaschine konstruierte (…) Im

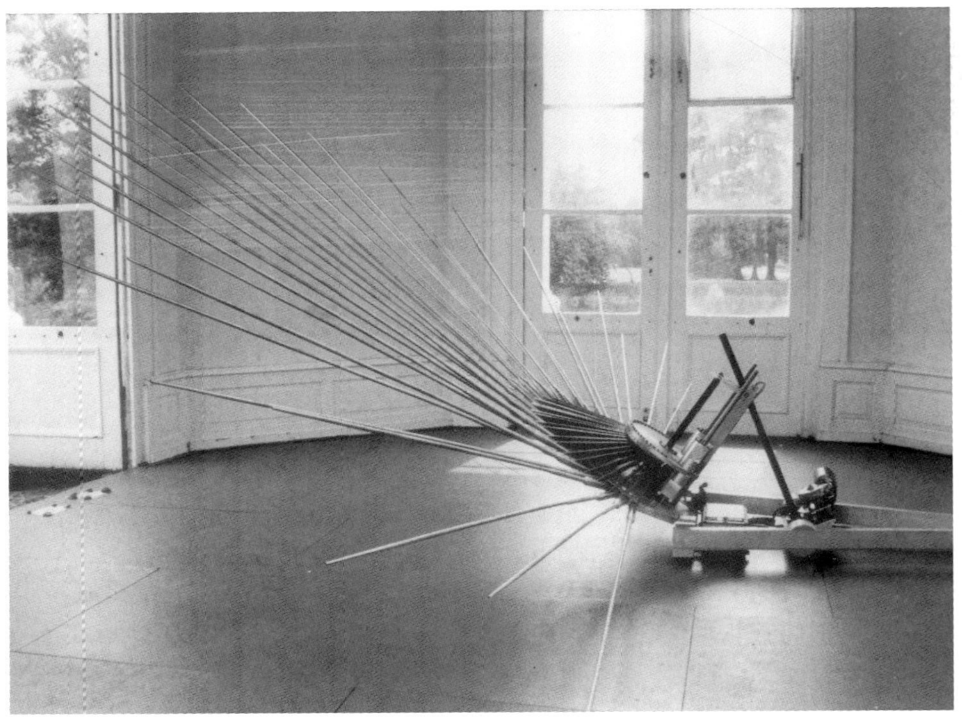

44 Rebecca Horn, Pfauenmaschine, Installation auf der documenta 7, 1982 |

Keller der Villa Medici war diese Maschine installiert, die mehrmals täglich zu den Hochzeitszeremonien ihr eigenes Pfauenrad schlug."[10] Anlässlich der documenta 7 war die „Pfauenmaschine" 1982 auf der Kassler Pfaueninsel zu sehen, wo sie durch Schreie der Pfauen in Bewegung gesetzt wurde.

In den letzten Jahren machte Rebecca Horn vor allem durch mechanische Skulpturen und Installationen auf politische Ereignisse und Missstände aufmerksam. Besonders eindrucksvoll ist das neuinstallierte „Gegenläufige Konzert" auf der Kunstausstellung „Skulptur Projekte" in Münster 1997 (erstmals 1987 dort gezeigt). Im alten Münsteraner Zwinger erinnerte das stetige Klopfen der Hämmerchen daran, dass der Zwinger einst ein Gefängnis der Gestapo war, in dem Hinrichtungen stattfanden. Ihre letzte große Retrospektive fand 2019/20 im Centre Pompidou in Paris statt, im selben Jahre erhielt sie das große Verdienstkreuz mit Stern von der Bundesrepublik Deutschland verliehen, ein würdiger Höhepunkt eines beeindruckenden Werkes.

Sexskandale und ein Mann an der Hundeleine – Valie Export

Provokanter und weniger poetisch waren dagegen die feministischen Aktionen der Österreicherin Valie Export, mit denen sie Skandale auslöste. Zu Beginn ihrer Karriere legte sie sich als Zeichen ihrer Autonomie den Künstlernamen Valie Export zu: „Export, das ist immer und überall. Das bedeutet, mich zu exportieren. Ich wollte weder den Namen meines Vaters tragen noch den meines Mannes, ich wollte meinen eigenen Namen suchen",[11] so ihre Begründung. Valie war dabei ihr Spitzname, abgeleitet vom altmodischen Vornamen Waltraud. Export bezog sich auf die damals gängige Zigarettenmarke „Smart Export". Eine künstlerisch veränderte Zigarettenpackung mit ihrem Porträt und ihrem Logo war daher auch ihr erstes Kunstwerk. Sie verband mit dieser Arbeit die Waren- mit der Kunstwelt und stellte zudem die Frage nach der Frau als Ware, die ebenso leicht wie eine Zigarette konsumiert werden konnte. Vom damals aktuellen Wiener Aktionismus setzte sie sich entschieden ab, obwohl auch sie den eigenen Körper zum Gegenstand ihrer Arbeiten machte und durch Überschreiten von Tabugrenzen gegen die bürgerliche Welt der Nachkriegszeit protestierte. Ihre Position war dabei eindeutig feministisch, indem sie den Frauenkörper als männliche Projektionsfläche entlarvte.

Bekannt wurde sie 1968 mit ihrer Aktion „Tapp- und Tastkino". Zuvor mit Friedensreich Hundertwasser liiert, verließ sie diesen für den österreichischen Künstler Peter Weibel, mit dem sie diese Performance auf öffentlichen Plätzen durchführte. Valie Export trug dafür eine lockige Perücke und war stark geschminkt. Für ihre „Vorführungen" hatte sie über ihren nackten Brüsten einen Kasten, eine Art Kino-Objekt mit zwei Öffnungen, montiert. Peter Weibel lud nun die vorbeikommenden Passanten mit einem Megafon ein, „das Kino zu besuchen" und für zwölf Sekunden ihre Hände durch die Öffnungen zu strecken, um die nackten Brüste der Künstlerin zu berühren. Hier persiflierte Export die Situation des Kinosaals, in dem der Blick der Zuschauer*innen die Darsteller*innen zu Schauobjekten macht. Der voyeuristische Blick auf Frauenkörper wurde so thematisiert. Die Vorführung konfrontierte die Zuschauer*innen mit dem realen Körper und machte sie bei ihrer Interaktion selbst zu Objekten der Beobachtung anderer. Kurze Zeit später führte Valie Export Peter Weibel wie einen Hund in der Wiener Innenstadt an einer Leine zu einer Vernissage und ging später mit ihm auch so spazieren, als wäre dies normal. Damit empörte sie die Wiener Bürger. Noch radikaler agierte sie 1969: Damals schuf Kari Bauer den Siebdruck „Aktionshose: Genitalpanik“ nach einer Fotografie von Peter Hassmann. Er zeigt die Künstlerin auf einer Bank sitzend, bekleidet mit einer engen schwarzen Lackbluse und einer im Schritt offenen Jeanshose, die sich dem Betrachter mit gespreizten Beinen und einem Maschinengewehr präsentiert. So bekleidet ging sie, allerdings ohne Gewehr, durch die Reihen eines Kinos.[12] Mit „Aktionshose: Genitalpanik“ wollte sie auf die Bedrohlichkeit des männlichen Genitals gegenüber dem Geschlecht der Frau aufmerksam machen. Mit ihrer „Geburtenmadonna“ *(Abb. 45)* verwies sie dagegen auf die Rolle der Frau als Hausfrau und Mutter, indem sie Michelangelos „Pietà“ persiflierte. Jahre später, im Jahr 2013, antwortete sie allerdings auf die Frage, ob sich für die Frauen inzwischen etwas geändert habe: „Nicht wirklich. Dass Ehefrauen heute in Österreich nicht mehr ihre Männer fragen müssen, ob sie arbeiten dürfen, ist ja logisch, das geht in einer modernen Gesellschaft, die auch die Frauen auf dem Arbeitsmarkt braucht, nicht anders. Es ist eine ökonomische Notwendigkeit. Aber sonst? Die Löhne sind niedriger als die der Männer, Gewalt gegen Frauen gibt es unermesslich viel, ganz abgesehen von Zwangsehen, Beschneidungen und Vergewaltigung als kriegerisches Machtmittel. Allzu viel hat sich nicht geändert in der Welt.“[13]

Bis zur eigenen Zerstörung – Marina Abramović

Mit noch drastischeren, körperlich schmerzhaften Aktionen machte Marina Abramović auf die Situation von Frauen aufmerksam. Zunächst lebte und arbeitete sie in einer Art symbiotischer Beziehung mit ihrem Partner Ulay zusammen. 1988 trennte sich das Paar nach einer aufsehenerregenden Performance an der Chinesischen Mauer. Denn ihre

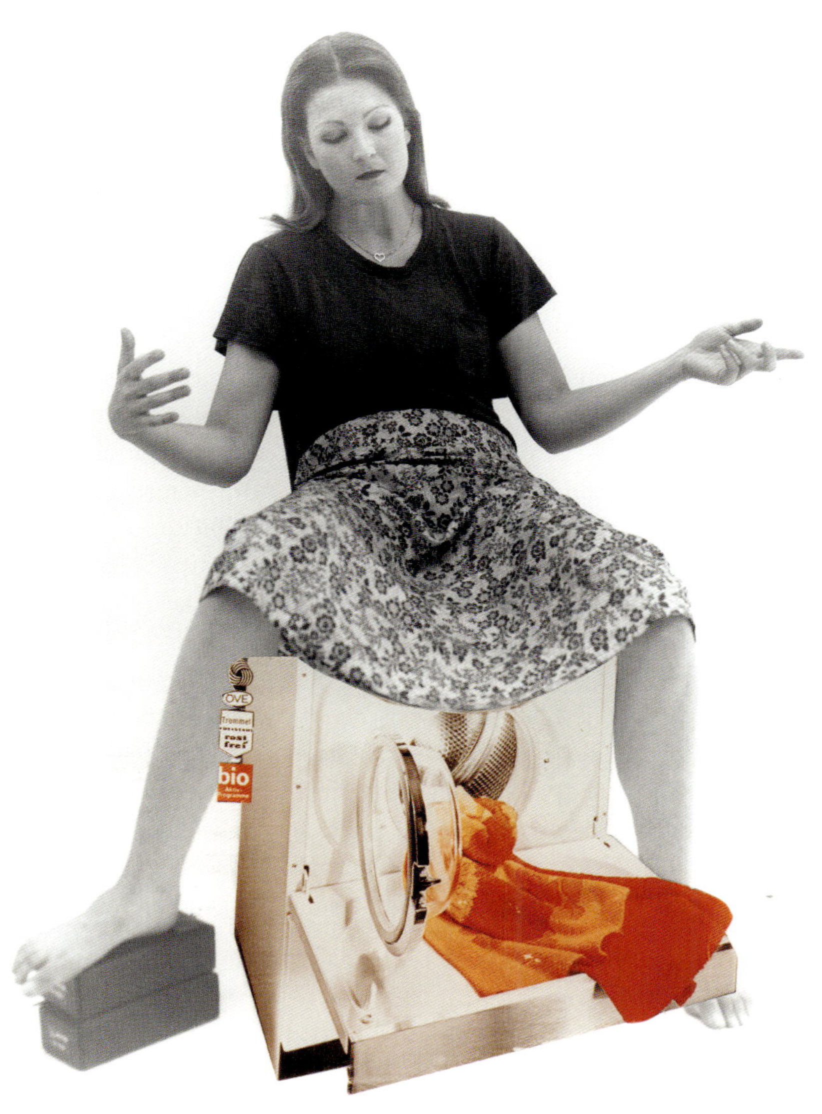

45 VALIE EXPORT, Geburtenmadonna, 1976,
C-Print, Sammlung LBBW, Stuttgart

gemeinsamen Arbeiten hatten stets Grenzerfahrungen ausgelotet. Gemeinsam war ihnen der Geburtstag sowie die Herkunft aus einer Diktatur: Abramović wurde 1946 in Belgrad als Tochter eines Tito-Partisanen und einer Majorin der Jugoslawischen Volksarmee geboren, Ulay, alias Frank Uwe Laysiepen, 1943 in Solingen unter dem Hakenkreuz. Bereits in den 1970er-Jahren entstanden Performances, in denen die Künstlerin, die in Belgrad Malerei studiert hatte, bewusst Schmerzen in Kauf nahm. So etwa „Rhythm 0“ im Jahr 1974, die ganze sechs Stunden dauerte.[14] Dabei wurde das Publikum eingeladen, an Abromović, die während dieser Zeit still dastand, mit 72 auf einem Tisch ausgelegten Gegenständen Handlungen vorzunehmen. Die Gegenstände waren unter anderem eine Rose, eine Feder, ein Parfüm, Honig, ein Brot, Trauben, Wein, aber auch Scheren, ein Skalpell, Nägel, eine Metallstange sowie ein geladener Revolver gehörten dazu. Wie weit also würde das Publikum gehen? Die zunächst harmlosen Handlungen begannen ab der dritten Stunde zu eskalieren: Ihr wurden mit Rasierklingen die Kleider vom Leib geschnitten. In der vierten Stunde wurde ihre Haut mit Rasierklingen sogar verletzt. Schließlich bildete sich eine Gruppe, die Abramović gegen die Übergriffe verteidigte, am Ende brach zwischen den verschiedenen Parteien im Publikum ein Kampf aus. 1976 begann dann die Zusammenarbeit mit Ulay, die bis 1988 währte. 2010 kam es zu einem letzten emotionalen Zusammentreffen während der Dauer-Performance „The Artist is present“ während ihrer Retrospektive im Museum of Modern Art. Später verklagte Ulay sie wegen Urheberrechtsverletzung, gewann und verzieh ihr.

Typisch weiblich? – Rosemarie Trockel

Weniger dramatisch, aber dafür typisch weiblich, wirken auf den ersten Blick die Strickarbeiten der Künstlerin Rosemarie Trockel. So finden sich bei ihr etwa Hammer und Sichel als dekorativer gestrickter Wandteppich. Trockel verwendete in den 1980er-Jahren in ihren Arbeiten Wolle und Gestricktes, um die Assoziation von traditioneller Weiblichkeit zu wecken. Allerdings strickte sie nie selbst, sondern ließ ihre Strickarbeiten industriell unter Verwendung des Computers herstellen. Trockel machte damit das Frausein zu einem Thema ihrer Kunst und kritisierte zugleich den Kunstbetrieb, der das von Künstlerhand geschaffene Original feierte.

Als dritte Tochter eines Maschinenbauingenieurs wuchs Trockel in ländlicher Umgebung in Leverkusen-Opladen auf, studierte dann auf Lehramt an der Pädagogischen Hochschule in Köln, wechselte an die Kölner Werkkunstschulen, wo sie begann, erste Filme zu drehen. Auf Reisen in die USA lernte sie verschiedene Künstlerinnen, darunter Cindy Sherman kennen, deren Arbeiten sie darin bestärkten, sich in ihrer künstlerischen Arbeit mit der Rolle der Frau zu beschäftigen. Ab 1991 schuf sie ihre sogenannten „Herdplattenbilder", mit denen sie wiederum auf ein als typisch weiblich besetztes Thema zurückgriff. Zunehmend nahmen Videoarbeiten einen breiten Raum in ihrem Schaffen ein, wie etwa 1999, als sie Deutschland auf der Biennale in Venedig vertrat. Dort ging es zum einen um Beobachtung und Wahrnehmung in Form eines überdimensionalen Auges, sowie zum anderen um Kindheitserinnerung und das Thema Schlaf. Seit 1996 arbeitete sie auch mit dem Objektkünstler Carsten Höllerer zusammen, mit dem sie auf der documenta X ein „Haus für Schweine und Menschen" als Beobachtungsstätte zeigte, das damals zum Publikumsmagneten wurde. Manche ihrer früheren Arbeiten, wie die Strick- und Herdplattenbilder, scheinen sich aber inzwischen im allgemeinen Genderkontext überlebt zu haben.

Das Leben ist Kunst, Kunst ist Leben – Nan Goldin

Nan Goldin und ihr Werk sind dagegen momentan aktuell wie nie: 2022 gewann der Dokumentarfilm „All the Beauty and the Bloodshed" über die Fotografin und ihren Kampf gegen die Schmerzmittelsucht den Goldenen Löwen der Filmfestspiele Venedig. Tatsächlich war ihr Leben früh von tragischen Ereignissen bestimmt. Drei Jahre nach dem Suizid ihrer älteren Schwester verließ sie bereits mit vierzehn Jahren ihr Elternhaus. Mit sechzehn Jahren bekam sie ihre erste Kamera geschenkt, mit der sie zunächst sich und ihre Freunde fotografierte. So war sie mit den Personen, die sie fotografierte, fast immer emotional verbunden. Ihre Fotografien, die meist wie spontane Schnappschüsse wirken, besaßen dabei die Funktion eines Tagebuchs. Anfang der 1970er-Jahre hielt sie die wöchentlichen Schönheitswettbewerbe einer Bostoner Transvestitenbar fest und fotografierte einige der Protagonist*innen auch zu Hause. Erst 1973 begann sie, mit der Farbfotografie zu arbeiten und experimentierte mit künstlichem Licht.

Nachdem sie die Fotografin Lisette Model kennengelernt hatte, studierte sie selbst bildende Kunst in Boston und zog nach dem Abschluss ihres Studiums nach New York. Dort bewegte sie sich in den Nachtclubs von Manhattan, wo sie auch als Bardame arbeitete. In den 1980er-Jahren entwickelte Goldin ihre Diashow, aus einzelnen Fotos zusammengesetzte und mit Musik unterlegte Bildersequenzen. Schließlich gab sie dieser den Titel „The Ballad of Sexual Dependency", nach dem bekannten Lied aus Brechts „Dreigroschenoper". Dem Thema entsprechend schilderte sie darin Sexualität in verschiedenen Facetten, hetero- und homosexuelle Paare beim Geschlechtsakt, masturbierende Männer, geschlagene Körper, Bars, Schlaf- und Badezimmer. Immer wieder finden sich auf einfühlsame Art und Weise dargestellte Frauen vor dem Spiegel, allgemein ein beliebtes Thema der Kunstgeschichte, das von Malern und Malerinnen gleichermaßen verwendet wurde.

1982 reiste sie erstmals nach Westberlin, wo sie sich daraufhin fast jedes Jahr aufhielt. Gerade in den 1990er-Jahren dokumentierte sie an Aids erkrankte, sterbende Frauen, auch die Folgen von Drogenmissbrauch hielt sie mit der Kamera fest. Sogar sich selbst fotografierte sie, nachdem sie von ihrem damaligen Lebensgefährten zusammengeschlagen worden war.[15] Nan Goldins Fotografien sind schonungslos und liebevoll zugleich, sie spiegelte in ihnen ihre eigene Zeit und ihre eigene Umgebung wider – sie selbst war zeitweise heroinabhängig. Ein in den USA massenhaft auftretendes Phänomen ist die Abhängigkeit vom Schmerzmittel Oxycontin, das häufig verabreicht wird. Auch Goldin war davon nach einer Operation betroffen und schwebte sogar in Lebensgefahr. Nach ihrem Entzug engagierte sie sich in Protesten insbesondere gegen die Sackler-Familie, die wirtschaftlich von der Opioid-Problematik in den USA profitierte. Auch hier vermischen sich – wie bei Goldin üblich – die eigene Biografie mit ihrem Kunstschaffen.

Rollenspiele – Cindy Sherman

Ebenfalls mit Fotografie arbeitet Cindy Sherman, deren Arbeiten heute zu den teuersten auf dem internationalen Kunstmarkt überhaupt gehören. Schon 1999 wählte sie die New Yorker Fachzeitschrift für Kunst „Art news“ unter die zehn besten lebenden Künstler*innen. Ihre Erfolgsgeschichte begann früh: Bereits mit zehn Jahren, noch früher als Goldin, bekam sie ihren ersten Fotoapparat geschenkt. Trotz ihres Interesses an Malerei und Zeichnung entdeckte sie früh die Fotografie als ihr künstlerisches Medium. Typisch für ihr Werk ist, dass sie sich nahezu ausschließlich selbst fotografiert. Diese Fotografien sind jedoch nicht als Selbstporträts zu verstehen, sondern sie schlüpft dabei in verschiedene Rollen, die mit ihr nichts zu tun haben, verändert mithilfe von Schminke, Perücken und Kostümen drastisch ihr Aussehen und passt ihre Körperhaltung mit unfassbarer Präzision an die Person, in die sie sich verwandeln will, an. Oft kreiert sie Fotos in der Art von Filmstandbildern (Film Stills) mit berühmten Schauspielerinnen wie Marilyn Monroe, die als Sexsymbol der 1960er-Jahre, als Projektionsfläche männlicher Fantasien schlechthin diente. Sherman spielt mit diesem Identitätsstereotyp, indem sie Marilyns Aussehen und ihre aufreizende Pose imitiert und ein neues, erdachtes Film Still erschafft. Oder sie inszeniert in ihren „History Portraits“ Szenen aus der Kunstgeschichte, in denen sie etwa das über Jahrhunderte hinweg tradierte Frauenbild offenlegt. Anders als Valie Export exponiert sie sich und ihren Körper nicht, sondern tritt zurück hinter die Prothesen und Kostüme, dennoch entlarvt sie wie Export den menschlichen Voyeurismus.

Fotografie als Langzeitprojekt – Rineke Dijkstra

Die Kamera auf andere richtet dagegen die niederländische Fotografin Rineke Dijkstra, die zunächst als freie Fotografin für verschiedene Modemagazine arbeitete. Erst ein schwerer Autounfall, nach dem sie mehrere Monate lang nicht mehr arbeiten konnte, brachte für sie die Wende hin zur künstlerischen Arbeit. Um eine Hüftoperation zu vermeiden, ging sie täglich zum Schwimmen ins Hallenbad, dabei begann sie ihre eigene Verletzlichkeit mit dem Fotoapparat zu dokumentieren. Schließlich entstand über einen Zeitraum von zehn Jahren hinweg in den USA und in Europa eine Fotoserie von Kindern und pubertierenden Jugendlichen am Strand, die in den 1990er-Jahren ihren künstlerischen Durchbruch bedeutete. Dijkstra fotografierte sie ohne Inszenierung dort, wo sie diese angetroffen hatte. Die Porträtierten blicken dabei frontal und ungekünstelt in die Kamera. Bei diesen Fotografien ging es der Künstlerin um den stetig zunehmenden Körperkult, der sich an den Vorbildern aus den Medien orientierte. Die Natürlichkeit der Protagonisten, mal alleine, mal in Zweier- oder Dreiergruppen, wurde den gekünstelten Posen in den Modemagazinen gegenübergestellt. Manche Fotos erinnern aber auch entfernt an Vorbilder aus der Kunstgeschichte: Ein schmaler Junge in roter Badehose lässt an Michelangelos David denken, ein Mädchen im roten Bikini mit ersten weiblichen Rundungen scheint auf antike Venusskulpturen anzuspielen.

Charakteristisch für Rineke Dijkstra sind Langzeitprojekte, bei denen sie über mehrere Jahre hinweg Personen begleitete und so ihre Entwicklung dokumentierte. Wiedergeben möchte sie vor allem universelle Erfahrungen wie Gefahr und Tod sowie Beziehungen zwischen Mensch und Tier, wie etwa bei einer Fotoserie, die in einer Stierkampfarena entstand. In einem Interview erklärte sie, was ihr in ihrer Arbeit wichtig ist: „Bei den meisten Arbeiten suche ich nach spezifischen Eigenschaften von Individuen in Gruppenzusammenhängen. Mich hat immer das Paradox zwischen Identität und Uniformität interessiert. Indem ich mich auf Posen, Haltungen, Gesten und Blicke konzentriere, versuche ich, Bilder zu finden. Ich bin immer auf der Suche nach Menschen, die authentisch sind, ich möchte erkennen, wie sie sich von den anderen unterscheiden. Außerdem ist es mir wichtig, dass ich eine Beziehung zu ihnen aufbauen kann. Am Ende geht es dabei immer um Erkenntnis.“[16] Tief berührend, aber auch drastisch realistisch sind die Porträts von Frauen, die gerade entbunden haben. So blickt uns die junge Mutter „Julie“, der Körper gezeichnet von Schwangerschaft und Geburt, mit ihrem gerade erst geborenen Kind selbstbewusst und noch ganz überwältigt entgegen. Es ist nun die Frau, die das Geschehen bestimmt – so die Botschaft von Rineke Dijkstra.

Sex und Sinnlichkeit – Das Spiel mit dem eigenen Verlangen

Um aufgeladene Sexualität geht es dagegen in vielen Arbeiten der Schweizer Künstlerin Pippilotti Rist (geb. Elisabeth Charlotte Rist). Ihr Künstlername „Pippilotti" leitet sich von der beliebten Kinderbuchfigur ab und ist Programm, denn Pippi Langstrumpf gilt für manche als feministische Identifikationsfigur. Wichtiges Medium ihrer Arbeiten ist das Video. Als Kind der 1960er-Jahre ist sie aufgewachsen mit dem Medium Fernsehen und der Pop-Kultur. In den 1980er-Jahren studierte sie an der Wiener Hochschule für angewandte Kunst, wo sie bereits erste Filme drehte. Zeitweise trat sie zudem mit der Musik- und Performance-Gruppe „Les Reines Prochaines" auf, daher spielte Musik auch in ihren Videoarbeiten immer wieder eine Rolle. Ihr Videoclip „Pickelporno" von 1992 machte sie berühmt. Er thematisierte die Annäherungen eines Paars mit teils sehr intimen Szenen. „Ohne Respekt vor der Technik reite ich der Sonne im Computer entgegen und mische mit der Hirnzunge die Bilder knapp vor knapp hinter den Augendeckeln",[17] beschrieb sie selbst ihre Arbeitsweise. Ihre Themen sind Sexualität, Geschlechterdifferenz, Körperbild, aber bunt und schrill und mit viel Humor und Sinnlichkeit.

Extrem offen geht die Künstlerin Tracy Emin in ihren Arbeiten mit ihrer eigenen Sexualität um. Auch ihre eigene Biografie inszeniert sie schonungslos. Als Teil der Young British Art wurde sie bereits in den 1990er-Jahren bekannt. Aufmerksamkeit erregte sie vor allem durch ihre skandalträchtigen Fernsehauftritte, die die Sensationslust der Betrachter weckten. Ihre Arbeiten sind dabei immer sehr persönlich, laden aber auch zu einem Blick auf eigene Erlebnisse ein, wie „Everyone I Have Ever Slept With From 1963–1995". Hier listete die Künstlerin auf der Innenwand eines Zeltes mit ausgeschnittenen bunten Buchstaben die Namen all derer auf, mit denen sie in diesem Zeitraum in einem Bett geschlafen hatte: Familienangehörige wie ihr Zwillingsbruder, Freund*innen aus der Kindheit, aber auch wechselnde Sexualpartner. Automatisch stellt man sich beim Betrachten die Frage, mit wie viel Personen man selbst in einem Bett geschlafen hat. Für ihre Botschaften verwendete Tracy Emin oft auch

Stickereien oder wie handgeschrieben wirkende Neon-Leuchtschriftzüge. 1994 hat sie in „Exploration of the soul" ihre Lebensgeschichte von der Empfängnis an niedergeschrieben, dabei verarbeitete sie auch ihre eigene Entjungferung, die eigentlich eine Vergewaltigung war. Aus diesem Buch las sie an verschiedenen Orten laut vor, sowohl in einem gemütlichen Ohrensessel als auch in einer unwirtlichen Wüste.

Wichtig für ihre Arbeit ist immer ihre persönliche Anwesenheit im Kunstwerk. Gesteigert wurde dieses künstlerische Konzept in der Rauminszenierung „Exorcism of the last painting I ever made" aus dem Jahr 1998. Dabei stellte sie ihr eigenes Atelier in den Räumen eines Museums nach. Klischee und Wirklichkeit trafen hier auf frappierende Art und Weise aufeinander: Denn neben Zeichnungen und Malutensilien fanden sich dort auch Wäschestücke, leere Zigarettenschachteln und andere persönliche Alltagsgegenstände. Gleichzeitig lief ein Video, auf dem die Künstlerin nackt beim Malen zu sehen war, eine neue Form des Künstlerinnenselbstporträts. Schließlich gründete sie sogar ein eigenes Tracy-Emin-Museum in einer von ihr gemieteten Wohnung. Dieses war zugleich Museum und Galerie, Wohnung und Souvenirladen und präsentierte und inszenierte bildende Kunst und Künstlertum auf ganze eigene und neue Art und Weise. Allerdings musste sie es bereits nach zwei Jahren wegen zu großen Besucheraufkommens schließen. Berühmt wurde sie, als sie mit der Installation „My Bed" 1998 den renommierten Turnerpreis erhielt. Diese Installation schildert schonungslos die Spuren einer heftigen, vielleicht auch gewaltsamen Liebesnacht; es besteht aus einem zerwühlten Bett, benutzten Kondomen und blutiger Unterwäsche. Die Arbeit ist letztlich Symbol ihrer unentwegten Suche nach der eigenen weiblichen Identität. Sie selbst bezeichnet ihre Arbeiten, in denen sie sich meist mit sich selbst auseinandersetzt, als „living autobiography".

Im Laufe der Jahre traten die Künstlerinnen allmählich aus dem Schatten der Männer heraus. In vielen Belangen waren sie nun radikaler als die männlichen Kollegen und brachen viele Tabus, etwa das der Darstellung des weiblichen Geschlechtsteils in der Kunst wie bei Judy Chicago oder generell das Anspielen auf sexuelle Themen. Der Feminismus dominierte nun auch die bildende Kunst. Den Frauen standen jetzt nahezu alle Ausbildungsmöglichkeiten offen, sie waren mehr und mehr auch auf den großen bedeutenden Ausstellungen wie der documenta in Kassel oder der Biennale in Venedig präsent. 2022 präsentierte die Biennale, kuratiert von der italienischen Kunsthistorikerin Cecilia Alemani, dann mehr Künstlerinnen als jemals zuvor. Auffällig ist, dass bei den meisten Künstlerinnen seit den 1970er-Jahren die eigene Biografie mit ihren Traumata und seelischen Verletzungen, die ihnen während der Jugend oder der Kindheit zugefügt wurden, eine immens große Rolle spielt. Hier sind sie offener, ehrlicher und sehr viel schonungsloser als die männlichen Protagonisten. Dies auch deshalb, weil sie keine Heldenlegenden aufbauen mussten, mit denen Joseph Beuys oder andere ihre Kriegserlebnisse kompensierten und verarbeiteten. Dass sich Künstlerinnen vermehrt den ephemeren Kunstformen wie Performances, Happenings oder Installationen zuwandten, mag auch damit verbunden sein, dass männliche Künstler die Malerei noch lange Zeit dominierten und das Konstrukt des Malerfürsten so noch immer Präsenz besaß. Die mutigen Künstlerinnen ebneten ab den 1960er-Jahren einer völlig neuen Generation von Künstlerinnen den Weg, für die vieles nun selbstverständlich, wenn auch nicht unbedingt einfacher war.

SCHÖNE NEUE WELT
Gleichberechtigung in der Kunst?!

Künstlerinnen sind seit den 2000er-Jahren so richtig im Kommen. Doch noch immer werden Künstlerinnen weniger wahrgenommen und ihre Werke weniger häufig angekauft als die ihrer männlichen Kollegen. Und: Die Werke von Künstlerinnen sind im Schnitt günstiger als die von Männern. Der Art Market Report von 2020 untersuchte den Proporz der Geschlechter in den Jahren 2015 bis 2018 und stellte fest, dass die Verkaufsstars zu 79 Prozent Künstler und nur zu 26 Prozent Künstlerinnen waren. Denn generell ist es für Künstler wesentlich leichter, einen Galeristen zu finden, als für Künstlerinnen. Problematisch wird es zudem für Künstlerinnen, wenn sie Kinder bekommen. Was aber Anlass zur Hoffnung gibt, ist, dass die jüngeren Künstlerinnen, gerade die in den 1980er- und 1990er-Jahren geborenen, zunehmend aufholen. Heute studieren an den Kunstakademien bis zu 60 Prozent Frauen, von denen jedoch ein großer Teil aufgrund ökonomischer Überlegungen ins Lehramt abwandert. Andererseits erhalten jüngere Absolventinnen inzwischen vermehrt Stipendien und schaffen es, von Museen und Galerien angekauft oder ausgestellt zu werden. Noch immer übersteigt zwar die Zahl der ausgestellten Männer die der Frauen, auch werden sie in der Kunstgeschichte weiterhin bevorzugt und haben mehr Professuren inne als die Frauen, doch auch hier ist gerade eine äußerst effektive Aufholjagd im Gange.

Inzwischen ist Künstlerinnen alles möglich, sowohl was die Ausbildungsmöglichkeiten als auch was die Techniken betrifft. Neben der klassischen Malerei und Bildhauerei, Fotografie und Videokunst, Performances und Happenings gehen die Künstlerinnen auf die Suche nach neuen Materialien und Medien. Auch der Einsatz von Computertechnologie und künstlicher Intelligenz findet sich inzwischen in weiblicher Kunstproduktion. Generell lässt sich konstatieren: Die Vielfältigkeit der Medien und Techniken ist so groß wie noch niemals zuvor.

Die Themen der bildenden Kunst haben sich ebenfalls verändert und erweitert. Oftmals geht es um die Auslotung der eigenen Identität jenseits der längst nicht mehr so festgelegten Geschlechterrollen. Eine der drängenden Fragen, mit denen sich Künstlerinnen heute auseinandersetzen, ist die nach der eigenen Außenwirkung und die Suche nach Möglichkeiten der Selbstoptimierung, um in der immer mehr auf Oberflächlichkeit ausgerichteten Gesellschaft bestehen zu können. Als Gegenbewegung trat in den letzten Jahren Diversity und Body Positivity neben das Ideal des perfekten Models und führte zu einer weiteren Befreiung aus den meist männlich festgelegten Schönheitsidealen. Beide Tendenzen existieren aber nach wie vor nebeneinander und beschäftigen Künstlerinnen heute.

Malerei als Suche nach dem eigenen Ich – Elvira Bach

Die Identitätssuche war bereits Thema der etwas älteren Jahrgänge, wie etwa bei der Malerin Elvira Bach. Sie wird zu den sogenannten Neuen Wilden der frühen 1980er-Jahre gezählt, wobei auch hier die Maler ganz klar in der Überzahl waren. Die 1951 in Hessen geborene Bach besuchte zunächst die Staatliche Glasfachschule in Hadamar und war anschließend an der Hochschule der Künste in Berlin Meisterschülerin des informellen Malers Hann Trier. Nebenbei arbeitete sie an der Berliner Schaubühne, war Requisiteurin, Souffleuse und Foyerdame. Ein Stipendium führte sie dann in die Dominikanische Republik, wo sie auch ihren späteren Ehemann kennenlernte und ihre eigene Identität erfand: Sie malte sich immer wieder ausdrucksstark in bunten Farben, exotischen Kleidern und Turbanen und in wechselnden Posen. Gerade ihre Bilder der 1980er-Jahre setzten sich wiederholt mit dem eigenen Ich und der eigenen Rolle in der Gesellschaft auseinander. Ihr Durchbruch erfolgte 1982, als sie zur documenta 7 in Kassel eingeladen wurde, aber nach Heirat und Geburt der Söhne zog sie sich immer mehr ins Privatleben zurück. Auch dies spiegelte sich intensiv in ihren Werken wider, wie zum Beispiel bei der „Küchendiva“ von 1998. Persönliche Erfahrungen wie Mutterschaft oder ihre Reisen nach Afrika werden immer wieder aufs Neue thematisiert. Sie schildert moderne und starke Frauen mit breiten Schultern und zupackenden Händen. Gleichzeitig zeigt sie auch deren Verletzlichkeit. Lebenslust und Lebensfreude, aber auch Trauer und Melancholie liegen bei ihr nah beieinander, und letztlich ist das Leben vielschichtig wie eine Rose wie im Bild „La vie en rose“ von 2016.

Tradition wird zur Innovation – Elizabeth Peyton

Der traditionell Frauen zugeschriebenen Gattung des Porträts widmet sich die US-amerikanische Malerin Elizabeth Peyton. Ihre Vorlagen sind häufig Schnappschüsse oder Bilder aus Magazinen und Büchern, mit dem lebenden Modell setzt sie sich – wie es traditionell üblich war – nicht mehr auseinander. Geboren in Connecticut und aufgewachsen mit Eltern, die Hobbymaler und -schriftsteller waren, entdeckte sie zunächst das 19. Jahrhundert für sich. So malte sie in ihren Anfangsjahren Szenen nach Marcel Proust oder William Shakespeare sowie Porträts von historischen Personen, wie etwa den Bayernkönig Ludwig II. Später kamen prägnante Persönlichkeiten des 20. Jahrhunderts hinzu, wie die auf tragische Art und Weise verstorbenen Lady Di.[1] Schließlich studierte sie in den 1980er-Jahren an der School of Visual Arts in New York und heiratete 1991 einen Künstlerkollegen, von dem sie sich jedoch bald wieder trennte.

Auch später malte sie fast nie nach dem lebenden Modell, sondern verwendete nahezu ausschließlich Fotografien oder andere Medienbilder als Vorlage ihrer Inspiration. Dabei interessierte es sie wenig, ob es sich bei den Porträtierten um Personen der Pop-Kultur oder der seriösen Hochkultur handelte. Entscheidend für sie ist immer der Lebensweg einer Person, ihr Kampf, sich eine eigene Welt zu schaffen, oder auch ihr Scheitern an dieser Bemühung. Viele der dargestellten Personen sind dabei auffallend androgyn wiedergegeben. Ihren Freund Craig, der auf verschiedenen Zeichnungen und Gemälden erscheint, stellte sie etwa in einem kleinen, intimen Ölbild dar, gehüllt in einen Kapuzenpullover, einen sogenannten Hoodie, die Hände um den Kopf gelegt, als müsse er sich vor der Welt schützen und die eigenen Gedanken festhalten. 2017 erschien Peytons Porträt der damaligen Bundeskanzlerin Angela Merkel in der Vogue, nur bezeichnet als „Angela“, so wie alle Porträts als Titel nur den Vornamen der Dargestellten tragen. Wie die Künstlerin selbst berichtete, hatte sie sich eine große Zahl von Porträts der Kanzlerin aus den vergangenen dreißig Jahren angesehen und war fasziniert von der Veränderung der Politikerin. Doch handelte es sich nicht, wie man vermuten könnte, um eine Auftragsarbeit. Sie hat bisher nie eine Auftragsarbeit geschaffen, was für den Bereich der Porträtmalerei eigentlich untypisch ist. Dementsprechend hält sie es nicht für ihre Aufgabe, ein perfektes Ebenbild herzustellen, ihr geht es vielmehr darum, ins tiefste Innere eines Menschen vorzudringen, den Zugang zur Seele zu finden – und das, obwohl sie die meisten Menschen, die sie porträtiert, gar nicht persönlich kennt. So konstatiert sie: „Auf eine gewisse Art und Weise kannst du mit Menschen, die du nicht kennst, viel intimer werden."[2]

Der Zauber der Oberfläche – Karin Kneffel

Reife, samtige Pfirsiche, die geradezu zum Reinbeißen einladen *(Abb. 46)*. Was so verführerisch den Betrachter anlockt, ist tatsächlich ein Gemälde von Karin Kneffel, die heute zu den wichtigsten Vertreterinnen des Neorealismus zählt. Die Künstlerin, die in den letzten Jahren erst richtig bekannt wurde, war in den 1980er-Jahren Meisterschülerin bei Gerhard Richter, dessen berühmtestes Bild „Betty" sie mehrfach persiflierte. Zu ihrer Idee, Obst zu malen, was sichtlich an traditionelle Früchtestillleben erinnert, äußerte sie sich dezidiert: „Zunächst einmal hat mich geärgert, dass es damals an der Akademie in Düsseldorf hieß, dieses oder jenes dürfe man nicht malen, Früchte, oder auch Tiere zum Beispiel. Die gehörten zu den Dingen, die plötzlich als unmalbar galten (…) Zu dekorativ für eine Frau, deshalb noch ungeeigneter."[3]

Im westfälischen Marl aufgewachsen, wandte sie sich schon in ihrer Kindheit gegen starre gesellschaftliche Konventionen. Gegen die Rollenbilder revolutionierend, legte sie zeitweise ihren weiblichen Vornamen ab und nannte sich „Axel". „Damals lief im Fernsehen die Werbung von Dr. Oetker. Da hieß es: Eine Frau hat zwei Lebensfragen. Was soll ich anziehen und was soll ich kochen? Mir hat das als Kind richtig Angst gemacht, und ich überlegte mir, dass es vielleicht doch besser sein könnte,

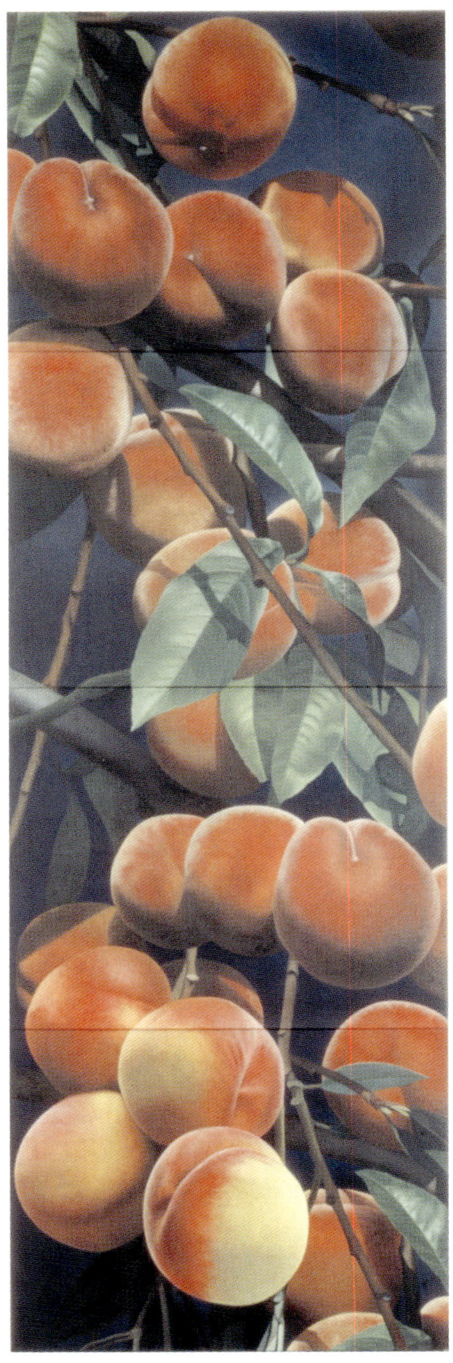

46 Karin Kneffel, ohne Titel, (Pfirsiche), Öl/Lw., 1996, KfW Stiftung, Frankfurt am Main

ein Junge zu sein, und antwortete eine Zeit lang auf die Frage nach meinem Namen mit: Ich heiße Axel.“[4]

Als Linkshänderin versuchten mehrere Lehrer sie umzupolen, und obwohl ein Kunsterzieher ihre Begabung erkannte, studierte sie zunächst Geschichte und Philosophie. Erst als sie sich als Modell ein Zubrot verdiente, fand sie ihre wahre Bestimmung und wechselte an die Kunstakademie. Sie selbst sagte einmal über das Akademiestudium: „Wir stopfen oben Frauen rein und unten kommen Männer raus. (…) Es hat sich immer noch nicht genug geändert, zum Beispiel daran, wie Professuren besetzt werden, ob mit Männern oder Frauen, oder wer die höher dotierten Stellen bekommt. Auch bei Ausstellungsbeteiligungen, bei Stipendienvergaben, oder auch wenn man sich Museumssammlungen anschaut, kann man noch lange nicht von Parität reden.“[5]

Ihre Anfänge waren dominiert von Tierporträts. Oft verwendet sie einen Fundus an bestimmten, immer wiederkehrenden Motiven, wie Tulpen oder Vorhangelemente. Sie malt aber etwa auch Feuer in seinen verschiedenen Ausprägungen oder setzt ihre Szenerien „unter Wasser“, indem sie Tropfen an einer Fensterscheibe herunterlaufen lässt, so dass der Blick ins Zimmer verschwimmt und alles unwirklich wirken lässt. Mitunter erinnert sie in ihren Bildern gerne an nahezu vergessene Künstlerinnen, etwa an die Designerin und Innenausstatterin Lilly Reich, indem sie einen von Reich entworfenen Stuhl betont in einem ihrer Bilder arrangiert. Der aufwendigen Maltechnik entsprechend malt sie nur etwa zwanzig Bilder im Jahr. In den 1990er-Jahren hatte sie zunächst Gastprofessuren inne, bevor sie einen Ruf an die Hochschule für Künste Bremen erhielt. Seit 2008 lehrt sie an der Akademie der Bildenden Künste in München. Sie gehört somit zu den Künstlerinnen, die es geschafft haben, sich zu etablieren und sich von den männlichen Vorbildern zu emanzipieren.

Think big, alles in Farbe – Katharina Grosse

Katharina Grosse, heute eine der bekanntesten Künstlerinnen Deutschlands, wurde als Tochter der Künstlerin Barbara Grosse geboren. Dieser Umstand erinnert zunächst an den Typus der Künstlertöchter aus der Renaissance, wenngleich sie nicht im Atelier ihrer Mutter ausgebildet wurde und künstlerisch eine völlig neue Richtung einschlug. Während Barbara Grosse für Zeichnungen und Druckgrafik bekannt ist, malt Katharina Grosse in intensiven Farben und gewaltigen Dimensionen. Sie verwendet daher auch keine Pinsel, sondern arbeitet mit einer kompressorbetriebenen Spritzpistole. Die Leinwand im traditionellen Sinne hat daher auch bei ihr ausgedient, so sind ihre Malflächen nicht nur überdimensionale aufgespannte Leinwände, sondern auch Aluminiumtafeln, ganze Papierbahnen sowie Wände, Decken, Möbel, ja ganze Häuser oder Museen wie der Hamburger Bahnhof in Berlin *(Abb. 47)*, den sie in einen Farbenrausch verwandelte. Sie demonstriert damit, dass der Mensch die Freiheit hat, seine eigene Wirklichkeit zu gestalten. Ihre künstlerische Arbeit ist aufgrund ihrer Dimensionen weithin sichtbar. In einem Interview im Handelsblatt konstatierte Grosse zum Thema Kunst von Frauen: „Die Geschichtsschreibung bildet die Kreativität von Frauen nicht ab. Für die großen Sammlungen muss viel mehr von Künstlerinnen angekauft werden. Wir können nur das halbe Bild sehen."[6] Sie beobachtet aber auch, dass junge Künstlerinnen deutlich fordernder werden. Sie gehört zu den international erfolgreichen Künstlerinnen, hat nicht nur in Berlin, sondern auch in Neuseeland ihre Zelte aufgeschlagen und setzt sich gemeinsam mit anderen Künstlerinnen engagiert für mehr Möglichkeiten für Frauen ein. So war auch 2022 in Venedig auf der Biennale beim Luxuslabel Louis Vuitton die atemberaubende Arbeit „Apollo, Apollo" zu sehen.

Geboren in den 1980er-Jahren – Suche nach neuem Ausdruck

Aktuell erobern vor allem die in den 1980er-Jahren geborenen Künstlerinnen den Kunstbetrieb. Die 1981 in Wasserburg geborene Anna Witt arbeitet in erster Linie mit Videokunst. Der Körper und der eigene Handlungsraum spielen meist eine große Rolle in ihren Arbeiten. Witt studierte in München und Wien, wo sie heute auch lebt. In ihrer Videoarbeit „Körper in Arbeit / Body in Progress" von 2018 drehte sie auf dem

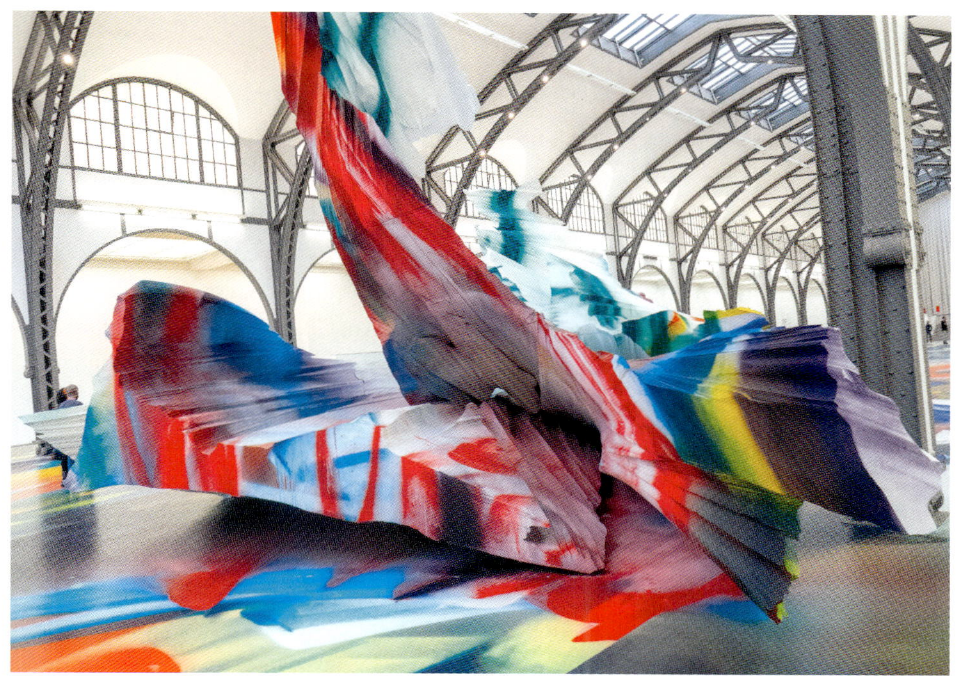

47 Katharina Grosse, It wasn't us, 2020, Hamburger Bahnhof – Museum für Gegenwart Berlin

Gelände der *Erste Bank* in Wien mit Athleten des Extremsports. Sie zeigte darin Situationen der Arbeitswelt, in der die Selbstoptimierung als eine der Grundvoraussetzungen für Erfolg angesehen wird. Zu Witts zentralen Fragestellungen zählen daher auch diese: Wie werden wir die, die wir sind? Was tun wir, woran glauben wir und wofür kämpfen wir? Und letztlich: Wie hängt dieses soziale Selbst mit den gesellschaftlichen, politischen und ökonomischen Rahmenbedingungen zusammen? Sie thematisiert die Zelebrierung des Individuums in der heutigen Gesellschaft und die Instrumentalisierung von Selbstverwirklichung durch die Werbung. Ihre Arbeiten sollen dabei eine Plattform bieten, die eigenen Ideale zu hinterfragen und zu realisieren, wie diese möglicherweise gesteuert werden. Ihre Beziehung zum Kunstmarkt sieht Witt dagegen pragmatisch. Für sie sollen ihre Werke sowohl in Sammlungen vertreten sein als auch in Schulen gezeigt werden, das Medium Video ermöglicht hier eine gewisse Demokratisierung. Auch sieht sie ihre künstlerische Arbeit nicht mehr als Ausnahmeerscheinung: „Aktuelle Anforderungen der Arbeitswelt unterscheiden sich nicht mehr so stark von denen der Künstler*innen. Wir liefern sozusagen die Prototypen des flexiblen, entgrenzten Arbeitens, bis hin zur Selbstausbeutung."[7]

Die Fotografin und Medienkünstlerin Laura Schawelka ist wie viele andere Künstlerinnen ihrer Generation Kosmopolitin. Geboren 1988 in München, lebt sie heute in Berlin und Los Angeles, studierte in Berlin und Frankfurt und schloss ihr Studium in Kalifornien ab. Inzwischen ist sie in Ausstellungen und Galerien in Europa und Amerika gleichermaßen vertreten. In ihrer 2018 entstandenen Arbeit „Pomegranate" vergrößerte sie die Fotografie eines aufgebrochenen Granatapfels als Symbol für Leben und Fruchtbarkeit. Sie kombinierte diesen mit zwei fotografisch festgehaltenen Textpassagen, die sich mit dem Thema Kleptomanie aus der medizinisch-psychologischen Sicht des späten 19. Jahrhunderts beschäftigten. Damals eröffneten die ersten Kaufhäuser in der französischen Hauptstadt und waren Anziehungspunkt für die Damen der besseren Gesellschaft. Mit den Reizen der überbordenden Warenwelt, denen sich die Damen teils hemmungslos hingaben, wuchs auch die Zahl der von Frauen begangenen Diebstähle. Das Kaufhaus entwickelte sich so zum Ort der weiblichen Autonomie, aber auch des Abenteuers. Mit dem Aufkommen der Warenhäuser beschäftigte sich Laura Schawelka auch, als sie sich anlässlich einer Artits Residency 2017 in Paris aufhielt. Bereits der berühmte Romancier Émile Zola hatte sich in seinem 1884 veröffentlichen Roman „Das Paradies der Damen" mit den neuen Tendenzen des Konsums auseinandergesetzt, der den Beginn des neuen kapitalistischen Zeitalters einläutete. Schawelka verarbeitete hier in ihren perfekten Fotografien die gegenwärtige Warenwelt und das aus den Fugen geratene Konsumverhalten ganz aktuell. „Die Ästhetik, derer sich Schawelka für ihre Fotografien bedient, ist clean, perfektioniert und lässt sich kaum von gewöhnlicher Stock-Fotografie unterscheiden, gäbe es da nicht die Brüche, die mit dem Raum einhergehen und etwas Fragiles, Zerbrechliches und auch Erotisches erzeugen",[8] so eine Kunstkritikerin über ihre Arbeit.

Die Villa-Romana-Preisträgerin von 2017 Carina Brandes arbeitet dagegen mit analoger Schwarz-Weiß-Fotografie, die sie in ihrer eigenen

Dunkelkammer entwickelt. Ihr Hauptthema ist sie selbst, sie fotografiert ihre performativen Handlungen, oft mit vollem Körpereinsatz bis zur Erschöpfung, mit dem Selbstauslöser. Dabei handelt es sich um alles andere als Selbstporträts, es geht dabei vor allem um den weiblichen Körper. Sie inszeniert ihren nackten Körper an abgelegenen Orten, mit Requisiten, anderen Frauen oder mit Tieren. Mitunter erinnern ihre Fotografien an Theateraufführungen, wobei sie sich aus dem Fundus bekannter Symbole oder kunsthistorischer Themen bedient. Reduzierte Settings, Doppelbelichtungen oder ungewöhnliche Perspektiven erzeugen teils surreal anmutende Welten. In der Auseinandersetzung mit Körperlichkeit, Gender und Schönheitsvorstellungen steht sie ganz in der Tradition feministischer Kunst.

Ornament und Dekor als kulturelle Chiffren sind Thema der 1980 als Kind einer französischen Mutter und eines indischen Vaters in Paris geborenen Künstlerin Nadira Husain. Sie fragt nach Normen, Standards und Klischees unserer Bildsprache, verwendet Farben und Formen aus verschiedenen Kulturkreisen, dabei werden florale Muster und menschliche Körperteile miteinander vermischt. Sie überwindet so die Hierarchien von Bild- und Bedeutungsebenen. Ihre Arbeiten sind sichtbar gewordene Forschung nach den visuellen Formen zu Fragen der Postmigration, Transkulturalität und kulturellen Hybridität, Themen, die heute aktueller denn je sind. Ihre Malerei hinterfragt die eurozentrische Kunstgeschichte und verbindet sie mit Symbolen und Geschichten aus anderen kulturellen Kontexten, die meist mit ihrem eigenen kulturellen Hintergrund in Verbindung stehen. Inzwischen stellt sie international aus und lehrt an der Universität der Künste in Berlin.

Radikal in Thema und Material – Alessia Schuth

Schreiende, eine mit Messern gespickte Nackte, Gefesselte, die sexuelle Handlung mit einer hilflos am Boden Kauernden, wabernde Monster, einsame Säufer oder chaotische Wohnräume: Der Blick nach innen, in die von Alessia Schuth gestalteten Bildräume, offenbart das zum Teil schockierende Leben außerhalb der Öffentlichkeit. Hier findet statt, was innerhalb der Gesellschaft verborgen bleiben und nur im Geheimen stattfinden soll: Körperliche und seelische Gewalt an Frauen und Kindern sowie das starre Beibehalten stereotyper Geschlechterrollen. Sie zeigt die Falle der überwiegend männlichen Gewalt, in der die Protagonisten der Innenräume gefangen zu sein scheinen.

Die 1987 in Villingen-Schwenningen geborene Alessia Schuth studierte an der Staatlichen Akademie der Bildenden Künste in Stuttgart bei der Malerin Cordula Güdemann. Nach dem Abschluss ihres Studiums 2020 ermöglichte ihr das Schwalenberg-Stipendium des Landesverbands Lippe 2021, ihr künstlerisches Werk stringent weiterzuentwickeln.

Ihre politischen und vor allem auch feministischen Themen lässt die Künstlerin mit einem ganz besonderen und im Kontext der bildenden Kunst ungewöhnlichen Material, dem Thermoplast, entstehen: Die technische Verarbeitung ist dabei ausgesprochen aufwendig und äußerst filigran. Die Künstlerin arbeitet mit einem 3D-Druckstift, in dem dünne Plastikstäbe erhitzt werden und anschließend zähflüssig herauskommen. So lässt sich durch das Erkalten des Materials geradezu „in der Luft zeichnen". Schuth bringt mit der Wahl dieses üblicherweise in anderen Bereichen verwendeten, kunstfernen Materials und der Technik etwas völlig Neues, von der bisherigen Kunstgeschichte Losgelöstes ein. Sie erschafft Materialbilder, verschiedene Objekte und sogar ganze Installationen.

Gleichzeitig entspricht das Thermoplast auch dem Zeitgeist, leben wir doch gegenwärtig im Plastikzeitalter. Das vielseitig verwendbare Material Plastik ist heute ein Synonym für billige Wegwerfartikel und massenhaften Müll, der die Umwelt extrem und über unfassbar lange Zeiträume verschmutzt. Wer heute im Meer schwimmen will, muss sich häufig durch Massen an Plastikmüll kämpfen. Und wer Fisch isst, verzehrt automatisch Mikroplastik, das den Körper gesundheitlich belastet. Dabei ist es noch gar nicht so lange her, da galt Plastik als Hoffnungsträger für eine bessere Zukunft: Es galt als ultimative Lösung für die Vorratshaltung und befreite vom ständigen Putzen und Reinigen, da man Benutztes einfach wegwerfen konnte. Doch was einst als Segen gesehen wurde, ist heute ein Fluch für die Menschheit: Plastik zersetzt sich erst nach Hunderten von Jahren und kontaminiert bis dahin die Umwelt. Aus einem inzwischen negativ konnotierten Material entstehen bei Schuth jedoch filigrane Kunstwerke. Das aus diesem Material geschaffene Werk wird optimistisch gesehen in seiner von der Künstlerin geschaffenen Form bis zu 500 Jahre bestehen bleiben, nach dieser Zeitspanne aber wahrscheinlich endgültig und spurlos verschwinden. Die Erinnerung an die Künstlerin wäre somit unwiederbringlich verloren.

Auch Schuths lebensgroße Installationen aus Thermoplast zeigen Frauenfiguren, die sich den Blicken der Betrachter*innen ausliefern und entblößen. Sie sind – angedeutet durch die oft dazugehörigen Käfige – gefangen in festgefahrenen Konventionen.

In Schuths politischen und feministischen Arbeiten wird deutlich: Zwar erkämpften sich Frauen seit der Aufklärung das Recht zur Selbstbestimmung und konnten sich gerade in den letzten Jahrzehnten gesellschaftlich stark emanzipieren. Doch herrscht in ökonomischer und repräsentativer Hinsicht oft noch Ungleichheit, Frauen werden in zahlreichen Berufen schlechter bezahlt als Männer, und die Zahl der weiblichen Vorstände in den Unternehmen ist noch immer viel zu gering.

Zu Schuths Vorbildern gehört daher die französische Bildhauerin Louise Bourgeois, die eine der ersten Künstlerinnen war, die installativ arbeitete, indem sie ihre Skulpturen in einem räumlichen Kontext arrangierte. Bourgeois integrierte diese häufig in extra angefertigte Drahtkäfige, die nicht zuletzt das Gefangensein von Frauen in den althergebrachten Rollenbildern suggerieren sollten. Diese hofft Schuth in ihren Arbeiten aufweichen und auflösen zu können. Dementsprechend sind ihre Käfige im Gegensatz zu jenen bei Bourgeois aus dem durch Wärme verbieg- und veränderbaren Thermoplast geformt. Ihre viele Jahrzehnte später entstandenen Installationen vermitteln somit die Hoffnung, dass ein Ausbrechen aus patriarchalen Strukturen und traditionellen Geschlechterrollen jederzeit möglich ist.

Eines ihrer Hauptwerke der letzten Jahre ist die Installation „Sodom" *(Abb. 48)*, bei der sich Schuth auf die Erzählung des Alten Testaments bezieht: Die Stadt Sodom wird von Gott zerstört, nachdem die von Gott gesandten Engel in Männergestalt dort keine zehn anständigen Menschen

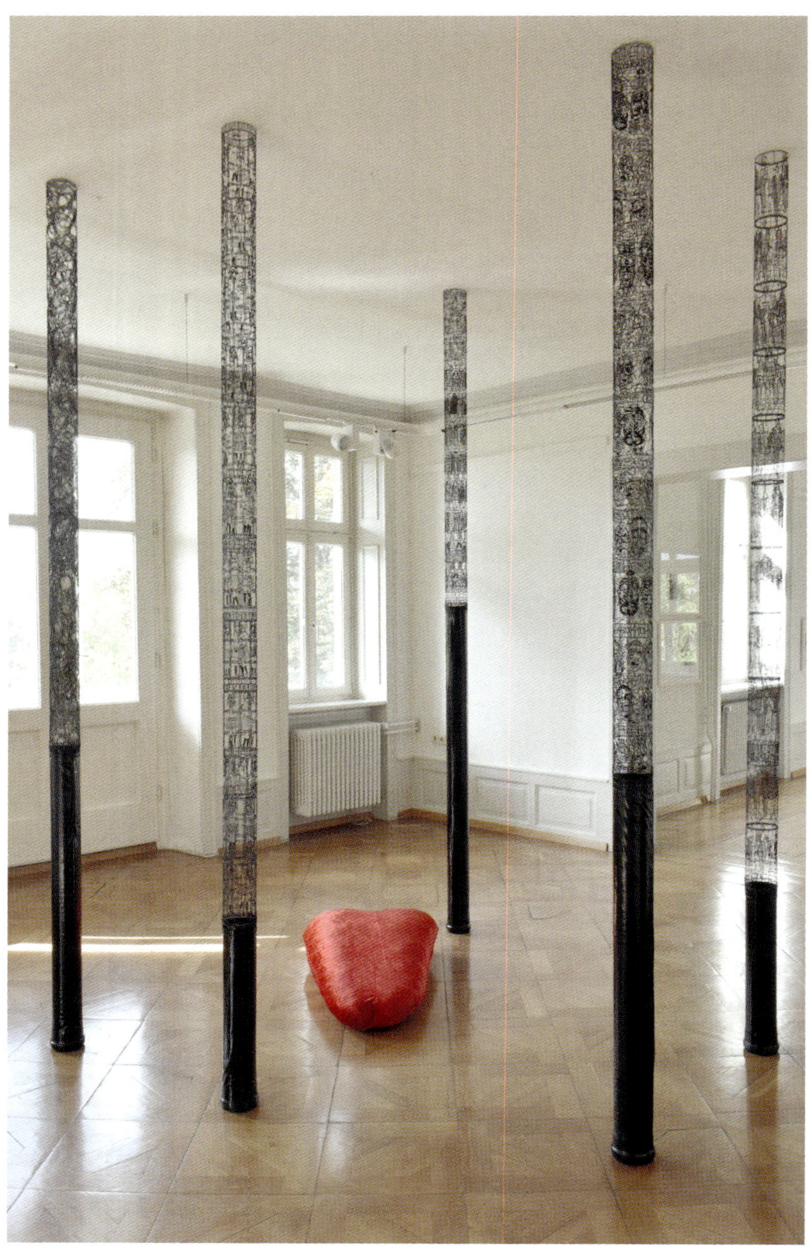

48 Alessia Schuth, Sodom, Installation, 2019, Thermoplast, Privatbesitz

finden konnten. Mehr noch, die männliche Bevölkerung Sodoms wollte die gesandten Männer zum Sex zwingen. Schuths Installation dominiert eine überdimensionale, leuchtend rote und mit weichem Samt bezogene Zunge, die auf heiße Küsse, aber auch auf die Praxis des Cunnilingus und darüber hinaus verweist. Flankiert wird der zentral angeordnete bewegliche Muskel von Säulen aus erstarrtem Thermoplast, deren auf den ersten Blick dekorativ wirkendes Dekor sich als Kritik an von Männern verbreiteten starren weiblichen Klischees und patriarchalen Unterdrückungsinstrumenten entpuppt: Sie bricht mit der Vorstellung von langen Frauenhaaren als erotisches Signal, zeigt Burkas als Uniformen der weiblichen Unterordnung, entlarvt knapp bekleidete langbeinige Models als Projektionsfläche männlicher Fantasien und stellt nicht zuletzt die brutale Klitorisverstümmlung dar. Diese ist bis heute noch in Dschibuti, Ägypten, Guinea, Mali, Sierra Leone, Somalia und im Norden des Sudans als Methode der sexuellen Kontrolle flächendeckend üblich – über neunzig Prozent aller Frauen zwischen 15 und 49 sind dort beschnitten. Dabei handelt es sich wohl um die extremste und brutalste Form der Unterdrückung von Frauen, indem ihnen das Recht auf ihren eigenen Körper und ihre selbstbestimmte Sexualität verwehrt wird.[9]

Gewalt am eigenen Leib erlebte die aus Afghanistan geflohene politische Künstlerin Sara Nabil. Für sie ist die Kunst ihre Waffe, mit der sie Freiheit, Frieden und Gleichberechtigung erreichen will. Bereits als Jugendliche stellte sie erste Installationen und Fotografien aus. 2014 erlebte sie an der Universität in Kabul, wo sie Politikwissenschaften studierte, einen Selbstmordanschlag, bei dem ein mit ihr befreundeter Fotograf starb und sie selbst verletzt wurde. Hier wurde ihr klar, dass es für sie als Frau und Künstlerin keine Zukunft in Afghanistan geben würde. Als sie ein Jahr später zu einem Symposium in den Niederlanden eingeladen wurde, nutzte sie dies, um in Deutschland politisches Asyl zu beantragen. Anschließend studierte sie an der Hochschule für Gestaltung in Offenbach am Main bildende Kunst und zeigte bei ihrer ersten Ausstellungsbeteiligung in Wiesbaden die Porträts von sechzehn geflüchteten Frauen.

2018 fand schließlich ihre erste Einzelausstellung statt, in der sie Installationen und Videos präsentierte, die aktuelle Themen ihrer Heimat aufgriffen. Ihr erklärtes Ziel ist es, mit ihrer Kunst Politik zu machen. So greift sie etwa auch das Thema Frauenwahlrecht auf und zeigt, dass es in ihrer Heimat eigentlich nicht existent ist. Sie kritisiert mit ihren Arbeiten die patriarchalen Strukturen und kämpft für die Gleichberechtigung von Frauen und Mädchen in Afghanistan. 2022 zeigte sie in der Kunsthalle Mannheim ein neues Performance-Projekt sowie eine interaktive Rauminstallation und spielte damit auf die erneute Machtübernahme der Taliban im August 2021 an, nach der wieder eine strikte Geschlechtertrennung und strenge Verhaltens- und Kleidervorschriften eingeführt wurden. In einem Interview im Mai 2022, das Sara Nabil mit kahl geschorenem Schädel und rot geschminkten Lippen führte, bekräftigte sie ihre feministische Haltung. So zeigte sie auch in Mannheim eine Fotoserie, die die Kleidervorschriften für Frauen zwischen 1996 und 2022 dokumentierte. War um 2010 bis 2021 eine Lockerung der Kleidervorschriften zu beobachten, so sind sie inzwischen so streng wie nie zuvor: Die afghanischen Frauen sind komplett verhüllt und dürfen weder Gesicht noch Hände zeigen, was nach außen hin sichtbar macht, dass sie inzwischen ihrer Grundrechte beraubt sind.

Ebenfalls mit Weiblichkeit und gesellschaftlichen Rollen, allerdings bezogen auf Deutschland, setzt sich die 1997 in Geislingen an der Steige geborene Hannah J. Kohler auseinander. 2021 schloss sie ihr Studium an der Staatlichen Akademie der Bildenden Künste Stuttgart ab, unter anderem studierte sie Fotografie bei Riccarda Roggan. Seitdem folgten ein Stipendium der Kunststiftung Baden-Württemberg und eine erste museale Ausstellung. Speziell dafür schuf sie die Arbeit „Zum Ursprung", in der sie sich selbst als Urmutter Gaia inszeniert. Damit verweist sie auf die Entstehung geschlechtsspezifischer Stereotype, die seit über hundert Jahren in der feministischen Diskussion infrage gestellt werden. Laut Simone de Beauvoir kommt man nicht als Frau zur Welt, sondern wird dazu gemacht. Und auch die Philosophin Judith Butler ist der Ansicht, dass das binäre Geschlechtersystem nicht naturgegeben, sondern ein soziales Konstrukt ist. Kohler spielt mit der Bandbreite der Fotografie, verwendet sowohl digitale als auch analoge Fotografie, greift auf Polaroids zurück und dreht zudem Videos. Ihr Thema ist es, gesellschaftlich verfestigte Vorurteile zu hinterfragen und offenzulegen. Auch ihren eigenen Körper setzt sie gekonnt ein, etwa wenn sie in der Performance „sicher / unsicher“ auf einer Stufenleiter balanciert, was für sie selbst eine „krude Form des Poledance“ bedeutet. Zwar bewegt sie sich tänzerisch, ja geradezu akrobatisch auf der Leiter, doch wirkt die eine oder andere Pose, als wäre sie kurz vor dem Absturz. Und in der Videoarbeit „möglich / unmöglich“ versucht sie, sich unter der Dusche in ein Paar schwarze Strumpfhosen zu zwängen, was gleichfalls erotische Vorstellungen konterkariert.[10]

In der Variabilität von Themen und Techniken ist für Künstlerinnen heute alles möglich. Sie beschäftigen sich mit Identitäten persönlicher und kultureller Art, greifen sexistische Themen auf oder suchen nach ihren eigenen ästhetischen Ausdrucksformen. Die Sichtbarmachung ihres Werkes geht inzwischen über traditionelle Ausstellungsformen in Museen und Galerien weit hinaus. Die neuen Medien erleichtern es einerseits, präsent zu sein und die eigenen Positionen einer weltweiten Öffentlichkeit zu formulieren. Sie erschweren es aber auch, sich aus einer Flut an Bildern abzuheben. Die absolute Demokratisierung der bildenden Kunst führt oft auch in die Beliebigkeit.

Der Weg in eine Kunstszene, in der es keine Unterschiede zwischen den Geschlechtern mehr gibt, scheint inzwischen beschritten worden zu sein. Frauen werden nun zunehmend gesehen, für ihre Innovationskraft gefeiert, manche Künstlerinnen werden auch wiederentdeckt. Es ist gerade „in“, Künstlerinnen auszustellen oder über sie zu schreiben. Die Kunstgeschichte aber zeigt, dass Künstlerinnen viele Jahrhunderte lang immer nur als Ausnahme, als Wunder oder gar als widernatürlich galten. Wenn wir zu einer völlig gleichberechtigten Kunstwelt gelangen wollen, sollte das Geschlecht keine Rolle mehr spielen. Dafür müsste das binäre Geschlechterdenken in den Köpfen endgültig gelöscht und die Frage nach Mann oder Frau nicht mehr thematisiert werden, und davon sind wir strukturell und institutionell noch immer weit entfernt. Die Kunst wäre dann nicht mehr weiblich oder männlich, sondern einfach nur menschlich.

ANMERKUNGEN

Einleitung

1 Gisela Breitling, Die Spuren des Schiffs in den Wellen, Frankfurt am Main 1986, S. 55.
2 Zitiert nach: Martin Oßwald, „… die Geschichte, in der die Frauen zu agieren vermögen, muss immer erst geschaffen werden …“, in: Maximilian Eiden / Martin Oßwald im Auftrag des Landkreises Ravensburg – Schloß Achberg (Hrsg.), entfesselt! Malerinnen der Gegenwart. Ausst.-Kat. Schloss Achberg, Ravensburg 2017, S. 21.

Kloster oder Familie – Künstlerinnen in Renaissance, Barock und Rokoko

1 Giorgio Vasari, Leben der ausgezeichnetsten Maler, Bildhauer und Baumeister von Cimabue bis zum Jahre 1567 beschrieben von Giorgio Vasari, hrsg. von Ludwig Schorn und Ernst Förster, Bd. 3,2, Stuttgart und Tübingen 1845, S. 6.
2 Elisabeth S. G. Nicholson (Hrsg.), Italian Women Artists from Renaissance to Baroque. Ausst.-Kat. National Museum of Women in the Arts Washington DC, Washington 2007, S. 91.
3 Giorgio Vasari, 1845 (s. Anm. 1), S. 5.
4 Die Bibel, NT. Johannes 13, 26.
5 Giorgio Vasari, 1845 (s. Anm. 1), S. 10.
6 Hanna Gagel, Sofonisba Anguissola (ca. 1535–1625), in: Irmgard Osols-Wehden (Hrsg.), Frauen der italienischen Renaissance, Darmstadt 1999, S. 148.
7 Maria Kusche / Sofonisba Anguissola – Leben und Werk, in: Sofonisba Anguissola / Sylvia Ferino-Pagden / Maria Kusche / Karl Schütz (Hrsg.), La prima donna pittrice Sofonisba Anguissola. Die Malerin der Renaissance (um 1535–1625) Cremona, Madrid, Genua, Palermo. Ausst.-Kat. Kunsthistorisches Museum Wien, Wien 1995, 29–30.
8 Hanna Gagel, 1999 (s. Anm. 6), S. 160.
9 Zitiert nach: Germaine Geer, Das unterdrückte Talent. Die Rolle der Frau in der bildenden Kunst, Berlin und Frankfurt am Main 1990, S. 71.

10 Ulrike Müller Hofstede, „Lavinia Fontana (1552–1614)", in: Irmgard Osols-Wehden (Hrsg.), Frauen der italienischen Renaissance, Darmstadt 1999, S. 169.
11 Carlo Cesare Malvasia, Felsina Pettrice, Bd. 1., Bologna 1678, S. 220, zitiert nach Germaine Geer, 1990 (s. Anm. 9), S. 210.
12 Carlo Cesare Malvasia, 1678 (s. Anm. 11), S. 223.
13 Ulrike Müller Hofstede, 1999 (s. Anm. 10), S. 177.
14 Raffaello Borghini, Il Riposo, 1584, S. 568.
15 Giovanni Baglione, Le vite de'Pittori. Et scultori et architetti, Rom 1642, S. 143–144.
16 Marc-Joachim Wasner, Die Künstlertochter Marietta Robusti, genannt Tintoretta, in: Matthias Wohlgemuth unter Mitarbeit von Marc Fehlmann (Hrsg.), „Unser Kopf ist rund, damit das Denken die Richtung wechseln kann", Festschrift für Franz Zelger, Zürich 2001, S. 463–469.
17 Adelina Modesti, Elisabetta Sirani ‚Virtuosa'. Women's Cultural Production in Early Modern Bologna, Turnhout 2014, S. 1.
18 Christa Wachenfeld (Hrsg.), Die Vergewaltigung der Artemisia. Der Prozess. Mit einem Essay von Roland Barthes, Freiburg im Breisgau 1992, S. 17–18.
19 Christa Wachenfeld (Hrsg.), 1992 (s. Anm. 18), S. 23.
20 Christa Wachenfeld (Hrsg.), 1992 (s. Anm. 18). S. 23.
21 Dagmar Lutz, Artemisia Gentlileschi. Leben und Werk, Stuttgart 2011, S. 53.
22 Andreas Henning / Harald Marx, „Das Kabinett der Rosalba". Rosalba Carriera und die Pastelle der Dresdner Gemäldegalerie, Dresden 2007, S. 30.

„Nach Italien steht mir der Sinn" – Künstlerinnen reisen in den Süden

1 Zitiert nach: Renate Berger, „„… denn meine Wünsche streifen an das Unmögliche … Künstlerinnen zwischen Aufklärung und Biedermeier", in: Bärbel Kovalevski (Hrsg.), Zwischen Ideal und Wirklichkeit. Künstlerinnen der Goethe-Zeit zwischen 1750 und 1850. Ausst.-Kat. Schloßmuseum Gotha, Rosgartenmuseum Konstanz, Ostfildern-Ruit 1999, S. 25.
2 Bettina Baumgärtel, „Das große Talent. Wander- und Ausbildungsjahre in Vorarlberg und Italien", in: Bettina Baumgärtel (Hrsg.), An-

gelika Kauffmann 1741–1807. Retrospektive. Ausst.-Kat. Kunstmuseum Düsseldorf, Haus der Kunst München, Bündner Kunstmuseum Chur, Ostfildern-Ruit 1998, S. 106.

3 Zitiert nach: Bettina Baumgärtel, „Leben und Werk von Angelika Kauffmann", in: Bettina Baumgärtel (Hrsg.), Angelika Kauffmann 1741–1807. Retrospektive. Ausst.-Kat. Kunstmuseum Düsseldorf, Haus der Kunst München, Bündner Kunstmuseum Chur, Ostfildern-Ruit 1998, S. 23.

4 Anja K. Sevcik, „Angelika-Susanne", in: Roland Krischel / Anja K. Sevcik (Hrsg.), Susanna. Bilder einer Frau vom Mittelalter bis MeToo. Ausst.-Kat. Wallraf-Richartz-Museum & Fondation Corboud, Köln, Petersberg 2022, S. 220–221.

5 Brief vom 18. August 1764, zitiert nach: Bettina Baumgärtel, 1998 (s. Anm. 2), S. 129.

6 Zitiert nach: Bettina Baumgärtel, 1998 (s. Anm. 2), S. 147.

7 Zitiert nach: Renate Berger, 1999 (s. Anm. 1), S. 26.

8 Zitiert nach: Michael Krapf, „Angelika Kauffmann malt Johann Wolfgang von Goethe: ‚Es ist immer ein hübscher Bursche, doch keine Spur von mir'", in: Tobias G. Natter (Hrsg.), Angelika Kauffmann. Ein Weib von ungeheurem Talent. Ausst.-Kat. Vorarlberger Landesmuseum Bregenz und Angelika Kauffmann Museum Schwarzenberg, Ostfildern 2007, S. 57.

9 Zitiert nach: Michael Krapf, 2007 (s. Anm. 8), S. 58.

10 Zitiert nach: Michael Krapf, 2007 (s. Anm. 8), S. 58.

11 Zitiert nach: Michael Krapf, 2007 (s. Anm. 8), S. 58.

12 Brief vom 10. Mai 1788: Angelika Kauffmann, Briefe einer Malerin. Ausgewählt, kommentiert und mit einer Einleitung von Waltraud Maierhofer, Mainz 1999, S. 99.

13 Bettina Baumgärtel, 1998 (s. Anm. 3), S. 31.

14 Gerrit Walczak, Elisabeth Vigée-Lebrun. Eine Künstlerin in der Emigration 1789–1802, München und Berlin 2004.

15 Marianne Kraus, Für mich gemerkt auf meiner Reise nach Italien im Jahre 1791, Buchen 1996, S. 98.

16 Brief von Élisabeth Vigée-Lebrun an den Landschaftsmaler Hubert Robert vom 1. Dezember 1789. Zitiert nach: Lida von Mengden (Hrsg.), Der Schönheit Malerin … Erinnerungen der Élisabeth Vigée-Lebrun, Darmstadt 1985, S. 133.

17 Sabine Rathgeb, Studio & Vigilantia. Die Kunstakademie an der Hohen Karlsschule in Stuttgart und ihre Vorgängerin Académie des Arts, Stuttgart 2009, S. 145.
18 Brief Duttenhofers an eine Freundin vom 31. Dezember 1828, zitiert nach: Gertrud Fiege (Hrsg.), Die Scherenschneiderin Luise Duttenhofer, 2. Auflage, Marbacher Magazine 13, Stuttgart 1990, S. 21.
19 Zitiert nach: Edwin Fecker, Die Großherzoglich Badische Hofmalerin Sophie Reinhard (1775–1844). Leben und Werk, Maulburg 2018, S. 30.
20 Zitiert nach: Edwin Fecker 2018 (s. Anm. 19), S. 36.
21 Zitiert nach: Bärbel Kovalevski, Marie Ellenrieder 1791–1863, Berlin 2008, S. 10.
22 Zitiert nach: Edwin Fecker, Katharina von Predl verheiratete Grassis de Predl 1790–1871. Leben und Werk, Maulburg 2016, S. 25.
23 Zitiert nach: Edwin Fecker, 2016 (s. Anm. 22), S. 24.
24 Zitiert nach: Katharina Büttner-Kirschner, „‚Nichts thun wäre meine Lust, schwärmen meine Seligkeit.' Topografie und Tagebuch. Marie Ellenrieders frühe Rometappen", in: Tobias Engelsing / Barbara Stark (Hrsg.), Einfach himmlisch! Die Malerin Marie Ellenrieder 1791–1863. Ausst.-Kat. Rosgartenmuseum Konstanz Städtische Wessenberg-Galerie Konstanz, Stuttgart 2013, S. 76.
25 Zitiert nach: Edwin Fecker, 2016 (s. Anm. 22), S. 53.
26 Zitiert nach: Bärbel Kovalevski, 2008 (s. Anm. 21), S. 39.
27 Zitiert nach: Bärbel Kovalevski, „‚Dahin! Dahin geht unser Weg! O Vater, laß uns ziehen!' – Deutsche Malerinnen in Italien von 1810–1859", in: Bärbel Kovalevski (Hrsg.), 1999 (s. Anm. 1), S. 75.
28 Schorns Kunst-Blatt, 21. Jg., 19.5.1840, S. 222.

Der Weg zur Farbe – die Malerinnen des Impressionismus

1 Zitiert nach: Ingrid Pfeiffer, „Der Impressionismus ist weiblich. Zur Rezeption von Morisot, Cassatt, Gonzalès und Bracquemond", in: Ingrid Pfeiffer / Max Hollein (Hrsg.), Impressionistinnen. Ausst.-Kat. Schirn-Kunsthalle Frankfurt am Main, Frankfurt am Main 2008, S. 14.
2 Ingrid Pfeiffer, 2008 (s. Anm. 1), S. 19.
3 Jules-Antoine Castagnary, „Exposition du boulevard des Capucines: Les Impressionistes", in: Le Siècle. 29. April 1874, S. 3.

4 Zitiert nach: Johanna Brade, Suzanne Valadon. Vom Modell in Montmartre zur Malerin der klassischen Moderne, Stuttgart und Zürich 1994, S. 55.
5 Zitiert nach: Ingrid Pfeiffer, 2008 (s. Anm.1), S. 18.
6 Zitiert nach: Johanna Brade, 1994 (s. Anm. 4), S. 55.
7 Zitiert nach: Ingrid Pfeiffer, 2008 (s. Anm. 1), S. 16.
8 Zitiert nach: Ingrid Pfeiffer, 2008 (s. Anm. 1), S. 16.
9 Zitiert nach: Sylvie Patry, „‚Etwas festhalten, von dem, was vorüberzieht' – Berthe Morisot und der Impressionismus", in: Ingrid Pfeiffer / Max Hollein (Hrsg.), Impressionistinnen. Ausst.-Kat. Schirn Kunsthalle Frankfurt am Main, Frankfurt am Main 2008, S. 69.
10 Zitiert nach: Sylvie Patry, 2008 (s. Anm. 9), S. 71.
11 Zitiert nach: Ingrid Pfeiffer, 2008 (s. Anm. 1), S. 23.
12 Zitiert nach: Jay Roudebush, Mary Cassatt, München 1982, S. 7.
13 Zitiert nach: Jay Roudebush, 1982 (s. Anm. 12), S. 7.
14 Zitiert nach: Pamela A. Ivinski, „‚Mit einer festen und kräftigen Hand' – Mary Cassatts Techniken und Fragen des Geschlechts", in: Ingrid Pfeiffer / Max Hollein (Hrsg.) Impressionistinnen. Ausst.-Kat. Schirn Kunsthalle Frankfurt/Main, Frankfurt am Main 2008, S. 178.
15 Zitiert nach: Pamela A. Ivinski, 2008 (s. Anm. 14), S. 179.
16 Zitiert nach: Pamela A. Ivinski, 2008 (s. Anm. 14), S. 181.
17 Zitiert nach: Pamela A. Ivinski, 2008 (s. Anm. 14), S. 183.
18 Zitiert nach: Jean-Paul Bouillon, „Marie Bracquemond – Die Dame mit dem Sonnenschirm", in: Ingrid Pfeiffer / Max Hollein (Hrsg.), Impressionistinnen. Ausst.-Kat. Schirn Kunsthalle Frankfurt am Main, Frankfurt am Main 2008, S. 237.
19 Jean-Paul Bouillon, 2008 (s. Anm. 18), S. 242.

Ab nach Paris! Künstlerinnen reisen an die Seine

1 Zitiert nach: Renate Berger, Paula Modersohn-Becker. Paris – Leben wie im Rausch, Bergisch Gladbach 2007, S. 42.
2 Henriette Mendelssohn, Pariser Studientage, zitiert nach: Rainer Stamm, „Zwei Künstlerinnen in Paris. Paula Modersohn-Becker und Jeanne Marie Bruinier an der Académie Colarossi", in: Renate Berger/ Anja Herrmann (Hrsg.), Paris, Paris! Paula Modersohn-Becker und die Künstlerinnen um 1900, Stuttgart 2009, S. 96.

3 Renate Berger / Anja Herrmann (Hrsg.), Paris! Paris! Paula Modersohn-Becker und die Künstlerinnen um 1900, Stuttgart 2009, S. 39–40.
4 Tagebucheintrag vom 17. November 1877, zitiert nach: Colette Cosnier, Marie Bashkirtseff. Ich will alles sein. Ein Leben zwischen Aristokratie und Atelier, Berlin 1985, S. 147.
5 Zitiert nach: Margot Brink, Ich schreibe, also werde ich. Nichtigkeitserfahrung und Selbstschöpfung in den Tagebüchern von Marie Bashkirtseff, Marie Lenéru und Catherine Pozzi, Königstein im Taunus 1999, S. 121.
6 Zitiert nach: Margot Brink, 1999 (s. Anm. 5), S. 87–88.
7 Tagebucheintrag vom 6. Oktober 1877, Zitiert nach: Colette Cosnier 1985 (s. Anm. 4), S. 148.
8 Tagebucheintrag vom 14. November 1877, zitiert nach: Colette Cosnier 1985 (s. Anm. 4), S. 152.
9 Zitiert nach: Colette Cosnier 1985 (s. Anm. 4), S. 227.
10 Brief an die Eltern vom 11. Januar 1900, zitiert nach: Günter Busch / Lieselotte von Reinken (Hrsg.), Paula Modersohn-Becker in Briefen und Tagebüchern, Frankfurt am Main 2007, S. 216.
11 Brief an Otto und Helene Modersohn vom 29. Februar 1900, in: Günter Busch / Lieselotte Reinken (Hrsg.) 2007 (s. Anm. 10), S. 236.
12 Zitiert nach: Renate Berger, 2007 (s. Anm. 1), S. 33.
13 Henriette Mendelssohn, „Pariser Studientage“, zitiert nach: Rainer Stamm, 2009 (s. Anm. 2), S. 99.
14 Annemarie Kirchner-Kruse von Jakimow, „Erinnerungen mit Kommentaren von Martina Padberg“, in: Burkhard Leismann (Hrsg.), Die große Inspiration. Deutsche Künstler in der Académie Matisse, Teil III. Ausst.-Kat. Kunstmuseum Ahlen, Ahlen 2004, S. 158.
15 Henriette Mendelssohn, „Pariser Studientage. Kollegialischer Ratgeber für Malerinnen und solche, die es werden wollen“, in: Kunst für alle, 12. Jg., H. v. 15.2.1897, München, S. 150.
16 Zitiert nach: Helga Gutbrod (Hrsg.), Die Malweiber von Paris. Deutsche Künstlerinnen im Aufbruch. Ausst.-Kat. Edwin Scharff Museum Neu-Ulm, Kunsthalle Jesuitenkirche, Museen der Stadt Aschaffenburg, Kunststätte Bossard Jesteburg, Berlin 2015, S. 32–33.
17 Zitiert nach: Helga Gutbrod, 2015 (s. Anm. 16), S. 41.
18 Zitiert nach: Helga Gutbrod, 2015 (s. Anm. 16), S. 41.
19 Zitiert nach: Helga Gutbrod, 2015 (s. Anm. 16), S. 46.

20 Alexandra von der Knesebeck, „‚… ich habe in München wirklich sehen gelernt.' Eine Künstlerfreundschaft mit der Impressionistin Maria Slavona", in: Hannelore Fischer / Alexandra von der Knesebeck (Hrsg.), „Paris bezaubert mich …" Käthe Kollwitz und die französische Moderne. Ausst.-Kat. Käthe Kollwitz Museum Köln, München 2010, S. 41.
21 Zitiert nach Helga Gutbrod, 2015 (s. Anm. 16), S. 49.
22 Zitiert nach: Ulrike Wolff-Thomas, „Maria Slavona (Lübeck 1865–1931 Berlin)", in: Ulrike Wolff-Thomas / Jörg Paczkowski im Auftrag der Stiftung „Schlösschen im Hofgarten, Wertheim (Hrsg.), Sie sind keine Randnotiz! Käthe Kollwitz und ihre Kolleginnen in der Berliner Secession (1898–1913). Ausst.-Kat. Museum „Schlösschen im Hofgarten", Wertheim, Liebermann-Villa am Wannsee, Heide 2012, S. 129.
23 Zitiert nach: Ulrike Wolff-Thomas, 2012 (s. Anm. 22), S. 131.
24 Zitiert nach Helga Gutbrod, 2015 (s. Anm. 16), S. 55.
25 Zitiert nach: Gora Jain, „‚Aber von da ab zählte ich mit einem Schlag in die vordere Reihe der Künstler.' Käthe Kollwitz (Königsberg 1867–1945 Moritzburg)", in: Ulrike Wolff-Thomas / Jörg Paczkowski im Auftrag der Stiftung „Schlösschen im Hofgarten", Wertheim (Hrsg.), Sie sind keine Randnotiz! Käthe Kollwitz und ihre Kolleginnen in der Berliner Secession (1898-1913). Ausst.-Kat. Museum „Schlösschen im Hofgarten", Wertheim, Liebermann-Villa am Wannsee, Heide 2012, S. 93.

Gemeinsam statt einsam – Künstler*innenpaare in Paris

1 Zitiert nach: Renate Berger, Malerinnen auf dem Weg ins 20. Jahrhundert. Kunstgeschichte als Sozialgeschichte, Köln 1982, S. 67.
2 Zitiert nach: Renate Berger, 1982 (s. Anm. 1), S. 68.
3 Karl Scheffler, Die Frau und die Kunst. Eine Studie von Karl Scheffler, Berlin 1908, S. 42.
4 Zitiert nach: Clemens Weiler (Hrsg.), Marianne Werefkin. Briefe an einen Unbekannten 1901–1905, Köln 1960, S. 50.
5 Simplicissimus 6 (1901), Heft 15, S. 117, zitiert nach: Helga Gutbrod (Hrsg.), Die Malweiber von Paris. Deutsche Künstlerinnen im Aufbruch. Ausst.-Kat. Edwin Scharff Museum Neu-Ulm, Kunsthalle Jesuitenkirche, Museen der Stadt Aschaffenburg, Kunststätte Bossard Jesteburg, Berlin 2015, S. 14.

6 Zitiert nach: Gunna Wendt, Clara & Paula. Zwei Freundinnen und Künstlerinnen, Hamburg und Wien 2002, S. 18.
7 Zitiert nach: Gunna Wendt, 2002 (s. Anm. 6), S. 18.
8 Zitiert nach: Gunna Wendt, 2002 (s. Anm. 6), S. 19.
9 Zitiert nach: Gunna Wendt, 2002 (s. Anm. 6), S. 27.
10 Brief an die Mutter vom 10. November 1899, in: Günter Busch / Liselotte von Reinken (Hrsg.), Paula Modersohn-Becker in Briefen und Tagebüchern, revidierte und erweiterte Auflage von Wolfgang Werner im Auftrag der Paula Modersohn-Becker-Stiftung, 22007, S. 197.
11 Zitiert nach: Rainer Stamm, „Ein kurzes intensives Fest". Paula Modersohn-Becker. Eine Biografie, Ditzingen 2007, S. 19.
12 Zitiert nach: Gunna Wendt, 2002 (s. Anm. 6), S. 82.
13 Zitiert nach: Rainer Stamm, „Zwei Künstlerinnen in Paris. Paula Modersohn-Becker und Jeanne Marie Bruinier an der Académie Colarossi", in: Renate Berger / Anja Herrmann (Hrsg.), Paris, Paris! Paula Modersohn-Becker und die Künstlerinnen um 1900, Stuttgart 2009, S. 100.
14 Paula Becker an Otto und Helene Moderson, Brief vom 17.1.1900, zitiert nach: Günter Busch / Liselotte von Reinken (Hrsg.), 2007 (s. Anm. 10), S. 219.
15 Zitiert nach: Renate Berger, Paula Modersohn-Becker. Paris – Leben wie im Rausch, Bergisch Gladbach 2007, S. 62.
16 Zitiert nach: Renate Berger, 2007 (s. Anm. 15), S. 56.
17 Christa Murken-Altrogge, Paula Modersohn-Becker, Köln ^{2}1993, S. 33.
18 Zitiert nach: Barbara Beuys, Paula Modersohn-Becker oder: Wenn die Kunst das Leben ist, München 2007, S. 156.
19 Zitiert nach: Barbara Beuys, 2007 (s. Anm. 18), S. 187.
20 Zitiert nach: Barbara Beuys, 2007 (s. Anm. 18), S. 191.
21 Rainer Maria Rilke, Brief an Franz Xaver Kappus, Rom, 14. Mai 1904, zitiert nach: Renate Berger, 2007 (s. Anm. 15), S. 92.
22 Marina Bohlmann-Modersohn, Clara Rilke-Westhoff. Eine Biografie, München 2015, S. 164.
23 Zitiert nach: Marina Bohlmann-Modersohn, 2015 (s. Anm. 22), S. 182.
24 Zitiert nach: Marina Bohlmann-Modersohn, 2015 (s. Anm. 21), S. 194.
25 Zitiert nach: Renate Berger, 2007 (s. Anm. 14), S. 150.
26 Zitiert nach: Barbara Beuys, 2007 (s. Anm. 17), S. 241.
27 Zitiert nach: Barbara Beuys, 2007 (s. Anm. 17), S. 241.

28 Zitiert nach: Marina Bohlmann-Modersohn, 2015 (s. Anm. 22), S. 199.
29 Zitiert nach: Renate Berger, 2007 (s. Anm. 15), S. 205.
30 Doris Hansmann, „‚Hier müllerte sie im Akte …‘ Der Selbstakt zwischen künstlerischer Tradition und Nacktkultur“, in: Renate Berger / Anja Herrmann (Hrsg.), Paris! Paris! Paula Modersohn-Becker und die Künstlerinnen um 1900, Stuttgart 2009, S. 110–111.
31 Zitiert nach: Renate Berger, 2007 (s. Anm. 15), S. 231.
32 Zitiert nach: Renate Berger, 2007 (s. Anm. 15), S. 253.
33 Maria Leitmeyer, „Mathilde Vollmoeller-Purrmann und ihre Weggefährtinnen Sabine Lepsius, Marg Moll und Maria Slavona“, in: Ines Zinsch (Hrsg.), Mathilde Vollmoeller-Purrmann (1876–1943), Berlin – Paris – Berlin. Ausst.-Kat. Kunstforum der Berliner Volksbank, Berlin 2010, S. 12.
34 Zitiert nach: Maria Leitmeyer, „Lebensbilder einer Malerin. Mathilde Vollmoeller-Purrmann, das Werk“, in: Adolf Leisen / Maria Leitmeyer / Jürgen Vordesteman (Hrsg.), Mathilde Vollmoeller-Purrmann (1876–1943). Lebensbilder einer Malerin, zweite aktualisierte Ausgabe des Katalogbuchs, Speyer 2009, S. 29.
35 Pariser Zeitung, 20. Mai 1911, zitiert nach: Maria Leitmeyer, 2010 (s. Anm. 33), S. 14.
36 Zitiert nach: Maria Leitmeyer, 2009 (s. Anm. 34), S. 130.
37 Gerhard Leisten, „Oskar und Marg Moll. Ein großbürgerliches Künstlerehepaar zwischen wilhelminischer Ära und nationalsozialistischer Diktatur“, in: Felix Billeter / Maria Leitmeyer (Hrsg.), Künstlerpaare der Moderne. Hans Purrmann und Mathilde Vollmoeller-Purrmann im Diskurs, Berlin und München 2021, S. 49–67.
38 Zitiert nach: Anne Stegat, „Wie glücklich macht Verzicht? ‚Es war ein öder Winter vis-à-vis von Deinem leeren Stuhle‘“, in: Adolf Leisen / Maria Leitmeyer / Jürgen Vorderstemann (Hrsg.), 2009 (s. Anm. 34), S. 140.
39 Annemarie Kruse-von Jakimow, „Erinnerungen. Mit Kommentaren von Martina Padberg“, in: Burkhard Keismann (Hrsg.), Die Große Inspiration. Deutsche Künstler in der Académie Matisse, Teil III. Ausst.-Kat. Kunst-Museum Ahlen, Ahlen 2004, S. 159.
40 Annemarie Kruse-von Jakimow, 2004 (s. Anm. 39), S. 159.

Wie werde ich Künstlerin? – Neue Wege zur Professionalisierung

1 Stadtarchiv München, Münchner Abendzeitung vom 6. Dez. 1926.
2 Yvette Deseyve, Der Künstlerinnen-Verein München e.V. und seine Damen-Akademie. Eine Studie zur Ausbildungssituation von Künstlerinnen im späten 19. und frühen 20. Jahrhundert, München 2005, S. 60.
3 Carla Heussler, „Sally Wiest", in: AKL, Bd. 116, Berlin und Boston 2022, S. 214–215.
4 Edith Neumann, Künstlerinnen in Württemberg. Zur Geschichte des Württembergischen Malerinnen-Vereins und des Bundes Bildender Künstlerinnen Württembergs, Bd. 1, Stuttgart 1999, S. 54.
5 Zitiert nach: Edith Neumann, 1999 (s. Anm. 4), S. 109.
6 Monika Machnicki, „Anna Peters 1843–1926", in: Stadt Biberach an der Riß (Hrsg.). Ausst.-Kat. Anna Peters 1843–1926, Biberach an der Riß 1990, S. 11.
7 Schwäbischer Merkur vom 26. Oktober 1927, zitiert nach: Edith Neumann, 1999 (s. Anm. 4), S. 102.
8 Zitiert nach: Edith Neumann, 1999 (s. Anm. 4), Bd. 2, S. 78.
9 Zitiert nach: Carla Heussler, „‚Reif in der farbigen und linearen Harmonie' – Maria Foell", in: Ulrich Röthke / Verena Faber / Christine Litz (Hrsg.), Im Laboratorium der Moderne. Hölzel und sein Kreis. Ausst.-Kat. Augustinermuseum Freiburg im Breisgau, Petersberg 2017, S. 87.
10 Sigrid Gensichen, „Maria Hiller-Foell und Luise Deicher. Nicht nur Hölzel-Schülerinnen", in: Carla Heussler / Christoph Wagner (Hrsg.), Stuttgarter Kunstgeschichten. Von den schwäbischen Expressionisten bis zur Stuttgarter Avantgarde, Stuttgart 2022, S. 200.
11 Tanja Wolf, „Keinem Menschen werden die Wege geebnet", in: Kristina Kraemer / Tanja Wolf (Hrsg.), Luise Deicher. Eine Malerin auf Achse, Begleitbroschüre zur Ausstellung im Haus der Stadtgeschichte Waiblingen, Waiblingen 2020, S. 16–26.
12 Carla Heussler, „Von da nach Barcelona, in die schöne Stadt am Meer, sehr viel Leben, eine prachtvolle Palmenallee, sehr großer Hafen, nebenstehendes Bild gemalt", in: Kristina Kraemer / Tanja Wolf (Hrsg.), Luise Deicher. Eine Malerin auf Achse, Begleitbroschüre zur Ausstellung im Haus der Stadtgeschichte Waiblingen, Waiblingen 2020, S. 12.

13 Zitiert nach: Antonia Voit, „Die Freskomalerin widmet ihr Leben ganz der Kunst“, in: Antonia Voit (Hrsg.), Ab nach München!. Ausst.-Kat. Stadtmuseum München, München 2014, S. 55.
14 David Koch, „Das christliche Leben von der Wiege bis zum Grabe. Chorfresken in der Christuskirche zu Schwabing von Linda Kögel in München“, in: Christliches Kunstblatt für Kirche, Schule und Haus, 48 (1906), S. 12.
15 Zitiert nach: Carla Heussler, „Käte Schaller-Härlin und die Monumentalmalerei im deutschen Südwesten“, in: Veronike Mertens (Hrsg.), Frühling im Südwesten – Neuer Stil um 1900. Ausst.-Kat. Städtische Galerie Albstadt, Albstadt 2013, S. 176.
16 Zitiert nach: Carla Heussler, Zwischen Avantgarde und Tradition. Die Malerin Käte Schaller-Härlin, Stuttgart 2017, S. 62.

Never walk alone – Stark in der Gemeinschaft

1 Edith Neumann, Künstlerinnen in Württemberg. Zur Geschichte des Württembergischen Malerinnen-Vereins und des Bundes Bildender Künstlerinnen Württembergs, Stuttgart 1999, S. 54.
2 Zitiert nach: Veronika Mertens, „Zwischen Industrie und Schlüsselblumen. Neuer Stil um 1900 – Auf der Alp und in Europa“, in: Veronika Mertens (Hrsg.), Frühling im Südwesten. Neuer Stil um 1900. Ausst.-Kat. Städtische Galerie Albstadt, Albstadt 2013, S. 19, Fußnote 25.
3 Carla Heussler, „‚Malen war ihr ein Fest‘. Maria Caspar-Filser“, in: Jutta Hülsewig-Johnen / Henrike Mund (Hrsg.), Einfühlung und Abstraktion. Die Moderne der Frauen in Deutschland. Ausst.-Kat. Kunsthalle Bielefeld, Bielefeld 2015, S. 127–129.
4 Zitiert nach: Brigitte Roßbeck, Marianne von Werefkin. Die Russin aus dem Kreis des Blauen Reiters, München 2010, S. 47.
5 Zitiert nach: Brigitte Roßbeck, 2010 (s. Anm. 4), S. 50.
6 Zitiert nach: Brigitte Roßbeck, 2010 (s. Anm. 4), S. 50.
7 Zitiert nach: Annegret Hoberg, Gabriele Münter, Köln 2017, S. 35.
8 Annegret Hoberg, Maria Marc 1876–1955. Leben und Werk. Ausst.-Kat. Städtische Galerie im Lenbachhaus München, München 1995, S. 11.
9 Zitiert nach: Annegret Hoberg, 1995 (s. Anm. 8), S. 68.
10 Zitiert nach: Karolin Hille, Gabriele Münter. Die Künstlerin mit der Zauberhand, Köln 2012, S. 154.

Neue Frau und neue Freiheit – Künstlerinnen der „goldenen“ 1920er-Jahre

1 Alexandra Kollontai, Die neue Moral und die Arbeiterklasse (1918), Berlin 1920, S. 7.
2 Zitiert nach: Hans Arp, Unsern täglichen Traum. Erinnerungen, Dichtungen und Betrachtungen aus den Jahren 1914–1954, Zürich 1955, S. 73.
3 Zitiert nach: Barbara Schaefer / Andreas Blühm (Hrsg.), Künstlerpaare. Liebe. Kunst und Leidenschaft. Ausst.-Kat. Wallraf-Richartz-Museum, Köln 2008, S. 224.
4 Zitiert nach: Cara Schweitzer, Schrankenlose Freiheit für Hannah Höch. Das Leben einer Künstlerin 1889–1978, Berlin 2011. S. 14.
5 Zitiert nach: Hanne Bergius, Das Lachen Dadas. Die Berliner Dadaisten und ihre Aktionen, Gießen 1989, S. 137.
6 Zitiert nach: Ulrike Müller, bauhaus frauen. Meisterinnen in Kunst, Handwerk und Design, München 2019, S. 21.
7 Ulrike Müller, „gunta stölzl“, in: Ulrike Müller (Hrsg.), 2019 (s. Anm. 6), S. 38.
8 Volker Wahl (Hrsg.), Die Meisterratsprotokolle des Staatlichen Bauhauses Weimar 1919 bis 1925, Weimar 2001, S. 291.
9 Carla Heussler, „Anny Wottitz“, in: AKL, 117, Berlin/Boston 2022, S. 224–225.
10 Zitiert nach: Anke Blüm / Patrick Rössler (Hrsg.), Vergessene Bauhaus-Frauen. Lebensschicksale in den 1930er und 1940er Jahren, Weimar 2021, S. 38.
11 Miriam-Esther Owesle, „Dodo. Von kunstseidenen Mädchen und verführerischen Vamps“, in: Kultur- und Sportamt Bietigheim-Bissingen (Hrsg.), Die neue Frau? Malerinnen und Grafikerinnen der Neuen Sachlichkeit. Ausst.-Kat. Städtische Galerie Bietigheim-Bissingen, Bietigheim-Bissingen 2015, S. 46–59.
12 Zitiert nach: Ingrid von der Dollen, Lotte Lesehr-Schneider 1908–2003. Vom Wesen des Menschlichen. Malerei und Grafik, Biberach 2008, S. 43.
13 Georg und Hildegard Reinhardt, „Biografie“, in: Im Malstrom des Lebens versunken … Elfriede Lohse-Wächtler 1899–1940. Leben und Werk, Köln 1996, S. 21.

14 Zitiert nach: Georg Reinhardt (Hrsg.), Im Malstrom des Lebens versunken … Elfriede Lohse-Wächtler 1899–1940. Leben und Werk, Köln 1996, S. 24.
15 Zitiert nach: Verena Borgmann, „Elfriede Lohse-Wächtler: ‚Ich allein weiß, wer ich bin'", in: Kultur- und Sportamt Bietigheim-Bissingen (Hrsg.), Die neue Frau? Malerinnen und Grafikerinnen der Neuen Sachlichkeit. Ausst. Kat. Städtische Galerie Bietigheim-Bissingen, Bietigheim-Bissingen 2015, S. 98.
16 Zitiert nach: Hildegard und Georg Reinhardt, 1996 (s. Anm. 12), S. 34.
17 Zitiert nach: Hildegard und Georg Reinhardt, 1996 (s. Anm. 12), S. 34.
18 Lydia Böhmert / Förderverein der Jeanne Mammen Stiftung e.V. Berlin (Hrsg.), Jeanne Mammen, Paris Bruxelles Berlin, Berlin und München 2016, S. 202.
19 Zitiert nach: Cristjane Mohringer, „‚Denk' Dir gestern Vormittag hatte ich Malstunde!!' Leben und Werk von Margarete Oehm", in: Carla Heussler / Christoph Wagner (Hrsg.), Stuttgarter Kunstgeschichten. Von den schwäbischen Impressionisten bis zur Stuttgarter Avantgarde, Stuttgart 2022, S. 261.
20 Cristjane Mohringer 2022 (s. Anm. 18), S. 262.

Verfemt, verfolgt, ermordet – Tragische Schicksale im Nationalsozialismus

1 Ingrid von der Dollen, Malerinnen im 20. Jahrhundert, Bildkunst der „verschollenen Generation". Geburtsjahrgänge 1819–1910, München 2000, S. 9.
2 Beate Reese, „Mit den Augen einer Frau – Emy Roeder (1890–1971)", in: Ottilie W. Roederstein / Emy Roeder / Maria von Heider-Schweinitz (Hrsg.), Künstlerin sein! Ottilie W. Roederstein. Emy Roeder. Maria von Heider-Schweinitz. Ausst.-Kat. Museum Giersch in Frankfurt am Main, Petersberg 2013, S. 80.
3 Beate Reese, 2013 (s. Anm. 2), S. 80.
4 Edith Neumann, „Formen der Landschaft. Die Malerin Käthe Loewenthal", in: Anne Sibylle Schwetter / Kathrin Ehrlich (Hrsg.), Die Malerin Käthe Loewenthal und ihre Schwestern. Drei deutsch-jüdische Schicksale. Ausst.-Kat. Felix-Nussbaum-Haus Osnabrück, Ankum 2009, S. 11.
5 Kai Artinger / Ulrike Groos, Das Kunstmuseum Stuttgart im Nationalsozialismus. Der Traum vom Museum „schwäbischer Kunst".

Ausst.-Kat. Kunstmuseum Stuttgart, Stuttgart 2020, S. 245–255: Restitutionsfall I: Spargelstillleben von Käthe Loewenthal.

6 Corinna Steimel, „Alice Haarburger und Käthe Loewenthal. Zwei Vorreiterinnen des akademischen Frauenkunststudiums", in: Carla Heussler / Christoph Wagner (Hrsg.), Stuttgarter Kunstgeschichten. Von den schwäbischen Impressionisten bis zur Stuttgarter Avantgarde, Regensburg 2022, S. 216.

7 Hans Hildebrandt, Die Frau als Künstlerin. Mit 337 Abbildungen nach Frauenarbeiten Bildender Kunst von den frühesten Zeiten bis zur Gegenwart, Stuttgart 1928, S. 8.

8 Hans Hildebrandt, 1928 (s. Anm. 7), S. 8.

9 Hans Hildebrandt, 1928 (s. Anm. 7), S. 12.

10 Hans Hildebrandt, 1928 (s. Anm. 7), S. 33.

11 Hans Hildebrandt, 1928 (s. Anm. 7), S. 34.

12 Hans Hildebrandt, 1928 (s. Anm. 7), S. 34–35.

13 Hans Hildebrandt, 1928 (s. Anm. 7), S. 108–109.

14 Norbert Becker / Katja Nagel im Auftrag des Rektorats der Universität Stuttgart (Hrsg.), Verfolgung und Entrechtung an der Technischen Hochschule während der NS-Zeit, Stuttgart 2017, S. 281.

15 Anna Carola Krause, Lotte Laserstein. Meine einzige Wirklichkeit, München 2022, S. 22.

16 Zitiert nach: Anna Carola Krause, 2022 (s. Anm. 15), S. 135.

17 Zitiert nach: Barbara Nierhoff-Wielk, „Lea Grundig ‚Kunst des aufgerüttelten Gewissens'", in: Kultur- und Sportamt Bietigheim-Bissingen (Hrsg.), Die neue Frau? Malerinnen und Grafikerinnen der Neuen Sachlichkeit. Ausst.-Kat. Städtische Galerie Bietigheim-Bissingen, Bietigheim-Bissingen 2015, S. 61.

18 Hans Dieter Huber, „Die Sehnsucht nach der Kunst. Ida Kerkovius und ihre Stuttgarter Kreise", in: Ingrid Mössinger (Hrsg.), erarbeitet von Gesa Jürß, Ida Kerkovius „Meine Welt ist die Farbe". Ausst.-Kat. Kunstsammlungen Chemnitz, Chemnitz 2014, S. 21.

19 Regine Nothacker, „Ida Kerkovius. Farben, Formen und Linien treffen auf ‚Zeichen der Welt'", in: Carla Heussler / Christoph Wagner (Hrsg.), Stuttgarter Kunstgeschichten. Von den schwäbischen Impressionisten bis zur Stuttgarter Avantgarde, Regensburg 2022, S. 182–183.

20 Iris Cramer, „Weben als Experiment. Ida Kerkovius am Bauhaus in Weimar", in: Gerhard Leistner (Hrsg.), Ida Kerkovius (1879–1970).

Retrospektive. Ausst.-Kat. Museum Ostdeutsche Galerie Regensburg und Museum für ausländische Kunst Lettlands, Regensburg 2001, S. 40.

21 Zitiert nach Iris Cramer 2001 (s. Anm. 20), S. 43.

22 Gesa Jürß, „Ida Kerkovius. Eine Künstlerbiografie", in: Ingrid Mössinger (Hrsg.), erarbeitet von Gesa Jürß, Ida Kerkovius „Meine Welt ist die Farbe". Ausst.-Kat. Kunstsammlungen Chemnitz, Chemnitz 2014, S. 15.

23 Zitiert nach: Maike Bruhns, „Anita Rée – Werk und Leben in Stationen", in: Maike Bruhns in Zusammenarbeit mit Karin Schick / Sophia Colditz / Hamburger Kunsthalle (Hrsg.), Anita Rée. Das Werk, München 2018, S. 75.

24 Zur Auftragsgeschichte siehe: Maike Bruhns, Anita Rée. Leben und Werk einer Hamburger Malerin 1885–1933, Hamburg 1986.

25 Zitiert nach: Ilka Wonschik, „Es war wohl ein anderer Stern, auf dem wir lebten …" Künstlerinnen in Theresienstadt, Leipzig 2014, S 75.

26 Ilka Wonschik, 2014 (s. Anm. 25), S. 76.

27 Zitiert nach: Ella Liebermann-Shiber, Erinnerungen. Texte und Zeichnungen einer Holocaust-Überlebenden im Kontext ihres Lebens und Gesamtwerks, Neulingen 2022, S. 17.

Neue Formen – Neue Zeiten: Künstlerinnen nach dem Zweiten Weltkrieg

1 Zitiert nach: Flavia Frigeri, Frauen in der Kunst, Zürich 2021, S. 76.

2 Jeremy Lewison / Dirk Luckow (Hrsg.), Alice Neel. Painter of a Modern Life. Ausst.-Kat. Deichtorhallen Hamburg, Ostfildern 2016, S. 192.

3 Flavia Frigeri, 2021 (s. Anm. 1), S. 79.

4 Zitiert nach: Raimar Stange, „Germaine Richier – Bewegung im Stillstand", in: Uta Grosenick (Hrsg.), Women artists. Künstlerinnen im 20. und 21. Jahrhundert, Köln 2005, S. 273.

5 Zitiert nach Barbara Hess / Uta Grosenick (Hrsg.), Abstrakter Expressionismus, Köln 2016, S. 15.

6 Zitiert nach: Eleanor Nairne / Ilka Voermann (Hrsg.), Lee Krasner. Ausst.-Kat. Barbican Art Gallery, London, Schirn Kunsthalle Frankfurt am Main, Zentrum Paul Klee, Bern, Guggenheim Museum Bilbao, München 2019, S. 192.

7 Zitiert nach: Barbara Hess / Uta Grosenick (Hrsg.), 2016 (s. Anm. 4), S. 54.

8 Angela Stief, „Schillernde Amazonen. Freiheit, Abstraktion und expressiver Ausdruck von Künstlerinnen", in: Klaus Albrecht Schröder/ Angela Stief (Hrsg.), Ways of Freedom. Von Jackson Pollock bis Maria Lassnig. Ausst.-Kat. Albertina modern Wien, Wien 2022, S. 129.

9 Isabelle Graw, Die bessere Hälfte, Künstlerinnen des 20. und 21. Jahrhunderts, Köln 2003, S. 111–113.

10 Zitiert nach: Isabelle Graw, 2003 (s. Anm. 8), S. 113.

11 Angela Stief, „Elaine de Kooning", in: Klaus Albrecht Schröder / Angela Stief (Hrsg.), Ways of Freedom. Von Jackson Pollock bis Maria Lassnig. Ausst.-Kat. Albertina modern Wien, Wien 2022, S. 255.

12 Belinda Grace Gardner, „Helen Frankenthaler", in: Klaus Albrecht Schröder / Angela Stief (Hrsg.), Ways of Freedom. Von Jackson Pollock bis Maria Lassnig. Ausst.-Kat. Albertina modern Wien, Wien 2022, S. 256.

13 Hans Pietsch, „Die Schöne gegen das Establishment", in: art – das Kunstmagazin (2013), S. 78.

14 Martin Walkner, „Niki De Saint Phalle", in: Angela Stief (Hrsg.), POWER UP – Female Pop Art. Ausst.-Kat. Kunsthalle Wien, Phoenix Art Hamburg, Städtische Galerie Bietigheim-Bissingen, Köln 2010, S. 97.

15 Zitiert nach: Carla Schulz-Hoffmann (Hrsg.), Nike de Saint Phalle, Bilder – Figuren – Phantastische Gärten. Ausst.-Kat. Kunsthalle der Hypo-Kulturstiftung, München 1998, S. 8.

16 Niki de Saint Phalle in einem Brief an Pontus Hultén, in: Hultén Pontus (Hrsg.), Niki de Saint Phalle (anlässlich der Ausstellung Niki de Saint Phalle vom 19. Juni bis 1. November 1992 in der Kunst- und Ausstellungshalle der Bundesrepublik Deutschland in Bonn), Konferenzschrift. Ostfildern 1992, Neuauflage 1995, S. 148.

17 Zitiert nach: Beat Wismer, „Verena Loewensberg. Über das Konkrete hinaus", in: Ulrike Groos / Eva-Marina Froitzheim (Hrsg.), zwischen system & intuition. Konkrete Künstlerinnen. Ausst.-Kat. Kunstmuseum Stuttgart, Köln 2021, S. 64.

18 Zitiert nach Eva-Marina Froitzheim und Tina Weingart, „Geneviève Claisse. Intuition als Basis geometrischer Abstraktion", in: Ulrike Groos / Eva-Marina Froitzheim (Hrsg.), 2021 (s. Anm. 9), S. 93.

Kunst ohne Malerei – Künstlerinnern erobern die Kunstwelt

1 Zitiert nach: Henrike Mund, „Malerei statt neuer Medien, Malerinnen in Deutschland nach 1945“, in: Jutta Hülsewig-Johnen / Henrike Mund (Hrsg.), Einfühlung und Abstraktion. Die Moderne der Frauen. Ausst.-Kat. Kunsthalle Bielefeld, Bielefeld 2015, S. 201.

2 Zitiert nach: Henrike Mund, 2015 (s. Anm. 1), S. 201.

3 Ilka Becker, „Yoko Ono. On Stage with Yoko“, in: Uta Grosenick (Hrsg.), Women artists. Künstlerinnen im 20. und 21. Jahrhundert, Köln u. a. 2005, S. 250.

4 Judy Chicago / Christoph Vitali / Kulturgesellschaft Frankfurt (Hrsg.), Judy Chicago The Dinner Party. Ausst.-Kat. Schirn Kunsthalle Frankfurt am Main, Frankfurt am Main 1987, S. 16.

5 Judy Chicago, Durch die Blume. Meine Kämpfe als Künstlerin, Hamburg 1984, S. 73.

6 Judy Chicago, 1984 (s. Anm. 4), S. 106.

7 Judy Chicago, 1984 (s. Anm. 4), S. 114.

8 Karin Thomas, Kunst in Deutschland seit 1945, Köln 2002, S. 259.

9 Verena Kuni, „Variationen auf den Magier-Alchimisten. Rebecca Horns Mythenbildung in Produktion und Rezeption“, in: Katharina Hoffmann-Curtius / Silke Wenk (Hrsg.), Mythen von Autorschaft und Weiblichkeit im 20. Jahrhundert, Marburg 1997, S. 161.

10 Zitiert nach: Karin Thomas, 2002 (s. Anm. 7), S. 260.

11 Zitiert nach: Barbara Hess, „Valie Export“, in: Uta Grosenick (Hrsg.), Women artists. Künstlerinnen im 20. und 21. Jahrhundert, Köln u. a. 2005, S. 76.

12 Mechthild Widrich, „Valie Export. Körperkino“, in: Gabriele Schor (Hrsg.), Feministische Avantgarde. Kunst der 70er-Jahre aus der Sammlung VERBUND Wien. Ausst.-Kat. Galleria Nazionale d’Arte Moderna, Rom, Circulo de Bellas Artes, Madrid, BOZAR, Palais des Beaux-Arts des Bruxelles, Mjellby Konstmuseum, Halmstadt, München u. a. 2010, S. 167.

13 „Valie Export“, in: wikipedia, https://de.wikipedia.org/wiki/Valie_Export#Aktionshose:_Genitalpanik (abgerufen am 20. Juli 2023).

14 Petra Löffler, „Marina Abromović. Body Materian“, in: Uta Grosenick (Hrsg.), Women artists. Künstlerinnen im 20. und 21. Jahrhundert, Köln u. a. 2005, S. 16–21.

15 Ulrike Lehmann, „Nan Goldin ‚Ich fotografiere direkt aus meinem Leben'", in: Uta Grosenick (Hrsg.), Women artists. Künstlerinnen im 20. und 21. Jahrhundert, Köln u. a. 2005, S. 108–111.
16 Rineke Dijkstra – Interview „Es geht immer um Erkenntnis" – Kunst-art-magazin.de (abgerufen am 20. Juli 2023).
17 Ulrike Lehmann, „Pippilotti Rist", in: Uta Grosenick (Hrsg.), Women artists, Künstlerinnen des 20. und 21. Jahrhunderts, Köln u. a., 2005, S. 283.

Schöne neue Welt – Gleichberechtigung in der Kunst?!

1 Raimar Stange, „Elisabeth Peyton. Star-Kult(ur) – Star-Cult(ur)", in: Uta Grosenick (Hrsg.), Women artists. Künstlerinnen im 20. und 21. Jahrhundert, Köln u. a. 2005, S. 262.
2 Zitiert nach: Raimar, Stange, 2005 (s. Anm. 1), S. 265.
3 Julia Voss, „Gespräch mit Karin Kneffel in ihrem Atelier in Düsseldorf", in: Kunsthalle Bremen, Stiftung Frieder Burda (Hrsg.), Karin Kneffel, still. Ausst.-Kat. Kunsthalle Bremen, Museum Frieder Burda Baden-Baden 2019, S. 85.
4 Julia Voss, 2019 (s. Anm. 2), S. 87–88.
5 Julia Voss, 2019 (s. Anm. 2), S. 88.
6 Katharina Grosse im Interview, Handelsblatt, 02.09.2021, online unter https://www.handelsblatt.com/arts_und_style/kunstmarkt/interview-katharina-grosse-die-geschichtsschreibung-bildet-die-kreativitaet-von-frauen-nicht-ab/27571934.html (abgerufen am 20. Juli 2023).
7 Anna Witt im Gespräch mit Kathrin Luz, in: Lutz Caspar und Landesbank Baden-Württemberg (Hrsg.), Jetzt oder nie. 50 Jahre Sammlung LBBW, Kunst für ein neues Millennium, Baden-Württemberg, Berlin 2021, S. 157.
8 Damla Arican, „Mit Karl Marx kannst du dir auch nichts kaufen. Laura Schawelka", in: Passe-Avant, 01.03.2019, https://passe-avant.net/reviews/mit-karl-marx-kannst-du-dir-auch-nichts-kaufen (abgerufen am 20. Juli 2023).
9 Carla Heussler, „Moderne Interieurs. Blick hinter die Kulissen", in: Alessia Schuth (Hrsg.), behind the window, Weil der Stadt 2021, S. 2–7.
10 Alina Grehl / Stiftung Kunstmuseum Stuttgart GmbH (Hrsg.), Frischzelle_29. Hannah J. Kohler. Ausst.-Kat. Kunstmuseum Stuttgart, Stuttgart 2022, 1–3.

LITERATURVERZEICHNIS

Allgemeine Literatur

Behling, Katja / Manigold, Anke, Die Malweiber. Unerschrockene Künstlerinnen um 1900, München 2009.

Berger, Renate (Hrsg.), „Und ich sehe nichts als die Malerei". Autobiographische Texte von Künstlerinnen des 18.–20. Jahrhunderts, Frankfurt am Main 1987.

Berger, Renate, Malerinnen auf dem Weg ins 20. Jahrhundert. Kunstgeschichte als Sozialgeschichte. Köln 1982.

Fischer, Theodora im Auftrag der Foundation Beyeler (Hrsg.), Close-up. Ausst.-Kat. Foundation Beyeler, Basel 2021.

Greer, Germaine, Das unterdrückte Talent. Die Rolle der Frauen in der bildenden Kunst, Berlin und Frankfurt am Main 1990.

Halbe-Bauer, Ulrike / Neumeister-Taroni, Brigitta, Ich mache es auf meine Art. Bedeutende Künstlerinnen, Stuttgart 2011.

Hildebrandt, Hans, Die Frau als Künstlerin, Stuttgart 1928.

Mackenroth, Janine / Kennedy, Bianca, I love women in art. Frauen im Kunstbetrieb, in Galerien, Museen, Sammlungen und weiteren Institutionen stellen 100 Kunstwerke von Künstlerinnen in Deutschland vor, München 2020.

Einleitung

Breitling, Gisela, Die Spuren des Schiffs in den Wellen, Frankfurt am Main 1986.

Chicago, Judy, Durch die Blume. Meine Kämpfe als Künstlerin, Hamburg 1984.

Eiden, Maximilian / Oßwald, Martin im Auftrag des Landkreises Ravensburg – Schloss Achberg (Hrsg.), entfesselt! Malerinnen der Gegenwart. Ausst.-Kat. Schloss Achberg, Ravensburg 2017.

www. https://wikipedia.org/wiki/Frauen_in_der_Kunst (abgerufen am 5.6.2023).

Kloster oder Familie – Künstlerinnen in Renaissance, Barock und Rokoko

Buffa, Paolo (Hrsg.), Sofonisba Anguissola e le sue sorelle. Ausst.-Kat. Cremona, Centro Culturale „Città di Cremona“ Santa Maria della Pietà, Wien, Kunsthistorisches Museum, Gemäldegalerie, Washington, The National Museum of Women in the Arts, Mailand 1994.

Ferino-Pagden, Sylvia, La prima donna pittrice Sofonisba Anguissola. Die Malerin der Renaissance (um 1535–1625) Cremona, Madrid, Genua, Palermo. Ausst.-Kat. Kunsthistorisches Museum Wien, Wien 1995.

Gagel, Hanna, „Sofonisba Anguissola (ca. 1535–1625)“, in: Irmgard Osols-Wehden (Hrsg.), Frauen der italienischen Renaissance, Darmstadt 1999, S. 145–161.

Henning, Andreas / Marx, Harald, Das Kabinett der Rosalba. Rosalba Carriera und die Pastelle in der Dresdner Gemäldegalerie Alter Meister, München und Berlin 2007.

Kusche, Maria, „Sofonisba Anguissola – Leben und Werk“, in: Ferino-Pagden, Sylvia, La prima donna pittrice Sofonisba Anguissola. Die Malerin der Renaissance (um 1535–1625) Cremona, Madrid, Genua, Palermo. Ausst.-Kat. Kunsthistorisches Museum Wien, Wien 1995, 23–57.

Lutz, Dagmar, Artemisia Gentileschi. Leben und Werk, Stuttgart 2011.

Oberer, Angela, The Life and Work of Rosalba Carriera (1673–1757). The Queen of Pastell, Amsterdam 2020.

Malvasia, Carlo Cesare, Felsina Pettrice, Bd. 1, Bologna 1678.

Mancoff, Debra N., Frauen, die die Kunst veränderten, München 2012.

Modesti, Adelina, Elisabetta Sirani Virtuosa. Women's Cultural Production in Early Modern Bologna, Turnhout 2014.

Müller Hofstede, Ulrike, „Lavinia Fontana“, in: Irmgard Osols-Wehden (Hrsg.), Frauen der italienischen Renaissance, Darmstadt 1999, S. 163–177.

Navarro, Fausta, „Suor Plautilla Nelli „dipintor“ for Saint Catherine de' Ricci between Florence and Prato“, in: Fausta Navarro (Hrsg.), Plautilla Nelli. Art and Devotion in Savonarola's Footsteps. Ausst.-Kat. Galleria degli Uffizi, Florenz 2017, S. 34–59.

Nicholson, Elisabeth S. G. (Hrsg.), Italian Women Artists from Renaissance to Baroque. Ausst.-Kat. National Museum of Women in the Arts Washington DC, Washington 2007.

Roberts, Ann, „Plautilla Nelli's Last Supper and the Tradition of Dominican Refectory Decorations“, in: Jonathan K. Nelsen (Hrsg.), Suor Plautilla Nelli (1523–1588). The First Woman Painter of Florence, Proceedings of the Symposium Florence – Fiesole May 27, 1998, Florenz 2000, S. 72–87.

Stolzenwald, Susanna, Artemisia Gentileschi. Bindung und Befreiung im Leben und Werk einer Malerin, Stuttgart und Zürich 1991.

Turill Lupi, Catharine, „Reviewing the Life and Literature of Plautilla Nelli“, in: Fausta Navarro (Hrsg.), Plautilla Nelli. Art and Devotion in Savonarola's Footsteps. Ausst.-Kat. Galleria degli Uffizi, Florenz 2017, S. 19–33.

Vasari, Giorgio, Das Leben des Paolo Uccello, Pietro della Francesca, Antonello da Messina und Luca Signorelli, hrsg., kommentiert und eingeleitet von Hana Gründler und Iris Wenderholm, Berlin 2012.

Vasari, Giorgio, Leben der ausgezeichnetsten Maler, Bildhauer und Baumeister von Cimabue bis zum Jahre 1567 beschrieben von Giorgio Vasari, hrsg. von Ludwig Schorn und Ernst Förster, Bd. 3,2, Stuttgart und Tübingen 1845.

Wenderholm, Iris, „Flammen der Liebe, in Stein gebannt: zur Sublimierung von Leidenschaft bei Künstlerinnen der Frühen Neuzeit“, in: Jörg Steigerwald / Valeska von Rosen (Hrsg.), Amor sacro e profano: Modelle und Modellierungen der Liebe in Literatur und Malerei der italienischen Renaissance, Wiesbaden 2012, S. 259–279.

Wachenfeld, Christa (Hrsg.), Die Vergewaltigung der Artemisia. Der Prozeß. Mit einem Essay von Roland Barthes, Freiburg im Breisgau 1992.

Wasmer, Jörg Joachim, „Die Künstlertochter Marietta Robusti, genannt Tintoretta", in: Matthias Wohlgemuth (Hrsg.) unter Mitarbeit von Marc Fehlmann, „Unser Kopf ist rund, damit das Denken die Richtung wechseln kann", Festschrift für Franz Zelger, Zürich 2001, S. 463–494.

„Nach Italien steht mir der Sinn" – Künstlerinnen reisen in den Süden

Berger, Renate, „‚… denn meine Wünsche streifen an das Unmögliche …' Künstlerinnen zwischen Aufklärung und Biedermeier", in: Bärbel Kovalevski (Hrsg.), Zwischen Ideal und Wirklichkeit. Künstlerinnen der Goethe-Zeit zwischen 1750 und 1850. Ausst.-Kat. Schlossmuseum Gotha, Rosgartenmuseum Konstanz, Ostfildern-Ruit 1999, S. 12–31.

Baumgärtel, Bettina, Angelika Kauffmann, Bedingungen weiblicher Kreativität in der Malerei des 18. Jahrhunderts, Weinheim und Basel 1990.

Baumgärtel, Bettina (Hrsg.), Angelika Kauffmann 1741–1807. Retrospektive. Ausst.-Kat. Kunstmuseum Düsseldorf, Haus der Kunst München, Bündner Kunstmuseum Chur, Ostfildern-Ruit 1998.

Baumgärtel, Bettina, „Das große Talent. Wander- und Ausbildungsjahre in Vorarlberg und Italien", in: Bettina Baumgärtel (Hrsg.), Angelika Kauffmann 1741–1807. Retrospektive. Ausst.-Kat. Kunstmuseum Düsseldorf, Haus der Kunst München, Bündner Kunstmuseum Chur, Ostfildern-Ruit 1998, S. 106–157.

Bettina Baumgärtel, „Leben und Werk von Angelika Kaufmann", in: Bettina Baumgärtel (Hrsg.), Angelika Kauffmann 1741–1807. Retrospektive. Ausst.-Kat. Kunstmuseum Düsseldorf, Haus der Kunst München, Bündner Kunstmuseum Chur, Ostfildern-Ruit 1998, S. 16–39.

Büttner-Kirschner, Katharina, „‚Nichts thun wäre meine Lust, schwärmen meine Seligkeit.' Topografie und Tagebuch: Marie Ellenrieders frühe Rometappen", in: Tobias Engelsing / Barbara Stark (Hrsg.), Einfach himmlisch! Die Malerin Marie Ellenrieder 1791–1863. Ausst.-Kat. Rosgartenmuseum Konstanz Städtische Wessenberg-Galerie Konstanz, Stuttgart 2013, S. 68–99.

Fecker, Edwin, Die Großherzoglich Badische Hofmalerin Sophie Reinhard (1775–1844). Leben und Werk, Maulburg 2018.

Fecker, Edwin, Katharina von Predl verheiratete Grassis de Predl (1790–1871). Leben und Werk, Maulburg 2016.

Fiege, Gertrud / Zeller, Bernhard (Hrsg.), Luise Duttenhofer. 5. April 1776–16. Mai 1829. E. Ausstellung des Schiller-Nationalmuseums und des Deutschen Literaturarchivs Marbach am Neckar zum 150. Todestag. Marbacher Magazin 13, Stuttgart ^{2}1990.

Freyberg, Pankraz Freiherr von, Maria Electrine Freifrau von Freyberg, geb. Stuntz (1797–1847). Eine Münchner Malerin, Lithographin und Radiererin, hrsg. vom Historischen Verein von Oberbayern, Bd. 110, München 1985.

Krapf, Michael, „Angelika Kauffmann malt Johann Wolfgang von Goethe: ‚Es ist immer ein hübscher Bursche, doch keine Spur von mir.'", in: Tobias G. Natter (Hrsg.), Angelika Kauffmann. Ein Weib von ungeheurem Talent. Ausst.-Kat. Vorarlberger Landesmuseum Bregenz und Angelika Kauffmann Museum Schwarzenberg, Ostfildern 2007, S. 52–59.

Kauffmann, Angelika, Brief einer Malerin. Ausgewählt, kommentiert und mit einer Einleitung von Waltraud Maierhofer, Mainz 1999.

Kaufmann Sylke (Hrsg.), Goethes Malerin. Die Erinnerungen der Louise Seidler, Berlin 2003.

Kovalevsksi, Bärbel (Hrsg.), Zwischen Ideal und Wirklichkeit. Künstlerinnen der Goethe-Zeit zwischen 1750 und 1850. Ausst.-Kat. Schloßmuseum Gotha, Rosgartenmuseum Konstanz, Ostfildern-Ruit 1999.

Kovalevski, Bärbel, „‚Dahin! Dahin Geht unser Weg! O Vater laß uns ziehn!‘ Deutsche Malerinnen in Italien von 1810 bis 1850“, in: Bärbel Kovalevski (Hrsg.), Zwischen Ideal und Wirklichkeit. Künstlerinnen der Goethe-Zeit zwischen 1750 und 1850. Ausst.-Kat. Schloßmuseum Gotha, Rosgartenmuseum Konstanz, Ostfildern-Ruit 1999, S. 71–78.

Kovalevski, Bärbel. Louise Seidler 1786–1866, Goethes geschätzte Malerin, Berlin [2]2007.

Kovalevski, Bärbel, Marie Ellenrieder 1791–1863, Berlin 2008.

Kraus, Marianne, Für mich gemerkt auf meiner Reise nach Italien im Jahre 1791, Buchen 1996.

Mengden, Lida von (Hrsg.), Der Schönheit Malerin … Erinnerungen der Elisabeth Vigée-LeBrun, Darmstadt 1985.

Rathgeb, Sabine, Studio & Vigilantia. Die Kunstakademie an der Hohen Karlsschule in Stuttgart und ihre Vorgängerin Académie des Arts, Stuttgart 2009.

Schlaffer, Hannelore, Die Scherenschnitte der Luise Duttenhofer, Frankfurt am Main 1986.

Schorns Kunst-Blatt, 21. Jg., 19.5.1840.

Sedda, Julia, Die Scherenschneiderin Luise Duttenhofer (1776–1829), Stuttgart 2013.

Sevcik, Anja K., „Angelika-Susanne“, in: Roland Krischel / Anja K. Sevcik (Hrsg.), Susanna. Bilder einer Frau vom Mittelalter bis MeToo. Ausst.-Kat. Wallraf-Richartz-Museum & Fondation Corboud, Köln, Petersberg 2022, S. 220–221.

Stark, Barbara, „Die Altar- und religiösen Wandbilder von Marie Ellenrieder“, in: Tobias Engelsing und Barbara Stark (Hrsg.). Einfach himmlisch! Die Malerin Marie Ellenrieder 1791–1863. Ausst.-Kat. Rosgartenmuseum Konstanz Städtische Wessenberg-Galerie Konstanz, Stuttgart 2013, S. 112–135.

Walczak, Gerrit, Elisabeth Vigée-Lebrun. Eine Künstlerin in der Emigration 1789–1802, München und Berlin 2004.

Der Weg zur Farbe – die Malerinnen des Impressionismus

Bouillon, Jean-Paul, „Marie Bracquemond – Die Dame mit dem Sonnenschirm", in: Ingrid Pfeiffer / Max Hollein (Hrsg.), Impressionistinnen. Ausst.-Kat. Schirn Kunsthalle Frankfurt am Main, Frankfurt am Main 2008, S. 232–243.

Brade, Johanna, Suzanne Valadon, Vom Modell in Montmartre zur Malerin der klassischen Moderne, Stuttgart und Zürich 1994.

Castagnary, Jules-Antoine, „Exposition du boulevard des Capucines: Les Impressionistes", in: Le Siècle. 29. April 1874, S. 1–10.

Ivinski, Pamela A., „‚Mit einer festen und kräftigen Hand' Mary Cassatts Techniken und Fragen des Geschlechts", in: Ingrid Pfeiffer / Max Hollein (Hrsg.), Impressionistinnen. Ausst.-Kat. Schirn Kunsthalle Frankfurt am Main, Frankfurt am Main 2008, S. 178–187.

Patry, Sylvie, „‚Etwas festhalten, von dem, was vorüberzieht' – Berthe Morisot und der Impressionismus", in: Ingrid Pfeiffer / Max Hollein (Hrsg.), Impressionistinnen. Ausst.-Kat. Schirn Kunsthalle-Frankfurt am Main, Frankfurt am Main 2008, S. 68–75.

Pfeiffer, Ingrid, „Der Impressionismus ist weiblich, Zur Rezeption von Morisot, Cassatt, Gonzalès und Bracquemond", in: Ingrid Pfeiffer / Max Hollein (Hrsg.), Impressionistinnen. Ausst.-Kat. Schirn Kunsthalle Frankfurt am Main, Frankfurt am Main 2008, S. 12–30.

Rewald, John, Die Geschichte des Impressionismus, Köln [7]2001.

Roudebush, Jay, Mary Cassatt, München 1982.

Stuckey, Charles F. / Scott, William P. unter Mitarbeit von Lindsay, Suzanne G. (Hrsg.), Berthe Morisot. Impressionistin. Ausst.-Kat. National Gallery of Art Washington, Kimbell Art Museum, Mount Holyoke College Art Museum, Stuttgart 1988.

Ab nach Paris! Künstlerinnen reisen an die Seine

Berger, Renate, Paula Modersohn-Becker. Paris – Leben wie im Rausch, Bergisch Gladbach 2007.

Brink, Margot, Ich schreibe, also werde ich. Nichtigkeitserfahrung und Selbstschöpfung in den Tagebüchern von Marie Bashkirtseff, Marie Lenéru und Catherine Pozzi, Königstein im Taunus 1999.

Busch, Günter / von Reinken, Lieselotte (Hrsg.), Paula Modersohn-Becker in Briefen und Tagebüchern, Frankfurt am Main 2007.

Cosnier, Colette, Marie Bashkirtseff. Ich will alles sein. Ein Leben zwischen Aristokratie und Atelier, Berlin 1985.

Dorgerloh, Annette, Das Künstlerpaar Lepsius. Zur Berliner Porträtmalerei um 1900, Berlin 2003.

Gutbrod, Helga (Hrsg.), Die Malweiber von Paris. Deutsche Künstlerinnen im Aufbruch. Ausst.-Kat. Edwin Scharff Museum Neu-Ulm, Kunsthalle Jesuitenkirche, Museen der Stadt Aschaffenburg, Kunststätte Bossard Jesteburg, Berlin 2015.

Jain, Gora, „‚Aber von da ab zählte ich mit einem Schlag in die vordere Reihe der Künstler.‘ Käthe Kollwitz (Königsberg 1867–1945 Moritzburg)“, in: Ulrike Wolff-Thomas / Jörg Paczkowski im Auftrag der Stiftung „Schlösschen im Hofgarten, Wertheim (Hrsg.), Sie sind keine Randnotiz! Käthe Kollwitz und ihre Kolleginnen in der Berliner Secession (1898–1913). Ausst.-Kat. Museum „Schlösschen im Hofgarten“, Wertheim, Liebermann-Villa am Wannsee, Heide 2012, S. 86–103.

Kirchner-Kruse von Jakimow, Annemarie, „Erinnerungen mit Kommentaren von Martina Padberg“, in: Burkhard Leismann (Hrsg.), Die große Inspiration. Deutsche Künstler in der Académie Matisse, Teil III. Ausst.-Kat. Kunst-Museum Ahlen, Ahlen 2004, S. 158–160.

Alexandra von der Knesebeck, „‚… ich habe in München wirklich sehen gelernt.‘ Eine Künstlerfreundschaft mit der Impressionistin Maria Slavona“, in: Hannelore Fischer / Alexandra von der Knesebeck (Hrsg.), „Paris bezaubert mich …“ Käthe Kollwitz und die französische Moderne. Ausst.-Kat. Käthe Kollwitz Museum Köln, München 2010, S. 33–49.

Mendelssohn, Henriette, „Pariser Studientage – Kollegialischer Ratgeber für Malerinnen und solche, die es werden wollen“, in: Kunst für alle, 12. Jg., H. v. 15.2.1897, München, S. 150–153.

Padberg, Martina, „Eine Malerei ‚mit den Wurzeln in der Natur‘ – Annemarie Kruse-von-Jakimow“, in: Burkhard Leismann (Hrsg.), Die große Inspiration. Deutsche Künstler in der Académie Matisse, Teil III. Ausst.-Kat. Kunst-Museum Ahlen, Ahlen 2004, S. 107–109.

Sotzek, Corinne Linda / Zimmer, Nina (Hrsg.), Martha Stettler, Eine Impressionistin zwischen Bern und Paris. Ausst.-Kat. Kunstmuseum Bern, Zürich 2018.

Stamm, Rainer, „Zwei Künstlerinnen in Paris. Paula Modersohn-Becker und Jeanne Marie Bruinier an der Académie Colarossi", in: Renate Berger / Anja Herrmann, Paris, Paris! Paula Modersohn-Becker und die Künstlerinnen um 1900, Stuttgart 2009, S. 91–106.

Wolff-Thomas, Ulrike, „Maria Slavona (Lübeck 1865–1931 Berlin)", in: Ulrike Wolff-Thomas / Jörg Paczkowski im Auftrag der Stiftung „Schlösschen im Hofgarten", Wertheim (Hrsg.), Sie sind keine Randnotiz! Käthe Kollwitz und ihre Kolleginnen in der Berliner Secession (1898–1913). Ausst.-Kat. Museum „Schlösschen im Hofgarten", Wertheim, Liebermann-Villa am Wannsee, Heide 2012, S. 126–141.

Gemeinsam statt einsam – Künstler*innenpaare in Paris

Berger, Renate, Malerinnen auf dem Weg ins 20. Jahrhundert. Kunstgeschichte als Sozialgeschichte, Köln 1982.

Berger, Renate, Paula Modersohn-Becker. Paris – Leben wie im Rausch. Biografie, München 2007.

Beuys, Barbara, Paula Modersohn-Becker oder: Wenn die Kunst das Leben ist, München 2007.

Billeter, Felix / Leitmeyer, Maria (Hrsg.), Künstlerpaare der Moderne. Hans Purrmann und Mathilde Vollmoeller-Purrman im Diskurs, Tagungsband, München 2021.

Bohlmann-Modersohn, Marina, Clara Rilke-Westhoff. Eine Biografie, München 2015.

Brade, Johanna, Suzanne Valadon. Vom Modell in Montmartre zur Malerin der Klassischen Moderne, Stuttgart und Zürich 1994.

Gutbrod, Helga (Hrsg.), Die Malweiber von Paris. Deutsche Künstlerinnen im Aufbruch. Ausst.-Kat. Edwin Scharff Museum Neu-Ulm, Kunsthalle Jesuitenkirche, Museen der Stadt Aschaffenburg, Kunsthalle Bossard Jesteburg, Berlin 2015.

Hansmann, Doris, „‚Hier müllerte sie im Akte …' Der Selbstakt zwischen künstlerischer Tradition und Nacktkultur", in: Renate Berger /

Anja Herrmann (Hrsg.), Paris! Paris! Paula Modersohn-Becker und die Künstlerinnen um 1900, Stuttgart 2009, S. 107–131.

Kruse von Jakimow, Annemarie, „Erinnerungen. Mit Kommentaren von Martina Padberg“, in: Die Große Inspiration. Deutsche Künstler in der Académie Matisse, Teil III. Ausst.-Kat. Kunst-Museum Ahlen, Ahlen 2004.

Leisten, Gerhard, „Oskar und Marg Moll, Ein großbürgerliches Künstlerehepaar zwischen wilhelminischer Ära und nationalsozialistischer Diktatur“, in: Felix Billeter / Maria Leitmeyer (Hrsg.), Künstlerpaare der Moderne. Hans Purrmann und Mathilde Vollmoeller-Purrmann im Diskurs, Berlin und München 2021, S. 49–71.

Leitmeyer, Maria, „Mathilde Vollmoeller-Purrmann und ihre Weggefährtinnen Sabine Lepsius, Marg Moll und Maria Slavona“, in: Ines Zinsch (Hrsg.), Mathilde Vollmoeller-Purrmann (1876– 1943), Berlin – Paris – Berlin. Ausst.-Kat. Kunstforum der Berliner Volksbank, Berlin 2010, S. 11–18.

Leitmeyer, Maria, „Lebensbilder einer Malerin. Mathilde Vollmoeller-Purrmann, das Werk“, in: Adolf Leisen / Maria Leitmeyer / Jürgen Vorderstemann (Hrsg.), Mathilde Vollmoeller-Purrmann (1876–1943). Lebensbilder einer Malerin, zweite aktualisierte Ausgabe des Katalogbuchs, Speyer 2009, S. 26–35.

Murken-Altrogge, Christa, Paula Moderson-Becker, Köln ²1993.

Scheffler, Karl, Die Frau und die Kunst. Eine Studie von Karl Scheffler, Berlin 1908.

Schlaffer, Hannelore, Ehen in Worpswede. Paula Moderson-Becker / Otto Modersohn / Clara Rilke-Westhoff / Rainer Maria Rilke, Stuttgart 1994.

Stamm, Rainer, Ein kurzes intensives Fest. Paula Modersohn-Becker. Eine Biografie, Ditzingen 2007.

Stamm, Rainer, „Zwei Künstlerinnen in Paris. Paula Modersohn-Becker und Jeanne Marie Bruinier an der Académie Colarossi“, in: Renate Berger / Anja Hermann (Hrsg.), Paris, Paris! Paula Modersohn-Becker und die Künstlerinnen um 1900, Stuttgart 2009, S. 91–106

Stegat, Anne, „Wie glücklich macht Verzicht? ‚Es war ein öder Winter vis-à-vis von Deinem leeren Stuhle'", in: Adolf Leisen / Maria Leitmeyer / Jürgen Vorderstemann (Hrsg.), Mathilde Vollmoeller-Purrmann (1876–1943). Lebensbilder einer Malerin, zweite aktualisierte Ausgabe des Katalogbuchs, Speyer 2009, S. 134–143.

Weiler, Clemens (Hrsg.), Marianne Werefkin. Briefe an einen Unbekannten 1901–1905, Köln 1960.

Wendt, Gunna, Clara & Paula. Zwei Freundinnen und Künstlerinnen, Hamburg und Wien 2002.

Wie werde ich Künstlerin? – Neue Wege zur Professionalisierung

Deseyve, Yvette, Der Künstlerinnen-Verein München e.V. Eine Studie zur Ausbildungssituation von Künstlerinnen im späten 19. und frühen 20. Jahrhundert, München 2005.

Deseyve, Yvette / Ralph Gleis (Hrsg.), Kampf um Sichtbarkeit. Künstlerinnen der Nationalgalerie vor 1919. Ausst.-Kat. Nationalgalerie der Städtischen Museen zu Berlin, Berlin 2019.

Fischer, Lisa / Brix, Emil, Die Frauen der Wiener Moderne, München 1997.

Gensichen, Sigrid, „Maria Hiller-Foell und Luise Deicher: Nicht nur Hölzel-Schülerinnen", in Carla Heussler / Christoph Wagner (Hrsg.), Stuttgarter Kunstgeschichten. Von den schwäbischen Expressionisten bis zur Stuttgarter Avantgarde, Stuttgart 2022, S. 192–205.

Heussler, Carla, „Käte Schaller-Härlin und die Monumentalmalerei im deutschen Südwesten", in: Veronika Mertens (Hrsg.), Frühling im Südwesten – Neuer Stil um 1900. Ausst.-Kat. Städtische Galerie Albstadt, Albstadt 2013. S. 172–183.

Heussler, Carla, „‚Reif in der farbigen und linearen Harmonie' – Maria Foell", in: Ulrich Röthke / Verena Faber / Christine Litz (Hrsg.), Im Laboratorium der Moderne. Hölzel und sein Kreis. Ausst.-Kat. Augustinermuseum Freiburg im Breisgau, Petersberg 2017, S. 86–87.

Heussler, Carla, Zwischen Avantgarde und Tradition. Die Malerin Käte Schaller-Härlin, Stuttgart 2017.

Heussler, Carla, „Von da nach Barcelona, in die schöne Stadt am Meer, sehr viel Leben, eine prachtvolle Palmenallee, sehr großer Hafen, nebenstehendes Bild gemalt", in: Kristina Kraemer / Tanja Wolf (Hrsg.), Luise Deicher. Eine Malerin auf Achse, Begleitbroschüre zur Ausstellung im Haus der Stadtgeschichte Waiblingen, Waiblingen 2020, S. 12.

Heussler, Carla, „Sally Wiest", in: AKL 116 (2022), S. 214–215.

Koch, David, „Das christliche Leben von der Wiege bis zum Grabe. Chorfresken in der Christuskirche zu Schwabing von Linda Kögel in München", in: Christliches Kunstblatt für Kirche, Schule und Haus, 48 (1906), S. 6–12.

Kollwitz, Käthe, Aus meinem Leben, München 1957.

Krempel, Ulrich / Meyer-Büser, Susanne, Garten der Frauen. Wegbereiterinnen der Moderne in Deutschland. 1900–1914. Ausst.-Kat. Sprengel Museum Hannover, Von der Heydt-Museum Wuppertal, Hannover 1996.

Machnicki, Monika, „Anna Peters 1843–1926", in: Stadt Biberach an der Riß (Hrsg.). Ausst.-Kat. Anna Peters 1843–1926, Biberach an der Riß 1990.

Neumann, Edith, Künstlerinnen in Württemberg. Zur Geschichte des Württembergischen Malerinnen-Vereins und des Bundes Bildender Künstlerinnen Württembergs, 2 Bde., Stuttgart 1999.

Voit, Antonia, „Die Freskomalerin widmet ihr Leben ganz der Kunst", in: Antonia Voit (Hrsg.), Ab nach München!. Ausst.-Kat., Stadtmuseum München, München 2014, S. 54–59.

Wolf, Tanja, „Keinem Menschen werden die Wege geebnet", in: Kristina Kraemer / Tanja Wolf (Hrsg.), Luise Deicher. Eine Malerin auf Achse, Begleitbroschüre zur Ausstellung im Haus der Stadtgeschichte Waiblingen, Waiblingen 2020, S. 16–26.

Never walk alone – Stark in der Gemeinschaft

Heussler, Carla, „Malen war ihr ein Fest. Maria Caspar-Filser“, in: Jutta Hülsewig-Johnen / Henrike Mund (Hrsg.), Einfühlung und Abstraktion. Die Moderne der Frauen in Deutschland. Ausst.-Kat. Kunsthalle Bielefeld, Bielefeld 2015, S. 127–131.

Hille, Karolin, Gabriele Münter. Die Künstlerin mit der Zauberhand, Köln 2012.

Hoberg, Annegret, Maria Marc. Leben und Werk 1876–1955. Ausst.-Kat. Städtische Galerie im Lenbachhaus München, München 1996.

Hoberg, Annegret, Gabriele Münter, Köln 2017.

Köster, Felicitas / Borchardt, Stefan (Hrsg.), Maria Caspar-Filser. Aus der Heimat in die Welt. Ausst.-Kat. Kunstmuseum Hohenkarpfen, Städtische Galerie im Fruchtkasten des Klosters Ochsenhausen, Stuttgart 2013.

Johnson, Julie Marie, „Schminke und Frauenkunst: Konstruktionen weiblicher Ästhetik um die Ausstellung ‚Die Kunst der Frau‘, 1910“, in: Lisa Fischer / Emil Brix (Hrsg.), Die Frauen der Wiener Moderne, Oldenburg und München, S. 167–178.

Mertens, Veronika, „Zwischen Industrie und Schlüsselblumen. Neuer Stil um 1900 – Auf der Alp und in Europa“, in: Veronika Mertens (Hrsg.), Frühling im Südwesten – Neuer Stil um 1900. Ausst.-Kat. Städtische Galerie Albstadt, Albstadt 2013, S. 9–19.

Roßbeck, Brigitte, Marianne von Werefkin. Die Russin aus dem Kreis des Blauen Reiters, München 2010.

Schaefer, Barbara / Blühm, Andreas (Hrsg.), Künstlerpaare. Liebe. Kunst und Leidenschaft. Ausst.-Kat. Wallraf-Richartz-Museum, Köln 2009, S. 224.

Neue Frau und neue Freiheit – Künstlerinnen der „goldenen“ 1920er-Jahre

Arp, Hans, Unsern täglichen Traum. Erinnerungen, Dichtungen und Betrachtungen aus den Jahren 1914–1954, Zürich 1955.

Bergius, Hanne, Das Lachen Dadas. Die Berliner Dadaisten und ihre Aktionen, Gießen 1989.

Boesch, Ina (Hrsg.), Die Dada. Wie Frauen Dada prägten, Zürich 2015.

Borgmann, Verena, „Elfriede Lohse-Wächtler: ‚Ich allein weiß, wer ich bin'", in: Kultur- und Sportamt Bietigheim-Bissingen (Hrsg.), Die neue Frau? Malerinnen und Grafikerinnen der Neuen Sachlichkeit. Ausst.-Kat. Städtische Galerie Bietigheim-Bissingen, Bietigheim-Bissingen 2015, S. 96–100.

Blüm, Anke / Rössler, Patrick (Hrsg.), Vergessene Bauhaus-Frauen. Lebensschicksale in den 1930er- und 1940er-Jahren, Weimar 2021.

Dech, Jula, Hannah Höch. Schnitt mit dem Küchenmesser Dada durch die letzte Weimarer Bierbauchkulturepoche Deutschlands, Frankfurt am Main 1989.

Dollen, Ingrid von der, Lotte Lesehr-Schneider 1908–2003. Vom Wesen des Menschlichen. Malerei und Grafik, Biberach 2008.

Kollontai, Alexandria, Die neue Moral und die Arbeiterklasse (1918), Berlin 1920.

Krausse, Anna-Carola, Lotte Laserstein. Meine einzige Wirklichkeit, Berlin und München 2022.

Kultur- und Sportamt Bietigheim-Bissingen (Hrsg.), Die neue Frau? Malerinnen und Grafikerinnen der neuen Sachlichkeit. Ausst.-Kat. Städtische Galerie Bietigheim-Bissigen, Bietigheim-Bissingen 2015.

Lütgens, Annelie, „Nur ein paar Augen sein …" Jeanne Mammen – Eine Künstlerin in ihrer Zeit, Berlin 1991.

Mair, Roswitha, Handwerk und Avantgarde. Das Leben der Künstlerin Sophie Taeuber-Arp, Berlin 2013.

Mammen, Jeanne, Paris Bruxelles Berlin, hrsg. vom Förderverein der Jeanne Mammen Stiftung e.V. Berlin in Zusammenarbeit mit dem Frankreich-Zentrum, Freie Universität Berlin, Berlin und München 2016.

Mohringer, Cristjane, „‚Denk' Dir gestern Vormittag hatte ich Malstunde!!' Leben und Werk von Margarete Oehm", in: Carla Heussler / Christoph Wagner (Hrsg.), Stuttgarter Kunstgeschichten. Von den schwäbischen Impressionisten bis zur Stuttgarter Avantgarde, Stuttgart 2022.

Müller, Ulrike, bauhaus frauen. Malerinnen in Kunst, Handwerk und Design, München 2019.

Owesle, Miriam-Esther, „Dodo. Vom kunstseidenen Mädchen und verführerischen Vamps“, in: Kultur- und Sportamt Bietigheim-Bissingen (Hrsg.), Die neue Frau? Malerinnen und Grafikerinnen der Neuen Sachlichkeit. Ausst.-Kat. Städtische Galerie Bietigheim-Bissingen, Bietigheim-Bissingen 2015, S. 46–59.

Reinhardt, Hildegard / Reinhardt, Georg (Hrsg.), „Biografie“, in: Georg Reinhardt (Hrsg.), Im Malstrom des Lebens versunken … Elfriede Lohse-Wächtler 1899–1940. Leben und Werk, Köln 1996, S. 15–40.

Rössler, Patrick / Otto, Elizabeth, Frauen am Bauhaus. Wegweisende Künstlerinnen der Moderne, München 2019.

Schaeffer, Barbara / Blühm, Andreas (Hrsg.), Künstlerpaare. Kunst und Leidenschaft. Ausst.-Kat. Wallraf-Richartz-Museum Köln, Köln 2009.

Schweitzer, Cara, Schrankenlose Freiheit für Hannah Höch. Das Leben einer Künstlerin 1889–1978, Berlin 2011.

Wahl, Volker (Hrsg.), Die Meisterratsprotokolle des Staatlichen Bauhauses Weimar 1919 bis 1925, Weimar 2001.

Verfemt, verfolgt, ermordet – Tragische Schicksale im Nationalsozialismus

Artinger, Kai, Das Kunstmuseum Stuttgart im Nationalsozialismus: der Traum vom Museum „schwäbischer Kunst“, Ulrike Groos (Hrsg.). Ausst.-Kat. Kunstmuseum Stuttgart, Stuttgart 2020.

Becker, Norbert / Nagel, Katja, Verfolgung und Entrechtung an der Technischen Hochschule Stuttgart während der NS-Zeit, Stuttgart 2017.

Bruhns, Maike, „Anita Rée – Werk und Leben in Stationen“, in: Maike Bruhns in Zusammenarbeit mit Karin Schick / Sophia Colditz, Hamburger Kunsthalle (Hrsg.), Anita Rée. Das Werk, München 2018.

Cramer, Iris, „Weben als Experiment. Ida Kerkovius am Bauhaus in Weimar“, in: Ida Kerkovius (1879–1970). Retrospektive, bearbeitet von Gerhard Leistner. Ausst.-Kat. Museum Ostdeutsche Galerie Regensburg und Museum für ausländische Kunst Lettlands, Regensburg 2001, S. 39–45.

Czarnecki, Joseph P., Last Traces. The Lost Art of Auschwitz, New York 1989.

Dollen, Ingrid von der, Malerinnen im 20. Jahrhundert. Bildkunst der verschollenen Generation". Geburtsjahrgänge 1890–1910, München 2000.

Hildebrandt Hans, Die Frau als Künstlerin. Mit 337 Abbildungen nach Frauenarbeiten Bildender Kunst von den frühesten Zeiten bis zur Gegenwart, Stuttgart 1928.

Hövelmann, Katharina, Bauhaus in Wien. Möbeldesign, Innenraumgestaltung und Architektur der Wiener Ateliergemeinschaft Friedl Dicker und Franz Singer, Köln und Wien 2021.

Huber, Hans Dieter, „Die Sehnsucht nach der Kunst. Ida Kerkovius und ihre Stuttgarter Kreise", in: Ingrid Mössinger (Hrsg.), Ida Kerkovius „Meine Welt ist die Farbe", erarbeitet von Gesa Jürß. Ausst.-Kat. Kunstsammlungen Chemnitz, Chemnitz 2014, S. 19–29.

Jürß, Gesa, „Ida Kerkovius. Eine Künstlerbiografie", in: Ingrid Mössinger (Hrsg.), Ida Kerkovius „Meine Welt ist die Farbe", erarbeitet von Gesa Jürß. Ausst.-Kat. Kunstsammlungen Chemnitz, Chemnitz 2014, S. 11–18.

Krausse, Anna-Carola, Lotte Laserstein. Meine einzige Wirklichkeit, München 2022.

Liebermann-Shiber, Ella, Erinnerungen aus dunkler Vergangenheit. Texte und Zeichnungen einer Holocaust-Überlebenden im Kontext ihres Lebens und Gesamtwerks, Neulingen 2022.

Masa, Elke, Die Bildhauerfamilie Cauer im 19. und 20. Jahrhundert. Neun Bildhauer aus vier Generationen, Berlin 1989.

Edith Neumann, „Formen der Landschaft. Die Malerin Käthe Loewenthal", in: Anne Sibylle Schwetter / Kathrin Ehrlich (Hrsg.), Die Malerin Käthe Loewenthal und ihre Schwestern. Drei deutsch-jüdische Schicksale. Ausst.-Kat. Felix-Nussbaum-Haus Osnabrück, Ankum 2009, S. 9–19.

Nierhoff-Wielk, Barbara, „Lea Grundig. Kunst des aufgerüttelten Gewissens“, in: Kultur- und Sportamt Bietigheim-Bissingen (Hrsg.), Die neue Frau? Malerinnen und Grafikerinnen der Neuen Sachlichkeit. Ausst.-Kat. Städtische Galerie Bietigheim-Bissingen, Bietigheim-Bissingen 2015, S. 60–64.

Nothacker, Regine, „Ida Kerkovius. Farben, Formen und Linien treffen auf Zeichen der Welt“, in: Carla Heussler / Christoph Wagner (Hrsg.), Stuttgarter Kunstgeschichten. Von den schwäbischen Impressionisten bis zur Stuttgarter Avantgarde, Regensburg 2022, S. 171–191.

Reese, Beate, „Mit den Augen einer Frau – Emy Roeder (1890-1971)“, in: Ottilie W. Roederstein / Emy Roeder / Maria von Heider-Schweinitz (Hrsg.), Künstlerin sein! Ottilie W. Roederstein, Emy Roeder, Maria von Heider-Schweinitz. Ausst.-Kat. Museum Giersch in Frankfurt am Main, Petersberg 2013, S. 79–88.

Sarkowicz, Hans (Hrsg.), Hitlers Künstler. Die Kultur im Dienst des Nationalsozialismus, Frankfurt am Main und Leipzig 2004.

Schick, Karin im Auftrag der Hamburger Kunsthalle (Hrsg.), Anita Rée. Retrospektive. Ausst.-Kat. Hamburger Kunsthalle, München, London, New York 2017.

Schumann, Thomas O. (Hrsg. und Einleitung), Deutsche Künstler im Exil 1933–1945. Werke aus der Sammlung Memoria Thomas B. Schumann, Hürth 2016.

Steimel, Corinna, „Alice Haarburger und Käthe Loewenthal. Zwei Vorreiterinnen des akademischen Frauenkunststudiums“, in: Carla Heussler / Christoph Wagner (Hrsg.), Stuttgarter Kunstgeschichten. Von den schwäbischen Impressionisten bis zur Stuttgarter Avantgarde, Regensburg 2022, S. 208–217.

Das Verborgene Museum e.V. (Hrsg.), Lily Hildebrandt 1887–1974. Gemälde, Hinterglasbilder, Zeichnungen, Photographien, Berlin 1997.

Wonschik, Ilka, „Es war wohl ein anderer Stern, auf dem wir lebten …“ Künstlerinnen in Theresienstadt, Berlin 2014.

Neue Formen – Neue Zeiten: Künstlerinnen nach dem Zweiten Weltkrieg

Frigeri, Flavia, Frauen in der Kunst, Zürich 2021.

Froitzheim, Eva-Marina / Weingart, Tina, „Geneviève Claisse. Intuition als Basis geometrischer Abstraktion", in: Ulrike Groos / Eva-Marina Froitzheim (Hrsg.) zwischen system & intuition. Konkrete Künstlerinnen. Ausst.-Kat. Kunstmuseum Stuttgart, Stuttgart und Köln 2021.

Grace Gardner, Belinda, „Helen Frankenthaler", in: Klaus Albrecht Schröder / Angela Stief (Hrsg.), Ways of Freedom. Von Jackson Pollock bis Maria Lassnig. Ausst.-Kat. Albertina modern Wien, Wien 2022, S. 256.

Graw, Isabelle, Die bessere Hälfte. Künstlerinnen des 20. und 21. Jahrhunderts, Köln 2003.

Groos, Ulrike / Froitzheim, Eva-Marina (Hrsg.), zwischen system & intuition. Konkrete Künstlerinnen, Ausst.-Kat. Kunstmuseum Stuttgart, Stuttgart 2021.

Hess, Barbara / Grosenick, Uta (Hrsg.), Abstrakter Expressionismus, Köln 2016.

Jahn, Andrea / Louise Bourgeois. Subversionen des Körpers. Die Kunst der 40er- bis 70er-Jahre, Berlin 1999.

Lewison, Jeremy / Luckow, Dirk (Hrsg.), Alice Neel. Painter of a Modern Life. Ausst.-Kat. Deichtorhallen Hamburg, Ostfildern 2016.

Nairne, Eleanor / Voermann, Ilka (Hrsg.), Lee Krasner. Ausst.-Kat. Barbican Art Gallery, London, Schirn Kunsthalle Frankfurt am Main, Zentrum Paul Klee, Bern, Guggenheim Museum Bilbao, München 2019.

Hultén, Pontus (Hrsg.), Niki de Saint Phalle [anlässlich der Ausstellung Niki de Saint Phalle vom 19. Juni bis 1. November 1992 in der Kunst- und Ausstellungshalle der Bundesrepublik Deutschland in Bonn], Konferenzschrift, Ostfildern 1992, Neuauflage 1995.

Schröder, Klaus Albrecht / Stief, Angela (Hrsg.), Ways of Freedom. Von Jackson Pollock bis Maria Lassnig. Ausst.-Kat. Albertina modern Wien, Wien 2022.

Schröder, Stefanie, Ein starkes, verwundetes Herz – Niki de Saint Phalle. Ein Künstlerleben, Freiburg im Breisgau [2]2002.

Schulz-Hoffmann, Carla, Niki de Saint Phalle. Bilder – Figuren – Phantastische Gärten. Ausst.-Kat. Kunsthalle der Hypo-Kulturstiftung, München 1998.

Spieß, Claudia, Germaine Richier (1902–1959). Die lebendig gewordene Skulptur, Hildesheim, Zürich, New York 1998.

Stange, Raimar, „Germaine Richier – Bewegung im Stillstand“, in: Uta Grosenick (Hrsg.), Women artists. Künstlerinnen im 20. und 21. Jahrhundert, Köln 2005, S. 268–273.

Angela Stief, „Schillernde Amazonen. Freiheit, Abstraktion und expressiver Ausdruck von Künstlerinnen“, in: Klaus Albrecht Schröder / Angela Stief (Hrsg.), Ways of Freedom. Von Jackson Pollock bis Maria Lassnig. Ausst.-Kat. Albertina modern Wien, Wien 2022, S. 122–155.

Angela Stief, „Elaine de Kooning“, in: Klaus Albrecht Schröder / Angela Stief (Hrsg.), Ways of Freedom. Von Jackson Pollock bis Maria Lassnig. Ausst.-Kat. Albertina modern Wien, Wien 2022, S. 255.

Walkner, Martin, „Niki De Saint Phalle“, in: Angela Stief (Hrsg.), POWER UP – Female Pop Art. Ausst.-Kat. Kunsthalle Wien, Phoenix Art Hamburg, Städtische Galerie Bietigheim-Bissingen, Köln 2010, S. 96–99.

Wismer, Beat, „Verena Loewensberg. Über das Konkrete hinaus“, in: Ulrike Groos / Eva-Marina Froitzheim (Hrsg.), zwischen system & intuition. Konkrete Künstlerinnen. Ausst.-Kat. Kunstmuseum Stuttgart, Köln 2021, S. 64–69.

Kunst ohne Malerei – Künstlerinnern erobern die Kunstwelt

Becker, Ilka, „Yoko Ono. On Stage with Yoko", in: Uta Grosenick (Hrsg.), Women artists. Künstlerinnen im 20. und 21. Jahrhundert, Köln u. a. 2005, S. 250–255.

Chicago, Judy, Durch die Blume. Meine Kämpfe als Künstlerin, Hamburg 1984.

Chicago, Judy / Vitali, Christoph / Kulturgesellschaft Frankfurt (Hrsg.), The Dinner Party. Ausst.-Kat. Schirn Kunsthalle Frankfurt am Main, Frankfurt am Main 1987.

Diederen, Roger / Löckemann, Karsten (Hrsg.), Inszeniert! Spektakel und Rollenspiel in der Gegenwartskunst. Ausst.-Kat. Kunsthalle der Hypo-Kulturstiftung, Sammlung Goetz, München 2016.

Dijkstra, Rineke, „Interview ‚Es geht immer um Erkenntnis'", in: art – Das Kunstmagazin, 16.03.2010, online verfügbar unter: https://web.archive.org/web/20141222014258/http://www.art-magazin.de/kunst/27598/rineke_dijkstra_interview (abgerufen am 20. Juli 2023).

Export, Valie, in: wikipedia, https://de.wikipedia.org/wiki/Valie_Export#Aktionshose: Genitalpanik (abgerufen am 20. Juli 2023).

Grosenick, Uta (Hrsg.), Women artists. Künstlerinnen des 20. und 21. Jahrhunderts, Köln u. a. 2005.

Hess, Barbara, „Valie Export", in: Uta Grosenick (Hrsg.), Women artists. Künstlerinnen im 20. und 21. Jahrhundert, Köln u. a. 2005, S. 76–81.

Kuni, Verena, „Variationen auf den Magier-Alchimisten. Rebecca Horns Mythenbildung in Produktion und Rezeption", in: Katharina Hoffmann-Curtius / Silke Wenk (Hrsg.), Mythen von Autorschaft und Weiblichkeit im 20. Jahrhundert, Marburg 1997, S. 160–170.

Lehmann, Ulrike, „Nan Goldin. Ich fotografiere direkt aus meinem Leben", in: Uta Grosenick (Hrsg.), Women artists. Künstlerinnen im 20. und 21. Jahrhundert, Köln u. a. 2005, S. 108–111.

Lehmann, Ulrike, „Pippilotti Rist“, in: Uta Grosenick (Hrsg.), Women artists, Künstlerinnen des 20. und 21. Jahrhunderts, Köln u. a. 2005, S. 280–285.

Löffler, Petra, „Marina Abramović“, in: Uta Grosenick (Hrsg.), Women artists, Künstlerinnen des 20. und 21. Jahrhunderts, Köln u. a. 2005, S. 16–21.

Mund, Henrike, „Malerei statt neuer Medien. Malerinnen in Deutschland nach 1945“, in: Jutta Hülsewig-Johnen / Henrike Mund (Hrsg.), Die Moderne der Frauen. Ausst.-Kat. Kunsthalle Bielefeld, Bielefeld 2015, S. 201–206.

Pietsch, Hans, „Die Schöne gegen das Establishment“, in: art – das Kunstmagazin (2013), S. 76-78.

Stange, Raimar, „Rineke Dijkstra“, in: Uta Grosenick (Hrsg.), Women artists, Künstlerinnen des 20. und 21. Jahrhunderts, Köln u. a. 2005, S. 58–63.

Thomas, Karin, Kunst in Deutschland seit 1945, Köln 2002.

Widrich, Mechthild, „Valie Export. Körperkino“, in: Gabriele Schor (Hrsg.), Feministische Avantgarde. Kunst der 70er-Jahre aus der Sammlung VERBUND Wien. Ausst.-Kat. Galleria Nazionale d’Arte Moderna, Rom, Circulo de Bellas Artes, Madrid, BOZAR, Palais des Beaux-Arts des Bruxelles, Mjellby Konstmuseum, Halmstadt, München u. a. 2010, S. 167.

Schöne neue Welt – Gleichberechtigung in der Kunst?!

Arican, Damla, „Mit Karl Marx kannst du dir auch nichts kaufen. Laura Schawelka“, in: Passe-Avant, 01.03.2019, https://passe-avant.net/reviews/mit-karl-marx-kannst-du-dir-auch-nichts-kaufen (abgerufen am 20. Juli 2023).

Friedel, Helmut (Hrsg.), Katharina Grosse. Ausst.-Kat. Museum Frieder Burda, Baden-Baden, Köln 2016.

Grehl, Alina / Stiftung Kunstmuseum Stuttgart GmbH (Hrsg.), Frischzelle_29. Hannah J. Kohler. Ausst.-Kat. Kunstmuseum Stuttgart, Stuttgart 2022.

Grosse Katharina, Interview mit dem Handelsblatt, 02.09.2021, online unter https://www.handelsblatt.com/arts_und_style/kunstmarkt/interview-katharina-grosse-die-geschichtsschreibung-bildet-die-kreativitaet-von-frauen-nicht-ab/27571934.html (abgerufen am 20. Juli 2023).

Heussler, Carla, „Moderne Interieurs. Blick hinter die Kulissen“, in: Alessia Schuth (Hrsg.), behind the window, Weil der Stadt 2021, S. 2–7.

Kittelmann, Udo / Knapstein, Gabriele, Katharina Grosse. It Wasn't Us. Ausst.-Kat. Hamburger Bahnhof – Museum für Gegenwart – Berlin, Berlin 2020.

Kunsthalle Bremen, Stiftung Frieder Burda (Hrsg.), Karin Kneffel. Still. Ausst.-Kat. Kunsthalle Bremen, Museum Frieder Burda Baden-Baden, München 2019.

Kunstverein Heilbronn (Hrsg.), Carina Brandes, Mother's Tongue. Ausst.-Kat. Kunstverein Heilbronn, Köln 2018.

Lutz, Caspar / Landesbank Baden-Württemberg (Hrsg.), Jetzt oder nie. – 50 Jahre Sammlung LBBW / Kunstmuseum Stuttgart, 3 Bde., Berlin 2021.

Stange, Raimar, „Elisabeth Peyton. Star-Kult(ur) – Star-Cult(ur)“, in: Uta Grosenick (Hrsg.), Women artists. Künstlerinnen im 20. und 21. Jahrhundert, Köln u. a. 2005, S. 262–267.

Voss, Julia, „Gespräch mit Karin Kneffel in ihrem Atelier in Düsseldorf“, in: Kunsthalle Bremen / Siftung Frieder Burda (Hrsg.), Karin Kneffel. Still. Ausst.-Kat. Kunsthalle Bremen, Museum Frieder Burda Baden-Baden, München 2019, S. 84–94.

„Witt, Anna im Gespräch mit Kathrin Luz“, in: Lutz Caspar / Landesbank Baden-Württemberg (Hrsg.), Jetzt oder nie. 50 Jahre Sammlung LBBW / Kunstmuseum Stuttgart, Berlin 2021, S. 156–157.

PERSONENREGISTER

A

B

C

D

E

F

G

H

L

M

R

S

T

U

V

W

Y

Z

BILDNACHWEIS

akg-images: S. 13 (Album), 24 (Heritage Images/Fine Art Images), 34, 46, 70, 73, 77, 80, 86, 93, 101, 119, 122, 132, 154 (Fotostudio Klaus), 159, 162 (© VG Bild-Kunst, Bonn 2023), 173 (© VG Bild-Kunst, Bonn 2023), 182, 190, 194 (© VG Bild-Kunst, Bonn 2023), 222, 256 (Niklaus Stauss/© VG Bild-Kunst, Bonn 2023)
bpk: S. 215 (Städel Museum/© VG Bild-Kunst, Bonn 2023)
picture alliance: S. 228 (Photoshot), 232 (dpa/Malba Ho)
alamy: S. 239 (The Artchives/© Helen Frankenthaler Foundation, Inc./ VG Bild-Kunst, Bonn 2023), 275 (Gavin Rodgers)
wikimedia commons: S. 19 (Poster.us.com), 60 (Thorvaldsens Museum), 250 (Bee1120/© VG Bild-Kunst, Bonn 2023)
Verschiedene: S. 50 (Luise Duttenhofer/DLA Marbach), 56 (Staatliche Kunsthalle Karlsruhe), 96 (Privatbesitz), 109 (Kunsthalle Bremen/Artothek/Dauerleihgabe der Modersohn-Becker-Stiftung), 129 (Museum Purrmann-Haus, Speyer/Foto: © Gerhard Kayser), 137 (Stadtarchiv Stuttgart, Inv. Nr. 9050/3352), 141 (Kunstsammlung BBK/W Stuttgart), 144 (Privatbesitz), 147 (Privatbesitz/Robert Thiele SBTH), 186 (Museum Bieberach), 203 (Archiv der Sammlung K.-H. Knauf/Museum im Kulturspeicher Würzburg, Nachlass Emy Roeder), 206 (Kunstmuseum Stuttgart), 209 (Württembergische Landesbibliothek Stuttgart), 246 (Museum Ritter/Foto: Gerhard Sauer/© VG Bild-Kunst, Bonn 2023), 259 (VALIE EXPORT/Bildrecht Wien, 2023/Courtesy Galerie Thaddaeus Ropac/© VG Bild-Kunst, Bonn 2023), 272 (Foto: Achim Kukulies, Düsseldorf/© VG Bild-Kunst, Bonn 2023), 280 (Privatbesitz)

Der Verlag hat sich bemüht, alle Rechteinhaber ausfindig zu machen und zu kontaktieren. Berechtigte Ansprüche können beim Verlag angemeldet werden und werden nachträglich vergütet.

ÜBER DIE AUTORIN

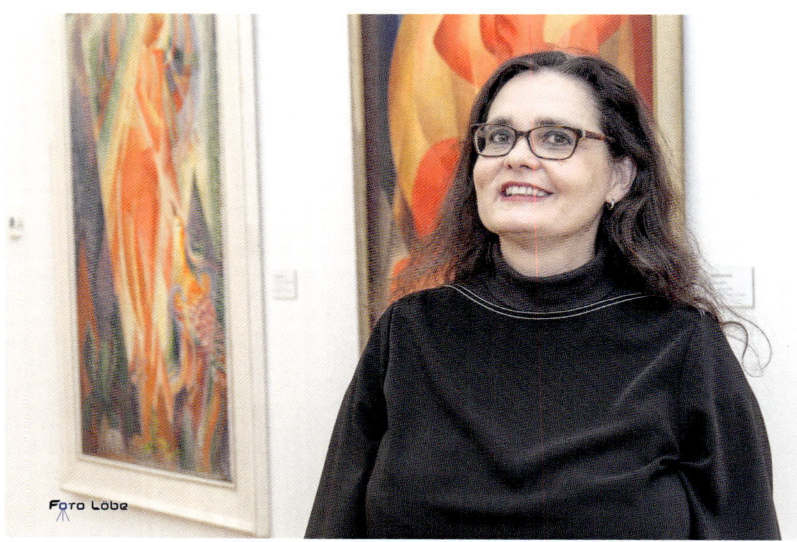

Carla Heussler studierte Germanistik und Kunstgeschichte in Erlangen und Stuttgart und promovierte über ein Thema aus der Frühen Neuzeit. Sie ist freie Autorin, Kuratorin sowie Dozentin für Kunstgeschichte an der Staatlichen Akademie der Bildenden Künste Stuttgart. In zahlreichen Publikationen und Ausstellungsprojekten setzte sie sich mit Künstlerinnen und ihren Ausbildungs- und Lebenssituationen von der Renaissance bis heute auseinander.
Von der Autorin bei der wbg bereits erschienen ist eine Monografie über „Florenz und seine Künstler" (2008).